U0458734

柯岩传

郭久麟 著

山西出版传媒集团
山西人民出版社

图书在版编目（CIP）数据

柯岩传／郭久麟著．—太原：山西人民出版社，2012.11

ISBN 978－7－203－07952－1

Ⅰ.①柯…　Ⅱ.①郭…　Ⅲ.①柯岩－传记
Ⅳ.①K825.6

中国版本图书馆 CIP 数据核字（2012）第 261371 号

柯岩传

著　　者：郭久麟
责任编辑：孔庆萍
助理编辑：孙冰洁
装帧设计：谢　成

出 版 者：山西出版传媒集团·山西人民出版社
地　　址：太原市建设南路 21 号
邮　　编：030012
发行营销：0351－4922220　4955996　4956039
0351－4922127（传真）　4956038（邮购）
E－mail：sxskcb@163.com　发行部
sxskcb@126.com　总编室
网　　址：www.sxskcb.com

经 销 者：山西出版传媒集团·山西人民出版社
承 印 者：山西出版传媒集团·山西新华印业有限公司

开　　本：787mm×1092mm　1/16
印　　张：26
字　　数：410 千字
印　　数：1－4 000 册
版　　次：2012 年 11 月第 1 版
印　　次：2012 年 11 月第 1 次印刷
书　　号：ISBN 978－7－203－07952－1
定　　价：49.00 元

如有印装质量问题请与本社联系调换

致柯岩

郭久麟

在战乱中颠沛流离，
在流离中学习寻觅。
当黎明的曙光刷亮了眸子，
你轻轻地舒展腾飞的羽翼。

你用纯洁的青春，
荡涤旧世界的污泥浊水；
你用滚烫的热诚，
温暖被虫啮蚊叮的花蕊。

你用诚挚的童心，
编织儿童的心灵的乐园；
你用浪漫的激情，
抒写飞向星星世界的梦幻。

当疯狂的风暴席卷大地，
你撑起信仰的骨气英勇反击！
当严酷的疾病向你袭来，
你举起意志的盾牌无畏抵御！

你举起燃烧的火把，
带青少年“寻找回来的世界”；

你点燃希望的明灯，
为病患者送去深情和挚爱！

你睁大追求的眼睛，
在生活中发掘珍贵的珠宝；
你描绘优美的形象，
用理想把青少年的灵魂塑造。

你与祖国血脉相连，
你同人民息息相通，
因此，你胸有经纶，腹有豪气，
于是，你文若春花，诗如泉涌。

你有一颗赤子的心灵，
又有一腔战士的豪情。
你有大树般美丽的人生，
又有玫瑰般美好的爱情。

美好的理想使你们相识相恋，
共同的追求让你们终生相伴。
对祖国的忠诚使你们患难与共，
对真理的持守使你们永远登攀！

你勇敢地挺立时代的潮头，
你不懈地攀登文学的峰巅。
你是大海中一朵欢笑的浪花，
你是高山上一株挺拔的木棉！

2005 年 8 月于北戴河海滨

目　录

信仰　信念　信心

——《柯岩传》序

赵　鹜

郭久麟同志的这部传记文学作品，传主是柯岩同志。“同志”这个称谓现如今使用率已经不是那么高了。而我，是喊着和被喊着这两个字，从“小同志”、“大同志”，变成“老同志”的。从心底里觉得这两个字亲切、亲近、亲密，包含着真诚的互敬互信和无私的情谊，厚重、深邃；流淌着鲜活的历史，记载着难以忘怀、催人奋发的人和事。而这些人并非都是多年的深交密友，有的只是一面之识，甚至不曾谋面。柯岩于我，就是这样一位同志。

知道柯岩是因为她的诗，时间在半个多世纪之前。那时，我不满20岁，是个不知深浅、硬往文学青年队伍里挤的小兵。她的《“小兵”的故事》、《两个“将军”》以及稍晚些时候的《将军和小兵》、《雷锋》等诗篇强烈地吸引了我。以至于私下里和人打赌，猜定她和我们一样，是位男性军人。她没有正面写我们军人，但她那天真明快的童言童语童心，情感真挚明亮，诗句绚丽多彩，柔刚相济，在瑰丽奇妙的天地里，似乎无忌，但梦幻般地闪现着人民战士的英姿，传递着他们平凡而感人的故事。她的诗歌好读好懂，朗朗上口，引导我们进入蓬勃向上、充满活力的精神世界，追求高尚情操，健康成长。现在想，柯岩的许多儿童诗其实不是一般意义上的“儿歌”。她曾说：“推测一个国家的未来将是什么样子，很大程度要看她今天的青年是什么样子，她的年长的一代是怎样教育和引导着下一代的。没有一个国家、一个民族不是用自己的理想塑造下一代，寄希望于下一代的”，“我最大的追求就是：用自己的理想塑造下一代。”表里如一的柯岩是这样说的，也是这样做的。像再晚些时候的《中国式的回答》（诗集）、《人的一生，都在路上》（散文集）、《寻找回来的世界》（长篇小说），以及在一些会议、学校的发言、演讲和记者谈话等。从这个角度看，作家柯岩同时又是一位不可多得、人民需要的教育家——我这样认识柯岩同志。

认识柯岩也是因为诗，但不完全是因为诗。我说认识柯岩不是通常所说的相识相交。因为至今我与她只见过三次面——头两次都是我去看望一位老同志，她在，有人介绍，相互握握手，打个招呼，没有，也不可能有什么深谈；后一次，是在中国作协为她的文集出版和80大寿举行的会议的会前休息室里。那天，她是主角。为她祝贺、祝福者不少。由于久未见面，我们相见的那一刹那，眼神里似乎都透着“是你吗?”的疑问，然后握手，没有说话，只是都笑了，意思很明白：“是你!”——这是我当时的直觉。会议上，专家、学者、领导，还有几位不是从事文学工作的同志发言，她也讲了话。我边听边想：柯岩在儿童文学、诗歌、小说、戏剧、影视文学、散文、报告文学、传记文学、文学评论等形式多样的文学力作中创造的鲜活生动的人物，讴歌的祖国壮丽历史、美好今天和未来，以及以犀利、尖锐、火辣的性格语言表达的个人追求、价值取向，感动、感染、教育、激励了不止一代人。她在作品中艺术地传递出的她的思想，她的信仰、信念、必胜的信心，使我们看到，无论面对什么环境，什么情况，什么论调，什么人——“文革”岁月、疾病缠身、冷语谗言、人身攻击、躲避崇高、告别革命、拒绝壮烈、“消解”、“淡化”、“朦胧”、非理想、非英雄、非理性、物欲横流、金钱至上、贪污腐败、数典忘祖——她都爱憎分明，坦荡乐观，赤心不改，忠心不变，敢说，敢做，敢当！“对革命，对人生，无法朦胧”，是她的人格魅力所在。坚定的信仰、信念是她人格魅力的根基。从这个意义上说，我认为柯岩是中国社会主义思想文化战线上不可多得、当今又特别需要的战士，是一位思想家——我这样认识柯岩同志。尤其在今天。有位小说家说：“如今这样的作家不多了!”这话沉甸甸的，但很中肯，发人深省，更觉得柯岩的可贵、可敬。

柯岩曾说，她是“信仰马克思主义的共产党员”。对马克思主义学说，对共产主义事业必定胜利的信仰、信念、信心，贯穿于她的人生和作品之中。有人问她：“你们一生吃了那么多苦，你们还信仰吗?”柯岩回答：“还信仰。因为信仰使我们向上，使我们活得充实，使我们的人生有意义……”在信仰失却甚至出现危机的年代，读柯岩这些发自肺腑的话语，我的心灵常被震动。有信仰，才有追求，才有方向。像部队行军作战一样，你连自己的前进目标都不知道，你往哪里走？你还打什么仗？更不要说打胜仗了。信仰是支撑生命的血液。信仰会产生无法估量的力量。柯岩的人生道路和她深受各个层次读者喜爱的几百万字的著作就是最好的例证——我这样认识柯岩同志。特别在今天。柯岩曾说："我不相信在我们这块英雄辈出、浸透了烈士鲜血的土地上成长的青年会不爱祖国和人民，会不要听革命，不要听革命文艺传统，会不追求真善美……不会的！"我想，这是柯岩以极大的社会责任感、责任心，热情澎湃地投入到自己事业中去的动力所在——她相信真善美最终会战胜假恶丑，相信祖国光明美好的未来！柯岩不是"口头革命派"，她是以作品证明自己的。她以自己情感真诚、多姿多彩的诗篇，形式多样、内涵深厚的各类著作，脚踏实地实践着自己的信仰、信念，实践着她的"相信"，让更多的人感悟、领会，从而振奋起来，重建信仰，坚定信仰，奔向未来。柯岩是思想家，但未必是理论家。她的许多光亮、透明、尖锐、真诚又一以贯之的言论，只是她的作品和人生足迹的注释，让我们从更多的方面了解她那颗共产党员的火热的心。柯岩在一篇回忆老艺术家吴雪的散文中说吴雪"这样忠心耿耿、豪情满怀、衷肠不改、禀性难移的人是有福的！因为他们不仅没有虚度一生，而且还用自己生命的火把照亮了后来人的道路"。我觉得柯岩自己就是这样一个"有福"的人！让我们祝福她吧！

好像很少有人公开说柯岩是个有争议的人物，但柯岩在人生道路和创作历程中遭遇的磨难并不少。柯岩后来说："我总是能在黑暗里也看得见光明，在绝望时找到希望。"她还说："也许我这种老是在磨难中绝处逢生的遭遇，养成了我的性格。"依我看，是许许多多的磨难冶炼锻造了柯岩的性格。她在纷乱多变的世事中，总能问心无愧，从容应对，坦坦荡荡，无怨无悔，是因为她心底纯正光明，无私无畏，是个"心底无私天地宽"的人。这是不是可以说是柯岩的性格特征、人格核心之所在呢？还有一件事我一直难忘。"四人帮"横行的时候，柯岩写了一首抒情诗《周总理，你在哪里》，先在一些同志中手抄流传，"四人帮"垮台后，周总理逝世周年——1977 年 1 月 8 日在《人民日报》发表。对于这首诗广泛而巨大的社会影响及其思想性与艺术性完美结合的肯定和赞誉，无需我再赘述。我想说的是这首诗发表几年之后，有家刊物在一篇文章中对我国著名诗人郭沫若、艾青、臧克家、李季、田间、郭小川、贺敬之、公刘等人的作品加以指责，更有人行文说，柯岩的《周总理，你在哪里》与一首题为《莉莉——写给在抗战中牺牲的小女儿》的诗，“构思与篇章结构都很相似”，“说抄袭是刻薄了，有失厚道，但英雄所见略同，‘同’到如此程度……”这家刊物的“编者按”中说：“……这些意见与本刊不谋而合。”很显然，这已经不是在讨论诗歌本身，更不是正常的文学批评了。如我这般多少有点常识的人都知道，在文艺创作这个行当里，没有比莫须有的“抄袭”这根棍子更能毁坏人的了。它除了否定作品，更厉害的是否定一个人的人品和人格，以至把人推入深渊。当时，众人很是义愤，以致有人建议柯岩诉诸法律。但人们印象中“一点就着”的柯岩，这次却相当冷静。直到过了近一年的时间，她才给这家刊物的主编写了一封公开信（这位主编曾自称是柯岩的学生）。这封信有理有情——说理透彻，原则问题决不让步；感情真挚，充满关爱。我特别喜欢柯岩在信的末尾对这位主编提出的两点“劝告”：一是“应该在错综复杂的环境和鱼龙混杂的各种思潮中努力学会辨别是非、善恶、美丑。一定要尊重历史，尊重读者，相信公道自在人心”，不要赶时髦，因为“时髦从来是一种肤浅。更不要追风，风是那样的无定向”，要“学习历代有出息的前辈，迈开双足，到群众中去”；二是“作文要曲，做人要直”，“既不要无缘无故地伤害人，更不要有缘有故地伤害人”。我被这些包含着热切期望和真情实感的话语深深感动，觉得这些话不是对这位主编一个人说的，或许也是对你我说的——宝贵的经验之谈啊！还觉得这是柯岩的人品、人格的真实写照——我这样认识柯岩同志。

早听说柯岩的身体不好，用我们的家乡话说就是“浑身都是病”，还几次摸到了死神的鼻子尖尖。在这样的情况下仍然坚持写作，坚持“用自己的理想塑造下一代”，确属不易。她的信仰、信念和必胜信心给了她无穷的力量。我们把她的作品作为号角，把她的为人视为榜样。就像她写的《癌症≠死亡》一样，疾病只是人生战场上必须和能够攻克的堡垒。一个信仰崇高的人，永远是明朗的，健康的！柯岩同志就是这样一个人！

读罢《柯岩传》，我在北京香山脚下写下的这些零零碎碎的断想，充其量只能算作是读后感，或者说是个人学习柯岩同志人生之路和作品的点点心得。仅此而已。

祝贺《柯岩传》出版！

这几天，香山上的红叶红了。当地的老乡对我说：这才刚开始呢，往后会越来越红，越来越美……

2011 年国庆之夜，京城香山下

作者简介：

赵鹜，原解放军艺术学院副院长、少将、作家、北京走进崇高研究院名誉院长。

人民的时代孕育人民的作家

——《柯岩传》序

严昭柱

郭久麟在传记文学领域笔耕不辍 30 多年，以作家的才华与学者的睿智，在创作和研究中都获得了丰硕成果。他新近创作的《柯岩传》，熔真实性、思想性、艺术性于一炉，是当前传记文学创作难得的上乘佳作。

柯岩是我国当代文坛一位才华横溢、成绩卓著、人民喜爱的重要作家。文学评论界称许她为杰出的“时代歌手”、忠诚的“人民作家”，肯定她的作品“始终充溢着对祖国、对革命事业、对人民的爱”。这样一位重要作家是如何出现的？她是怎样的一个人，有着怎样独特的人生经历和思想性格，又怎样能够在思想情感上始终与人民群众血肉相连？在新中国 60 多年不平凡的岁月中，她如何始终坚持自己的理想信仰，保持旺盛的艺术生命力，以多种文体多样题材、高密度高质量地不断创作出飞扬时代精神、深受群众喜爱、经得起历史检验的一个又一个传世精品？这是阅读这部传记的大多数读者所关心的问题，也是郭久麟在创作过程中必须面对的重大课题。

这部《柯岩传》，紧紧抓住人民共和国时代生活跳动的脉搏，聚光柯岩由初露才华的文学青年成长为“人民作家”的外部动因和内在动力，生动展现了人民的时代孕育人民的作家的历史真情与“生活是创作的源泉”的客观真理。

1949 年春天，19 岁的柯岩毅然中断了在苏州社会教育学院戏剧系的学业，成为刚组建的中国青年艺术剧院的一名编剧。她出生于一个知识分子家庭，从小跟随铁路工程师父亲饱经战乱、贫困、颠沛流离之苦，在辗转求学中博览中外文学名著，热爱文学，追求进步，16 岁在昆明读书时便担任昆华女师罢课委员会主席，在黑暗与恐怖的日子里和同学们一起参加反饥饿、反内战、反迫害的民主集会，在求学期间已经在报刊上发表了不少作品。这样一个初露才华的进步文学青年，有幸来到北京投入她所热爱的艺术事业，和刚刚诞生的共和国一样朝气蓬勃、前程似锦。同时，她还难免有些不成熟，有些清高自诩，受些远离一切政治和党派的糊涂观念影响，在工作中感到抑郁不得志。剧团领导热情地引导她深入生活、了解群众，刚听到这些，她还有些反感，觉得太把文艺庸俗化、功利化了。剧团很快便组织他们这批文艺新兵下乡、下厂、下部队，她慢慢了解了工农群众，开始悟出该怎样看待生活。在参加"文化列车"工作中，她写出了独幕剧《中朝人民血肉相连》，受到群众的欢迎，一演就是 100 场。特别是接受组织交给的任务，参加了新中国成立初期那场封闭妓院、改造妓女的艰苦工作，真正看到旧社会的黑暗与丑恶，亲眼看到共产党把鬼变成人的奇迹，使她深受教育和启迪，她自觉地提出了入党要求，决心投身到建设社会主义的伟大事业中去。

从此，柯岩在创作生涯中，真心实意、坚持不懈地深入生活、深入群众。1955 年，工读学校刚刚创办，她便成为第一个到校体验生活的作家，与普通教师一起值班、一起劳动、一起家访，很快担起校长室秘书和一线的教师工作，在两年的教学生活中完全成了教师集体里的"自己人"。1980 年，她又来到工读学校，像普通的工读教师一样工作和劳动，一住就是大半年。半个多世纪以来，她到过不同时期的农村、各种类型的工厂，下过许多部队，到过朝鲜前线、福建前线……她与广大基层干部和工农兵群众交朋友，与教师、科学家、艺术家交朋友，诚心帮助走错过路的青少年重新升起理想的风帆，诚心帮助癌症患者与死神搏斗……柯岩深入生活、深入群众的过程，始终是与人民群众建立密切的血肉联系的过程，同时又是她以生活为师、向人民学习的过程。1986 年初，柯岩曾对记者说："我的作品是人民的，因为是生活中的徐问、黄树林、于倩倩们教会了我怎样去生活、怎样去爱，教会了我用生命的火照亮别人的路。我以我能结识许许多多这样的人为幸福，以能把这样的人介绍给读者和观众而自豪。"这就是柯岩对人民的爱，就是柯岩能够长期坚持不懈地深入生活、深入群众，从中获得无尽的创作源泉的根本原因。这部传记真实记叙了柯岩作为"人民作家"成长的奥秘：她在深入生活、深入群众的长期实践中，始终作为一个普通劳动者，与人民同呼吸共命运，始终作为一个生活实践的积极参与者，同人民一起推动生活更快地前进。

从此，柯岩的文学才华大放异彩。在上世纪五六十年代，新中国的儿童谁没有吟唱过柯岩创作的儿童诗《小弟和小猫》、《坐火车》、《我的小竹竿》，享受天真烂漫、丰富多彩、充满阳光的精神生活呢？今天已步入中老年的人们，当年谁没有噙着热泪、聆听过柯岩的抒情诗《周总理，你在哪里》，寄托自己对周总理的无比崇敬和思念呢？在改革开放新时期，又有多少读者和观众从柯岩创作的长篇小说及同名电视连续剧《寻找回来的世界》、《他乡明月》，长篇小说《CA俱乐部》，电视系列剧《红蜻蜓》等作品中，汲取过丰富的精神滋养和强大的精神力量！

文学界赞赏她的才情与勤奋，称许她为文学创作的“全能选手”或“通才”。的确，柯岩不仅是高产作家，而且在各种文学形式中都留下了不俗的佳作，在广阔的社会领域激起强烈的反响。人们有理由从“才气”、“天分”、“天才”等等去寻求解释，而柯岩自己的解释则更加现实、更具个性也更带普遍性：“大家都知道作家是属于各种流派的，那么柯岩是哪个流派？柯岩是从实践中锻炼出来的，是中国人民培育起来的，是属于‘生活是创作的源泉’这一派的。”她又说：“因为生活是创作的源泉，而生活又是那样五彩斑斓……生活中有那么多的是与非、美与丑，常常非常猛烈地撞击着人们的心灵，使我感悟着它、体会着它，使我忍不住要拿起笔来。每当这个时候，你就会发现，单单使用一种文学样式来写作，可远远不够呀！况且，光使用一种文学样式写作，那么你平日积累的许多许多生活素材和感情就会白白浪费掉。”丰富的生活源泉与对人民的爱，就这样铺就了“人民作家”柯岩成长的宽广道路，使她天生的禀赋获得充足的阳光、雨露和沃土，由春苗而逐渐长成独具风采的参天大树，使她永远热爱生活、永远对生活充满新鲜感而“登山则情满于山，观海则意溢于海”，灵感飞动，妙笔生花，终于成为毕生守护人民精神家园、丰富人民精神生活的真正的人类灵魂工程师。

这部《柯岩传》，生动描述了柯岩与贺敬之这对革命伴侣一见倾心、纯洁浓郁的浪漫爱情和肝胆相照、患难与共的家庭生活，不仅真实感人地描写了柯岩的风采、感情和思想个性，而且扩展了这部传记的社会内容。

柯岩与贺敬之的结合，是我国当代文坛的一段佳话。他们因工作之缘而相识于1950年的春天。一个是知识分子的女儿，一个是从延安来的贫农的儿子；一个是初出茅庐、初露才华的青年编剧，一个是成就卓著、名满天下的青年大诗人；一个活泼开朗，一个朴实坚韧，但共同的理想、共同的爱好、共同的语言，使他们一见倾心、相互信任、相互欣赏，很自然地开始相互交往而一往情深。

这部传记以生动、典型的细节描写展现了这对作家夫妻在创作上互相学习、互相扶持、互相敬重的动人情景。柯岩的成名作儿童诗《小弟和小猫》、《坐火车》、《我的小竹竿》，是在贺敬之响应“为少年儿童写作”的号召而彻夜不眠、绞尽脑汁、创作难产的情况下，柯岩自告奋勇创作的。看了柯岩的作品，贺敬之吃惊地说：“啊！你什么时候积累的这些生活？还写得真不赖！”而贺敬之气势磅礴的名作长诗《雷锋之歌》的创作，不仅是因为王震将军满怀深情的动员，还离不开柯岩的推动。柯岩已经写出了300多行的抒情诗《雷锋》，发表在《人民日报》上，引起了读者的强烈共鸣。柯岩劝贺敬之：“你也写一首长篇抒情诗吧！”贺敬之严肃地回答说：“我在想，要写，就一定要写出新意！这是很难的。我还不知道有没有把握。”柯岩鼓励他：“你肯定能写好！要有信心！你写吧！”贺敬之刚写出前半部分，自己还把握不准，念给柯岩听。柯岩听了，热情称赞说：“太好了！太好了！比我写的那几首都好，而且不是好一点半点！是好得多！”这使贺敬之坚定了信心，更加投入地写起来。贺敬之敬重柯岩的才华，早些时候也曾劝柯岩：“你不要搞那么多样式嘛！”柯岩坚持说：“我就要搞各种样式。”同时，她也采纳了贺敬之的正确意见，一定要在一种样式上站住了脚才再搞新的样式。

这部传记对他们患难与共的描写，更是闪射出人物耀眼的性格光彩。他们结婚不到两年，贺敬之便受到“反胡风运动”的冲击。他和胡风没有私交，只有几次作者与编辑之间的信件交往，却被要求作出交代并被隔离审查。有人代表组织来家里要柯岩“交出贺敬之与胡风的密信”，柯岩斩钉截铁地回答“没有”，来人说“你好好找找”，她回屋把结婚时唯一的一口新箱子提出来，把里面的东西哗的一下全部倒在地上：“你们自己找吧！”在贺敬之被错误地隔离审查、遭受不公正处分时，柯岩给他的是信任，是更大的关心和呵护。后来在“反右运动”中，贺敬之遭到批判，柯岩也受到冤屈和打击，他们相互安慰、相互支撑。在“文革”初期，柯岩不但冲出牛棚、自己解放自己，而且贴出大字报，声明“贺敬之是个好同志”，像劫法场一般将贺敬之劫出了牛棚。这就是柯岩的品格，在创作中才思敏捷、举重若轻，在大是大非面前刚毅执著、敢作敢为，与爱人相濡以沫、患难与共。

这部传记以开阔的视野，紧扣柯岩的生活轨迹，在共和国艰辛探索的曲折历程和艰苦奋斗的峥嵘岁月中，展现了柯岩对革命事业的深厚感情以及时代风云对她的思想、个性的深刻影响。

时代生活为柯岩的创作展开了广阔的天地，党和国家领导人的亲切关怀使柯岩更加坚定信念、一往无前。由于在儿童诗和戏剧创作方面的成就，1956 年 3 月，柯岩参加了全国文学青年创作会议，并有幸在闭幕晚会上同周总理一起跳舞。在跳舞时，她和周总理辩论，当面聆听了周总理关于文艺要着眼于“普通群众”、“从中国的国情出发”、“在普及的基础上提高”的亲切教诲。1962 年 3 月，柯岩参加了在广州举行的全国话剧、歌剧、儿童剧创作座谈会，还主动支持、协助贺敬之筹备和组织这次重要会议，认真贯彻党的知识分子政策，总结新中国成立以来戏剧创作的经验教训。周总理亲自到会作了《论知识分子问题》的报告，陈毅副总理在会上为知识分子“脱帽加冕”，赢得与会者 60 多次热烈掌声。1963 年初，王震将军在北京医院刚刚做完手术，便立刻叫人通知郭小川、贺敬之、柯岩到医院，他眼含泪水，在病床上拿着雷锋的材料，深情地说：“最近出现的雷锋，是个了不起的英雄。我看了他的事迹，非常感动。你们这些诗人难道就不为此感动？为什么还不写诗？你们在北京干什么？我建议你们都去看一看，写一写，歌颂一下，怎么样？”柯岩被王震将军所打动，等不及郭小川和贺敬之，独自一人冒着春寒去了雷锋连队，而雷锋的事迹使她很快产生创作激情，写出了抒情诗《雷锋》。

柯岩无比敬重老一辈革命家，不仅自觉地按照他们的指导坚持走正确的创作道路，还自觉地以他们为榜样来辨别和处理政治上的大是大非。她在“文革”中之所以敢于冲出牛棚、自己解放自己，还去解救贺敬之，就是因为在大字报上看到了周总理、陈毅副总理和王震将军的讲话。周总理在一次讲话中说，不能因为工作联系就算“黑帮”，那样不乱套了吗？陈毅副总理对造反派学生说：“毛主席说：陈毅是个好同志!”王震将军则勇敢地对造反派说：“我不是‘黑帮’，你们这样斗我是混淆了两类不同性质的矛盾，是错误的，不对的。”她在老一辈革命家的榜样中吸取了力量，要像他们那样敢于斗争、敢讲真话，像他们那样去做人、去革命、去做一个共产党员，于是她决定造反，造造反派的反。因此，我们就不难理解这样一个柯岩，在1976年1月8日清晨听到周总理病逝的噩耗，该是何等的悲痛万分，她一边哭一边写出了那首感人至深的抒情诗《周总理，你在哪里》。

这部传记紧扣柯岩的生活轨迹，在描写柯岩其人的同时，对她创作的多种样式的文学作品进行了系统介绍和深入评价，将读者带入柯岩创造的那座大气磅礴、正气凛然又充满个性特色、充满诗情画意的艺术殿堂。

这部传记不仅记叙了作家柯岩的生活际遇和性格品质，还着意描写了她的精神世界，包括她所创造的艺术世界。不过，这并不是互相隔离、分别完成的两个方面，而是紧密结合在一起、统一于柯岩的生活实践中。本书有三个特点值得注意和肯定。一是非常注重表现柯岩人品与文品的一致。柯岩其人，信仰坚定，爱憎分明；她的作品也无不充满了对人民、对社会主义事业的热爱，始终关爱群众、为党分忧。二是非常注重表现柯岩的创作实践与她的其他社会实践的一致。这不仅表现在柯岩的理想信念是她所有社会实践的共同追求，还集中表现在柯岩的深入生活并非单纯以创作为目的，而是以深入群众、学习群众、帮助群众推动生活前进为宗旨。例如，她不但于1955年、1980年两次以普通教师身份深入工读学校体验生活，而且几十年来无论身在何处都始终如一地关心、参与、支持工读教育事业，做了大量工作，因而深受工读学校师生的爱戴，一致推选她为全国工读教育研究会名誉会长。三是非常注重表现柯岩的文学才华与严谨的创作态度的统一。柯岩才思敏捷，但她的创作态度却非常慎重。例如，她虽从1955年起就两次深入工读学校，并长期关心工读教育事业，但是，直到30年后的1984年，她才发表了长篇小说《寻找回来的世界》。柯岩在谈到这部小说的创作时说：“我那时候太年轻了”，“熟悉了生活，或者说有了一定的生活积累并不等于就深刻地理解了它”，“现在，只有现在，当我已经历了人生的各种风雨，甚至在十年动乱中也有了失掉整个世界的感情经历，开始能够把工读学校这段生活放在规律性的世界高度……思想的光辉才真正照亮了这个题材的深刻内涵”，于是才进入了创作阶段。由于这三个特点，郭久麟在传记中对柯岩作品的深入评介才建立了有机的系统性，不但帮助读者深化了对柯岩作品的理解，而且引导读者一步步深入柯岩创造的艺术世界而流连忘返。

应当感谢郭久麟给我们写了一部引人入胜、发人深思的好传记。它帮助我们认识我国当代的重要作家柯岩，认识我国当代文学中柯岩这样一个重要的文学现象。它通过柯岩的人格魅力和她真实的生平事迹所揭示的人民的时代孕育人民的作家的历史真情和“生活是创作的源泉”的客观真理，具有很强的说服力和感染力，对于今天的中国文坛树立正气、繁荣文艺、培养人才更是一个深刻的启示。

作者简介：

严昭柱，毕业于四川大学中文系，中国社会科学院研究生院文学硕士，曾任《文艺报》副主编、编审，中共中央政策研究室文化研究局局长暨《学习与研究》编委会副主任；现任太湖文化论坛执行主席兼秘书长。

引　子

北戴河海滨。辉辉煌煌的太阳照耀着，浩浩荡荡的波涛翻卷着。

一排排的波浪歌唱着，扑向旖旎温柔的海滩。一位70多岁，但显得还很年轻、很有活力的老人，张开双臂，迎着劈面而来的浪涛，冲了上去！她轻舒双臂，缓缓向海中游去。100米，200米，300米，渐渐地看不清了。在金色的阳光之下，她的身姿慢慢地融进了蔚蓝的大海，化成了一滴海水，一朵浪花……

遥望着悠然自得地在大海中搏风击浪的柯岩，我简直不敢相信，这位70多岁的老人，这位多次重病住院的老人，居然能在大海中一口气游得很远，并在波涛中搏击半个多小时！

这需要多么坚定的信心，多么乐观的意志，多么顽强的毅力啊！

我不禁想起柯岩波澜壮阔的一生，想到她优美动人的作品：柯岩，不就是这时代的大海中搏风击浪的一位女壮士吗！不就是永远波动着的文学大海中的一滴海水、一朵浪花吗！不就是大地上的一棵大树，扎根沃土之中，伸展出繁茂的枝叶，开出绚丽的花朵，结出甜美的果实吗！

1929年，柯岩出生于一个知识分子家庭，从小饱经战乱、贫困和颠沛流离之苦。她跟着自学成才的铁路工程师父亲万里流亡，辗转求学，既饱览了祖国大好河山，又看到了百姓的深重苦难，并博览了古今中外的文学名著；而她很小就展现出的文学才华，在苏州社会教育学院戏剧系的学习中得到了进一步的提升。这些，为她成为一个优秀的作家，奠定了坚实的基础。

但是，真正使她走上文坛，获得巨大成功的，还是崭新的时代，善良的人民，沸腾的生活，以及党的关怀和指导。

柯岩是幸运的！

她在人生最美妙的青春韶华，就赶上了新中国的成立，并荣幸地进入刚刚组建的国家第一流的大剧院——中国青年艺术剧院的创作组。这使她在心中树立起宏伟的理想：创作出无愧于时代的杰作！

柯岩是幸福的！

她以纯洁聪颖的少女的眼光，看上了农家出身的贺敬之，两人热爱文学，钟情缪斯，一见倾心，心心相印，患难与共，相濡以沫，相扶相携，共同走过了半个多世纪的文学岁月，双双共同攀上了文学的高峰！

而她亲身参与的新中国成立初期那项封闭妓院、改造妓女的艰苦工作，给了她人生和心灵重大的教育和启迪。柯岩从小也过过苦日子，但当她听到了一个又一个妓女讲述她们和她们家庭的血泪遭遇，看到了一个又一个妓女年纪轻轻就落到了性病晚期，从大腿根直烂到肠子都露了出来时，才真正看到了旧社会的罪恶，认识到剥削制度的丑恶。同时，她更看到了工作队的党员大姐们在教育因受反动宣传而抗拒救助、撒泼耍赖的妓女时所表现出的深厚的爱心与善意：她们硬是以极大的耐心和高度的技巧，使绝大多数妓女身心都焕然一新，成为有益于社会的劳动者。这使她更理解了贺敬之执笔创作的歌剧《白毛女》的真切含意，更看到了共产党真正把鬼变成人的又一奇迹。

这使她改变了清高自诩，远离一切党派的糊涂观点，立即找到带她参加改造妓女工作的吴一铿大姐："我要入党！"

"为什么呢？"

"共产党伟大！"

而在工读学校的生活，使她进一步看到共产党在教育后进青年方面所作的巨大努力。还有到抗美援朝前线的慰问，在"文化列车"上的采访、写作与演出等等，这些都让她亲眼见证了新生的祖国是如何荡涤反动政府留下来的污泥浊水，又怎样清除了历代政府都难以清除的匪患、卖淫、吸毒、贩毒、官员腐败等社会毒瘤，把人们引上幸福的大道，并开创了人类历史的新时代。

这使柯岩确立了自己的创作目的：使人成为人，使人间更美好。柯岩将她那颗真诚的爱心，全都献给了中国的广大人民群众。她爱孩子，爱青年，爱一切普普通通的劳动者，爱无私奉献的先进分子。

新中国成立初期，柯岩把爱心化作灿烂的彩笔，为少年儿童编织着纯美的诗篇，编织着精美的剧本。

“文革”以后，柯岩看到种种邪气迷雾对青年的误导和毒害，深为痛心，一部接一部创作出各种题材、各种体裁的优秀作品，如《寻找回来的世界》、《他乡明月》、《红蜻蜓》等，引导青少年走上正路，激励他们奋发有为。

面对脱离正常轨道的工读生，柯岩大声疾呼：“让我们给予他们更多爱的阳光吧！”她以平等的姿态走到他们中间，与他们平等交谈，倾心交流，并走进他们的内心世界，启发、鼓舞他们依靠自身的力量去寻找自己的价值和尊严，去寻回已经失去的那个美好的人生世界。面对朵拉、紫薇的仓促出国，面对她们的浮沉和挣扎，作家在与她们休戚与共的同时，更着重揭示她们那种坚韧不屈的民族魂魄与热爱故园的性格情操。她始终自觉地把自己的笔当作一份助力，去激发并且高扬起人们改造自我与世界的伟力。

上世纪80年代以来，柯岩又高度关注癌症患者，为他们奉献了《癌症≠死亡》和《CA俱乐部》，展示了中国的一批癌症病人，面对死神，顽强拼搏，不但战胜疾病，而且提升了灵魂。这些作品将一个社会的弱势群体，打造成一个让人仰视的英雄群体，强有力地表现了中华民族坚忍不拔、临危不惧、奋发向上、一往无前的精神面貌，成为癌症患者的一盏明灯。

柯岩的作品还为我们塑造了众多的英雄人物，并带领我们走进先进分子的内心世界。这里有散发着永恒的魅力和不朽的精神光辉的宋庆龄女士（《永恒的魅力》），有全心全意拯救失足少年的徐问、黄树林、于倩倩（《寻找回来的世界》），有捍卫民族尊严的船长贝汉廷（《船长》），有不向生活低头的硬汉刘瑞丰（《希望在哪里》），有为祖国编织锦绣的苏绣女工李娥英（《东方的明珠》），有挽狂澜于既倒的人民教师杜嵋（《仅次于上帝的人》），有为了抗癌事业而甘愿放弃爱情的柴禾（《CA俱乐部》）……这些人物的生活道路不同，个性迥然有别，但是他们有着一个共同的特点，那就是热爱自己的祖国、热爱自己的民族，自尊、自强和自立，在推动历史进步的事业中，在为他人和社会的无私奉献中，在与命运的搏斗中，将自己的大智大勇发挥到极致，并且在这个过程中赢得自我的价值与尊严。

一位记者曾问柯岩："您对幸福的理解?"

柯岩回答说："和我们的人民一起，帮助我们的生活更快地前进！我认为，这是我们中国作家最大的幸福!"这一句极为平凡的话，包含着极为深刻的哲理。

就这样，柯岩成为新中国最负盛名的作家之一——著名的高产、多产作家，令人艳羡的全能、全才作家。她几乎熟练地掌握了所有的文学样式：诗歌、散文、小说、戏剧文学、报告文学、传记文学、影视文学，而且在每一种文学样式中几乎都有脍炙人口的佳作，甚至传世杰作!

柯岩的创作引起了评论界的持续关注和探讨。人们称赞柯岩是杰出的"时代歌手"、忠诚的"人民作家"，肯定她的作品"始终充溢着对祖国、对革命事业、对人民的爱"；人们赞赏她的才情与勤奋，称许她为文学创作的"全能选手"、"通才"。对于柯岩来说，这些赞誉可谓实至名归、恰如其分。

值得深入研究和探讨的问题是，柯岩为何能够始终挺立潮头，高质量、高水平地创作出高扬时代精神、深受群众喜爱的多种文体、多种题材的传世杰作？她的作品为什么能为群众喜闻乐见？为什么柯岩的才情得以尽情发挥，得以充分展现和发展？促使柯岩勤奋创作的强大的动力来自何方？深入研究这些问题，总结和学习柯岩创作的思想艺术成就和宝贵经验，对于提高作家的思想修养和艺术境界，提高社会主义文艺的吸引力和影响力，推动社会主义文学的繁荣发展，是有重要的借鉴价值和启示意义的。

那么，现在让我们溯时间的潮流而上，看看这大海中的浪花，是怎样从生命的源头，千回百转，流向这壮丽的人生的大海的吧！看看这棵大树，是怎样在丰沃的中华大地上，经风雨，搏雷霆，茁壮成长，参天而立的吧!

第一章

爱情的华章

一、相识相恋

1950 年春天，北京春光明媚。柯岩的心沐浴着新时代的春光，也暖洋洋的。

这一天，中国青年艺术剧院举行剧本座谈会，让柯岩和另一位同志到东棉花胡同的中央戏剧学院去请中央戏剧学院创作室副主任、《剧本》杂志编辑、《白毛女》的作者贺敬之作演讲，谈《白毛女》的创作和演出。新中国刚刚成立，《白毛女》在全国各地演出，反响极为强烈。白毛女、杨白劳的动人形象和“旧社会把人变成鬼，新社会把鬼变成人”的传奇故事和深刻思想，打动了观众的心。真是演出到哪里，哭声和泪水就到哪里，群众翻身求解放的呼声就响在哪里。年轻的贺敬之也名震文坛。

柯岩和同伴一路走，一路议论着、猜测着，这位贺敬之到底是个什么样的人

20 世纪 50 年代的柯岩夫妇

呢？有多大年纪？能写出这么好的剧本，肯定是个老头子吧？

见面一看，柯岩不禁大吃一惊：贺敬之这么年轻，这么儒雅，这么和蔼。她疑惑地问道："你就是贺敬之？"

"是啊，我就是贺敬之。"

柯岩爽朗地笑着说："呀，你还这么年轻，我们还以为你是老头子哩！"

贺敬之也大笑起来。

当柯岩她们说明来意以后，贺敬之笑着点头允诺，并同她们一起去剧院。一路上，贺敬之谈笑风生，两女士也直言快语，谈得十分融洽。

贺敬之的报告从生活谈到创作，讲得生动活泼、妙趣横生而又蕴含深意；柯岩听得全神贯注，受益匪浅。

报告完了，剧院领导又把年轻编剧们写的几个剧本送给贺敬之审阅。贺敬之在送还剧本时，挑选出歌剧剧本《争取早团圆》进行了评论，认为这个剧主题是好的，充满了浓郁的生活气息，歌词也很美，同时结构比较完整，戏剧冲突比较集中，作者很有才气！

贺敬之没想到，这个剧正是柯岩写的。因为当时剧本创作都不兴署名。而此前，这个剧本在团内受到了一些人的批评，认为感情不健康，柯岩不能接受这种批评，心里有些不服气。听了贺敬之肯定性的评价，柯岩心中产生一种知己之感。在随后的交谈中，贺敬之既肯定了剧本的优点，也指出了剧本的不足："你把抗美援朝这样的重大政治事件，只看成是争取早日团圆，思想境界显得低了一点。你觉得呢？"

贺敬之的评价丝丝入扣，全面周到，对优点充分肯定，对缺点的分析也合情合理，态度诚恳，说得柯岩心服口服。

尽管只有短短的几次接触，柯岩却感到贺敬之不仅没有大作家的派头，甚至连小作家的沾沾自喜也没有，看问题比较全面，对生活充满了激情，说起话来，既充满了自信，又那样平易谦虚，还带有幽默感，很有风趣，脸上总是洋溢着温和的微笑，不经意间，便对贺敬之产生了好感。

柯岩不知道，贺敬之对她也产生了好感：她穿一身灰色的列宁装，衬着雪白的衬衣，显得风度优美，气质高雅，洋溢着青春的朝气，绽放着温馨的芳香，给贺敬之留下了深刻印象。

也许是应了“心有灵犀一点通”这句诗吧，很自然的，柯岩同贺敬之成了朋友。柯岩经常到东棉花胡同的中央戏剧学院请教贺敬之，贺敬之也不时到东单的中国青年艺术剧院看柯岩。他们在一起谈生活，谈文学，谈创作。柯岩从交谈中知道了贺敬之的身世——

二、贺敬之的身世

贺敬之于1924年出生于山东峄县（现枣庄市）贺家窖一个贫苦农民家里，从小跟着大人干些农活。贺敬之从小就很聪明，很有天赋，贺家几代人都把希望寄托在贺敬之身上，希望他能够好好读书，改变家庭的贫困面貌。1937年，贺敬之不负众望，在2000多名报考的小学毕业生中，以第四名的优异成绩考上了兖州简易师范学校。入校没几天，日军的铁蹄就踏上了山东的沃土。学校要迁往湖北，在鄂西均县组建国立湖北中学，就动员贺敬之等年纪小一些的同学回家。贺敬之离开学校后很不习惯，家里人也鼓励他赶到学校继续学习。他怀揣着母亲缝在衣襟里的两块银元，同几位同学一起跋涉千山万水，历尽千辛万苦，终于在湖北均县偏僻的山乡中，找到了自己就读的学校。在那里，他积极参加学校的歌咏活动，听到了他敬慕的大诗人臧克家的演讲，思想越来越进步。1938年底，由于国民党军队即将从武汉撤退，山东的流亡学校只好转移，贺敬之又随着流亡的师生由均县出发，经过陕南，沿川北古金牛蜀道，穿过剑门关，到达梓潼，进入山东国立六中梓潼分校。在梓潼，贺敬之更加积极地投身于抗日救亡运动，并同高年级同学一起创办了挺进读书会，办起了《五丁》杂志。同时，他开始在《大公报》、《朔风》、《诗星》、《新民晚报》上发表一些诗歌。

1940年4月的一个下午，贺敬之的同学李方立从重庆来到梓潼，给他带来了胡风编的《七月》杂志，上面刊登着鲁藜的《延河散歌》、周而复的《开荒篇》，还刊出了鲁迅艺术学院的招生简章。

李方立说：“我们走，到延安去，上鲁艺！”

贺敬之高兴地说：“太好了！到延安去，上鲁艺！”

贺敬之同李方立、吕西凡、程芸平一起，经过40天的长途跋涉，来到延安。贺敬之先进了徐特立任院长的自然科学院中学部，因为喜爱文学，又考进了鲁迅艺术学院文学系第三期，系主任是著名诗人何其芳。经过多年的奔波寻找，贺敬之终于找到了自己的归宿和归依。在鲁艺文学系，贺敬之受教于何其芳、周立波、沙汀等老师。何其芳特别欣赏贺敬之的诗，称他为“十七岁的马雅可夫斯基”。贺敬之在鲁艺写了很多的诗，如《跃进》、《自己的催眠》、《十月》、《小兰姑娘》等等，这些诗以觉醒的农民的口，诉说着农村的田园、农村生活的芬芳，也诉说着农民们的悲惨命运和痛苦生活。他的诗不仅受到何其芳和周扬的赞扬，也得到了胡风的肯定。何其芳说，这些反映农村生活的诗，写得真切、感人，“五四”以来很少有人这样写过。周扬完全同意何其芳的看法。后来，胡风主编的《泥土诗丛》将这些诗编入了贺敬之的诗集《并没有冬天》，并写信称赞他说：“（读他的诗）使我想起普希金和涅克拉索夫。”确实，多少年来，贺敬之始终这样热爱农民，这样深切地体验与感受过农民的生活，这样与农民同呼吸、共命运！

1942年，贺敬之满腔热情地参加了延安大生产运动，并创作了歌词《南泥湾》、《翻身道情》和小秧歌剧《瞎子算命》、《拖辫子》等。同年，贺敬之在鲁艺领导、老师的指导下，对一个边区流行的传说进行加工，同丁毅共同执笔，创作了新歌剧《白毛女》。此剧挖掘出一个深刻的主题：旧社会把人变成鬼，新社会把鬼变成人。此剧在新老解放区反复演出，产生了极大的影响。1950年又改编为电影《白毛女》，在全国产生了更大的反响。

1945年8月，日本侵略者投降了。9月20日，贺敬之作为华北文艺工作团的一名团员，奔赴华北新解放区。他和同志们昼夜兼程，不断东进，直到11月8日，才到达了目的地——华北解放区的重镇张家口。华北文艺工作团到达张家口以后，改组为华北联合大学的文艺学院，贺敬之就在联大文艺学院下属的文工团创作组工作。

1947年6月，在沧州战役中，贺敬之本来是深入连队受到战士保护的作家，但他却奋不顾身地和战士们一起冲在前头。由于贺敬之在战斗中不怕牺牲，英勇战斗，荣立了战功。

1947 年 11 月，贺敬之又作为工作组的成员，来到刚刚解放的石家庄。他创作的《胜利进行曲》，被谱成曲子，在各地传唱：

来呵，我们团结在民主的旗帜下，
来建设我们人民的新国家，
平地上盖起高楼大厦，
那广阔的土地上四面八方开遍鲜花！

1949 年 7 月，第一次全国文学艺术工作者代表大会隆重召开，贺敬之被选为中国戏剧工作者协会理事和中国文学工作者协会理事。新中国成立初期，贺敬之在中央戏剧学院创作室工作，后来又担任过《剧本》和《诗刊》编委、中国戏剧家协会书记处书记等职务。

三、柯岩的身世

柯岩也给贺敬之讲述了自己的人生经历。

柯岩，1929 年 7 月出生于河南郑州。学名冯成保，参加革命后改名冯恺，祖籍广东南海，满族人。发表文章后取笔名柯岩，意为“岩石上的小树”。柯岩的祖父当过小官吏，后弃官从商。柯岩的父亲冯建纬，性格开朗，热情，正直，勤奋，好学，追求个性自由，富有反抗精神。年轻时，与柯岩的母亲王蕴懿自由恋爱，遭到家庭的反对，被赶出家门，后来当了铁路工人，终生在铁道上奔波。他通过艰苦的自学，取得了交通大学的函授毕业文凭，由一个铁路职员逐渐成长为技术员、助理工程师、工程师。他省吃俭用，把节约下来的钱，都买了文学和技术书籍。他喜欢陆游的爱国主义诗词，经常吟诵“遗民泪尽胡尘里，南望王师又一年”；也喜欢李白豪放飘逸的诗歌，常常朗吟“生不愿封万户侯，但愿一识韩荆州”。他憎恶日本帝国主义侵略者，鄙视那些祸国殃民的豪门权贵，经常在家中充斥那些不学无术、靠阿谀逢迎往上爬的大小官吏。他清高自诩，桀骜不驯，奉行“君子上交不谄，下交不渎”的信条。这使得他经常同上司不和，经常失业，人生的道路也坎坷曲折。但是，他性格刚毅、乐观，在艰苦的生活中以文学自娱，写过不少短篇小说，还翻译过当时风靡一时的法国作家樊德摩斯的侦探小说。

柯岩记得，父亲经常出差在外，可他一回家，晚饭后就会把自个儿关在屋里写起来。而母亲则十分严肃地宣布："不许讲话!"她不是把孩子们安置在屋角，一人手里塞一本书，不管你能不能看得懂，就是把他们拢到厨房给他们讲故事。他们谁要是动静稍微大一点，或者偶尔笑出了声，都会受到妈妈的责备："不知道爸爸在写东西吗?"晚饭时，爸爸要喝点酒，喝着喝着，就会慷慨激昂地背诵起陆游的诗来：

僵卧孤村不自哀，尚思为国戍轮台。
夜阑卧听风吹雨，铁马冰河入梦来。

死去元知万事空，但悲不见九州同。
王师北定中原日，家祭无忘告乃翁。

读着读着，爸爸的眼里闪起了泪光，妈妈的眼里溢出了泪水，柯岩则听得如痴如醉。那激昂的诗句，潺潺地流入她的心田，让她想起流浪路上的艰辛和苦楚；那氛围，那情景，与那如豆的灯火，深深地烙印在她幼稚的心底。

柯岩还记得，妈妈是那样地珍爱爸爸的作品。她省吃俭用地养活孩子，但却把爸爸的作品精心地装订成册。逃难的时候，除了必需的衣物，什么都丢得精光，但那几本厚厚的黑皮精装书，却始终珍藏在妈妈随身携带的包裹里。

父亲是铁路职工，常年在外不停地奔波。他十分宠爱柯岩，经常带着她，让她饱览祖国的锦绣河山，观赏神州的风土人情。这开阔了她的视野，扩大了她的眼界，增加了她的知识，也培养了她对祖国的爱。

而母亲，也以深沉的爱和知识哺育着儿女。她聪明美丽，性格温和而坚韧。她从小就渴望学习，追求知识，梦想美好的未来。但是，过早的婚姻和众多的儿女，使她不得不放弃美好的愿望和心灵的追求，而把全部的爱和精力放在辅助丈夫、养育儿女上。她经常给儿女讲孔融让梨的故事，讲古人头悬梁、锥刺股的传说，讲述苏武、文天祥、岳飞忠君爱国的故事，希望孩子们知书懂礼，忠勇诚信，奋发努力，报效祖国。

柯岩父亲的妹妹冯惠禧是老协和医院著名的眼科大夫，表妹许广平是鲁迅的夫人。柯岩的母亲有很强的女性意识和自尊心，经常教育子女要学习姑妈冯惠禧和表姑许广平，像她们那样有学问，有本事，有教养，有出息，做一个对国家、社会有用的人，独立自强的人。

父亲这种正直、勤奋、清高、倔强的性格，以及他对文学的热爱之情，对柯岩产生了很大的影响。母亲的爱心和希望，母亲的人格和品性，更深深地烙印在柯岩的心灵上。

柯岩回忆说，在她的记忆中，童年是比较寂寞的。父亲在铁路部门上班，终年东奔西走；母亲也要为几个孩子的衣食奔走，无暇照顾她；几个哥哥姐姐上学去了，为了拿到奖学金，他们拼命读书，也没有时间多跟她玩。所以，她只好同邻居家几个没上学的大男孩玩。那时，她很小，别的男孩子大，她跟在他们后边玩，常常被欺负，有时还被打得哭着跑回家。妈妈见了，心疼她，就不让她出去玩：“成成呀，你再别出门了，妈妈给你讲故事！”

“好呵！好呵！我听妈妈讲故事！”小柯岩破涕为笑了。

妈妈温柔地说：“妈妈给小乖乖讲《卖火柴的小女孩》吧！”

小柯岩高兴地仰起头，看着妈妈美丽的大眼睛，专心地听起来。

听完卖火柴的小女孩的故事，小柯岩急切地问：“妈妈，小女孩好可怜哟！小女孩见到她的奶奶了吗？她现在还活着吗？”

妈妈一一给她解释，让她慢慢地领悟故事的含义。

一天又一天，妈妈给她讲了《稻草人》、《缺手姑娘》、《铸钟姑娘》、《孟姜女哭长城》等好多好多故事，柯岩越听越有劲，经常依偎在妈妈身边，听妈妈讲故事。

妈妈又给她念《木兰诗》、《琵琶行》、《蜀道难》，并教她背这些诗。后来，妈妈又给她讲《聊斋》。《聊斋》里那一个个鬼神故事，听得小柯岩既胆战心惊，又留恋痴迷。可是有时候，妈妈正讲得起劲，却不得不放下书本，去做家务。柯岩拿起书来，看着那密密麻麻的文字，好像蝌蚪在游泳，又像蚂蚁在爬行，她感到好神奇好神奇，怎么这里面有那么多稀奇古怪的故事，有那么多好心的鬼怪和狐狸呢？

妈妈看到她拿着书轻轻地翻着，总爱说："成成呀，你要是上了学，会念书就好了，就可以自己看里面的故事了。"

柯岩多么盼望快点长大，快点学会自己看书呀！

这一天终于盼来了。天刚亮，柯岩就醒来了。她兴奋地、大声地喊着："妈妈，妈妈！我要上学了！"妈妈高兴地说："快来，吃荷包蛋吧！妈妈已经给你做好早饭啦！"柯岩吃了饭，妈妈又给扎了一双辫子。柯岩牵着妈妈的手，兴高采烈地欢跳着走向学校。

柯岩进的是长辛店职工子弟学校。上课时，她一双眼睛停在老师身上，专心专意地听他讲，生恐漏掉一句话。回到家，又让妈妈教她认字，给她讲新课。不到一个月，她就把一册书念完了。她又去找来下学期的书，一字一字地啃起来。进入三年级，她又很快读完课本，并开始到处找书来看。她贪婪地、不加选择地读着手头的一切书籍，被书中的故事和人物所深深吸引。她觉得，书里有那么多的有趣的故事让她牵肠挂肚，那么多的可爱的人物在召唤着她。《爱的教育》的小主人公使她懂得了，孩子原来不仅仅是父母的索取者；《小妇人》使她深深感受到友谊的温暖和力量。读了格林兄弟和安徒生的童话，她感到世界是这样的美丽和神奇；读了冰心的《寄小读者》，她是那样热切地向往大海和波涛；读了张天翼的《大林和小林》，她开始感受到穷人同富人的区别……

从此，柯岩和书交上了朋友。她每天手不释卷，心醉神迷地同书中的人物交往，在书的森林里漫步，在书的大海中畅游。她不再和那帮男孩子游戏、打闹，对那些欺负女孩子的淘气包，对那些胸无大志、专讲吃喝玩乐的富家小姐和纨绔子弟，她甚至不屑于看他们一眼。

抗日战争开始了。日军的铁蹄践踏着中华的国土，抗敌的烽火燃遍了万里河山。年少的柯岩再不能在学校安宁地学习了。她不得不随着父亲从平汉铁路万里跋涉到滇缅公路。她读书的学校，也经常变化。小学一年级在长辛店铁路职工子弟学校，二年级就转到湖北铁路职工江岸扶轮小学。读小学和中学时，因为经常转学，再加上看到父母为她交学费非常困难，柯岩就努力跳班。小学她读了不到四年，中学也只读了四年。她家的生活，也同其他同学的家庭一样，越来越困窘。柯岩看到她的一些同学，因为交不起学费，不得不辍学在家，荒废光阴；更有的同学，不得不摆起了烟摊卖烟，甚至于上街卖报。但是，柯岩的父母非常重视子女的教育，不管生活有多么艰难，还是坚持让孩子读书。只是她的爸爸，越来越少回家，每次回家也待不了多久；而她的妈妈，则整天为人编织毛衣，做针线活，直至深夜……

柯岩心疼母亲，看到母亲没日没夜地为别人编织毛衣，她和姐姐想在做完作业后帮母亲织一会儿，减轻一点母亲的劳累。但是，母亲不同意，夺过她们手中的毛线针，要她们赶快上床睡觉，明天好上学。于是，她悄悄和姐姐商量："我们等母亲睡了，半夜起来帮母亲织毛衣吧！"姐姐高兴地点了点头："对，这个主意好。"柯岩和姐姐约定："谁先醒，就起来叫醒另一个。"可是，等柯岩醒过来，睁眼一看，天都亮了。再看姐姐，还没有醒。她一推姐姐，姐姐翻身就爬起来。等她俩下床一看，妈妈已在做早饭了。

有一天深夜，柯岩突然被惊醒，朦胧中睁开眼睛，仿佛听见了父亲说话的声音。"呵！爸爸回来了！"她好高兴！爸爸经常出差，时来时去，她都习惯了。她想喊爸爸，又怕惊扰了父母的谈话。这时，她突然听见母亲嘤嘤的啜泣声，便一下子睡意全消，想立即到妈妈身边去。但是，父亲的声音传来了：

——好了，好了，别哭了，我不好好的吗？……让孩子们听见了，多不好！

——就是为了孩子，你也得吃饱饭，保住身体呀！整天泥里水里，又是塌方，又是抢险，再饿着肚子，怎么受得了！万一有个好歹……

——谁说我不吃饱？你别瞎猜！

——哼，我每天数着米下锅，还不知道这物价有多贵！你一个月，哪能拿这么多钱回家?!

——你就放心吧！命，我是会要的！每天我都是吃饱了的，只是没买菜就是了。有你炸的干辣子，下饭可香了！

——哎呀，你一个月尽吃干辣子，那怎么行！怪不得你老流鼻血！

——这年头，有饭吃就是好的了！好了好了，别吵醒孩子们。他们明天还要上课哩！

柯岩一动不动地躺在床上，偷偷看着父亲把口袋里的钱全部掏出来，一张张叠起来，又一张张数过，然后放在母亲手心。母亲却坚决不接，又把它强塞进父亲口袋里。他们的对话，传进柯岩的耳里：

——你出门在外，辛苦，得吃好点！我们在家，可以吃干辣子。

——那怎么行！孩子们正在长身体，青菜，总是要吃的呀！

——你放心吧！有我这十个手指头……

柯岩的泪水像决了堤一样从眼里流了出来。她死死地咬住被头不敢出声，怕爸爸妈妈知道。但是，她心里却明白了，痛苦地明白了：为什么爸爸每次出差总要叫妈妈给他炸一瓶干辣子，为什么妈妈织毛衣织到半夜，却总不要自己和姐姐帮忙！……她开始在心里恨自己：为什么那么不懂事？为什么那么不理解爸爸妈妈的苦心？为什么不听妈妈的话？为什么不好好学习，让爸爸妈妈操心？

第二天上课，柯岩简直听不进去。她埋头给爸爸写信，写自己的悔恨、自己的决心，写她对爸爸的爱，写她对爸爸的恳求：请他一定要保重身体！放学时，她把原来用少吃早点攒下的钱买的课外书全部卖给了同桌，用这钱给父亲买了几个烧饼夹肉，赶在父亲上车前跑到公路停车场，连同那封信，一股脑儿地塞给了正要出发的父亲。

看着车窗外父亲久久挥动的手臂，她也久久地挥动着手臂，眼泪像断线的珠子般掉落着……

几天后，柯岩放学一到家，就看见桌上放着一封信，上面竟赫然写着自己的大名。拆开一看，她又惊又喜：原来是父亲的回信，写得那样长，那样深情！父亲称赞她是好孩子，称赞她的信写得很好——我们家莫不要出谢冰心了吧！

这件事对柯岩产生了很大的影响。在高兴和兴奋之后，她也感到了压力。谢冰心，是她小时候就知道的大作家，老师在课堂上给他们朗读和讲解《寄小读者》

时，曾给了她怎样的喜悦和欣喜啊！在柯岩心中，她简直就是云端上的、可望而不可即的大文豪、大人物。而现在，爸爸竟把自己同她联系了起来！震惊之下，她似乎也醒悟了一点什么，心中自然而然地产生了学习冰心、学会写作的愿望。

从那时起，柯岩就几乎终日手不释卷地读起书来。她借来了《小学生文库》、《冰心选集》等书籍，贪婪地、囫囵吞枣地阅读。读着读着，她又萌生了自己写作的欲望。于是，她买回本子，偷偷地写起诗，写起散文，甚至写起小说来。她沉醉在自己幻想的世界里，到处寻章摘句，在辞藻上雕琢推敲。写好以后，给自己的几个好朋友欣赏，大家都称赞不已，她也就越写越有兴致了。

柯岩在回忆这段经历时说，当时因为还缺乏对生活的领悟，只是东抄西凑，当然“统统失败了”。但笔者却认为，这段写作活动，对柯岩成长为一位诗人、作家来说，是非常重要的。正是父亲的激励，使她在意识上，至少是在潜意识中，产生了当一个作家的荣誉感、自信心和驱动力，并且促使她狂热地迷恋上了文学——以至于终生痴迷文学！

1946 年 1 月 21 日，昆明发生了震惊中外的“一・二一”惨案，四位要求民主，反饥饿、反内战、反迫害的爱国青年被打死。闻一多愤怒抗议：“这是中国最黑暗的一天。”

在这最黑暗、最恐怖的日子里，柯岩作为昆华女师罢课委员会主席，心情特别激愤。她和同学们一起去西南联大参加民主集会，跟全体同学一起共同发誓：为死者复仇！

回校后，校方说他们罢课是受共产党操纵。但柯岩坚决否认，因为她受父亲影响，认为无党无派最清高，她参加民主运动，完全出于正义感，出于对国民党统治和黑暗现实的不满，哪里是受谁的操纵呢？

从此，她大量阅读了进步书籍，如《钢铁是怎么样炼成的》、《铁流》、《青年近卫军》、《牛虻》等，从这些作品的主人公身上吸取着精神的滋养，更加坚定勇敢地投身于爱国学生革命运动之中。

抗战胜利后，柯岩随已工作的哥哥到了重庆。重庆，这座抗战时期的“陪都”、大后方，以它高低不平的山路和沿山坡修建的吊脚楼迎接了她。

17 岁时，柯岩已经在武昌一所有名的中学——希理达上高三了。在这里，

1958年，柯岩在颐和园

柯岩的文章《我的同窗》登上校刊，第一次变成铅字同读者见面。学校里爱好文学的同学看了，都鼓励她给武汉市报刊写稿。于是她鼓起勇气给报刊投稿。她的散文《夜》、《孤独》，发表于《湖北日报》、《武汉日报》的副刊上，这使她感到非常高兴！虽然这些文章还较稚嫩，但毕竟是自己的心血、自己的创作。

高中毕业后，柯岩想考复旦大学中文系或暨南大学外语系。但是，由于她的数学考得一塌糊涂，两个学校都未能考上。这时，苏州社会教育学院也来招生，该院有音乐系、戏剧系、电化教育系、图书馆系等系科。柯岩看见苏州社会教育学院不收学费，就决定报考该院戏剧系。但由于其不收费，报考的人特别多，武汉考生就有2000多人，而戏剧系却只收三个学生。柯岩还是硬着头皮报考了，没想到竟然考上了！正在柯岩高兴之时，父亲从铁路上回家了。听说女儿考取的是戏剧系，父亲气得不行，认为戏子是“下三流”，坚决不许她去。

柯岩对父亲说：“你不让我去我也没有饭吃啊！再说，我已经中学毕业了，总得自己去闯一条路啊！”

父亲语重心长地说：“孩子，家里再穷，也不能让你去学演戏，当戏子啊！”

柯岩知道，当时已经有进步的戏剧了。而且，她是新时代的青年，对文学艺术充满热爱之情，她坚决地要求：“我一定要去！”

父亲也倔强地说：“你一定要去，我就不认你这个女儿！”

“不认就不认！”柯岩转身就要走，被刚从外面回来的母亲一把抓住，“孩子，你要去哪里！”

在妈妈的劝说之下，爸爸终于同意让柯岩去读戏剧系。但是，家里连柯岩去苏州上学的路费都没有。母亲说：“我就是把手指织断，也要织毛衣挣钱让女儿上大学！”

柯岩跟母亲学会了织毛衣，母女俩一起熬更守夜织毛衣，终于挣足了去苏州的路费。

“上有天堂，下有苏杭。”年轻上进的柯岩在苏州这美丽的“天堂”里面阅读着莎士比亚、莫里哀、汤显祖、王实甫的作品，听老师阐述戏剧理论，分析古今中外的名剧，和同学们探讨戏剧冲突、人物刻画、潜台词。

戏剧系经常组织学生进行演出。柯岩参加了《雷雨》、《夜店》等话剧的演出。

在这里，她结识了许多有才华的老师和同学，思想和写作水平都得到了提高，视野也大为开阔。

1949 年 5 月，中国人民解放军解放了苏州。柯岩和同学们兴奋地迎来了解放军，也迎来了崭新的生活和崭新的命运。

很快，学校组织同学参加热火朝天的革命工作。19 岁的柯岩响应党的号召，服从革命需要，毅然中断学业，参加革命，报名南下，但组织上让她北上去北京，成为刚刚组建的中国青年艺术剧院的一名编剧。

从苏州到了北京，柯岩是多么兴奋啊！刚刚 19 岁，就能在新中国首都的一流艺术剧院担任编剧，这是多么光荣、多么荣耀又多么可心的事啊！她觉得自己是大学生，读过古今中外各种流派的作品，又曾发表过文章，写剧本应该没什么问题，还经常夹着一本厚厚的《资本论》，以示博学和与众不同。她写的东西，自以为很有水平，可是，演员们却不爱排；倒是一个搞民间文艺的同志写的快板、琴书、小秧歌剧或话剧，却很受演员们欢迎。这使柯岩非常生气，感到抑郁不得志。到底是什么原因呢？柯岩没有从自己身上找原因，而是错误地认为是演员不尊重自己，不尊重知识分子。她去找到领导诉说。领导没有直接回答她的问题，只是亲切地给她讲他们曾怎样去深入生活，怎样到部队去打仗、抢救伤员，怎么样同群众一道工作、战斗，怎么样在斗争中改造自己的世界观；还耐心地给她讲，一个作家，必须要多深入生活，了解群众，理解群众，才能写出人民喜欢的作品。刚听领导讲这些，柯岩还有些反感，觉得他们太把文艺庸俗化、功利化了。但是，剧团很快就组织他们这批“新兵”下乡、下厂、下部队。柯岩虽然一时还不明深意，但还是按领导的要求，老老实实地下去。到了农村，白天同农民一起劳动，晚上和老大娘同盖一床被子；到工厂，同工人一起干活；到部队，和战士一道操练。慢慢地，她了解了工农群众，也开始悟出了该怎样看待生活。

1950年，抗美援朝运动风起云涌，无数文艺工作者随着志愿军战士跨过鸭绿江，参加了这场伟大的斗争。中国青年艺术剧院组织了“文化列车”，为铁道兵创作演出。柯岩参加了“文化列车”的工作。作为创作组的成员，要在“文化列车”出发前先到工矿、铁路生活、采访，创作出新节目，等演员到来时再排练演出。有时，演员人手不够，柯岩等创作人员也同演员一起上台演出。“文化列车”从北京到广州，又去冰天雪地的东北，最后又去了大雪漫天的朝鲜战场。柯岩被中国人民志愿军的英雄事迹和中朝人民的深厚情意深深打动了。就在这时，“文化列车”的负责人鲁亚农找她谈话，郑重地对她说：“我们到前线已经好多天了，还没有一个反映战斗生活的剧本。组织上希望你尽快为抗美援朝写出一个剧本来，我们好演出。”

在这以前，她最反对命题作文，经常嘲笑奉命写作是中学生干的活儿。但此刻，她却觉得鲁亚农的话打动了她的心。她在生活中看到、听到的那无数动人的故事和一个个英雄人物，似乎蜂拥到她眼前，活跃在她心中，好像在高呼着要她把他们写出来，表现出来。于是，她毫不犹豫地向鲁亚农表示：“我一定尽快地写出来！”

回到宿舍以后，柯岩只感到心情激动，炽热如火。提起笔来，她一口气写下去，根本无法入睡。写作中，她完全忘了追求纤丽和委婉，甚至于也没有用什么华丽的辞藻，而只是按自己所了解的生活和自己真实的情感，飞快地书写着。经过两天两夜不眠不休的奋战，她终于写出了本子。她感到，她是第一次彻底地服从了真实和朴素！写完了，她连题目都用得那么朴实：《中朝人民血肉相连》。

剧本投入排练，很受演员喜欢，演员们对她也亲热起来，称赞她写得朴实、生动。演出后，受到了群众的热烈欢迎，天天演出，场场爆满。她最难忘的是，在鸭绿江畔的冰天雪地中演出，在鹅毛大雪之中，部队战士和群众看得入了迷，竟没有一个人中途离开。

这一天，“文化列车”在牡丹江边一个刚扎起来的野台子上为部队和当地群众演出，天气出奇的冷，天上还不时地飘着雪花，但演员的演出是那样的专注和投入，观众的热情是那样的高，不断地爆发出笑声和掌声。柯岩担任艺术值日，在台下听取群众反映，了解演出效果，观察着群众观看演出时的反应，并记录下来。

就在这时，鲁亚农突然悄悄地坐在了她的身边，轻轻拍了拍她的肩膀，感情真挚地说："同志，你知道吗？今天是这出戏演出的第100场。祝贺你！这么年轻就走上了创作的正道，取得了成绩，受到了群众的欢迎！有的人搞了一辈子，还和群众格格不入，搞不出群众欢迎的作品……"

柯岩眼角涌出了晶莹的泪花。鲁亚农继续恳切地说："小柯啊，只要你永远这样重视群众的反应，你一定会写出比这更好的作品！"

听着老同志热情鼓舞的话，一股暖流在她胸中涌动。当天晚上，柯岩久久不能入睡，她想得很多很多。她觉得，这个独幕剧才是她的第一个作品。她决心沿着这条正道走下去，为人民而写作，为人民写出优秀的文学作品！

四、改造妓女

柯岩还激动地给贺敬之讲述了她参加改造妓女的活动。

1949年11月的一天晚上，柯岩正同艺术剧院的女伴们兴高采烈地试穿新发的棉衣、棉裤、棉大衣，嘻嘻哈哈、叽叽喳喳，你穿我的，我换她的，束皮带、戴帽子，照镜子，千方百计要把自己打扮得英姿飒爽一些。

突然，班长进来，轻轻扯了扯柯岩的衣襟，把她叫出了宿舍，神色十分凝重地说："组织上交给你一个新任务！"

柯岩兴奋地问："什么任务？"

班长严肃地说："你要有思想准备，这可是一件艰巨的任务！"

柯岩毫不迟疑地说："你说吧，下农村，还是上前线？"

班长更严肃地摇了摇头："更艰苦！"

柯岩睁大眼睛，盯着班长，心想："还会有比上前线更艰苦的工作么？"她庄重地立正说："去哪儿都行，保证完成任务！"

班长微微地笑了，说："同志，这回是叫你去改造妓女！"

"什么？改造妓女？"柯岩大吃一惊！"妓女"，这是多么让人厌恶的字眼，又是离自己多么遥远的人啊！怎么会让自己去同这种人打交道，去做什么"改造妓女"的事？真是不可思议！

班长严肃地说："冯恺，这是组织上交给你的政治任务！明天早上八点钟在剧院门口集合。还有两位女演员同你一起去，她们比你还小，你可要起带头作用。"

柯岩年轻气盛，乐观向上，性格开朗活泼，绝不愿认输。第二天一早，她背着背包，就同两个女孩出发了。看到两个女演员比自己还小，也很害怕的样子，柯岩心里明明有些害怕，却装出十分英勇的样子，安慰她们，也给自己壮胆说："嗨，怕什么！没什么了不起的！也就那么回事，书上都写着呢，没看过《复活》、《亚玛》、《日出》、《九尾龟》吗？"

两个演员佩服地看着柯岩，仿佛她真的什么都见过一样。

三个人一进八大胡同原来的妓院院子，立即全傻了眼。迎面传来的是一片呼天抢地的号叫，一个个穿得花红柳绿的妇女披头散发，捶胸顿足……

柯岩看到院子门口有解放军站岗，院子里有解放军放哨，她心里并不害怕，却感到十分恶心。她的心咚咚地跳着，外表却严肃而镇定地从这些哭喊着的妇女身边走过。在办公室门口，柯岩大喊一声："报告！"进到办公室，院领导吴一铿已在那儿等着她们。柯岩好像久别重逢一样，一下冲上去，双手拉着领导的手，亲热地叫了一声："哎呀！吴大姐，你也在这儿哪！这儿……"

吴一铿拍着柯岩的脑袋，微笑着说："这儿怎么样？这儿热闹吧？害怕了吗？困难还在后头哩！"

柯岩不好意思地笑了。

吴一铿指着办公室里几位穿着公安制服的大姐说："这是公安局的几位大姐，给你介绍一下！"

吴一铿让柯岩三人坐下，给她们分析了形势，交代了任务。吴一铿说："卖淫是旧社会留下来的毒瘤，是妇女受压迫、受蹂躏的火坑。我们共产党一定要铲除丑恶的卖淫制度。查封妓院的工作已经由公安部队全部完成。北京封闭了224

家妓院，收容了2000多名妓女，成立了8个教养所。我们的任务就是帮助她们提高觉悟，治好疾病，让她们重新做人，走向新的生活。她们是我们受苦受难受践踏受奴役的阶级姐妹，我们在工作中一定要尊重她们，信任她们，爱护她们，打不还手，骂不还口，慢慢提高她们的阶级觉悟。”

柯岩听着吴大姐的讲叙，看着她又黑又亮的眼睛，又长又浓的眉毛，讲话时浓密的睫毛像黑蝴蝶的翅膀扑闪扑闪地颤动，心里充满了激情和渴望。

刚到教养院，接触那些妓女，柯岩觉得她们好可怜好可怜。虽然长得漂漂亮亮，花枝招展，但却显得委琐粗俗。过去，单纯的柯岩只是在托尔斯泰的《复活》、曹禺的《日出》等作品中了解妓女的生活，而现在，却是活生生地面对这悲凄的现实了。

首先要稳定她们的情绪。妓女们听信了反动宣传，说什么共产党要共产共妻，要把她们送到前线去阻枪口，要把她们送到兵营去慰问伤兵，要把她们送到煤窑去配“黑煤子”，所以每天撒泼胡闹。

柯岩气愤得不得了：共产党要把你们从火坑里救出来，你们却听信那些迫害你们的老鸨及嫖客的无耻谰言，真是愚蠢呀！但是，这种情绪一点也不能流露。她只能耐着性子给她们讲党的政策，满腔热情地启发她们的觉悟。柯岩给她们讲什么是共产党，什么是解放军，什么是新社会，给她们讲共产党是要给她们治好疾病，安排工作，让她走向新生活。可是，这些妓女却根本不相信。她们装疯卖傻，胡搅蛮缠，有的还寻死觅活，吼着要上吊自杀。柯岩不得不给她们反反复复讲政策，磨嘴皮，慢慢打消她们的顾虑，使她们相信政府。

工作队的同志要弄清每个人的来历，为她们建立档案，以便根据她们各自的特长和条件，给她们安排出路。

柯岩找到一位二十七八岁的大姐，让她讲家史：“你家里有什么人？为什么会走上这条道路？”

这位大姐就哭哭啼啼地对她讲：“我原来家里很阔，因为在后花园与喜欢的男子私订终身，结婚后他又认识了一个更有钱的小姐，才两年就把我抛弃了，害得我痛不欲生，最后才沦落到这个地步。”

柯岩听得很伤心，也跟着哭泣，哭过了，还真诚地问她：“你咋不回你娘家去?”

这位大姐又说：“我妈死了，爸爸又娶了新妈，根本就不让我回去了!”

柯岩说：“再怎么也不能丧失人的尊严啊!”

大姐一听“尊严”二字，不觉冷笑了：“尊严？我有什么尊严？你们太小，什么都不懂!”

第二天，柯岩又去找到其他妇女，那几位妇女说得更加凄惨，让柯岩陪着流了不少眼泪。可是越听下去，就越觉得与前面几位妇女的身世相似，这使柯岩感到奇怪：怎么几个人的命运会一样呢?

晚上，柯岩把情况给吴一铿大姐汇报，吴大姐说：“全是假的，叫她们明天重说!”

柯岩不服气：“你怎么知道是假的？你又没有同她们谈过。我可是亲自同她们谈的!”

吴一铿笑了：“还搞创作哩！你好好看看她们，像是大户人家的小姐吗?”

柯岩一想，这些人是不像大家闺秀，又粗俗，又风骚，但她仍犟着说：“她们是很粗俗，可这不是被那肮脏的生活变肮脏的吗?”

吴一铿笑着说道：“冯恺呀，你想想，旧社会有多少大小姐？怎么都集中到这烟花地了呢？这可能吗？她们绝大多数都是受压迫的女性。”

柯岩不解了：“如果是假的，怎么会编得那么圆呢?”

吴一铿微笑着说：“这就是生活，是生活把她们变成了编故事的能手。你再去仔细地同她们谈谈，让她们重说。”

果然，第二天让她们重说一遍，她们就毫不犹豫地说：“哎，同志，对不起你，我上次给你说的全是假话！我重新给你讲真的!”

单纯的柯岩很高兴，早忘了被她们欺骗的不快，让她们快讲。一位大姐又讲起她怎么同父母在战争中逃亡，路上失散被人贩子卖到妓院，自己又如何挣扎反抗，最后被迫走上卖身的路……

柯岩听得又陪着流下同情之泪。

但是过了两天，柯岩却发现这些妓女老往军管的解放军班上跑，还伺机打情骂俏，勾引年轻的战士，一会儿用脏水泼战士，一会儿又从二楼上往他们身上扔东西。晚上开会时，年轻战士都气鼓鼓地要求上前线，不愿再看管这些女人。部队没有办法，只好几天就轮换一次军管的战士，怕他们住久了被这些女人勾引。柯岩和几位去工作的年轻女同志也气鼓鼓的，和战士们一样，觉得这些妇女太落后，太没人格和尊严，太难做工作！

但是，柯岩很快发现，公安部来的几位大姐和老文艺工作者吴一铿大姐就比自己强得多。她们在普遍发动妓女诉苦的基础上，又重点深入地发动几位苦大仇深的比较穷困的下层妓女开展诉苦运动。

大姐们又带着柯岩去参观各种等级的妓院。

柯岩从自己的观察和老大姐口中了解到，原来北京的这些妓女可以分为好几等：一等妓女专门接待社会上的阔佬、军阀、美国军官，她们会弹钢琴，会说英语，住宽敞漂亮的房子，出去都打扮成女学生、阔小姐。这些人虽然也是被卖的，但是叫她们诉苦，都说无苦可诉，还说妈妈对她们好得很，客人要自己愿意接才接。二等妓女生活还算温饱。三等、四等妓女就惨了，生了疮、得了性病，疼得要命，还得接客。五等以下的妓女就更惨了，她们只能住在城门外靠城墙搭的小木棚、破土屋里，鸨母给她们丢一床烂席子，放一罐凉水，吃饭时给她们扔两个窝头，但一天却要几个、十几个地接客，她们的生活简直连畜生都不如。柯岩看到有的妓女腿都烂了。

教养所组织妓女开展诉苦运动。这些四等、五等妓女诉起苦来，真让柯岩受到强烈的震撼。这些妇女原来也是好人家的孩子，后来因为家里被逼租，被人拐卖到妓院，被人糟蹋，惨遭蹂躏。她们满眼泪水，痛苦地哭诉着："我们也是人哪，我们也想过正常人的生活呀！我们就怎么落到了今天这个地步呀！"

教养所还让当年曾红遍京城的名妓给一等、二等妓女现身说法："刚进妓院，年轻漂亮，还汽车出，包车进。可是一生病，一转手就落一等，落一等就抽一回筋，扒一层皮。一个人一辈子能有多少皮，多少筋，多少血，多少肉？眼看着就被狠心的老鸨一点不剩地给你抽光，扒光，吃干，喝尽，吃干喝尽还要敲骨吸髓呀！"

这时候，这些"高等妓女"也伤心地大哭了起来。

这场大规模的诉苦运动，不仅推动了妇女改造工作的开展，也使年轻的柯岩受到了生动而深刻的教育。柯岩觉得这真是血淋淋的民族压迫史、阶级压迫史。

为了帮助妓女提高觉悟，教养所还组织妓女学文化，唱歌，看戏。

教养所带妓女们去看《白毛女》、《血泪仇》、《日出》等戏剧。一到剧院，这些平日里被分别关在八个所里不能外出见面的妓女们就嘻嘻哈哈，你叫我，我叫你，大呼小叫。在看话剧《日出》时，她们根本无心看戏，像看西洋景一样，东张西望，乱打招呼，剧场一片嘈杂，只在翠喜出场时安静了一会儿。几天后看评剧《九尾狐》时，柯岩发现，这些妓女特别专注，看着剧中演出地主怎样糟蹋佃户的老婆，又糟蹋佃户的女儿，还把佃户的女儿卖给人贩子，给人当小老婆，最后又卖给妓院……看到激动的地方，一个人先哭起来，一会儿妓女们全都号啕大哭起来。

柯岩感到，这些妓女的感情都是真实的，只见台下一片哀哭，同台上哭声连成一片，真是让人心酸！这个场面，不仅给了柯岩以情感上的刺激，也给了她的艺术观以强烈冲击。

柯岩是学生出身，又是学戏剧文学的，读的看的，不是莎士比亚、奥尼尔，就是曹禺、田汉，地方戏在他们这些洋学生眼里是根本不入流的。想不到在群众眼中，评剧这种地方剧还这样受欢迎，给观众的冲击这么大。这促使柯岩逐渐有意识地重视民间文艺、地方戏剧，注意学习和研究民族化、大众化的文艺。

不久，政府派出医生给这些妓女们治病。柯岩陪着她们看病，看着她们一个个瘸着、拐着，又是脓又是血的，有的人从大腿烂到下身，可真被吓坏了！她害怕被性病传染，和几个小姑娘死活缠着领导和医生，要求打预防针。

医生笑着说："预防针，没有。而且也不需要。这种病是不会传染给你们的！"

姑娘们不懂，仍然缠着医生："大家都说性病要传染，你们不也说她们是被传染的吗？怎么就不会传染给我们呢？"

年轻的男医生支吾着说不清楚，她们又去找大姐。大姐一见她们气鼓鼓的，戴着大口罩，还嚷着要打预防针，忍不住笑得直不起腰："死丫头！不是说不怕苦不怕脏不怕死吗？成天戴着个大口罩，怎么去讲课去教歌，像个什么样子！"

柯岩说："我们是不怕苦不怕脏不怕死，但是要是我们也传染了她们那种病，烂成那样子，多恶心、多可怕！牺牲了也不光荣！”

大姐这才笑着给她们讲，性病不是肺结核，不是通过空气传染的，让她们不要害怕，并让她们摘下口罩。

在为妓女检查治病的同时，教养所还教妓女们学文化，学算术、地理、历史、常识，很多过去一字不识的人，都学会了算账、写信。柯岩又组织她们自己写文章，出墙报，自己写短戏，自己演自己。

最后，除了有家能回的安排还乡外，绝大多数妓女都安排进了工厂，走上了新生之路，个别的还参了军，有的参加了卫生防疫大队，到灾区去工作。她们在告别教养院时痛哭流涕地说：“共产党救了我，解放了我，让我过上了人的生活。我也得好好改造自己，也要学着去解放受苦受难的人……”

柯岩看到这些姐妹陆续走上正路，心里非常高兴。她感到共产党太伟大了，才进城没几天，立足还未稳，就开始铲除几千年来根深蒂固的娼妓制度，着手解决世界上任何一个国家、任何一个政党都没有解决的社会上最丑恶、最残酷的卖淫现象！她觉得，自己应该投身到这个伟大的事业中去，献身这壮丽的事业！小时候，爸爸妈妈教育她努力学习、努力奋斗，做一个正直、勤奋、有为的人，认为无党无派最清高。在中学，柯岩的一个同学是地下党员，曾帮助她，让她加入共产党，但她却一心想当艺术家，不愿加入什么党派。现实的生活教育了她，使她看到了自己前进的方向。

于是，柯岩找到吴一铿大姐，向她提出：“我要入党。”

吴一铿一听，非常高兴地问她：“你为什么要入党？”

柯岩说：“我觉得党伟大！”

吴一铿拍着柯岩的肩膀，亲切地说：“你才19岁，你首先要入团！”

柯岩扬起笑脸，坚定地说：“那好吧，我在团里待几个月，就转党，好吗？”

吴一铿严肃地说：“那要看你的表现。”

柯岩直率地说：“我表现不是很好吗？”

吴一铿笑了，给她讲起了党团的知识。天真热情正直单纯的柯岩，在吴一铿等同志的帮助下，提高了觉悟，加入了共青团、共产党，从此投身到社会主义建设的伟大事业中，投入共产主义的神圣事业中，终身不悔！

五、喜结良缘

1950年底，中宣部组织作家上朝鲜前线，贺敬之也高兴地报名参加了。但集中学习时，中宣部文艺处长丁玲发现贺敬之很瘦弱，气色也不好，担心他到朝鲜前线后身体受不了，就把他转到农村去体验生活。

贺敬之到大名县农村后，因劳累过度，疾病发作，举手投足都非常困难，后来竟然吐血。县委送他回京治疗。原来，他患的是浸润型肺结核，是一种危险性很强的传染病。为了防止传染，医院让他住院治疗，一般不许探望。

柯岩知道后，非常同情，立即带着糕点水果到医院探望。

贺敬之看到柯岩来了，心中十分高兴。但是，他又怕柯岩被传染，担心地问道："你怎么知道我病了?"

"你们单位的同志告诉我的呀!"

"你来看我，我很感谢! 可我这是传染病啊，把你传染了怎么办?"当时，医院里连治疗肺病的特效药雷米封都没有。

柯岩坦然地笑着说："越害怕才越会被传染哩!"

她的开朗、洒脱，给贺敬之留下了深刻的印象。

贺敬之是个酷爱读书的人，尽管在病中，也不懈地学习着，阅读着。柯岩就去为他借来他需要的书籍。每次柯岩一来，病房里就充满了欢声笑语，清冷寂寞的病房就成了欢快的场所。贺敬之忘却了病痛，同柯岩愉快地谈笑着。他越来越感到，柯岩的到来甚至比医药还管用，柯岩蓬勃旺盛的生命力和开朗洒脱的性格感染和激励了朴实坚韧的贺敬之。书生气质的贺敬之，从柯岩朝气蓬勃的青春活力之中，吸取了力量；而热情单纯的柯岩，则从贺敬之沉稳厚重的胸怀中，感受到思想的升华。她觉得，贺敬之是那样纯朴，坦诚。爱情，悄悄地在年轻人的心中萌芽、生长。他们的爱情，不是那种瞬间激发却又很快消失的爱，而是像两股山泉，自然地融合在一起，永不分离，永远奔流；他们的爱情，是志同道合，情投意合，甘苦与共，相濡以沫。

不久，青年艺术剧院要柯岩去山西太原一个工厂体验生活。往日，柯岩到工厂去，都很愉快，可这次，却突然产生了一种依依不舍之情。而贺敬之，在流浪生涯和战斗岁月中走遍了千里江山，在柯岩走后却陷入怅然的思念之中。于是，他们用书信传递着心中的思念。思念，带给他们甜蜜的惆怅，也激励他们加倍奋发。贺敬之在病房更刻苦地学习，他要把病房变成自修的学校。于是他写信请柯岩给他买一本学习用的词典，柯岩却给他买来沉甸甸的《辞源》。捧着这份饱含爱情的信物，贺敬之仿佛看到了柯岩一瓣至诚的心，一掬珍贵的情！

一次，柯岩又来看望贺敬之，两人谈得十分投机。贺敬之见柯岩热情纯洁，勤奋好学，就主动提出来："我们是不是应该考虑考虑结婚的事情？"

柯岩觉得，贺敬之在创作上已很有成就，也很有名，而自己还什么成绩都没有，如果同他结婚，好像要沾他的光似的，就说："等我写出点好东西再说吧！"

贺敬之很尊重柯岩的意见，就同意了。

一晃，两年过去了。1953 年 10 月，组织上决定让柯岩参加赴朝慰问团。

星期天，贺敬之到宿舍看柯岩。同志们见他来了，都热情地告诉他："柯岩过几天就要到朝鲜前线去了，你们还等什么？走前把喜事办了吧！"

贺敬之笑着问柯岩："你看怎么办呢？"

柯岩红着脸说："还没给组织报告呢。"

大家说："哎，这算什么？我们去给你报告吧！"

同志们立即风风火火地去找吴一铿。吴一铿高兴地说："嗨，我和吴雪早就觉得他们是很好的一对！"

吴一铿赶到柯岩宿舍，对贺敬之和柯岩说："你们就早点把喜事办了吧！同志们都盼着吃你们的喜糖哩！"

第二天，贺敬之、柯岩喜结良缘。他们买了两床新被面，两个人把东西搬到一起，在龙须沟一间小小的房间里举办了简朴的婚礼。

结婚才三天，柯岩就执行上级布置的任务，奔赴抗美援朝前线了。

1953 年 10 月 23 日，柯岩从朝鲜前线寄回一封信，还有一首诗。贺敬之反反复复地读着这封信，背着这首诗。直到 50 多年后，他同我谈起他与柯岩的爱情，都还确切地牢记着这个日子。这说明，贺敬之把这封信看得多么珍贵，把对柯岩爱看得有多么珍重！

贺敬之后来回忆说："当初，我们相互信任，也相互欣赏。我第一次看见她，就觉得她很聪明，很活泼，很爽朗，有50年代新中国刚刚成立时的女性那种蓬勃向上的精神，那种新的风貌。那是很吸引人的！我是从延安来的贫农的孩子，她是高级知识分子的女儿，但在50年代我们相遇的时候，我们的社会理想是一致的，就是要搞社会主义革命事业。在这个前提下，加上我们都是搞文艺的，兴趣爱好一样，彼此就有了共同的语言。"

贺敬之是贫农出身，柯岩在城市长大。贺敬之父母是农民，柯岩父母是知识分子。贺敬之早年奔赴延安，参加过延安整风和延安文艺座谈会，文学党性原则强，社会责任感强，这些对柯岩影响较大。柯岩上学的时候参加过反饥饿、反迫害、要民主的学生运动，接触外国艺术较多，眼界比较开阔。性格上，贺敬之宽厚温和，柯岩活泼直爽。两人在一起，和谐互补，但有时也难免有矛盾分歧。发生分歧时，柯岩爱嚷嚷，嚷嚷完了又觉得不对，但大多数情况下都是贺敬之先作自我批评。有时贺敬之给柯岩解释，话说得较长，把柯岩都说得睡着了，他还在说。

有时他俩吵起架来，柯岩就会说出贺敬之的各种缺点，平时也没有想那么多，气一来了，就像机关枪一样哒哒哒说一大堆。贺敬之听了当然也生气，可是为了不激化矛盾，就温和地反问她："你就没有缺点？"

柯岩仍然放机关枪："你说、你说、你说呀！"

贺敬之却笑着说："我怎么想不起来了，不记得了呢？"

"这还有什么可吵的呢？"柯岩忍不住笑起来。这下，矛盾很快化解。柯岩经常想：看来两个人性格不一样，也不一定就不好，要是他也像我这样埋怨一大通，说上一大堆，这不就打起来了吗？

贺敬之经常说柯岩任性，有时柯岩嚷嚷的时候，他就说："野蛮人上班了，文明人下班了。"

柯岩听了，忍不住也就乐了。

刚结婚时，柯岩发表了作品，有人就说："那当然啦，贺敬之帮她写的嘛！"柯岩听了真生气，气得哭。但后来就想：只有自己发奋，写出好的作品，才能摆脱丈夫的影子。所以，她终生刻苦努力，希望赶得上贺敬之，能同自己的丈夫并驾齐驱。这自然也成为她创作的动力之一，鞭策着她在艺术创作上艰苦攀登，探索创新。

贺敬之与柯岩在艺术见解上也不完全一样，有时也会发生分歧。但是，他们相互学习，相互包容，相互探讨，相互吸取，相互借鉴，这对双方都有好处。贺敬之忠诚于缪斯，终生几乎只写诗（晚年主要写新古体诗），在诗歌创作上取得了非常突出的成就，成为那个时代的领军人物。而柯岩的创作则比较活跃、开放，她几乎把各种文学体裁都试验了一下：从诗歌、戏剧、散文、报告文学、传记文学、小说、影视剧本到文学评论，她都写过，而且每种样式几乎都有杰出的作品。贺敬之早些时候也曾劝过柯岩："你不要搞那么多样式嘛！"但柯岩坚持自己的主张："我就要搞各种样式。"只是，柯岩也吸收了贺敬之的正确意见，就是一定要在一种形式上站住了脚再搞新的样式。

柯岩对笔者讲："只写一种样式的作家，常常不是重复别人就是重复自己。有很多东西不能写诗，你专写诗，不会写别的，就像战士不会十八般武艺一样。像我的《寻找回来的世界》，写戏写诗就容纳不了，只能写小说，写电视连续剧也比较合适。你如果只写一种形式，就会把很多感情积累、生活积累白白浪费掉了。每种样式都有它独特的地方，就像边缘科学互相渗透，我觉得在文学上可以做这种尝试：诗中有戏、有画，小说、戏剧也可以尝试诗的结构，至少里面应该有诗嘛！我的儿童诗，有意识地把刻画人物的细节、预料不到的戏剧效果放在诗里，形成了我的特色。写小说，我不写非常工笔的小说。一个作家重复别人没出息，重复自己也没有多少出息，在变化中找到自己一些独特的东西，这样总能给人一些新鲜感觉，然后慢慢形成自己的风格。我的特点是什么呢？我的特点就是吸取各种样式之长，相互渗入又不断变化，以此表现出自己的特点。"

柯岩和贺敬之是幸福的！

贺敬之与柯岩的爱情，真可谓天作之合，珠联璧合；真可谓一对幸福的文苑比翼鸟，一树诗坛的连理枝。在半个多世纪的风雨晴岚中，他们志同道合，肝胆相照，相亲相爱，相濡以沫；他们患难与共，甘苦共享；在风暴挫折到来的时候，他们更是心连心，手挽手，共同面对，无畏抗击！他们是中国文坛上一对理想的革命夫妻！

六、相濡以沫

贺敬之的新歌剧剧本《白毛女》获1951年度斯大林文艺奖二等奖，与丁玲的《太阳照在桑干河上》一同获奖。

幸福的微笑（柯岩与贺敬之）

1955年5月，贺敬之同黄药眠教授一起组成中国代表团（黄是团长，贺是唯一的团员），到民主德国首都柏林参加席勒逝世150周年纪念会。

临近回国时，中国驻捷克斯洛伐克大使馆大使通知他们快些回国，并让他们看了《人民日报》刊登的有关“胡风反党集团”的材料。贺敬之经历过延安整风、审干、“三反”、“五反”，看了这些材料，就有些担心：“胡风事件”会不会牵涉到我？但是仔细回忆了一下，觉得自己与胡风只是有很少的一般性接触，没有什么瓜葛，可能不会出什么问题吧！

谁知，完全出乎他的意料：恰恰就出了大问题！

一天，柯岩正在家中，突然，贺敬之的单位来了两个人。柯岩以为他们来找贺敬之，笑着告诉他们说敬之还没回来。只见来人严肃地说："今天我是代表组织，让你交出贺敬之与胡风的密信的。"

柯岩一听，大吃一惊！她从来不知道贺敬之与胡风有什么通信，更不知道有什么密信，于是她干脆地回答："没有！"

来人问："怎么没有？"

柯岩说："没有就是没有！"

来人说："你好好找找嘛！"

柯岩生气了，她跑回屋内，把她与贺敬之结婚时唯一的一口小箱子提出来，打开箱子，把里面的东西哗的一下全部倒在地下——"你们自己找吧！"

来人见柯岩这样，立即严肃地批评她："你要端正态度！"然后就走了。走了几步，又回过头来，轻声地劝说道："柯岩，你这个态度，会吃亏的！"

柯岩何尝不懂这个道理？然而，这就是年轻的柯岩：刚正纯洁，容不得任何诬陷和栽赃，也敢于反抗任何不平和不公！这就是柯岩的性格：纯真坚毅，锋芒毕露，不惧任何权势，不怕任何压力，也夹不得半点泥沙！

贺敬之一下飞机，中国戏剧家协会就来了一辆小汽车单独接他。

汽车直接把贺敬之拉到文化部艺术局某副局长兼中国剧协党组领导人家。该领导人绷着脸，极其严肃地说："组织上让我告诉你：现在全国正在审查'胡风反革命集团'的问题。组织上要你如实交代你同胡风的关系！"

贺敬之不解地问道："我交代什么呢？"

该领导人道："你交代什么？你给胡风写信都说了些什么？胡风给你的信，你也没有交出来！信上又说了些什么？"

贺敬之回答道："我不记得给胡风的信都说了些什么，他给我的信，我也没有想到过要保存，我没有保存信件的习惯。过去在战争年代行军走路，东西多了很不方便！"

该领导人严厉地说道："贺敬之同志，领导同志对你的表现很不满意！你是周扬同志培养出来的，可是你居然说你是胡风培养出来的！"

贺敬之对该领导人说自己是周扬培养出来的话就有些反感，因为自己是党组织、是革命大熔炉培养出来的，怎么能说是周扬一个人培养出来的呢？而后一句话就更是无中生有了！因此他坚定地说："我不记得我说过那样的话！"

该领导人气恼地说："你回去好好想想，把同胡风的关系问题给组织交代清楚！这场斗争很严重，这次组织上是决心要开除一批党员的！"

一回到家，柯岩就把贺敬之单位来人到家里搜要信件的事告诉贺敬之，并关切地问："你同胡风有些什么来往？"

贺敬之仔细回忆了他与胡风几年来的全部交往，对柯岩讲："我同胡风，只有几次信件上的交往，只有文字关系。我到延安后的第一年，把两首诗寄给四川的同学，是他们转寄给胡风主编的《七月》，在《七月》上发表了。"

柯岩问："是哪两首呢？"

"一首是《跃进》，一首是《自己的催眠》。后来胡风又把这两首诗收入了他主编的诗集《我是初来的》中，那是青年诗人的合集。新中国成立以后，胡风就来信要我再寄作品给他，我就把作品寄去了。他给我写过一封信，里面说：'你反映农村的诗，别人很少能写得这样，这使我想起普希金和涅克拉索夫……'我回信表示感谢和对他的尊重。但我和他没有什么个人私交。他到北京来，我去看过他两次，也请他到创作室来做过两次讲演。那时候很多人都来做过讲演，像何其芳、周立波都来过。但刚才领导把我接去他家，说我说我是胡风培养的，我哪儿说过这样的话嘛！"

柯岩担心地说："'反胡风运动'声势这么大，看来可能会很麻烦！"

贺敬之坦然地回答："我和胡风没有什么个人私交，只是作者和编辑之间的一种正常往来。"

柯岩道："那就应该没什么！"

但是，运动的发展并不像他们想的那样简单。第二天，中国剧协创作室召开大会，该领导人在会上正式宣布：鉴于贺敬之与胡风有联系，有瓜葛，组织上要他作出交代并隔离审查！

与此同时，柯岩在中国青年艺术剧院也被组织通知：为了运动顺利进行，要她退出积极分子小组。柯岩委屈地大哭，开始在一些不明真相的同志的冷眼下度日。但她根本不相信贺敬之是什么"胡风分子"。她对贺敬之说："不管你有什么错误，我都不相信你会有什么反党问题!”

贺敬之被迫作检查。他依然像同该领导人谈话那样，实事求是地谈了自己同胡风的文字交往。该领导人和创作室同志对他进行了几次批判，批判他主持创作室业务学习时请胡风来讲演，是宣扬胡风的文艺思想；批判他的诗集《乡村之夜》里边有胡风鼓吹的主观战斗精神和精神奴役创伤论；批判他不记组织的培养，而说是胡风培养的等等。贺敬之的交代和检查得不到大家的理解，在几次批判会之后，组织上要他在小院中隔离审查，行动也受到限制，这使他感到非常痛苦。

经过半年多的审查，贺敬之被判定为：同“胡风反革命集团”有牵连。剧协给他严重警告的处分，上报到文化部党委时，分管政治思想工作的副部长兼机关党委书记陈克寒同志认为严重警告太重了，改批为党内警告。这才解除了隔离，恢复了工作，仍回《剧本》月刊做常务编委。

在贺敬之精神上最痛苦、最苦闷的时候，柯岩不但给了他信任和信心，而且比以前更关心他，体贴他，呵护他，这使贺敬之感受到贴心的温暖与鼓舞!

第二章

诗情红似火

一、第一组儿童诗

1955年9月16日，《人民日报》发表社论《大量创作、出版、发行少年儿童读物》，指出当前儿童读物奇缺，“要在作家中提倡为少年儿童写作的风气，克服轻视少年儿童文学的思想，组织一批具有一定水平的作家深入生活，为少年儿童创作”，并要求作家们在一定时间内为少年儿童写一定数量的东西。

贺敬之也接受了为儿童写作的任务。一天晚饭后，贺敬之趴在书桌上写诗。柯岩知道贺敬之的习惯：他写诗轻易不用稿纸，而是在心中酝酿着，在嘴里默诵着，手里拿着小纸片满屋子走来走去，一有所得，就念念有词地写在小纸片上。在酝酿成熟，胸有成竹之后，就坐在桌子旁一挥而就。家里人跟他说话，他就“嗯，嗯”，别人以为他听见了，其实他完全沉浸在自己的构思中，根本没听见别人说什么。经常是他一个晚上在那儿写，第二天总会有收获。所以，那天柯岩

柯岩和小朋友在一起

也就让他一个人在那儿写。但是，这次却很奇怪，第二天早上醒来，满屋烟雾缭绕，稿纸上满纸涂抹，却只有短短的几行。

柯岩见他久久没有写出来，关切地问他：“怎么了，什么东西这样难写?”

贺敬之为难地说：“嗨！真没想到给儿童写东西这么难。”

柯岩问：“你想写什么呢?”

贺敬之道：“作协号召我们大家都写一点儿童诗。我想响应号召，也写几首，谁知这儿童诗还真难，就是写不出来!”

过了一会儿，贺敬之又说：“我就不相信我硬是写不出!”他又倔强地满屋子乱转起来。

柯岩看看天都亮了，贺敬之还在那儿绞尽脑汁，就走到他身边，取下他手中的笔，笑着说：“哎呀！天都亮了，你睡觉去！几首儿童诗嘛，有什么难的！让我来试试！你去睡吧!”

贺敬之知道柯岩自信心强，也写过诗，自己也确实累了，就上床休息了。

柯岩坐在桌前，儿时生活的回忆，这几年在许多学校深入生活的记忆，像海潮一般在心里汹涌……她在这些记忆的浪花中沉醉着，挑选着，吸取着，诗句也汩汩地流泻出来……一口气写了九首!

贺敬之起床一看，看到柯岩写了好几张稿纸，开始还不以为然：“你一会儿就写了这么一大堆，那能行吗?”

柯岩回答：“你看看吧！行不行?”

贺敬之拿起《小弟和小猫》，轻轻地读起来：

我家有个小弟弟，
聪明又淘气，
每天爬高又爬低，
满头满脸都是泥。

妈妈叫他来洗澡，
装没听见他就跑；

爸爸拿镜子把他照，
他闭上眼睛格格地笑。

姐姐抱来个小花猫，
拍拍爪子舔舔毛，
两眼一眯“妙，妙，妙，
谁跟我玩，谁把我抱？”

弟弟伸出小黑手，
小猫连忙往后跳，
胡子一撅头一摇：
“不妙不妙！太脏太脏我不要！”

姐姐听见哈哈笑，
爸爸妈妈皱眉毛，
小弟听了真害臊：
“妈！妈！快给我洗个澡！”

贺敬之吃惊地问柯岩：“啊！真奇怪，你什么时候积累的这些生活？还写得真不赖！”

柯岩这才换了口气说：“也许因为我童年太寂寞，十分羡慕今天的孩子。”

贺敬之想了想说：“这也许还同你的性格有关！”

柯岩道：“你给我再看看吧！”

贺敬之高兴地答应：“嗯！”

贺敬之再仔细看了看这几首诗，觉得还不错，就选了六首诗，以柯岩的笔名，寄到《人民文学》。贺敬之在给编辑的信上说：“这是一个青年作者写的几首诗。我看过了，觉得还不错。但是，我对儿童文学没有研究，对这些诗也没有把握。你们是有经验的，请你们审定是否能用。”

《人民文学》选了其中三首(《小弟和小猫》、《坐火车》、《我的小竹竿》),很快在1955年12月号上发表了。这给了柯岩很大的鼓舞,也使她看到了自己创作的潜力。

柯岩称这个早晨是“平凡而又奇特的时刻”,因为在这个美好的早晨,是贺敬之的启迪和帮助,使她“平时对儿童生活的记忆像海潮一样”在心里“汹涌”;因为在这个美好的早晨,也许是因为“性之所近”的缘故,她敏锐地找到了表现自己才能的突破口,她那纯洁、明丽、美好的情感得到自然、自由、欢畅的流露,她找到了为孩子们写作的新起点,完成了创作道路上一个具有重大意义的转折。

什么是知音?这就是最好的知音!什么是帮助?这就是最大的帮助!

二、儿童诗人

不久,柯岩被调到中国儿童艺术剧院创作组,开始专门为儿童写作。从此,柯岩更加自觉地深入各种类型的学校,从中学、小学到幼儿园,从一般学校到专门学校到工读学校,她深入到孩子们中间,了解他们的生活、思想、感情,了解他们的年龄特征、思维特征以及语言和行动特征。她还学习教育学、儿童心理学,学习儿童文学界的前辈——叶圣陶、张天翼、冰心、严文井、叶君健等人的作品。

柯岩更加热情地写起儿童诗来,杂志、报纸的约稿信也开始寄来。有一次,《人民文学》还把柯岩的诗用黑体字刊登出来,而把贺敬之的作品放在她的诗下面。这使柯岩非常得意,感到扬眉吐气。因为当时贺敬之已是很有影响、很有名的作家了,而她还是一个青年创作人员,虽然写了不少东西,有的剧本还演了好几百场,可是还没有谁管她叫作家。现在发表了一些诗,人们开始叫她诗人、作家了,她怎不高兴哩!当时,柯岩还没有意识到贺敬之对她的帮助和支持,只是想赶上贺敬之。

那时,贺敬之对她要求是比较严的。当时约稿较多,柯岩写出稿子后,常常说:“行啦,挺好的啦!”

贺敬之却说："不行，这根本不能发。"

柯岩说："人家都要，你说不能发!"

贺敬之说："你现在还年轻，等将来你会脸红——这样的东西都拿来发表!你要对社会负责!"

这样，柯岩就再修改，直到修改完整了，满意了，才寄出去发表。后来想到这些，柯岩对贺敬之很感激，并逐步认识到，贺敬之对她帮助是很大的，贺敬之在创作上的长处，是自己应该永远学习的。

但是，每个人又有不同的人生道路和创作个性，有志于创作的人，应该尽力找到并发挥自己的特长，回避或克服自己的短处，写出属于个人的作品来。

她以初生牛犊不怕虎的精神，在短短的几年里，写出了《"小兵"的故事》、《帽子的秘密》、《两个"将军"》、《军医和护士》、《爸爸的眼镜》、《小红花》、《看球记》、《"流星"》、《小红马的遭遇》、《"小迷糊"阿姨》、《红领巾日志》、《打电话》等儿童诗，陆续在《人民文学》、《诗刊》等大型刊物上发表。

很快，她出版了好几本儿童诗：1956 年出版《"小兵"的故事》，1957 年出版《最美的画册》和《大红花》，1958 年出版《小弟和小猫》，1959 年出版《不妙不妙》和《小红马的遭遇》，1961 年出版《帽子的秘密》和《"小迷糊"阿姨》，1963 年出版《我对雷锋叔叔说》，1965 年出版《讲给年儿童听》、《照镜子》。

柯岩的儿童诗深受广大少年儿童的欢迎，她成为新中国成立后著名的儿童文学作家。

柯岩儿童诗的主要成就有以下三点。

第一，儿童的心理，儿童的眼光。

儿童的心理常常与成人的心理、与实在的事理不相同，种种反差便生出情趣盎然的童趣。柯岩饶有兴味地用孩子们的眼光观察着生活，从儿童的心理出发，创造意境，开掘诗情。

《远山的回音》就写得很有童趣：

远处的大山，空空的

没有一个人影
可它却有，长长的
清清亮亮的声音——

大山，大山，是什么鸟
在你怀里唱么——
哦，原来是我们，我们自己
长长的向你呼唤的回声……

诗歌从儿童耳中的“回声”写起，由回声引出疑问，由疑问到领会，创造了一个优美的境界，把知识化为一种活泼流畅的气韵融入儿童的心灵，让儿童理解自然、热爱自然，达到怡情养性的效果。

《小红马的遭遇》则写小朋友洪洪看到种子种下能开花，小树栽下能长大，就偷偷把玩具箱里的小红马埋到泥土里，以为它长大后就可以结出很多的马：

种子种下能开花，
小树浇水就长大，
我想组织骑兵队，
所以种下小红马。

让它快快来长大，
让它结出很多马，
咱们一人骑一匹，
给解放军叔叔帮忙去呀！

诗歌围绕洪洪埋小红马、小朋友找小红马，引起“冲突”，最后由洪洪讲自己埋小红马的原因，使儿童在欢笑之时，得到审美的快感。

第二，精美的构思，优美的意境。

柯岩不但用孩子们的眼光观察着生活，还用孩子们甜美的嗓子歌唱生活，用孩子们天真烂漫的语言表达对祖国的赞美。如《做客来》：

红旗红灯大高楼，
绿树绿草小河流。
折一只小船放下水，
你顺水漂去别回头。
漂到江，漂到海，
漂到天边见云彩。
世界各地都靠岸，
各国小朋友请上船。
和平白鸽引路来，
请到北京做客来。

诗歌的景色优美：有高楼有小溪，有小河有大海，有云彩有白鸽；诗歌的感情真诚：欢迎远方的小朋友来做客，看看我们的北京，看看我们的生活；诗歌的构思新颖：抓住小孩常玩的纸折小船展开想象的翅膀，用和平白鸽迎来各国的小朋友。

这就是柯岩的儿童诗：善于进行精心的构思，充满了动人的想象和真挚的感情，洋溢着生机和活力。

她的一些优秀的儿童诗，甚至可以与那些传统童谣相媲美，像天籁，像清溪，像云彩，这些诗在儿童中口耳相传、不胫而走，许多小娃娃可以不知道作者的名字，但他们在牙牙学语的时候就记住了这些诗，成为一代又一代幼儿的精神滋养。

第三，生动的情节，有趣的故事：有情节，有故事，可以朗读，可以演出，可以驾起儿童想象的翅膀。

柯岩创作的以《帽子的秘密》为代表的一批儿童诗，在中国的儿童诗坛上反响强烈。《帽子的秘密》写妈妈交给小弟一项任务：了解哥哥的帽檐怎么老是会掉下来。小弟“深入”哥哥的学校了解其中的缘由，把家庭和学校的生活组成了一个生动的儿童故事：

我的哥哥可不是个普普通通的人，
他是一个三年级生。
他一连考了那么些个五分，
妈妈送他一顶帽子当奖品。

这顶帽子的颜色可真蓝，
漆黑的帽檐亮闪闪，
别说把它戴在头上，
就是看看心里也喜欢。

可是这顶帽子有点奇怪，
它的帽檐老是掉下来；
妈妈把它缝了又缝，
不知道为什么它总是坏。

妈妈叫我跟哥哥一块儿，
好看看帽檐怎么会掉下来。
可是哥哥只要一见我，
马上就把我赶开。

今天我偷偷地到了他的学校，
这事儿一下子就弄明白：
他们七八个三年级生，
一出校门就把帽檐扯下来。

他们在空地上来回地跑，
又喊“靠岸”又喊“抛锚”……
哥哥拿着个望远镜——木头的，
四面八方到处瞧。

我还没决定躲不躲，
望远镜已经瞄准了我；
忽然背后一声喊，
我叫人抓住怎么也挣不脱。

两个“水兵”向哥哥敬礼，
报告抓到了什么“奸细”。
哥哥看也不看我一眼，
就下命令把我“枪毙”。

我生气地说：“我不是什么奸细，
我是你的弟弟！”
可是哥哥皱着眉说：
“是奸细就不是弟弟！”

这么欺负人还能行？
我就又踢又打吵个不停。
两个“水兵”只好安慰我，
说枪毙是假的一点不疼。

我说：“反正我不能叫你们枪毙，
不管它疼还是不疼，
我长大了要当解放军，

随便说我是奸细就不成!”

“水兵”们都哈哈大笑,
哥哥也只得把命令取消。
大伙说:“这可不是个胆小鬼,
欢迎他参加我们‘海军部队’。”

晚上我回家见了妈妈,
我向她谈了船舱又谈甲板,
我告诉她什么叫做舰队。
还说天下最勇敢的就是海员。

至于哥哥的帽子嘛……
我说:“这是秘密您最好别管。”
妈妈摸着我的头笑了:
“那好吧,亲爱的‘海员’!”

我奇怪妈妈怎么知道,
她说:“这也是个秘密。”
她说她还有几句话,
托我给所有的小“水兵”捎去:

“真正的海员坚强英勇,
热爱祖国热爱劳动,
你们能不能学习英雄,
不看帽子要看行动!”

诗中浓缩了有趣的故事情节,可以当作小叙事诗来读。诗歌把哥哥和“我”

（弟弟）的动作、对话和神态刻画得栩栩如生。这首诗不只在电台播放，在校园里广泛流传，还收入到各种选本，成为我国上世纪50年代具有代表性的儿童诗经典。

此外，还有《看球记》、《最美的画册》、《“小迷糊”阿姨》等一批儿童诗，都在有趣的情节中渗透着诗人对生活的观察和提炼，以及对儿童美好心灵的赞颂和期望。诗人全身心地回归童年，就像讲述着自己的一段亲身经历。

柯岩的这一批儿童诗以新的理念、新的姿态呈现在读者面前，以富于戏剧效果的艺术手法、生动明快的儿童语言，表现了儿童乐观向上的天性和进取奋发的精神风貌，它可以帮助成人认识儿童，理解儿童，激发人们对儿童的关爱之情。这些，对于中国儿童诗，对于中国儿童文学创作有着重要的启示意义。

著名诗人臧克家说：“我刚刚会说话的小女孩，整天把一首儿歌挂在口头上：‘我家有个小弟弟，聪明又淘气……’她能一字不差地从头背到底，用那样一种神情朗诵着：‘不妙不妙！太脏太脏我不要！’这次读柯岩同志的儿童诗，才知道我的小女孩最喜欢的那首《小弟和小猫》，就是她的作品。记得三年前在《人民文学》上读到《“小兵”的故事》，就留下了一个较深的印象。她的某些作品，孩子们喜欢读，大人也一样欣赏它。”

在北戴河，我问柯岩，你为什么会成为儿童诗人？柯岩笑着对我说：“在50年代，我写得那么勤，那么投入，也那么多。我当时的创作生活好像是处在《沧浪诗话》里所说的‘学诗有三节。第一节：其初不识好恶，连篇累牍，肆笔而成’的阶段，激情洋溢地写着。”

同时，她还告诉我，这与当时的时代氛围和创作环境有关：“我当时处在多么美好的创作环境里——热情、关怀、自由，直抒胸臆，无所顾忌，而且报刊编辑和广大读者又是那样热情地关怀和鼓励着我。”

除了柯岩分析的两点以外，笔者认为，柯岩能迅速地成为新中国著名的儿童诗人，似乎还与她幸福的爱情、婚姻所激发的生命的激情有关。在20多岁的年龄，找到了自己心目中的白马王子，生活在诗意浓郁的生活氛围中，怎能不激发起她蓬勃的创作激情呢？

当然，还有一个原因，就是她确实具有诗人的才华，这主要表现在：首先，是具有像孩子一样纯真的心灵，了解并熟悉儿童的生活情趣与心理活动；其次是热爱新生活，热爱和关怀儿童，具有善良、热情的天性以及慈爱的心灵和高度的责任感；其三，她是学戏剧创作的，善于抓住情节和冲突，善于直接和对象交流，这就使她在写儿童诗时，脑子里不仅装着儿童，而且往往还有情节，正如她说的："我学习着要使我的诗里有戏，戏里有诗。"

三、同周总理跳舞

1956 年 3 月，柯岩由于在儿童诗和戏剧创作方面的成就，参加了全国文学青年创作会议。

柯岩以最美的年华遇上了共和国美丽的春天。

会议期间，文学艺术界的著名作家、艺术家和领导同志给他们作报告。柯岩同北京代表团的刘绍棠、从维熙、王蒙、邓友梅、李希凡等年轻的文学家、理论家，在一起互相交流，互相切磋，互相学习。

柯岩感到最高兴的是，在闭幕晚会上，周总理来了，她还同周总理一起跳舞，并和周总理进行了一场辩论。

那是一个春风沉醉的晚上。北京饭店的舞厅里，灯火辉煌，舞曲悠扬。

周总理带着舞伴跳起了华尔兹。

周总理见舞伴跳得这样好，不禁问道："小鬼是舞蹈队的吗?"

柯岩回答道："不是。"

周总理又问："是演员?"

柯岩回答道："不是。"

周总理奇怪了："那你是?"

柯岩颇为自豪地说："我是青艺创作组的!"

周总理这才看清了她上衣口袋上的代表证："啊！还是个作家哩!"

柯岩高兴地笑了。

周总理问："你们青艺为什么总演外国戏呢?"

柯岩立即回答："哦，总理，艺术是没有国界的。"

周总理问："嗯，你们是不是又要演《万尼亚舅舅》了呢？"

柯岩道："我们还要演《三姐妹》哩！"

周总理思考着说："那就更没有多少人看得懂了！"

柯岩答道："所以，为了通俗一些，我们才选了《万尼亚舅舅》。"

周总理叹口气道："这个孙维世，我给她说过多少遍，就是不听！"

可柯岩还跟总理顶嘴："可我觉得孙维世是对的嘛！"

总理听柯岩这么说，仔细看了她一眼："可是，普通百姓欢迎吗？"

"这个……"柯岩没有调查研究过，但她的嘴也真是反应快，"我们正是要提高观众的欣赏水平嘛！"

总理对柯岩道："哈，你这小鬼蛮厉害呀！我并不反对提高。青艺更负有提高的重任。但是，提高从哪儿提高呢？"

柯岩这下可答不出来了，双眼紧盯着总理。

总理亲切地说："必须从实际出发，从中国的国情出发，必须在普及的基础上提高。"

柯岩这下知道自己的幼稚了，严肃地点头沉思。

舞曲终止后，青年作家们热情地围上来问柯岩："总理同你说什么了？快说说，快说说！"

柯岩高兴地说："总理和我谈《万尼亚舅舅》，说孙维世，我同总理辩论了哩！"

"啊！"作家们都大吃一惊。

一曲华尔兹，反映了那个时代民主、平等的风气和和谐的干群关系；反映了周总理平易近人的民主作风和爱护青年的宽阔胸怀；也反映了柯岩的性格：纯洁、幼稚，毫无顾忌，充满自信，蓬勃向上。

四、深入工读学校

刚刚开完青年创作会议，柯岩就立即去了北京市第一所工读学校。

那是1956年，北京市委在彭真同志主持下，作出了创办工读学校的决定。

工读学校建在美丽的温泉旁。工读学校刚成立不久，柯岩就打着背包去了学校，她是第一位来校体验生活的作家。当时工读教育是全新的事业，大家都没经验，更不知道该如何对待前来体验生活的作家，有的人埋怨：本来就够乱的了，哪儿有工夫管什么作家呀？这不是添乱么？要是再给咱们写上几笔，那咱们可更吃不消呀！

柯岩在书房

柯岩来到校长办公室，找到党支部书记刘瑞峰，交出组织介绍信，对刘瑞峰说道："请你不要暴露我的身份，不要说我是来体验生活的，就说我是一个新调来的教师，可以吗？"

刘瑞峰同意了。

柯岩放下背包就投入了紧张的教学工作。她和工读学校的教师一起值班，一起劳动，一起家访，很快就担起了校长室秘书和一线教师的工作。

那时候工读学校的教师都很年轻，面对工读学生演出的一幕幕惊心动魄的"活剧"，缺少良策，尽管每个人热情如火，把精力和心思都用尽，施教的收获却很小。教师中出现了对学生的厌恶、嫌弃情绪，一些人对工读教育丧失了信心。

有一次，学校组织教师看了儿童影片《祖国的花朵》，一些教师就提出了工读学生也算是可爱的花朵吗？不，他们只能算是讨人嫌的牛蒡草！但是，刘瑞峰和柯岩等大多数教师不同意这种说法。他们认为，工读学校的学生还是祖国的花朵，只是他们受了病虫侵害，作为工读教师，更应该满腔热情地照料和培育他们。学校领导因势利导，引导全校教师展开了一场讨论。柯岩积极地参与了这场辩论，她以对学生的爱心，与对方据理力争。她和大多数教师一致认为，工读学生受了病虫害的侵害，出现了不少问题，就需要更多的阳光雨露，需要更多的爱，需要对他们加倍的细心而严格的照料培植，使其健康成长。经过这场讨论，教师们提高了认识，增强了热情和信心，校园里出现了生动活泼的教育局面。

当时有一些学生来自各区街道的流氓团伙，为了维护各自的“小山头”，经常打架，流血事件不止，老师的管教不听，处罚不灵。有些被关禁闭的学生还在墙上写道：“关禁闭大休息，脑袋穿眼透空气。”这些被关禁闭、与老师作对的学生反倒成了学生心目中的“英雄”。学生白天在老师的眼皮底下不敢打斗，就偷偷摸摸搞夜战，逼得老师搬进学生宿舍去盯梢；可学生又跟教师捉迷藏，夜间照打不误，弄得四邻不安。

老师们怀着对学生的爱护、亲近和理解之情，开始去细心观察学生打斗时的种种表现，认真地体察分析学生的心理活动。为了了解真情，柯岩和一些教师藏进饲养室偷看学生打斗的“实况”。透过那些刺耳的污言秽语，他们看到了打斗双方都很讲哥们儿义气，很看重本团伙的荣誉。在学生们惊心动魄的打斗中，他们又发现了那些学生拳击和摔跤的“才能”。

柯岩和教师们经过认真讨论和精心策划，向校长提出了一个大胆的方案：利用学生的“特长”和“爱好”，组织学生进行拳击和摔跤比赛。这可真是个大胆的倡议！校长经过研究，批准了这个方案。于是，学校为学生们购置了拳击手套、摔跤服。凡愿意比试高低者可挂牌登记，由体育教师做裁判，每天课外活动时间比赛。爱打架的同学找到了发泄精力和炫耀本领的场所，纷纷前去登记。学生们兴奋不已，纷纷拥向操场，为比赛擂鼓助威。老师在组织比赛活动时，把普及体育道德和行为规范作为己任，让学生在活动中得到熏陶和教育，让学生在活动中学会自律。教师同学生的共同语言增加了，对立减少了。学生们打架斗殴的情绪被引导到正确方向，学生间打斗流血事件基本消失了，初战告捷！教师和校领导趁热打铁，组织学生成立篮球队、足球队、乒乓球队、军乐队、民乐队、合唱团、读书会，于是，校园里，唱歌比赛、朗诵比赛、表演比赛，轮流进行，回荡着读书声、歌声、鼓乐声、掌声、欢笑声，一个良好的育人环境形成了。学校又在学生中建立了少先队和共青团组织，柯岩被任命为团队组织的领导人。

柯岩还利用自己熟悉作家、艺术家的条件，请来著名作家、艺术家给学生们讲故事，谈生活、谈理想、谈前途，用美好的思想来塑造和充实孩子们的灵魂。

那时候，为了严格管理，学校两星期才休息一天，老师们还要轮流值班。柯岩被工读学校那激动人心的生活所吸引，一回家，就给贺敬之讲她的所见所闻，讲她的经历和感受。

那会儿，著名儿童演员方掬芬经常缠着柯岩，不但让她讲述她的生活体会和创作打算，还不断催柯岩给她写剧本。柯岩说："我也真想早点儿把那些很有特点的人物和故事写出一个大戏，通过舞台形象让人们更了解和支持那些在特殊的战线上默默地工作、奉献的教师们，让人们更关心和爱护那些受到伤害的花朵。"

方掬芬听了，高兴地说："那你快点儿写个剧本，我好去演一个教师！"

可是，柯岩觉得还不成熟。

两年后，当她因别的任务返回原单位时，学生和许多老师还不知道她的真实身份，恋恋不舍地找领导追问为什么把柯老师调走？调哪儿去了？能不能去看她？

两年的工读学校工作，使柯岩增添了知识，扩大了眼界，结识了那么多优秀的教育工作者。柯岩在追忆这一段艰难历程时，深有感触地说："我们没有后退，我们坚持下来了，它使我们懂得了工读是一项爱的事业、献身的事业，也是科学的事业。这种沸腾的生活使我们得到了锻炼，成长了起来，也让我同教育工作者结下了革命的情谊！"

虽然柯岩当时没有写出什么作品，但是，这段生活却为她20年后写出《寻找回来的世界》奠定了坚实的生活和思想基础。

五、戏剧剧本创作

柯岩是文学创作的全能作家，在戏剧创作上也是多面手。戏剧是一种比较复杂、也比较难写的综合艺术形式。它要求戏剧冲突的紧凑尖锐，人物、时间、地点的高度集中，人物语言的高度个性化和丰富的潜台词。柯岩在苏州读书时学的是戏剧专业，分到中国青年艺术剧院后又受到著名艺术家和剧院艺术氛围的熏陶和习染，加之又特别醉心于创作，所以她的戏剧创作也取得了比较突出的成就，成为新中国著名的戏剧家。

新中国成立初期，柯岩在中国青年艺术剧团担任编剧，后来调到中国儿童艺术剧院做编剧，先后创作了儿童剧《娃娃店》、《嗐，这一觉睡的》、《“四虎子”连》、《飞向星星世界》，话剧《争取早团圆》、《相亲记》、《生者和死者的嘱托》，歌剧、诗剧《双双和姥姥》、《记着啊，请记着……》、《在黑非洲的丛林里》等。

《娃娃店》写小学一年级学生小胖胖和小豆豆到娃娃店参观，爱上了店内的好玩具，他们想要，老伯伯告诉他们，这些玩具各有各的脾气，各有各的模样，还各有各的本事：有会讲故事的，有会画画的，有会念诗的，还有会技巧表演的……但是，这些都是给好孩子的，他们只愿跟好孩子做好朋友。那些玩具因为小胖胖和小豆豆淘气，爱打鸟儿，爱吃零食，爱弄脏衣服，都不愿跟他俩走。小胖胖和小豆豆哭了。这时，老伯伯教育他们说：“只要你们真改，我还可以带你们挑别的娃娃哪。”于是俩人表示真改，真改！娃娃们问他俩是否帮家里做事，是否听妈妈的话？小豆豆撒谎，被唱娃们揭穿，他俩承认了错误，表示以后坚决改正，玩具娃娃说：“你们认识了自己的错误，改正自己的错误，就是好孩子，我们就愿意跟你们做好朋友了。”最后，玩具娃娃跟两个孩子回家了。

该剧是以生动活泼的童话形式对少年儿童进行正面引导的优秀剧作。剧本对小胖胖、小豆豆的描写是成功的，是非常符合少儿的心理的，唱娃们的歌也很有时代特色，很有艺术性：

我们的歌声多么好听，
响起来好像一串小银铃：
丁零零……丁零零……
这美妙的铃声在空中震荡，
它传到世界上各个地方。
谁要是扬声加入合唱，
她就会变得像我们一样漂亮，
像我们一样快活，

像我们一样到处受夸奖。
只有好孩子才能听见我们的歌声，
丁零零……丁零零……
只有好孩子才能加入我们的合唱。
丁零零……丁零零……当！

柯岩在1958年“大跃进”的时代氛围中，没有写那些浮夸的大话文章，而是同科学工作者一起创作了科学幻想剧《飞向星星世界》。该剧以浪漫主义的手法，描写少年儿童举办的一次星际月球的勘测航行。作者从地球火箭发射场写到火箭上的见闻，又写火箭飞上月宫，在月宫中见到嫦娥，最后以在月球上建立第一座少先城结束。全剧充满浪漫奇想，写得热情洋溢，歌词也写得神异奇丽，如《哥白尼山》：

我们的队旗在哥白尼山上飘扬，
我们的歌儿从地球唱到月亮上。
要把荒凉的月球变成鲜花的世界，
美妙神奇可爱得像地球一样。
少先队的旗子插到哪里，
我们就把哪里变成家乡。
少先队员的歌声唱到哪里，
我们就把哪里变成天堂。

2005年，中国儿童艺术剧院的著名演员覃琨在一次会议上，在等待和中央领导拍照时，她的位置正好排在杨立伟边上，于是她对杨立伟说：“我是非常崇拜你的，不过我还是要告诉你一个你想不到的秘密，那就是你是2003年飞天的，可我在1958年已经到过月球了。”杨立伟看身边这位上了年纪的阿姨说话表情很严肃，不像在开玩笑，不禁睁大了眼睛，不知说什么好。这时站在后排的知心姐姐卢勤大笑起来说：“她说的绝对是事实，我可以作证。”一时旁边的人也愣住了。卢勤这才笑着说："那时，我还是一个少先队员呢，儿童艺术剧院就演出《飞出地球去》（后来改名为《飞向星星世界》）。覃琨同志是主角，她乘着火箭，直达月球，还见着了嫦娥——那时候，可把我们这些小观众看疯了，散了戏，都不肯走，谢幕谢了无其数……"

"每场都是十四五次。"覃琨补充道。

周围的人听了，忍不住啧啧称奇："真的呀？""那时就演了这样的戏？怎么会？""怎么想起的呢？""好超前耶！"

覃琨同杨立伟握着手说："我这是假宇航员同真宇航员握手。"

谈到这个戏，柯岩告诉我：那时候，世界上第一颗人造卫星刚刚上天。一天，一个天文学家找到她，说是想写一个飞出地球去的剧本，要和她合作，她大吃一惊。小时候，她热爱文学，把主要精力都放到文学上，数理化学得一塌糊涂，离开学校多年，仅有的一点知识更是早就还给老师了。于是她立即拒绝了。可天文学家又找到儿艺的领导。领导找她去，劝她接受这个任务。

柯岩对领导说："我对天文一点不懂呀！"

天文学家在旁边说："你不懂我懂啊！再说，不懂可以学嘛！你不知道，现在全国青少年对卫星着迷得很，纷纷成立天文小组，我们正该把他们的兴趣巩固和提高起来嘛！"

柯岩回忆说："领导毕竟是领导，高瞻远瞩，一锤定音。于是，我只能接受任务。接受了任务怎么办？就得干！怎么干？学着干呗！那会儿，我们正年轻，有的是干劲和冲劲。王铁人早就说了嘛：'有条件，上！没有条件，创造条件也要上！'"

于是，柯岩就开始了热火朝天的学习。每天，天文学家都给她上课，口头讲授不算，还实地教学，带她上天文馆、图书馆。给她讲地球在宇宙中的位置，地球和月球的距离，怎样才能飞出去？要克服哪些困难？失重的现象什么样？火箭在途中会遇到哪些危险？宇航员可以出舱吗？怎么出舱？不但让她了解太阳系、银河系、恒星系，还同她一起重温了爱因斯坦的相对论！

柯岩本来就是一个热爱学习、追求知识的人。这样的学习，让她高兴不已，废寝忘食。而学习又是双向的，柯岩也每天给科学家讲戏剧学：什么戏剧冲突、人物场面、高潮尾声等等。

柯岩还同科学家出入学校、少年宫、科技馆，那就更有趣了！那时的孩子真是胸怀天下、壮志凌云，真是既勇敢又可爱，他们兴奋地同柯岩讨论着飞出地球的事。柯岩问他们："你们怎么敢想飞出地球去呢?"

他们的回答令柯岩惊喜不已："卫星上了天，下一步必然是载人火箭上天!"

"那不是科学家的事吗？你们这么小，能做什么呢?"

"都十三四岁了，还小吗？科学家也不是天生的。你看，我们航天小组不正在做火箭模型吗?"

柯岩高兴地看到他们不但比自己小时候有知识、有志气，而且比当时的她想象力更丰富，并且敢想敢干。正是这些小朋友的异想天开给了柯岩以灵感，她同科学家商量，决定把这部戏的主线定为少先队员乘坐少先一号火箭到月球筹建少先城。

柯岩从孩子们七嘴八舌的讨论中知道，他们对失重现象特别关注。她也认为这可以成为必需场面和很有趣味的情节，于是专门加设了一个幼儿角色，让他偷偷藏进了乐器箱，在火箭运行途中开箱时突然飞出——我们想要建少先城的队员们绝不能没有关于失重的知识。这个情节使得全场观众欢呼雀跃。还有，孩子们都想在月球上和嫦娥见面。为这，柯岩曾多少天辗转反侧、苦思冥想，又同科学家反复讨论，最后才编出了一个巧妙而又合情合理的情节。

谈到这里，柯岩不禁感慨道："那时候，我们真是苦学苦干啊！记得我的笔记就密密麻麻记了几大本，密密麻麻的不仅是字，还有各种各样的图、画和奇奇怪怪的公式。如果一旦遗失，被人捡到，大概不是送天文馆，就是送北航。苦干实干那就更不必说了，我们几乎是从早到晚跟随导演、演员，整天须臾不离地讨论修改，最后干脆披上一件军大衣，和衣躺在景台上，以便随叫随到、来之能战，还得每战必胜。表现不出他们的奇思妙想，改不出好情景、好情节，你就别想藏到月球里（就是景片堆里）小睡片刻。那才真叫热火朝天，困死活人！好在那会儿，我们正年轻!"

柯岩和同志们的辛劳都得到了回报，演出时，效果出奇的热烈，全场观众不时起立鼓掌，他们设计的那个幼儿角色小德德在火箭运行途中开箱突然失重飞起来时，全场大声欢呼，好多孩子离座奔向舞台，迟迟不肯回座位。戏演完了还都不肯离开剧场，幕谢了一次又一次，孩子们就是不肯走。于是演员们在台上喊：“月球上见！”

孩子们在台下喊：“不见不散！”

当知名戏剧家田汉同志来看演出时，看到孩子们那样兴奋，那样强烈的反应，他真是高兴得很。他在儿童的欢呼声中用手捂住耳朵对柯岩笑着说：“你们的观众原来是这样的！真是震耳欲聋啊！”还一次又一次地说：“他们真热情、真可爱啊！”

可当他看到嫦娥出场时，一下子严肃起来，对柯岩说：“这不行！再浪漫也不能失真嘛，嫦娥毕竟是只是传说中的人物……”

柯岩笑着说：“您别急，往下看！”

当田汉看到嫦娥唱完“应悔偷灵药”后自报家门说：“我是国家歌剧院的演员，为了迎接你们，特在此专候……”，这才理解这“嫦娥”是大演员在等候小演员，忍不住高兴地大笑起来说：“这就好，这就好，太聪明了，真是太聪明了！”

采访中，柯岩对我说：“一晃半个多世纪过去了，老前辈田汉先生已仙逝多年，我也重病多年，连当时《飞向星星世界》中的主角，饰演少先队中队长的覃琨也已 70 开外，当年十三四岁的少先队员也都年逾花甲，飞出地球去的夙愿只能让杨立伟和比他更年轻的一代去完成了。可是我们毕竟年轻过，我们曾经和我们的下一代一同梦想，一起飞翔，一起战斗过！我热爱他们，为他们而骄傲！”

歌剧《记着啊，请记着……》是根据电影《傲蕾·一兰》改编的，热情歌颂了达斡尔族抗击沙皇侵略的巾帼英雄傲蕾·一兰。

歌剧在欢乐的歌舞中展开——奥布库向傲蕾·一兰求婚，傲蕾·一兰的父亲希尔奇伊问未来的亲家巴拉革迪：

希尔奇伊（唱）倒不知——

你们问候的是哪座帐篷?

巴拉革迪（唱）求的是——

你那如花的女儿一兰。

希尔奇伊（不悦）我的帐篷从来没有如花的女儿。

安达金（忙提示）兵器将的女儿从来只会弯弓射箭。

巴拉革迪（唱）我们来求的就是你的花朵，咳，你的——

奥布库（忙接唱）你的山鹰——

众（合）整个草原都知名的

——傲蕾·一兰。

这时，未婚夫奥布库唱出了对傲蕾·一兰的赞美——

我求的一兰，
是能降烈马的一兰；
她骑马飞奔，
好像是天上的闪电。
我求的一兰，
是会舞刀的一兰；
她的宝刀起舞，
像漫天的雪花飞旋。
我求的一兰，
是能张弓射箭的一兰；
她那红翎利箭，
能射透熊罴的肝胆……

但是，就在婚礼进行之时，有俄罗斯人来做买卖。一兰的父亲去接待客人，直到第七天才见到他的坐骑大青马挣断了带血的缰绳、浑身是血地跑回来，同时，俄罗斯的波雅尔柯雅尔匪帮凶狠地扑上来。一兰为了报仇，一箭射中波雅尔柯雅尔匪帮的旗帜，当上了达斡尔族多音部落的首领。多音部落老人恰杜里高举宝刀，授予一兰：

这是苍天和我们祖神的意愿，
把杀敌的宝刀交给傲蕾·一兰。
古老的战刀呵重如大山，
英雄的达斡尔代代相传。

傲蕾·一兰按达斡尔习俗单腿跪地，从老人手中接过宝刀，唱道：

古老的战刀呵迎风长啸，
一声声一句句将我呼唤：
一个人为部落可抛头颅，
我部落为祖国愿血溅河山。

经过七天的血战，多音部落仍被沙皇远征军围困。沙皇远征军首领放出话来：只要傲蕾·一兰出城同他们谈判，就撤走围城兵马，放回希尔奇伊；否则就轰平城堡，杀死部落全部老小。为了让部落的老小安全撤出，傲蕾·一兰决心冒着死亡的威胁去敌营。临行前，奥布库把自己的战袍披在一兰身上，把新娘花冠戴在一兰头上，两人相抱，转瞬分开，一兰在后台歌声中急下——

大雪满弓刀，
为君解战袍，
此心已随马蹄去，
肝胆常相照……

一兰到了敌营，逼令敌人撤出包围，释放希尔奇伊。但希尔奇伊已被敌人折磨得快死，给女儿留下了临终嘱咐：

一兰你要走阿爸这样路，

一兰你要做阿爸这样人，

家乡的山山水水养大了你，

你要至死不变心！

一兰拒绝敌酋巴波夫的劝降，杀死巴波夫。敌人把傲蕾·一兰作为人质，押到莫斯科近郊的监狱。她饱受欺凌，在狱中生下了孩子——

孤雁呵，不要哀鸣，

展翅呵，去追故群，

穿过贝加尔湖的狂涛，

越过大兴安岭的乌云，

在黑龙江停下你的翅膀，

去告诉，去告诉我的亲人哪，

多音部落又增添了一名勇士——

一个小小的、小小的达斡尔人……

傲蕾·一兰带着孩子在监狱里坚持了十年。神父每年为傲蕾·一兰讲一次天国，监狱长在傲蕾·一兰身上施尽了刑罚，但她丝毫不为所动。沙皇远征军司令官哈巴罗夫把傲蕾·一兰押到坚持了十年抗战的奥布库阵前，抽打着她，逼迫她劝降奥布库，但傲蕾·一兰却与女儿喊："奥布库——杀死他们呵，他们没有火炮啦——他们没有粮食啦！"哈巴罗夫气愤地把傲蕾·一兰关起来。这时，一兰的母亲安达金化装成瞎子，用毒药毒死囚禁一兰的沙皇士兵，自己也悲壮地死去。一兰在善良的哥萨克士兵叶菲姆帮助下逃走。哈巴罗夫为实施假意释放傲蕾·一兰，以分化和打败奥库布的阴谋，狡猾地释放了被俘虏的戈博里部落的"萨满"西沃土——神的使者，对他诬称一兰皈依了东正教，皈依了沙皇。

一兰带女儿小安达金逃回故乡，与奥布库及亲人团聚：

呵，一兰逃出了牢笼，
呵，鸟儿飞回了故群，
山山水水呀奥布库，
都来迎亲人，都来迎亲人！

众人要一兰“快带领我们同跨战马，赶走强盗罗刹兵”，但受哈巴罗夫欺骗的神的使者西沃土“萨满”却闯了进来，说一兰在监狱里叛变了，如果奥布库不赶走一兰，他就要把戈博里部落的人带走，不同他们一起战斗。一兰劝阻戈博里部落的人别走：“对付罗刹就像很多人在一起狩猎，才能打死凶猛的野兽！”奥布库也劝西沃土别走，但西沃土坚持一兰不走，他就要带戈博里部落的人走！在这关键时刻，一兰只好作出决定：自己走，让他们都留下，共同抗敌。奥布库要跟一兰一起走，一兰坚决不同意：

不，不，我的奥布库，我最亲的亲人，你要留下，你是部落首领。……不但达斡尔民族不要分开，还要和鄂温克、鄂伦春、汉、满的各族，使鹿、使犬的各部落亲兄弟一起，——才会打败罗刹呀！

奥布库率领各族部落头领打了胜仗，一兰在暗处用红翎羽杀敌。一兰还带着小安达金，夜夜悄悄守护着部落，不让敌人来偷袭。有一天夜晚，敌人偷袭，为了给奥布库等人报信，一兰吹起号角，敌人射伤一兰。众人惊觉，认出了一兰。一兰叫奥布库擂起战鼓，咬住敌人，给朝廷水师报信，截住敌人退路，把敌人一网打尽。

一兰英勇捐躯了，奥布库唱出了气壮山河的心声：

勇士们，举起刀枪，为了保卫部落，为了保卫祖国。如果我们整个部落战死了，养育我们的黑龙江会记得，顺治十五年，达斡尔一个小小的部落，为了保全疆土，是怎样壮烈地殉国——

全剧以浪漫主义的手法，以尖锐紧张的矛盾冲突、优美动人的诗的语言，塑造了傲蕾·一兰及其父母、丈夫和女儿的崇高形象，热烈颂扬了达斡尔民族的爱国主义情怀。该剧充分发挥了柯岩作为抒情诗人的才情，荡漾着澎湃的诗情。如一兰与母亲在狱中相见一幕，瞎眼的母亲与受刑的女儿在狱中，在敌人面前相见，俩人欲诉衷肠而不能，还要默契配合，毒死敌人，她们的唱词是那样深情含蓄，相互呼应，相互契合，创造了震撼人心的艺术效果：

安达金唱：一兰呵一兰，我的女儿，
一兰呵一兰，我的心肝！
天天想呵夜夜盼，
总算把她盼回了草原，
多想上前亲亲她的脸，女儿，
贴心的话儿积攒了多少年……
可是敌人在眼前，敌人在眼前，
母女相逢不相认，
——怕把她牵连。

一兰唱：阿妈呵——我的阿妈，
阿妈呵——我的阿妈，
天天想呵夜夜念，
她可怎么度过这十年的苦难？
多想投到她怀里呵，阿妈，
让阿妈再给女儿梳发辫……
可是敌人在眼前，敌人在眼前，
母女相逢不相认，
——怕把她牵连。

柯岩和陶斯亮在《曾志回忆录》首发式上

六、《回延安》与《放声歌唱》

尽管在“反胡风运动”中受到党内警告，被隔离审查达半年之久，但贺敬之的心态还是很好的。他依然努力工作，继续写作。尽管有时柯岩会说一些气话，发发牢骚，但贺敬之给她讲：“高尔基在回忆录《和列宁相处的日子》中说，十月革命胜利后苏维埃政权实行无产阶级专政，一些反动分子被逮捕甚至枪毙，其中也冤枉了一些好人。高尔基就去找列宁。列宁告诉他说，在你死我活的激烈斗争中间，谁能知道哪一拳打得准哪一拳打不准呢？列宁这个话给我印象非常深。我懂得了，在激烈的阶级斗争中，出现一些偏差和错误是难免的，但是，以后党总是能够改正自己的错误。我在延安‘抢救运动’后期也戴过‘特务嫌疑’的帽子，在石家庄参加‘三查三改’，对我批判也很厉害，但我还是继续写东西。革命也会有错误，有挫折，个人很可能受些委屈，如果不能认识到这点，就不能深刻地认识革命！回头想一想，自己也确实有需要自我批评，不断提高的地方。”

听柯岩给我讲贺敬之说的这些话，我不禁想起小说《红岩》中华子良的原型韩子栋，他在新中国成立前坐过国民党的监狱，“文革”中又坐了十年监狱。我在为写《罗世文传》采访他时，他说了这样一段话：“一个共产党员，不但要敢于同敌人作斗争，也要能经受党组织可能产生的错误乃至对你的冤枉和委屈，始终都不能动摇革命的信念！”

贺敬之的这些话对柯岩启发很大。

1956 年春天，团中央书记胡耀邦去延安，主持西北五省区青年造林大会。《中国青年报》邀请贺敬之一起去。在离开陕北 11 年后重回延安，贺敬之沉浸在无比的激动和喜悦中。他写了一篇长篇报道和一篇散文，但心中总觉得有一肚子话没有倾诉出来。一天，延安的领导要组织一台晚会，要求贺敬之写点什么，好拿到会上表演。延安领导的约稿，使贺敬之思绪翻腾，在延安度过的那些难忘岁月、离别延安后的朝思暮想、重回延安后的所见所闻全部喷薄而出，融成了深情的诗句：

心口呀莫要这么厉害地跳，
灰尘啊莫把我眼睛挡住了……

手抓黄土我不放，
紧紧儿贴在心窝上。

……

几回回梦里回延安，
双手搂定宝塔山。

千声万声呼唤你，
——母亲延安就在这里！

诗人一开篇就先声夺人，写出了对延安的久别重逢之情。接着，贺敬之抒写了他在延安的新生和新生活，表达了他对延安的怀念和感激之情：

树梢树枝树根根，
青山青水有亲人。

羊羔羔吃奶眼望着妈，
小米饭养活我长大。

东山的糜子西山的谷，
肩膀上的红旗手中的书。

手把手儿教会了我，
母亲打发我们渡黄河。

最后，诗人写出了他再回延安的浓重感情：

革命的道路千万里，
天南海北想着你……

身长翅膀吧脚生云，
再回延安看母亲！

这首诗很快传遍中华大地，成为脍炙人口的优秀诗篇……

1956年“七一”前，《北京日报》编辑约贺敬之：“党的生日要到了，你不写点什么吗？”贺敬之用近两个月时间写出了气势磅礴、激情澎湃的长达1000多行的长篇政治抒情诗——《放声歌唱》，在年底出版了单行本。

这首诗以火焰般燃烧的激情，歌唱了我们共和国那灿烂的早春：

我看见
　　星光
　　　　和灯光
　　　　　　联欢在黑夜；
我看见
　　朝霞
　　　　和卷扬机
　　　　　　在装扮着
　　　　　　　　黎明。
春天了。
　　又一个春天。
黎明了。
　　又一个黎明。
啊，我们共和国的
　　　　万丈高楼
　　　　　　站起来！
　　它，加高了
　　　　一层——
　　　　　　又一层！

诗人在热情颂扬新中国的伟大成就时，把满腔热情献给了我们党——

在节日里，
我们的党
　　没有
　　　　在酒杯和鲜花的包围中
　　　　　　醉意沉沉。

党，
　　正挥汗如雨
　　　　工作着——
　　　　　　在共和国大厦的
　　　　　　　　建筑架上！
……
啊！井冈山——
　　宝塔山！
　　　　——我们稳固的基石，
老红军——
　　老八路！
　　　　——我们的钢骨铁梁！
这就是
　　我们共和国大厦的
　　　　质量的保证！
这就是
　　为什么
　　　　我们的万丈高楼
会这样地
　　坚强雄伟
　　　　——青云直上！

这首长篇抒情诗最奇特也最新颖的地方是，诗人以大量篇幅，抒写了他个人但又代表了千千万万人民大众的华章，表现了深刻的思想——

我——
　　祖国和党的
　　　　一个普通的儿子，

一个渺小的
“我自己”
在这里
有着
何等的意义！
……
这是党
为我们创造的
不朽的
生命，
是祖国大地的
无敌的
威力！

在北京市举行的诗歌朗诵会上，贺敬之朗诵了这首长诗，他朗诵时，充满了激情，有时候竟抑制不住，掉了泪。电台转播了朗诵的实况，反响极大。茅盾先生对这首诗作了很高的评价，认为它达到了民族化的初步成就，也标志着贺敬之个人风格的成熟。

贺敬之一下子成为全国人民非常热爱和熟悉的大诗人，这对柯岩来说，既感到无比的欣喜，更感到巨大的激励。因为，只有她知道，这首诗是酝酿构思于隔离审查期间的。读到这首诗，她知道了：原来不少党员是这样对待组织的审查的！她眼前顿时涌现出千千万万含辛茹苦、默默奉献的革命前辈，这促使她更加努力地投入生活，写出更多更好的作品！

七、在“反右运动”前后

柯岩以极为虔诚的心情投入生活的激流之中。她刚分娩 50 多天，就响应号召去农村，同贫下中农一起劳动生活。整风的时候，柯岩正在工读学校体验生活，很少回剧团参加各种鸣放活动，剧团、作协、文艺界举行的什么座谈会、表态会，她也不参加。那些天，报上经常登一些人的发言、表态、鸣放，有的朋友就劝柯岩也去参会、发言、表态，而且有的还语重心长地说："柯岩呀，你老不去参加会议，人家都把你忘了。"

柯岩无所谓地回答："一个作家主要靠作品存在，靠作品说话，而不是靠会议、发言和表态。何况，我们这些工读学校的孩子还闹得很，我们忙着呢……"

"反右"斗争开始以后，党支部通知柯岩参加会议。会上，支部书记突然宣布批评某某人，说他怎么反党反社会主义，要求大家对他进行揭发批判。柯岩听了大吃一惊：怎么平常都是有说有笑的同志，突然之间就变成了批判对象了呢？正在疑惑之际，书记突然点名要柯岩发言。柯岩惶惑中一时不知所措，只觉得没什么可说，而且觉得事实也完全不是书记说的那么回事，她只好选择沉默。书记严厉地批评她不关心政治。

不久，"反右运动"深入开展，柯岩的不少朋友被打成了右派分子。有一天她从工读学校回家，在单位图书馆看报，突然看到同她一起参加全国青年文学创作会议的北京代表团的50多名很有才华的青年作家，绝大部分都成了右派，只有她和李希凡等少数几个人幸免于难。她头昏脑涨地从阅览室出来，走到儿童艺术剧院大门口，伤心得走不动了，一屁股坐在门口，想到刘绍棠、从维熙、邓友梅这些知名作家一下子都变成了右派，忍不住痛苦地流下泪来，口中念叨着："多可惜呀！这么多有才能的人都成了右派！他们都是我们党培养的，只不过是提提意见，怎么就成了反党分子？这到底是怎么回事呢？"

不知道是因为柯岩同情右派的这些言论被一个一直对她有成见的人揭发报告了，还是因为她不爱参加鸣放会议和批判右派的会议，气恼了剧团的个别领导，总之，有人开始到处搜集她的右派材料，甚至于有个别被打成右派的"朋友"不知道是受不了政治的高压或什么原因，毫无原则地"反戈一击"，给她添油加醋，无限上纲地写了一些材料，于是，柯岩被列入"漏网右派"的行列。单位里有人给她贴大字报，组织上也开始对她进行批判。柯岩想不通，坚决不承认自己是什么"漏网右派"，她说："我从来没有参加鸣放，也没发表什么言论，怎么会是右派?”

批判她的人说:“你没有参加鸣放,就是对运动抵触、消极,就是右派的表现!而且你早就有右派的感情、右派的立场,只是没说出来而已!”

柯岩被他们的混蛋逻辑气坏了,气愤地反问:“你凭什么说我有右派的立场、右派的感情!我没鸣放就是没鸣放!”

批判她的人说:“哼,我们早就掌握了你的材料,你同情右派!要不然,你为什么坐在门口哭?还说了些反动话!”

柯岩坚决不承认:“我没鸣放就是没鸣放!我不是右派!”

幸亏当时刚从部队转业到儿童剧院工作的任泓、罗英及儿童剧院的一些老同志坚持原则,剧院党组织最终没有把柯岩划成右派。但是,她的入党转正期却被延长了。

在柯岩受到冤屈和打击的时候,贺敬之安慰她,鼓励她,劝她坚定信心,面对生活。

柯岩像贺敬之一样,没有被错误的批判和委屈所压垮,她依然那样的热爱工作,热爱生活,依然深入学校,深入群众。1958 年,她还不畏艰辛,背负行囊,翻山越岭,深入到闽南老游击区体验生活。

在这同时,贺敬之也受到了错误的处分。

1957 年整风鸣放期间,贺敬之正在颐和园修改诗剧《画中人》。当时,中国作家协会在颐和园、西山八大处等地设置了一些场所,让作家们在里面进行创作和休养。在剧协鸣放的时候,一些好心的朋友认为贺敬之在“反胡风运动”中受到过不公正的批判和处分,为他抱不平,于是来到颐和园动员贺敬之回单位参加鸣放,讨回公道。还有人提出贺敬之 1950 年写的歌剧《节振国》因有人批评人物不典型、有行帮思想而被周扬否定,这是教条主义对文艺粗暴干涉的表现,希望贺敬之回单位自己发言推翻当时的错误批评,为自己争回荣誉。中国剧协领导面对那么多同志的要求,就立即让贺敬之回单位开会发言。

贺敬之只好回单位。但是,善良而正直的贺敬之绝无借机报复和发泄不满的念头。他对党组织和同志们充满了感激之情,所以在发言时,秉承实事求是的原则,只对教条主义提出了原则性的批评,指出在创作中必须克服教条主义。他对曾经错误地批评过自己的同志也并不记恨，只字未提具体的人和具体的事。关于歌剧《节振国》的问题，贺敬之说，这个剧不是周扬同志否定的，而是个别领导同志坚持说《节振国》有严重问题，他自己也感到迷惑，觉得难以写下去，经周扬同志同意才不搞了。

由于贺敬之谈得很谨慎、很平和，没有伤及任何人，更没有牵连周扬，所以没有人提出异议，他也安心地回颐和园写他的《画中人》去了。

谁知，“反右”斗争开始不久，情况就起了巨大变化。那些“反右运动”的积极分子贴出大字报，说贺敬之关于《节振国》的发言是攻击党的领导人，是右派言论。单位一位负责人更是把胡风问题牵出来，说贺敬之因为“反胡风运动”时受到过批评处理，心里不服，对党离心离德，借党整风之机，找到了发泄阴暗心理的机会!

于是，剧协再一次对贺敬之进行批判。贺敬之怎么解释，都得不到谅解。“反右运动”后期，剧协党组决定给他党内严重警告的处分。上报到文化部以后，认为处理太重，没有批复，贺敬之才得以重回剧协。

当贺敬之在“反右运动”中受到批判，被人冷眼相看之时，柯岩没有丝毫的埋怨和嫌弃，而是更加关心他，安慰他，鼓励他。这给了贺敬之以信心和力量。

八、广州会议

1962年的广州会议是戏剧界、文艺界一次反“左”的重要会议，周恩来、陈毅在会上发表了影响深远的讲话。而这次会议的最初提议者和重要组织者就是贺敬之。柯岩作为年轻的剧作家，也满腔热情地参加了这次会议，还积极主动地支持和协助贺敬之筹备、组织这次重要会议。

1958年的“大跃进”、人民公社化运动和1959年的“反右倾”运动，给中国的社会经济发展带来了灾难性后果，也给全国人民的生活造成了重大的影响。从1960年底起，为克服“大跃进”带来的严重困难，党中央实行了“调整、巩固、充实、提高”的“八字方针”，全国各条战线实行了政策调整，经济形势逐步好转。

和文艺界同仁在一起

在科学界、教育界和文艺界，对知识分子政策也做了调整，先后制定了《科研十四条》、《高教六十条》和《文艺十条》，这三个条例的主要精神是一致的，主要解决了如何正确看待知识分子的红与专的问题，如何坚持“百花齐放，百家争鸣”方针的问题，以及如何改善党对科研、高教、文艺工作的领导的问题。

贺敬之在第三次文代会后被选为全面剧协书记处书记之一。在参加了文艺界讨论《文艺十条》的新侨会议后，贺敬之心情很振奋，他觉得，为了认真贯彻《文艺十条》的精神，调整文艺政策，调动一切积极因素，推动文艺繁荣，应该召开一次全国戏剧创作会议。于是，他向剧协党组成员、书记处书记赵寻提出了这个建议。赵寻向中国文联党组请示，文联党组上报中宣部，周扬决定在广州召开这个会议。中南局书记陶铸对这个会议表示热烈欢迎。

文联根据毛主席提出的大兴调查研究之风的指示，组成了四个调查组，分头到全国各地调查。贺敬之负责到东北调查。他在调查中了解到许多作家、戏剧家在“反右”和“反右倾”运动中被批斗的情况，其中戏剧家海默因为在话剧《洞箫横吹》中批评了县委书记，被批为反党反社会主义。四个调查组回来后，向领导作了汇报，领导责成贺敬之、赵寻起草向中央的报告。很快，周总理和陈毅副总理在紫光阁召开的在京文艺界人士座谈会上讲了话，总理在讲话中引用了贺敬之、赵寻上报的报告中的观点。

1962 年 3 月，两个广州会议同时召开。一个是国家科委召开的全国科学会议，一个是文化部和戏剧家协会召开的全国话剧、歌剧、儿童剧创作座谈会（简称戏剧座谈会），两个会议都是贯彻七千人大会精神，贯彻知识分子政策。

戏剧座谈会成立了临时党组，由阳翰笙任书记，赵寻和贺敬之担任正、副秘书长。会议参会人员名单，都由他们提出。贺敬之提出了不少在历次运动中受到批判和处分的剧作家及戏剧艺术家，特别提出了让话剧《洞箫横吹》的作者海默参加会议。但是，有关人员说海默的几篇杂文问题严重，仍不许他到广州参会。

3 月 2 日，周总理对两个会议的代表作了《论知识分子问题》的报告，指出：“不论是在解放前还是在解放后，我们历来都把知识分子放在革命联盟内，算在人民的队伍当中。”并指出，对于知识分子，要信任他们，帮助他们，同他们改善关系，帮他们解决问题，要承认我们过去有错误，承认了错误还要改。周总理的报告，代表了党对知识分子的正确理论和政策。

3 月 6 日，陈毅副总理在戏剧座谈会上发表了重要讲话，在会上为知识分子“脱帽加冕”，即为知识分子脱掉“资产阶级知识分子”的帽子，而换上“劳动人民的知识分子”的帽子。他说：“他们是人民的知识分子，社会主义的科学家，是人民的劳动者，是为无产阶级服务的脑力劳动者。工人、农民、知识分子，是我们国家劳动人民中间的三个组成部分，他们是主人翁。不能够经过 12 年的改造，还把资产阶级知识分子这顶帽子戴在所有知识分子的头上，因为那样做不符合实际情况。”

陈毅副总理的讲话表现了他高度的政治敏锐感和对革命负责的精神，讲得气势磅礴，热情澎湃，生动活泼，诙谐风趣，赢得与会者 60 多次热烈掌声，激起与会者兴高采烈的笑声。

周总理与陈毅副总理的讲话使与会者备受鼓舞，也使贺敬之信心十足，他立即通知海默乘飞机赶来广州开会，并亲自到机场去迎接海默。

贺敬之在大会上也作了重点发言。他在《有关戏剧创作的几个问题》这篇长达17000字的文章中，围绕新中国成立以来文学艺术方面争论不休的重大理论问题，总结了十多年来戏剧创作的经验与教训，提出了自己的看法。他的发言主要是反对公式化、概念化和教条主义，是很有水平的，符合马克思主义的文艺观的。在1962年“左”的倾向还占上风的年代，贺敬之的这次发言是难能可贵的。

九、夫妻双双颂雷锋

1942年延安整风和大生产运动时，贺敬之正在鲁艺学习。1943年春，贺敬之随鲁艺秧歌队到南泥湾三五九旅驻地和垦区慰问，在此前后，演唱了贺敬之的《南泥湾》：

花篮的花儿香，
听我来唱一唱。
来到了南泥湾，
南泥湾好地方。
又战斗来又生产，
三五九旅是模范。
咱们走上前，
鲜花送模范。

此歌后来传遍大江南北。

当时，三五九旅的旅长正是王震同志，而郭小川则是三五九旅旅部的秘书。新中国成立后，贺敬之与郭小川成为亲密战友和诗友。

1963年，王震将军与柯岩夫妇、诗人郭小川合影

1963年初，王震将军在北京医院刚做过手术，听到雷锋的事迹后，十分感动。他以敏锐的眼光发现了雷锋事迹的重要意义，立即叫人通知郭小川、贺敬之、柯岩到医院来。他在病床上，眼含泪水，一边念着手中的雷锋材料，一边深情地说："最近出现的雷锋，是一位了不起的英雄。他不是枪林弹雨中的英雄，而是社会主义和平时期的英雄。我看了他的事迹，非常感动。你们这些诗人难道就不为此感动？为什么还不写诗？你们在北京干什么？我建议你们都去看一看，写一写，歌颂一下，怎么样？"

贺敬之、郭小川、柯岩都为老将军的高度政治敏感所感动，一致表示马上赶去抚顺。

贺敬之和郭小川因为担任领导职务，公务忙，一时走不了。柯岩是专业作家，时间松动一些。她等不及贺敬之，就一个人冒着料峭的春寒，同罗英一起去了抚顺雷锋连队。

一到雷锋连队，柯岩就被浓浓的亲情包围了。在一间小小的房舍里，在一盏不亮的孤灯下，雷锋的指导员双手抱着头，哽咽地同柯岩谈着雷锋。他头也不抬，慢慢地叙述着雷锋的经历和音容笑貌。指导员不时打断自己，重复地说着："我睡不着，没法睡着呀，刚一迷糊，就听见他在叫我：'指导员，指导员！'就见他那样笑嘻嘻地站在门口。我赶紧翻身起床，可是——雷锋却再也不在那儿了！"

指导员讲着讲着，眼泪一滴滴打在松松的土地上。柯岩听着，眼泪噗噗地落在笔记本上，把墨水洇出片片蓝晕。接着，指导员又送来一大摞雷锋的日记。柯岩读着那原生态的朴素的笔记，不禁热泪滚滚。

柯岩还看到了抚顺市民万人空巷、涕泪滂沱地送别雷锋的动人场面。无尽的人流抬着一个普通战士的棺木走向墓地，走在这呜咽的人流中，柯岩忍不住发出了深沉的呼唤：

雷锋啊，你是谁？
是谁？是谁？
为什么能把千万人的心灵占据?!
雷锋啊，你来自何方？
来自何方……
为什么能把千万人的感情激荡？

那些天，柯岩被深深地打动了，以至回到北京家里，她给贺敬之讲述雷锋的事迹时，不但她哭了，贺敬之也哭了。贺敬之的母亲走进客厅，见自己的儿媳妇和儿子都在哭，大吃一惊，着急地问："出了什么事？你们这样哭？"柯岩立即把她在抚顺所听到的雷锋的故事讲给婆婆听，善良的婆婆也泪流满面。

柯岩沉入了创作的激情之中。她提起笔来，飞快地挥洒着———

听讲你的故事呵，雷锋，
孩子们停住了笑声，
热泪在脸颊上流洒，

好像露珠在花瓣上滚动。

提起你的名字呵，雷锋，
青年人的眼睛更亮更明，
你红色生命的火把呵，
在他们的心中燃起烈火熊熊。

在你的像前呵，雷锋，
战士都严肃地立正，
他们默默地在心中宣誓：
要像你这样地战斗一生。

面对你的一生呵，雷锋，
许多老年人失去了镇静：
“我希望再活20年，
像雷锋同志一样地革命！”

柯岩满怀激情地书写着。

柯岩很快写出了300多行的抒情诗《雷锋》，发表在《人民日报》上，整整一大版。当时，雷锋的事迹才刚刚在报上宣传。这首诗的发表，引起了读者的强烈共鸣，一时间传遍祖国大地，许多演员和青年纷纷登台朗诵。

柯岩劝贺敬之：“你也写一首长篇抒情诗吧！”

贺敬之严肃地回答说：“我在想，要写，就一定要写出新意！这是很难的。我还不知道有没有把握。”

贺敬之长久地思考着，孕育着，一直没有动笔。

柯岩鼓励他：“你肯定能写好！要有信心！你写吧！”

贺敬之思索着。他站得更高，看得更远，想得更深沉。他从时代的高度、世界观的高度，思索着雷锋形象的伟大意义——

假如现在啊
我还不曾
不曾在人世上出生
假如让我啊
再一次开始
开始我生命的航程——
在这广大的世界上啊
哪里是我
最迷恋的地方？
哪条道路啊
能引我走上
最壮丽的人生？
……
哪里的土地上
青山不老，
红旗不倒，
大树长青？
哪里的母亲啊
能给我
纯洁的血液、
坚强的四肢、
明亮的眼睛？
……

刚写出一部分，贺敬之自己还把握不准，就念给柯岩听。柯岩听了，立即热情称赞：“太好了！太好了！比我写的那几首都好，而且不是好一点半点！是好得多！”

这大大坚定了贺敬之的信心，他更加投入地写起来。

贺敬之写完前四节之后，在《中国青年报》上发表，反响极为强烈。柯岩催着他赶快写完。于是，深情的诗句，从贺敬之心中汩汩流出：

但是，雷锋，
在心灵的深处，
你有多少强烈的
爱啊，
　　又有多么深刻的
　　憎！
爱和恨，
不可分割，
像阴电、阳电一样
相反相成——
　　在你生命的线路上，
　　闪出
　　永不熄灭的火花，
　　发出
　　亿万千卡的热能！

贺敬之在歌颂雷锋的伟大精神之时，再一次把自己融了进去，写出了雷锋精神对自己和全国人民的影响，进而纵情展示了雷锋精神的伟大力量和蓬勃发展。

那红领巾的春苗啊
面对你
顿时长高；
　　那白发的积雪啊

在默想中
顷刻消溶……

啊，让歌手们
歌唱吧，
登上我们
新的长城：
“……北来的大雁啊，
你们不必
对空哀鸣，
说那边
寒霜突降，
草木凋零……
且看这里：
遍地青松，
个个雷锋！——
……快摆开
你们新的雁阵啊，
把这大写的
人字——
写上那
万里长空！……”

王震将军的夫人王季青又约柯岩到她工作的学校给全校师生作雷锋事迹和学雷锋心得体会的报告，受到热烈欢迎。后来，许多学校都请柯岩去作报告。

王震将军又叫郭小川和贺敬之、柯岩去上海，参加动员上海知青奔赴新疆支援边疆建设的活动。柯岩因在北京各学校作报告，一时走不了。郭小川和贺敬之先到上海。贺敬之在上海写完《雷锋之歌》的最后两节，又全文发表。

一天，王震将军让贺敬之把全诗朗读给他听，还吩咐秘书不让任何人打扰。他一个人坐在沙发上，全神贯注地倾听贺敬之的朗诵。当贺敬之朗诵到“快摆开，你们新的雁阵啊，把这大写的人字，写上那万里长空”时，王震一下子从沙发上站起来大声叫好！听完全诗以后，王震意犹未尽，把诗要过去，点出他最喜欢的几段，让贺敬之再念一遍，然后感慨万分地说：“好啊！真好！你是怎么写出来的啊！”又说：“你这是为中国作家扛红旗，立标杆啊！”

复旦大学师生请贺敬之、郭小川朗诵他们的作品。郭小川朗诵了《向困难进军》，贺敬之朗诵了《雷锋之歌》，受到青年学子的热烈欢迎，真是掌声不断，赞叹连连。贺敬之在朗诵时，激动得在台上走动，差点从台上跌下来。

《雷锋之歌》的发表，更轰动了诗坛，引起了读者的强烈共鸣。我至今还记得我在报上读到此诗时的激动情景，记得我和同学们（当时笔者正在四川大学中文系读书）一起热烈讨论这首诗的情景。我们认为这首诗是当时政治抒情诗的高峰，是继《回延安》、《放声歌唱》之后又一首大气磅礴的不朽之作。

柯岩告诉我说：“《人民日报》刊出我的《雷锋》后，我收到了许多读者来信，说打动了他们，我感到很欣慰。可是，一个月后，当老贺推出他的《雷锋之歌》后，我是真服了！什么叫不同层次？这就是！他是站在新的高度上，塑造和展现了一个具有坚定信仰的共产主义的中国战士的伟大形象，启示人们深刻认识我们时代精神的精髓。”

十、《西去列车的窗口》

1963年3月，郭小川、贺敬之在上海等来柯岩。

王震将军亲切地接待了柯岩。王震将军性格热情、豪放、刚毅、火爆，一次，他与郭小川、柯岩夫妇在火车上打扑克时，做了一个小动作，换了牌，被柯岩看见了，柯岩坚决不依，要叫王震承认，王震不好意思承认，柯岩还是不依不饶。王震不认错，她就将牌一摔，不打了。王震的秘书吓坏了。贺敬之和郭小川都劝柯岩算了，可柯岩仍然坚持。

王震无可奈何地叹道：“嗨，你这个小同志从来都谁也不怕吗？”

柯岩直爽地回答：“是呀！为什么要怕？首长也不应该让人怕呀！”

郭小川说：“就是！1956 年她同周总理跳舞，还同周总理争辩哩！”

王震也笑了：“看来我这个王胡子，今天还得怕你这个柯胡子了！”

柯岩和贺敬之、郭小川都哈哈大笑起来。笑声中，洋溢着新时代领导同群众亲密无间的同志情谊，也显示了柯岩直爽坦荡的品格。

3 月底，郭小川、贺敬之、柯岩跟随时任农垦部长的王震将军到上海及华东几省市视察农垦工作，并具体指导新疆建设兵团接受上海青年入伍的工作。

贺敬之三人随王震将军先到杭州，再到福州，参观了农垦部的蚕桑基地，又参观了厦门海防前线。在那儿，比贺敬之年长 5 岁、诗情特别葱浓的郭小川写出了《昆仑行》和《西出阳关》等诗篇。

接着，他们又到新疆去。他们首先去石河子，代表王震将军去看望艾青。贺敬之、柯岩都非常喜欢艾青的诗，还在少年时代，他们就能背诵艾青的许多诗篇。郭小川也很喜欢艾青的诗，他是读着艾青的诗开始诗歌创作的。

他们一起向艾青转达了王震将军的问候，也表达了他们对艾青的尊重和热爱之情。

艾青感谢王震将军的关怀和爱护。他知道，由于有王震将军的照顾，他的日子比其他右派分子要好过一些。因此，尽管他头上还戴着右派的帽子，面对诗坛的朋友，他还是兴奋地畅谈着，暂时忘记了昔日的痛苦。

看望了艾青之后，郭小川同贺敬之、柯岩去了南疆、北疆，去了生产建设兵团的一些师、团、连、排。

从上海到新疆，郭小川一路佳作迭出。在新疆阿克苏，贺敬之写出了《西去列车的窗口》。他当时思考着如何继承并发扬革命传统的问题，思考着怎样把老一辈的革命理想、革命精神和革命作风传给新一代。贺敬之敏锐地抓住了“西去列车的窗口”这个独特的、新鲜的、富有诗意的意象，把西去列车的窗口与时代列车的窗口及两代人火热的心口结合起来，把南泥湾的老战士到边疆屯垦和上海青年到边疆生产劳动联系起来，把两代人的情感同两代人交接班的丰富而厚重的时代内容结合起来，写出了深邃的社会含义，表现了深刻的诗情画意，创造了奇妙的、深邃的境界：

你可曾看见：那些年轻人闪亮的眼睛
在遥望六盘山高耸的峰头？

你可曾想见：那些年轻人火热的胸口
在渴念人生路上第一个战斗？

你可曾听到啊，在车厢里：
仿佛响起井冈山拂晓攻击的怒吼？

你可曾望到啊，灯光下：
好像举起南泥湾披荆斩棘的镢头？

啊，大西北这个平静的夏夜，
啊，西去列车这不平静的窗口！

诗人再次抑制不住自己的激情，又一次“走上前来”，直抒胸中豪情——

西去列车这几个不能成眠的夜晚啊，
我已经听了很久，看了很久，想了很久

我不能、不能抑止我眼中的热泪啊，
我怎能、怎能平息我激跳的心头?!
……
啊，祖国的万里江山、万里江山啊！
啊，革命的滚滚洪流、滚滚洪流！

现在，让我们把窗帘打开吧，
看窗外，已是朝霞满天的时候！

来，让我们高声歌唱啊——
“鲜红的太阳照遍全球！”

刚写好此诗，贺敬之就给柯岩和郭小川看。

郭小川说：“敬之刚发表了《雷锋之歌》，影响很大，这首诗不如《雷锋之歌》好，最好不要拿出去，以免影响不好。”

柯岩读了，思考了很久。她知道，贺敬之不像郭小川，可以倚马千言，他成诗很难，就说：“这首诗虽然不如《雷锋之歌》，但很有现实意义，青年人会喜欢的，还是拿出去发表吧！”

贺敬之最后听了柯岩的，把这首诗寄给了《人民日报》。这首诗在《人民日报》发表后，确实因唱出了一代青年热爱生活，继承革命传统，到祖国最需要的地方去的共同心声，受到广大青年的热烈欢迎，产生了很大反响，至今还不时被人吟诵或拿到舞台上朗诵。

柯岩同贺敬之、郭小川到了新疆，非常兴奋。她运用意识流等新的手法，写出了一部十多万字的中篇小说《女儿的来信》，自己比较喜欢。小说送给著名评论家侯金镜看了，柯岩以为会受到赞扬，谁知侯金镜却尖锐地批评说这部作品有倾向性问题，形式大于内容，最好不要发表。柯岩没想到会是这个评价，气得大哭了一场。她很舍不得这部作品——这是自己几个月的心血呀！但是，郭小川和贺敬之看了，也有侯金镜的感觉，都劝柯岩不要发表。柯岩听从了他们的意见，没有发表这部作品。

十一、舍己为人

柯岩总是长时间深入生活，带病深入生活，接受党组织安排的任务坚定坚决，不讲条件，比如参加赴朝慰问团，参加改造妓女的工作，在“文化列车”

上工作，到工读学校体验生活，以及参加农村的各种运动等。

1958 年，她响应党的号召，带头降薪。

1960 年，柯岩怀了孩子，即将临产。可是她还是忙着写剧本。那天剧团开会，讨论剧本。导演、编剧、艺委们争得面红耳赤。柯岩突然觉得肚子疼了起来，知道可能是要生产了。但她沉浸在热气腾腾的氛围里，就忍住没说，一直坚持着参加讨论。分娩的时间毕竟快到了，肚子痛得一阵紧过一阵，她痛得捂住肚子，蹲在地下。几个年长的同志知道她快临产了，劝她快上医院。可柯岩的心思还在剧本上，她咬着牙说："那也得让我把意见说完！"等她一说完，年轻同志又同她争论起来。柯岩忍着痛听他们争论。年长的同志又催她上医院，可年轻的同志没有经验，仍然拦住她："别走，别走，你说完了，我还没说完呢！"眼看 12 点多了，大家也不去吃饭。直到下午 1 点多，才勉强散了会。

直到这时，柯岩才忍着剧痛，骑上自行车赶往医院。人一跑进医院，就在过道上昏厥了！医生连病房都没让她进，就直接把她送上了产床。等她苏醒过来，孩子已经生出，她看见一个像爱人贺敬之的大夫穿着白大褂坐在身边。想转头去看，却发觉头侧不过去，身上到处插着管子。

她正纳闷着，突然听见身旁的人说话了："哎，你可醒过来了！真吓死人啦你！整整抢救了你 6 个小时。各种方法都用尽了，你看，输着血，输着液，腿上、脚上还扎着针！大夫还给你艾灸着呢！"

柯岩这才知道，坐在旁边的人正是自己的丈夫。但是她很奇怪："你怎么来了，怎么会让你进产房？"

贺敬之沉重地说："病危通知书让我进来的呀！你昏迷了，大出血，床下放个桶，血就哗哗地流，生命危在旦夕。医生给你输血，可是，这时候又觉得血库的血不够新鲜，医生和护士就直接从他们身上抽血。到现在，已经给你输了 2000 多 cc 血了。"

柯岩听了非常感动。她虽然不懂医，但她知道：2000 多 cc 血是很多很多的！当时又正是困难时期，大家营养都很差，每一 cc 血都很珍贵。可是为了自己，竟从同志们身上抽了那么多的血！她忍不住竟大哭起来。

正在为柯岩做艾灸的大夫听见柯岩哭，以为是柯岩听见自己病情严重担心难过，就责备贺敬之："你这是想她死还是想她活！这个时候给她说这个……"

抢救完了，护士把柯岩送进病房，又立即给她送来了牛奶——这在困难时期，是只有危重病人才有的补品啊！

柯岩心怀感激，再三问医生、问护士：是谁为她输的血？是谁抢救了她？可是医生和护士都不告诉她，异口同声地说："你问这干什么？这都是我们应当做的！"

她出院时，因为是抢救过来的危重病人，恢复会很慢，医院给她开了三个月产假及三个月病休，同时还给婴儿开了半年订牛奶半磅的证明。这半磅牛奶在当时经济生活那样困难的年代，是控制得非常严格的，也是非常珍贵的。柯岩感动万分。回到家后，儿子才喝了一个月牛奶，柯岩就得知他们儿童艺术剧院的老董同志患脑血栓导致半身不遂，急需营养。而当时牛奶定人定量，是拿钱也买不下的。柯岩立即决定把国家给自己儿子的半磅救命的牛奶送给这位重病号。但是柯岩是没有奶喂孩子的，于是她才一个多月的儿子就只能吃糕干粉和米面糊糊。婆婆每天一边喂糊糊一边唠叨她："好！俺的乖孙孙哩，别哭，别哭！咱们吃米糊糊，你妈瞎积极，好好的牛奶给了人，让咱们吃糊糊！哪怕给咱留一半也好！哼，连一句商量也没有！哦，乖孙孙，别哭别哭，咱们吃糊糊！"

柯岩听得心里也酸酸的，眼里湿湿的。作为母亲，谁不心疼自己的孩子！可是，想到是同志们把自己从死亡线上拉回来，想到自己血管里流着那么多同志的鲜血，她又觉得自己做得对，自己必须那样做！

不久，领导号召党员带头下乡，有的同志提出身体不好，不能下乡。为了补缺，柯岩不顾自己生产才50多天，大女儿又患肝炎，婆婆生病卧床，爱人贺敬之也在农村，又主动向组织上提出要去农村。柯岩的好朋友、少儿剧团党支委罗英劝她说："你家里这么困难，就不去了吧。"

柯岩坚持要去，她对罗英讲："这是困难时期，别的同志也许比我更困难，就让我去锻炼锻炼嘛！"

柯岩下乡后，在极其艰苦的条件下，身体极度虚弱，全身浮肿，但她仍然像正常人一样生活、工作，根本不知道休息，以至病情日益发展。直到十个月后，完成了全部任务，她才和全体同志一起撤离，住进医院治疗，这时，孩子已经一岁多了……

几十年来，柯岩始终牢记着血管里流着同志们的血，不管是“文革”时的狂风暴雨，不管是转型期的金风香雾，也不管是谣言的乌云，委屈的压力，她都含笑面对，咬牙顶住。即便是身患重病，甚至动了大手术，她都不忘一个作家的神圣职责，坚持为人民创作，为读者奉上宝贵的精神食粮。

第三章

剑锋磨砺出

一、铮铮硬骨

1965 年，柯岩由文化部创作室派去河南搞社会主义教育运动。半年多后，因为生病，被送回北京住院。出院休养时，已是“文化大革命”前夕。不久，她所在的单位中国儿童艺术剧院就派人来通知她去单位看大字报。柯岩说：“我不能去，我正在治疗。”

但单位来的人要她一定去。她到单位一看，大吃一惊！只见墙上贴满了她的大字报，给她栽了很多骇人听闻的罪名：什么地主出身，阶级异己分子，漏划右派，反动权威，黑线人物，混入党内，反党集团成员……一数，竟有九顶帽子！最后还画了一张漫画，题目是“化成美女的蛇”，图上画着一条蛇身，蛇头则是柯岩的头。柯岩看到这样恶毒而恐怖的画，气愤得哭了起来。

她不禁想起“反右”时候，参加青年作家文学创作班的北京作家，除了李希凡、李学鳌、温承训和自己少数几个人外，几乎全都被划成了右派分子，而且自己也被打成右倾，只专不红；想起整党时自己也挨过整，但是从来没有这么被丑化、丑画过，看来这次运动更厉害，更难过关了。

回到家，柯岩给贺敬之讲述了单位大字报的内容。

贺敬之劝他：“可能是你平时对人太清高，有些傲气，群众关系不好，以后注意一些就是了！”

过了几天，大字报更多了。一天，单位的造反派凶神恶煞地冲进家，勒令柯岩带上行李，到社会主义学院报到。

贺敬之提着行李，送她前往社会主义学院。一路上，贺敬之不停地劝慰她：“到社会主义学院后虚心学习，团结同志，接受帮助，不许耍态度。”

柯岩却担心贺敬之：“老贺呀，我看你也要有思想准备呀！我肯定不是群众关系不好被整，而是另有原因。我到儿童剧院后整天在下边，与单位群众接触较少，从没有矛盾和冲突。连我都被揪出来了，你是剧协的办公室主任，半个领导，恐怕也跑不掉！”

但贺敬之对这场运动的严重性也估计不足，笑着说：“我不会有问题的！和胡风的牵连已受过处分，‘反右’时也批判过了，你放心！”

柯岩到社会主义学院一看，已有好几百人关在里面接受批判斗争。这些人大多是文艺界各单位的领导干部，而且年纪都很大。柯岩与这些人都很熟。一些老领导见到她，都吃惊地问：“你怎么也来了？你来干什么？”

柯岩诙谐地回答：“大概是来斗你们的吧！”

在社会主义学院，七八个“牛鬼蛇神”睡一间屋。一进牢房，连裤腰带都给没收了。柯岩怎么睡得着呀！贺敬之在哪里？家里两个孩子怎样生活下去？她睡不着。她向医生要安眠药，可医生只给两片，她还是睡不好。

没有几天，不出柯岩所料，贺敬之同剧协的著名戏剧家田汉、阳翰笙、赵寻等人也被押进了社会主义学院。

柯岩想到贺敬之说自己没有问题，不会被关进来，不禁笑了起来，忍不住跑到他身边捅他：“怎么样？你也来了吧！”

贺敬之看了她一眼，苦笑着说：“是啊，还是你说得对！我跑不掉！”

造反派见了，大喝道：“不许说话！”

柯岩与贺敬之相视而笑。

二、自己解放自己

在社会主义学院，是军管，解放军很讲政策，不打不骂不侮辱，有时见谁想不开，还好言劝慰、解释、开导。可是不到一个月，就被造了反，全体“黑干部”都被原单位的造反派揪了回去。

回到剧院之后，迎接柯岩的是严酷的、不间断的批斗。

批斗大会开始了，造反派批判柯岩的《我爱太阳》是大毒草，要她低头认罪。她坚决不承认《我爱太阳》是大毒草，也绝不低头。造反派要按下她的头，她却昂起头来，义正词严地驳斥：“《我爱太阳》可能有缺点，但绝不是大毒草！”

造反派气急败坏地高呼：“打倒牛鬼蛇神！”

柯岩不喊，造反派就要打她。罗英怕她挨打，就在旁边悄悄踢她的脚，要她喊。柯岩就高喊：“打倒真正的牛鬼蛇神！”

在她的心中，真正的牛鬼蛇神就是那些个颠倒是非，混淆黑白，打击她和革命干部的人！

造反派不许她喊，她愤怒地说：“我不是牛鬼蛇神，为什么不能喊?!”

造反派更加气急败坏地高呼口号：“打倒冯恺！”

在批斗小会上，造反派要大家念毛主席语录。柯岩大声说：“我来念一段毛主席语录！”

造反派只好同意她念。柯岩站起来，针对造反派的倒行逆施，大胆地念：“谁是我们的敌人？谁是我们的朋友？这个问题是革命的首要问题。……一切结论产生于调查研究的末尾，而不是它的开头。”

造反派明知是针对他们，却也无可奈何。

在牛棚里，柯岩对一些老同志在造反派的淫威下不实事求是地交代问题和无原则地乱认罪的行为很想不通。她善意地劝他们：“即使挨打受骂，也不能乱交代乱认罪，否则就没有是非，甚至会把水搅浑。你们是老同志、老领导，以前总教育我们：一个共产党员要有勇于坚持真理的革命气节。现在，不正是考验我们的时候吗?”

听了她的劝解，一些老同志受到启发，很快改正了错误的做法。

罗英对她讲：“造反派批斗你时，你把肩膀缩起来，少挨点打！你把头梗起，不是找死吗——要多挨打呀！”

不久，开始批判资产阶级反动路线。中国儿童艺术剧院院长和整个领导班子也全都被揪了出来。院长叫柯岩帮他写检查。柯岩说：“可我不知道你有什么问题呀！”

院长就把他的笔记本给柯岩看。柯岩一看，里面写着这位院长怎样不得已地把自己和罗英等人说成是一个“反党集团”。这使柯岩感到了人世间的复杂。

一天，一群杀气腾腾的中学红卫兵，冲进柯岩单位的院子来斗“黑帮”。一个又一个“黑帮”被揪出来。

“柯岩，出列！”一个红卫兵吼道。

柯岩被押到墙边。她咬紧牙关，做好了挨打的准备。

红卫兵厉声训斥她，突然，又对着她的耳朵小声说：“阿姨，有错就改，千万不能死！我们知道你是好人！可千万不能死呀！”

说完，这个红卫兵拧起铜头宽皮带抡来舞去，可一下也不打到她身上。

又有一次，一个红卫兵跑到柯岩家，一脚把门踢开吼道：“柯岩，出来！”

柯岩走出门，那个红卫兵把她训了一顿，走时又转回来，躲开外边的人，悄悄对柯岩说：“阿姨，你保重身体，我读过你的作品，你不是‘黑帮’。”

这些情景，让柯岩终身难忘。

贺敬之挨的批斗更多。他被造反派斗得很厉害，经常被抓出来示众。有一次，把他的头剃得精光，连眉毛也剃了，完全是侮辱人。

柯岩一看就哭了，问他：“他们打你了吗？”

他说：“唉，小时候妈妈不是也打吗？”

他还给柯岩讲，有几次批斗他时，有人去悄悄对他讲：“你没事，注意身体。我们都很爱你的诗！你千万保护好自己的身体！”

造反派命令柯岩扫厕所，扫院子，她就乘机看大字报。造反派一来，她又装着扫地。

有一次她看到陈毅的大字报。造反派说要把陈毅拉下马，陈毅对造反派的学生说：“毛主席说：‘陈毅是个好同志！’”她看了，很受鼓舞和教育。又有一次看到陈毅的大字报说，江青对陈老总说我们是保你的，陈毅说我不要你们保，我没有那么干净，我也不相信我们这么大个党只有这么十几个干净人，我愿意和全体党员一起挨斗。

柯岩看着看着，忍不住哭了。押解她的造反派说：“你哭什么？”柯岩不回答他，心里想：是啊，一个党怎么可能只有十几个干净的？陈毅真了不起！他敢于斗争，敢讲真话，他把我们心头想的都讲出来了！陈老总是在教我们怎么做人，怎么革命，怎么做一个共产党员！

再有一次是看到王震的大字报。在造反派批斗王震、骂他是“三反分子”时，王震义正词严地说：“你们非要说我‘三反’，也对。因为我是一贯地反帝、反封建、反对修正主义……”别人再斗他，他又勇敢地说：“我不是‘黑帮’，你们这样斗我是混淆了两类不同性质的矛盾，是错误的，不对的。”

还有一次是看到周总理的一次讲话，他讲了“黑帮”与工作关系的界线：“黑帮”，是有阴谋的反党集团，是有组织的，工作联系怎么能算“黑帮”呢？如果工作联系就算“黑帮”，那不乱套了嘛！……

柯岩从大字报中写的陈毅和王震的讲话中吸取了力量，看到了榜样；从周总理的讲话中看到了党的政策，她心里更有底了：自己哪里是什么“黑帮”呢？自己同那些所谓“大黑帮”的关系，都是工作关系，领导与被领导的关系，没有阴谋，怎么能算“黑帮”？

于是，她决定造反——造造反派的反！

她回到牛棚，写出了一张小字报：“我不是‘黑帮’，不是‘漏划右派’，更不是什么反党集团。反党集团是院领导为了开脱自己捏造出来的，院长的小本上都记着呢。……我有错误，我的错误在我的作品上，白纸黑字，随时要批斗就叫我，关着我没用，我身体不好，家里还有孩子。”还逐条驳斥了造反派给她加的九条罪状。最后，柯岩写道：“从即日起，我退出‘黑帮’小组！”

把小字报贴出后，柯岩卷起铺盖，回家了。

在那个年代，这可算得上一次真正的革命壮举！充分显示了柯岩大无畏的精神，和她对党的高度信任和充分的自信心！

回到家，两个孩子高兴极了，可是贺敬之不在，还在牛棚劳改。老贺也不是“黑帮”呀！于是，她决定去为老贺翻案！

她写好大字报，带上自己的孩子，约上贺敬之的两个弟弟，到文联大厦贺敬之住的牛棚，把大字报贴了出来：“挺起腰杆干革命，贺敬之是好同志！贺敬之从小参加革命，在战场上立过功。他的作品都是歌颂祖国和党和毛主席。他的作品没问题，他有错误用不着把他关着。要严格区别两类不同性质的矛盾。贺敬之要挺起腰杆干革命。”

柯岩他们像劫法场一样把贺敬之劫出了牛棚。

贺敬之也拿起笔来，写出了大字报："捍卫毛主席革命路线，挺起腰杆干革命！"贺敬之承认自己是有错误的革命干部，但他以自己的经历和创作，否定了强加给他的"黑帮"、走资派等各种政治帽子，并明确宣布，自即日起退出牛棚。

贺敬之的大字报贴出后，引起了巨大反响。文联大院内的群众和广大串连到北京的红卫兵，纷纷在大字报上加上评语，有的还在旁边贴出小字报，支持贺敬之自己解放自己，挺起腰杆干革命。签名支持者一个接一个，小字报大字报一张接一张，来观看的人经常是里三层外三层地围着看。

三、在逆境中战斗

贺敬之回家没多久，造反派又把他抓进去。

不久，周总理亲自为贺敬之说了话，并把他调回《人民日报》。

后来，《人民日报》有人反对周总理，这些人还给贺敬之捎信，要他给江青写效忠信，可贺敬之坚决拒绝了。

柯岩回家后，没有造反派的人来抓她回去。因为柯岩在剧院工作时长期在下面生活，同剧院群众接触不多，没有什么利害冲突，大家也没有多少恶感。何况，她又不是当权派，还公开了剧院院长的记事本，揭发了剧院领导班子舍车保帅的阴谋。这以后，她就同赵鸿儒、冯绍宗等三个共产党员组成了一个"经风雨"战斗组。他们四人每天找一个地方学习，看大字报。两派群众武斗，打起来了，要他们去表态。他们又不掺和，怕别人说他们"挑动群众斗群众"，就含糊其辞，只讲团结联合的大道理。两派群众都生气地骂他们是"和稀泥"，说："你们是什么'经风雨'，简直就是'怕感冒'。"

罗英告诉我说，"文革"中，柯岩在贺敬之被打倒关押，自己的身家性命都受到威胁的情况下，还关心其他许多同志。

文化部艺术局副局长、美术学院院长朱丹被批斗，十分痛苦，悲观。他心脏病很重，却天天喝酒，痛哭流涕，伤心地说："再这样下去，真不想活了！"

柯岩见了，十分同情，就去劝他："老朱，你干吗要天天喝酒，自己糟蹋自己！你别这样嘛，要坚强些，要活下去！"

朱丹绝望地说："看这些人这么乱搞，这个国家没有希望了！活不下去了！"

柯岩鼓励他："有希望！他们长不了！坏人会垮台的！"

朱丹问："他们什么时候才垮台哟！"

柯岩充满信心地安慰他，悄悄附在他的耳边说："快了！没两年了！"

朱丹高兴地笑了："好！我相信你的！"

柯岩说："对呀！我们要好好活着，看到他们倒台！"

20世纪90年代柯岩夫妇在杭州创作之家

朱丹说："好，我要活着，看到他们倒台！这世界上只有一个人跟我说过这话，就是我老婆。但是我不相信，觉得她是在安慰我。现在你说这话，我相信了！——你这样年轻的人都说出这样的话来，我觉得很有力量！让我看到了希望！到他们垮台时，我天天请你吃酒席！"

从此，朱丹不再酗酒，坚强地生活，终于等到了"四人帮"垮台的那一天。

柯岩两位好友的丈夫被迫害致死，连她们二人也被戴上“畏罪自杀的反革命家属”的帽子，受到管制和批判。柯岩担心她们承受不了如此沉重的打击，就大胆地让自己的侄女给她俩传递约会的条子，约她们出来谈心。但那时又不敢在自己家里同她们见面，就通知她们骑自行车到天安门，柯岩自己也骑自行车到天安门，约定一个地方，说说知心话，鼓励她们。每次见面，柯岩都热情地嘘寒问暖，以发自肺腑的关切之语，以自己对人生和未来的坚定信念鼓舞她们坚强勇敢地活下去。

这些事，柯岩和罗英都跟我谈过。柯岩说：“我们那时候，真像搞地下斗争一样，危险极了，也惊险极了！”

后来，毛主席批示说小说没有了，戏剧也没有了。于会泳一伙又下了黑指示，要每个编导都创作以批判走资派为题材的剧本。为了摆脱“四人帮”爪牙的控制，柯岩和罗英悄悄商量，以写走资派忘本为名，到老区采访，写一部表现小八路的战斗生活、歌颂革命传统的儿童剧。她俩骗过了造反派的头目，乘着火车，离开北京，去了河北、山东、江苏、山西等老区，采访老区的老同志，从人民的生活中汲取着智慧和力量。直到1976年9月毛主席逝世，她们才回到北京，很快创作了歌颂革命传统的儿童剧《生者和死者的嘱托》，“四人帮”被粉碎后，剧本才得以演出和发表。

四、发配首钢劳动

早在1972年，人民文学出版社就根据周总理在出版工作会议上指示的精神，要再版《放歌集》。主持此事的李季高兴地对贺敬之说：“这是为解放一大批文艺书目‘投石问路’。”

贺敬之想到当时的形势，担心这是不容易的事，只好苦笑着说：“也许结果会是石沉海底吧！”

但李季、贺敬之还没料到会重遭横祸：“四人帮”竟会把重印《放歌集》与贺敬之不愿做“四人帮”想让他做的事联系起来，下令对贺敬之进行“批判”。后来，又进一步把贺敬之作为“右倾复辟”和“黑线回潮”的重点人物进行追查和围攻，并经江青、张春桥、姚文元亲自批示，对贺敬之采取措施：长期下放，监督劳动。

“四人帮”的爪牙把贺敬之发配到首钢劳动条件很艰苦的炼钢车间。

王震知道贺敬之即将被发配首钢后，专门把贺敬之、柯岩请去他家。

王震在“文革”中虽然也受到冲击，但还是始终惦记着贺敬之夫妇和广大文艺工作者。他曾多次找到贺敬之，了解他的处境，鼓励他勇敢乐观地活下去。

王震把贺敬之拉到他身边，详细地询问了贺敬之的近况，然后语重心长地说：“现在虽然小平同志出来工作，形势有些好转，但还不可乐观。他们那伙人是不会轻易放过你的，把你发配首钢，就是给你穿小鞋嘛！你要小心谨慎，以免又出新祸端！”

王震的夫人王季青也叮嘱柯岩提高警惕，要更多地关心贺敬之。

临别时，王震亲切地嘱咐贺敬之：“夜里一个人不要出门，事事要留心……他们那伙人，是什么流氓手段都会使出来的……”

说到这里，王震忽然很动感情地紧紧抓住贺敬之的手说：“你要顶住，咱们什么都能顶住！咱们不穿小鞋穿草鞋——穿红军、八路军的草鞋！我们要团结工人一起斗争，迎接胜利！”

贺敬之与柯岩踏着月色回家，心里久久地回荡着王震将军的那些深情鼓励的话，内心充满了温暖和力量！

首钢党委书记周冠伍也是从小参加革命的小八路，他收到上面的指示后，当然不敢公开违抗，但却暗中保护贺敬之。他给秘书交代，把贺敬之安排在炼钢车间的仪表车间。这样，对上可以说是炼钢车间，对下则说贺敬之身体不好，只能干轻活，不参加炉前任何劳动。生活上，也把他安排在招待所，让他一个人住一个单间，为了掩人耳目，房内也摆四张床，却不再安排另外的人住。文化部监管贺敬之的人来检查时，招待所就临时扯上几根绳子，晾上几件衣服，好像住着很多人似的。他们在给上面汇报贺敬之的情况时，总是说：“不错，还好！劳动很好，能虚心向工人群众学习！”

上班第一天，班长对工人们介绍说：“又一位老八路进咱们厂了！老贺是解放北平时接管咱们厂的军管会的人，还是写《白毛女》的大作家！今后老贺同咱们大伙儿一块劳动，一定会帮助咱们学习和工作的……”

工人把贺敬之当作亲人，当着他的面表示对林彪、江青的不满，在“批邓、反击右倾翻案风”时，工人们更怒不可遏地大骂江青。

柯岩原来很担心贺敬之的身体，见到贺敬之受到首钢干部和工人师傅这样的爱护和保护，深受感动，也深受教育。

有一次，贺敬之生了病，工人们忙送他去首钢医院检查，说是大叶肺炎。工人师傅们着急了，立即把他送进北京医院看急诊。去了一天一夜，医院就是不给床位。工人师傅着急得不行，纷纷跑来看望。有的在忙前忙后照顾他，有的坐在病床前默默流泪，有的去给他争床位。柯岩赶到医院，也很着急。工人师傅们又劝柯岩回家休息，照顾孩子：“你放心吧！老贺我们轮流守护，一定看护好！你回家休息吧！”

工人师傅对贺敬之的发自肺腑的、体贴入微的关爱，使柯岩心里十分感动。她从工人师傅那儿懂得了很多，也学到了很多。她更加细心地呵护贺敬之。每次贺敬之获准回家，她都不允许孩子们外出，而要他们留在家里好好陪爸爸。而且她精心为老贺做最好的饭菜，让老贺过得舒心。

在1976年清明，贺敬之生病了，工人师傅们还到医院来看他，并把在天安门广场抄来的诗念给他听。他们还把抄来的诗歌塞在贺敬之枕头底下，并悄悄对他说：“你看完后交给柯阿姨藏起来。”

五、《周总理，你在哪里》

1976年1月8日清晨，柯岩习惯性地打开了收音机，恸人的哀乐传进她的耳内。她心里顿时发紧，担心着，祈祷着。但是，当播音员播着一个个职务时，她心里越来越慌，全身越来越凉，眼泪就不由自主地往下淌。最后，当她听到播音员悲痛万分地念出周总理的名字时，忍不住痛苦地叫起来：“不！不！不！不是——不会——不可能——不应该呀！”

一时间，她觉得天也塌了，地也陷了，站起来就往北京医院跑，可警卫拦着不让进。又往单位跑，单位却不让大家设灵堂。看见协和医院设有灵堂，她赶紧走进去，痛苦地望着周总理的遗像，一鞠躬，二鞠躬，三鞠躬，再哭泣着出来。

之后，她一遍又一遍地跟着人流再进去——再鞠躬，再哭泣，再出来，再进去……

然后又跑到天安门广场，在天安门前徘徊，看着人们悼念周总理，也在心里回忆起多次见到周总理的情景……

痛哭之时，柯岩想到：要写一首诗，写一首长长的诗，写一首既能抒发自己的感情，又能留住这个历史时刻的诗！

她跑回家里，拿起了笔和纸。

她一边哭，一边写，笔写得很快，诗写得很长。写着写着，她停住了：这哪里是诗，是流水账，是众人皆知的事实！

该怎么写？写什么？周总理是那样的伟大，有那样多的丰功伟绩，和人民是那样心心相印……

她想了又想，写了又写，看了看，不满意；再想再写，还是不满意。

她想起在天安门广场看见的那位从郊外匆匆赶来的农村老大娘在英雄纪念碑前哭诉的情景，这种哭灵的形式，让柯岩一下找到了最适合的形式。但是，怎样来表现这大悲大恸的情景，这大开大合的感情，这天地同悲、万民同泣的场面？

她想了很久，也许是陈子昂的《登幽州台歌》给了她启示——不用背景，不用铺垫，直接就用第二人称，面对茫茫天宇痛切地呼唤：

周总理，我们的好总理，
你在哪里呀，你在哪里？
你可知道？我们想念你，
你的人民啊——想念你！

接着，运用高度凝练的方式，写人们对着高山喊，对着大地喊，对着森林喊，对着大海喊，表现出天人同悲、山海呼应的境界——

我们对着高山喊：
周总理——
山谷回音：
“他刚离去，他刚离去，
革命征途千万里，
他大步前进不停息。”

我们对着大地喊：
周总理——
大地轰鸣：
“他刚离去，他刚离去，
你不见那沉甸甸的谷穗上，
还闪着他辛勤的汗滴……”

我们对着森林喊：
周总理——
松涛阵阵：
“他刚离去，他刚离去，
宿营地上篝火红呵，
伐木工人正在回忆他亲切的笑语。”

我们对着大海喊：
周总理——
海浪声声：
“他刚离去，他刚离去，
你不见海防战士身上，

他亲手给披的大衣……”

前几段中“他刚离去，他刚离去”的四次重复，写出我们总是追不上总理的步伐，既突出了总理殚精竭虑，鞠躬尽瘁，忘我工作，不知休息的崇高精神，又通过人民的呼唤和山鸣海应，强化人民对总理的浓烈感情。

第六、七、八、九段写终于找到了总理：“你在革命需要的每一个地方”，“你永远居住在人民心里”，“你的人民，世世代代想念你！”

这首诗写成后，不能发表，但却在朋友中广泛流传。

粉碎“四人帮”后，《周总理，你在哪里》在大型晚会“英雄的十月”中首演，随即在《人民日报》、《北京日报》发表，后又入选中小学教材。

这首诗为什么能在众多歌唱周总理的诗歌中脱颖而出，臻于上品？从内容上看，表达了当时亿万群众对周总理去世的无限痛惜和对未来的希冀；在艺术上，则运用了中国人民喜闻乐见的哭送亲人的表达方式，出以真情，浓缩提炼，以少胜多，给读者留下了想象的空间，达到了诗中有画、余味无穷的境界。

第四章

时代新诗篇

一、拨乱反正

粉碎“四人帮”后，贺敬之兴奋异常，写出了政治抒情诗《中国的十月》。

《中国的十月》是对决定中国命运的伟大胜利的辉煌纪实和热烈颂扬，是党心、军心、民心交相融会和热情贯通的鞺鞳共鸣，抒发了全国人民的意志，唱出了亿万人民的心声。

中央成立了由耿飚、迟浩田组成的中央宣传口，耿飚接管中央新闻宣传部门的工作，迟浩田进驻《人民日报》。

迟浩田了解到贺敬之是《人民日报》编制，在1975年被“四人帮”由《人民日报》弄到于会泳当部长的文化部监管，后来又被送到首钢监督劳动，即向耿飚汇报，提出立即解放贺敬之。

耿飚听后，急切地表示：“这样的同志，还不叫他回来?!”

1977年12月初，中央决定改组文化部领导班子，任命老红军、著名外交家黄镇为中宣部副部长兼文化部长，贺敬之为文化部副部长，负责艺术口（包括艺术局、教育司、文艺研究机构等单位）揭批“四人帮”及业务工作。贺敬之知道，“四人帮”及其亲信在文化部和艺术口作恶多端，他以满腔的热情投入了工作之中，积极开展落实干部政策和拨乱反正的工作。

1977年“八一”前夕，贺敬之在病床上满怀深情地写出了又一首气壮山河的豪迈诗篇——《“八一”之歌》。诗人以军旗为意象挈领全诗，以一个地方同志、同时又是一个老兵的身份，倾诉了他对人民军队“千山万水的思念，五湖四海的回忆”，讴歌了人民军队南征北战、解放全中国的光辉历程和在粉碎“四人帮”的斗争中的丰功伟绩。

柯岩也很快恢复工作。一天，著名诗人、《王贵与李香香》的作者、作协党组书记李季跟柯岩谈话。李季同贺敬之、柯岩都是多年的老朋友，但他的谈话还是十分严肃：“作协党组决定调你到《诗刊》任副主编。主编是严辰，副主编是邹荻帆和你。为了照顾你的工作，你一年可以只值四个月的班。但是，严辰、邹荻帆两位老大哥都已年过花甲，只有你还不到50岁，你要多做工作，不值班时也要全心关注《诗刊》的全面工作。《诗刊》现在有三个阵地：书面版、街头版、舞台版，你不许搞丢任何一个。书面版当然没问题，可对街头版和舞台版从来就有不同意见，所以我要特别对你强调，绝对不要丢掉了！”

柯岩接受了组织的安排，满腔热情地走马上任了。

她首先热情组织诗人写诗，积极促进诗人的平反昭雪工作。

当时，平反冤假错案的工作阻力很大，进展缓慢。许多优秀的诗人、作家都还没得到本地区、本单位的平反。柯岩以极大的政治热情和同情心，力所能及地推动此事。她提出并主持把全国各地在历次运动中受迫害的著名诗人分期分批借调到《诗刊》改稿，帮助工作，以促进各地对他们的政策落实。

为了把诗人邵燕祥从电台解放出来，柯岩联系了邵燕祥所在的单位，未能取得单位同意，她又托与邵燕祥所在单位领导熟悉的、贺敬之的老战友顾雷协助，终于把邵燕祥从电台调到《诗刊》编辑部。当时还没有右派改正这一说法，有的领导认为该把他藏起来，可柯岩认为，邵燕祥既年轻力强，又熟悉诗坛，比自己出名还早，一定要推荐他做编辑部主任。中央55号文件下达后，柯岩还多次推荐邵燕祥做作协秘书、《诗刊》副主编、主编。

农民歌手江秀珍的山歌唱得很好，柯岩请她来北京唱山歌。她真是挑着担子上北京。柯岩知道她丈夫有病，亲自买了很多礼物送江秀珍上火车，并让安徽作协主席陈登科帮忙，把她转到贵池县文化馆工作。江秀珍非常感谢柯岩，称她为恩师。

以后，柯岩等又通过陶铸之女陶斯亮把请四川省省委早日恢复《星星》诗刊的信转交给当时的四川省委书记，促进了《星星》诗刊的复刊工作，并促进了著名诗人流沙河等人的平反工作。

其次，她还大力抓了《诗刊》街头版的工作，把《诗刊》每期的重要内容，都抄写到街头专栏上，让广大读者阅读，大大推动了诗歌艺术走向群众。

但让诗歌走向群众做得更好的是《诗刊》举办的诗歌朗诵会。当时《诗刊》社搞“青春诗会”，举办了一些标题诗歌朗诵会，如“为真理而斗争”、“向张志新同志学习”等。柯岩请著名演员来朗诵艾青的《在浪尖上》，白桦的《阳光，谁也不能垄断》，郭小川的《向困难进军》、《甘蔗林——青纱帐》，贺敬之的

《放声歌唱》、《雷锋之歌》、《回延安》，张志民的《按照人民的命令》，柯岩的《周总理，你在哪里》，邵燕祥的《致窦守芳同志》，雷抒雁的《小草在歌唱》，韩瀚的《为真理而斗争》，曾卓的《悬崖上的诗》（当时曾卓尚未平反），还有流沙河的诗等等。柯岩还请来冰心朗诵英文诗，罗大纲朗诵法文诗，还请来了著名学者朱光潜。每次朗诵会都人山人海，听众情绪热烈饱满："常常是广告一贴出去，就有人半夜来排队买票，常常是挤得来必须请民警来维持秩序。……听完朗诵还不走，还挤在门口等着要求抄诗……"

为了给《诗刊》筹措活动经费，柯岩还请黄永玉等画家画画去卖。

柯岩给我讲："这些事情说明：抒情言志的新诗是会受到读者欢迎的！只要作者抒的是人民之情，言的是人民之志，爱人民之所爱，恨人民之所恨，诗，就会有强大的生命力，诗，也就会走进人心！"

1978 年底，贺敬之看到《诗刊》的工作搞得生气勃勃，就对柯岩说："最近，党中央大力为干部落实政策，诗歌界还有不少同志没有平反，《诗刊》搞得这么活跃，你们能不能出面召开一个座谈会，促进诗人的进一步平反，也推动诗歌创作的进一步繁荣？"

柯岩觉得这个提议提得好，不禁想起贺敬之写的《赠诗友》一诗："诗心未负江山债，诗人非属江郎才。历难更开新诗境，黄河九曲诗讯来。"

她知道，贺敬之期盼着新诗创作的高潮更快到来，她本人又何尝不是这样呢？因此，她热情地说："好啊！现在下面平反的阻力确实很大，我们就是想促一下！开座谈会是个好办法，我去给李季汇报一下吧！"

李季热情支持此事，要柯岩去同严辰、邹荻帆商量。

第二天，柯岩给严辰报告此事。严辰担心惹出麻烦，就说："现在各地还没有大力开展给诗人、作家平反的工作，我们《诗刊》主要是发表诗歌的刊物，有权出面来做这些事情吗？"

柯岩一听就急了："这是对给诗人平反工作的推动，也可以促进诗歌创作的繁荣，是件好事嘛！李季同志已经同意了。"

严辰还是很谨慎："既然李季同意了，如果你以为可以，是不是先开个小会，找20来个人先谈一下再说。”

柯岩是个心直口快的人，她旗帜鲜明地说：“这是为了促进诗人的平反复出的大事情，怎么可以只找20个人？要开至少也得200人，那才能影响全国呀！”

严辰见李季已批准，邹荻帆也支持，也表示同意：“好吧，就按你说的办，开个200人的会吧！你代表《诗刊》来主持吧，可不要捅什么娄子！”

李季、贺敬之又请示了胡乔木，胡乔木请示了王震等中央领导，得到了批准。

于是，由贺敬之提议，柯岩主持，《诗刊》全体同志具体操作的全国诗歌座谈会在北京西苑饭店召开了。

这是粉碎“四人帮”以后，在文艺界影响最大、规模最大的一次全国性的诗歌盛会。

这次盛会有来自全国有影响的不同经历、不同诗风的几代诗人，如老一辈的艾青、臧克家、冯至、卞之琳、田间、赵朴初、公木、徐迟、严辰等，中年一代的李季、贺敬之、阮章竞、邹荻帆、蔡其矫、方冰、绿原、徐放、牛汉、吕剑、张志民，再年轻一些的李瑛、公刘、白桦、雁翼、苗得雨、梁上泉、陆棨、贾漫、邵燕祥、胡昭、柯岩，还有以黄声孝为代表的工人诗人及以姜秀珍为代表的农民诗人，以及还戴着（或刚摘掉）右派或反革命帽子的流沙河、周良沛、王辽生、赵恺，以及舒婷等年青一代的诗人。这真是一个大解放、大开放、大团结、大动员、大鼓劲的盛会。

在这个会上，中央领导到会并讲了话，几代诗人都作了精彩的发言。

胡乔木指出要肯定新诗的成绩，他说：“各位诗人作了很大贡献，不可能离开这些重新作新诗，不承认自己的成就是不可想象的。不能从零开始，我们的基础不是零，从零开始等于零。”

满头白发的王震将军，为大家作了简短而热情的讲话。他拄着拐杖走上台讲话时，第一句就是：“艾青同志来了没有？”

身材魁梧的艾青同志脱帽徐徐起立……

王震大胆地、开宗明义地宣布：“文化大革命”再也不能搞了！他鼓励大家团结起来，写出好作品，人人发挥作用，各自作出新的贡献。

周扬盛赞天安门诗歌，也提出希望：天安门诗歌很伟大，是划时代的，在政治上也是划时代的群众的政治诗歌，希望诗人们把诗当作艺术。

赵朴初讲了古为今用的问题。他是一位诗词大家，他强调新诗要在古典诗词和民歌基础上发展创新。

受尽磨难的大诗人艾青的归来，使所有的诗人为之瞩目。他缅怀周总理，特别缅怀1961年6月19日周总理反对“一言堂”的讲话，把当时自己的摘录整段念出来。他强调自由和民主，感慨万千地说：“总理的讲话，好像昨天听到的，好像三中全会以后听到的……中国的道路这样漫长……革命真不容易啊，反复又反复，迂回又迂回，走了多少冤枉路……”

他非常赞成胡乔木对新诗传统的肯定，强调战斗传统，提到天安门诗抄，也提到自己的《在浪尖上》，他说：“郭小川同志的一些诗，很好，《雷锋之歌》，很好，起过很大作用。”

他的发言结尾充满诗意：“春天来了，还有翻江潮，还有沼泽地带。最好还是提出向总理学习，敬他，爱他，因为他和人民在一起。周总理啊，你在哪里！”

贺敬之虽然文化部公务缠身，却多次抽身到会，会见诗歌前辈、同辈和晚辈，还在会上作了重要的发言。贺敬之的发言，充满激情，又饱含理性。他说：“主持会议的同志，让我谈谈艺术民主问题。艺术民主，贯彻党的‘双百’方针问题，一直成为问题。要繁荣创作，不贯彻‘双百’方针，不强调民主不成的。……新中国成立以后在贯彻‘双百’方针中历史的经验教训是什么？大家认为有‘左’的有右的干扰，特别是‘反右’以后，到底是‘左’右各半呢，还是有个主要的，主要的是什么？主要是‘左’的问题。这样就使艺术民主不能实现。另外，当然不可否认，成绩是主要的。解放思想问题，关键是熟悉人民熟悉生活，和人民站在一起。……许多同志和我为什么能活下来？当时那种情况，就因为我们和人民在一起，首钢人民教育了我，他们那里有真理，有力量……”

采访时，我想请柯岩详细地谈谈她在《诗刊》所做的工作，她却笑着说：“很多事情我都不记得了。”

看来，经过“文化大革命”的风风雨雨，柯岩也从贺敬之那儿学会了做人的低调。

二、在文代会上发言

1979年11月，全国文联第四次代表大会和中国作协第三次代表大会联合召开。这是新时期中国作家在饱受“四人帮”迫害之后大团圆、大团结、大鼓劲的大会。

柯岩在会上作了发言，题目是《我们这支队伍》。她一开始就以诗人的激情说：

> 粉碎“四人帮”后为了写报告文学，我曾参加一系列的会：科学大会、财贸大会、教育大会……曾陪着我国那些卓越的科学家、理财家、教育家们一起欢欣，一起流泪，一起像孩子一样地大哭……每当这时，我就想：什么时候开文代会呢？让我国的文学艺术家们也在一起为我国新文艺的命运，也为我们伟大祖国的命运高声欢笑，同时也抱头痛哭一场呢?！……
>
> 我原想到文代会大哭一场的。……
>
> 今天，我来到了文代会，却不想哭了。因为文代会一再推迟，现在各条战线扬鞭跃马，大步前进，都在开祝捷会和授奖会了，所以，我感到实在来不及。……在这大军集结的时刻，我不但听见了进军的号角，而且还听见了同志们跑步前进的脚步声……我们不但满怀信心地穿过“四人帮”制造的血腥的漫漫长夜，而且还有力量在明媚的春天里继续放声歌唱！

“怎样使我们的歌唱得更有力量些?”她从诗歌创作的角度谈了三点个人意见。

首先，她为新诗说了几句话。她在批判了“四人帮”篡党夺权的诗歌和那些极“左”的诗歌之后，旗帜鲜明地以天安门诗歌和《诗刊》社举办的诗歌朗诵会为例，说明“诗歌确实是深入人心，从来没有这么样广泛、这样深刻地震撼人心”：

> 一是天安门诗歌。为什么天安门的诗一出现，人们就奔走相告，争相传诵，为之痛哭，为之呐喊？……因为这些诗表现了对“四人帮”的满腔激愤，对总理深深的爱。人们看到这些诗，大声朗读，高声背诵，喜形于色，奔走相告，因为从中看到了年青一代的觉醒，看到了人们的觉醒，感到中国有了希望。请问，那时我们在座的同志，有几个没有卷进这诗歌的洪流，没有写过、抄过、背过、赠送过亲人或不相识的人呢！另一个例子是我们举办的一些标题诗歌朗诵会……当这些长诗朗诵时，观众们屏息静气地用心倾听，常常是朗诵两三句就被掌声打断，甚至是看起来很朴素的诗，都获得了雷鸣般的掌声。……
>
> 我们还举办过其他许多诗歌朗诵会，大部分都是新诗，常常是广告一登出去，就有人半夜来排队买票，常常是挤得民警来维持秩序……
>
> 近三年，各地报刊、出版社出的许多新老诗人的优秀诗篇是举不胜举的。说这些，无非是为了说明：诗，新诗，是可以受读者和听众欢迎的，抒情言志，只要作者之志即人民之志，作者之情与人民之情相通，想人民所想，怒人民所怒，从生活出发，运用一切艺术手段，喊出时代的声音，诗，就有了强大的生命力，而诗人，也就成了人民的亲人。

其次，她谈了文艺工作者这支队伍。她说，怎样看待这支百万大军的文艺队伍？新中国成立以前，毛主席在延安文艺座谈会上说文艺队伍是“党的一支文化大军”，第一次文代会说是“人民的艺术家”，1962 年在广州会议上周总理亲切地说“我们这支知识分子队伍，是人民自己的队伍，是党培养的知识分子队伍”。

在讲话中，柯岩还大段大段地朗诵了郭小川、曾卓和王辽生的诗，当时还远没有为胡风平反这一说，她却朗诵了与胡风有关的曾卓的《悬崖边的树》。她还以不少优秀诗人的例子，说明我们这支文艺队伍“忠实积极，百折不挠，不计个人荣辱，满怀对祖国的热爱，招之即来，来之能战。这是党和人民培养起来的大军，是无产阶级自己的文学家、艺术家”。

再次，她对文艺界领导进一言。第一句话是：希望积极领导而不要消极防范；第二句话是：希望领导同志爱你们的兵。她非常恳切地说：

> 如果我们文艺界的领导能像中央一样，真正承认我们这支队伍是好的，是经过风浪考验的，值得党和人民信赖、爱护和尊敬的；又能尊重艺术规律，发扬艺术民主，正确执行党的方针政策；而我们每一个专业人员又能严格要求自己，不断加深和人民群众的血肉联系，努力学习马列主义、毛泽东思想，勤勤恳恳地为人民服务，勇攀艺术高峰，那么，不要多久，中国新文艺的文艺复兴必将到来，我们这支文艺队伍必将无愧于时代，无愧于历史！

柯岩的发言是那样热情饱满，激情澎湃，那样富有感染力，全场的作家、艺术家都被吸引了。著名作家丁宁听了她的发言，多年以后还在文章中感慨地写道：“柯岩精彩的发言，震动全场。她口若悬河，感情浓烈，……我专注地听了她的发言，很是感奋。”

但是，最受感染，最受感动，最被吸引的还是贺敬之！听着她豪情激荡的发言，看着她神采飞扬的面容，他好像第一次发现了妻子的才能，妻子的才华，妻子的才情，妻子的美！

会后，应多数同志要求，柯岩被增补为全国文联全委会委员、中国作家协会书记处书记。

三、儿童诗新作

在众多的文学体裁中，新诗无疑是柯岩的第一乐章。在众多的头衔中，诗人无疑是柯岩最重要的头衔。

从上世纪五六十年代的《小弟和小猫》、《小红马的遭遇》、《小红花》、《“小兵”的故事》、《通条，通条不见啦》、《“小迷糊”阿姨》等儿童诗歌，到70年代以后的题画诗以及那些更为广泛地走向时代和社会的抒情诗，如《周总理，你在哪里》、《哭李季》、《又见蔗林，又见蔗林》、《中国式的回答》，柯岩的诗歌始终彰显着现实主义的艺术魅力，总是创造着真善美和谐统一的艺术境界，让读者得到情感的浸润和升华，获得诗情和理趣的提升，激起高雅的审美愉悦。

上世纪五六十年代，柯岩写了大量的儿童诗，它们以浓郁的儿童情趣、精巧的构思和有趣的情节，表现了充满童稚的情趣和蓬勃向上的时代精神。

比如在《最美的画册》中，诗人巧妙地以美术组写生为构思线索，用一幅幅写生画展现着祖国的“美景”：

我们美术小组早就决定，
星期日全体去写生，
主题、形式、地点……全无限制，
最美的将选在墙报上刊登。

……

有一次我选中了盛开的菊花，
它那挺立的姿态多么勇敢。
寒风吹不败它的枝叶，
严霜反装饰了它的花瓣。

有一次我选中了展翅飞翔的雄鹰，
它矫健地在高空回旋。
传说世上所有的生物，
只有它能直视太阳不眨眼。

……

第二天我兴高采烈地去参加评比，

我有信心能取得第一。
我画出了个坚定无畏的战士，
还有什么能比他更美丽?!

……

可是，一个接一个地交出了写生，
呵，一次又一次我惊奇地眨着眼睛。
我的心在胸膛怦怦跳动，
我越来越感觉得第一的希望要落空：

有一张画着高空的建筑工，
新建的楼房在滂沱大雨中层层上升；
有一张画着胡同口的交通警，
他正帮着把陷在泥里的大车推动。

……

呵，这儿是我们亲爱的少年宫，
灯火把大雨照得雾似的迷蒙。
红领巾们围坐在设计图前，
正在讨论如何把“人工控制雨量”实行。

一张接一张的从眼前滑过，
每一张都伴随着各种赞叹声；
最后一张大伙却突然肃静，
久久地睁大喜悦的眼睛。

这一张上边没有人，
画的是雨中的天安门。
一排红灯迎着风雨，
放射着永恒不灭的光明。

一切美都从这儿出发，
一切美又回到这儿集中，
这光芒照遍我们广大的国土，
它是中国人民最美的象征。

“订成一本画册！”
我们共同作了决定。

天安门的红灯放在首页，
张张画儿顺序装订，
《最美的画册》还留着无数空白，
等待小画家们陆续补充。

诗中那盛开的菊花，那展翅飞翔的雄鹰，那站在岗位上的哨兵，那高空的建筑工，那胡同口的交通警，还有雨中的天安门等等，写出了祖国欣欣向荣的气象，写出了浓浓的诗意。而“《最美的画册》还留着无数空白，等待小画家们陆续补充”，则为我们留下了无穷的余味。

《“小迷糊”阿姨》这首诗，写“我”小时候看戏，把戏票掉了，看完戏去找戏中的“小迷糊”孩子，却见到了演小淘气的阿姨。阿姨告诉“我”，教育孩子挺重要。几十年后，“我”成了设计师，再去见那位演小淘气的阿姨：

现在阿姨的头发已开始变白，
可她还在台上演一个“小调皮”。

我坐在自己的位子上左右环顾，
孩子们也正像我当年那样入迷。

愿小调皮们也和阿姨的角色一起成长，
愿阿姨也给你们留下终生的记忆……

这首诗把成人的世界和儿童的世界融合得多么和谐，把过去和现在交织得多么巧妙。“我”的形象，既有儿童的共性，又有鲜明的个性，而“小迷糊”阿姨从过去演到现在，又是多么不容易！阿姨那亲切的话语，给了孩子也给了读者以深刻的启迪：“愿小调皮们也和阿姨的角色一起成长，愿阿姨也给你们留下终生的记忆……”

进入新时期，柯岩的儿童诗就更注意开掘儿童生活的社会性，在反映社会生活的广度上更加恢宏开阔，对社会生活的关注和思考的深度也有所提升，表现了广泛的时代风貌和强烈的时代精神。《假如我当市长》、《假如我是爸爸……》、《求求您，妈妈（组诗）》等儿童诗，都写得新奇有趣，社会内涵也更加丰富。

《假如我是爸爸……》写爸爸“每天查问我的分数”，“每天只对我说一种话：功课——快班——升学”，对于这样的爸爸，“唉，我只好每天每天都想，——假如我是爸爸……”。“我”的无奈和委屈，诗人感同身受，但诗人把答案隐而不彰，留给小读者去思考。

《假如我当市长》完全从孩子的心理出发：

假如我当市长，
首先盖无数无数的楼房，
让所有困居斗室的居民，
都用微笑迎接初升的太阳。
当然，当然，
最漂亮最宽敞的单元，

要让模范教师们先住上。

当然，当然，
整座城市还要浓荫覆盖，
空气里充满绿色的芳香，
……

诗人通过孩子这么多的“假如”，让我们真切地体验到在那个百废待兴的时期，一个孩子热切的呼唤。

而《求求您，妈妈（组诗）》则写出了千万个家庭的悲欢离合和孩子的喜怒哀乐。第一首《深夜，我听自己的思想》表现了物质生活丰富，精神生活贫穷，带给孩子的“无人知道的寂寞”：“去年，我的爸爸忽然成了‘老总’”，“我的妈妈不知怎么也成了‘歌星’”，“家里再没人问我功课/两层楼上上下下任我磨蹭/我可以把书本作业统统叠成飞镖/可以玩电子游戏玩到发疯”。

第二首《无巢的小鸟》写父母离婚后失去亲情的孩子就像“无巢的小鸟”：“家里只有两个日夜争吵的爹妈/他们俩眼里心里都只有自己/从来没我，没我，我哪里有家?!”

第三首《求求您，妈妈》写强迫孩子学钢琴的背后，隐含着家长的含辛茹苦和无奈的奢望，表达了让孩子们“去做自己最想做的事”的美好愿望。

第四首《法官叔叔，请听我说》写法官判处离婚前，一个十岁孩子面对破碎家庭，对父母的爱的期盼：

法官叔叔，律师叔叔
我虽然不懂法律条文
也不会说你们大人说的话
可十岁的孩子也有心
这心，也知道谁好谁坏
谁爱她，谁不爱她

谁不可怕
谁——可怕……

在这组诗所展示的一幅幅人生的画图中，有诗人对孩子的关爱，有诗人对社会的批评和对父母的劝告。

为小娃娃写大文学，柯岩的儿童诗倾注了她大量的心血，表现了诗人对儿童的爱，并通过他们的心灵，表达了对祖国、对人民的大爱。

四、从一个孩子看中国

1978 年，柯岩到庐山参加了世界儿童读物会议。在会上，她看到了世界各国出版的儿童读物，不禁羡慕国外先进的印刷技术，也为中国的作家、艺术家抱屈：我们那么多优秀的作品只能蜷缩在狭小而简陋的包装里。同时，她也感到外国朋友对中国虽然十分友好，但却不太了解，她多么希望外国朋友能更多地了解中国啊！中国，不但古代文化艺术灿烂辉煌，现代的好东西也多着哩！

就在这时候，柯岩接触到小朋友卜镝的画。作为一个儿童文学作家，她发现，卜镝的画有一个极大的特色：反映他的生活，表达他的感情和愿望；他的画，就是他眼里和心里的无限丰富的世界：山川河流，森林海洋，花草虫鱼，飞禽走兽，文学名著，世界奇闻，古今中外，天上人间……看着看着，柯岩忍不住笑起来：只有儿童的心灵才这样妙趣横生，稚拙可爱；只有孩子的眼中，世界才如此缤纷绚烂，奇异多彩。于是，她同外文出版社的同志商量，由她从卜镝的近千幅画中选出几十幅题上诗，由外文出版社精装出版，向全世界介绍中国。

她在《童画诗情集》的序言中这样写道："了解这个九岁孩子的心灵，了解他的思想、感情、梦境和向往，对世界人民了解中国，了解中国的现在和她将向何处去，也许不是没有意义的。"

这段话说明，柯岩不是仅仅为一个孩子的画题几首诗，她是想让世界人民通过孩子的画，看到今天中国的孩子，认识今天的中国。

柯岩和作家魏巍在北京少管所

柯岩是那样准确地把握住了这些儿童画的灵魂，她把卜镝的画铺满桌子、椅子，铺满地板，一遍一遍地欣赏，她说："孩子的天真唤回了我的天真，在孩子的眼里我重又找到了自己童年的梦。"

她把卜镝的画摆满自己的房间，工作时，她一张张细看着，思考着，联想着，发掘着画面的含意；休息时，她给贺敬之兴致勃勃地讲述她在画中的发现；疲倦时，拿起它们，耳边似乎又响起孩子天真的笑声……柯岩沉入激情的创作之中。

柯岩看着《听妈妈讲安徒生童话》，那么多的美人鱼、海螺、礁石、珊瑚树、宫殿，色彩缤纷，排列在一起，深深的海底，泛着一串串水珠，初看，好像不合常规，细细琢磨，才发现孩子是被安徒生的童话唤起了善良、同情和诗意。柯岩善良、美好、纯洁而又富有想象力的心灵被深深地触动了，灵感升腾起来了，诗句流淌出来了：

我原以为大海
全是碧碧蓝蓝的颜色，

可安徒生爷爷告诉我，
海的女儿那灰色的寂寞。

几千年了，海的女儿，
你还在岩石上哭么？
让我把人间的颜色都倒进海里，
带给你我们的歌和欢乐……

孩子的天真唤回了柯岩的天真，柯岩在孩子的画和梦境中又找回了自己童年的梦。比如《春天最早来到哪里》：

春天，春天，
你最早来到哪里？
爸爸说："在温暖的风中。"
妈妈说："在燕子的话里。"
妹妹说："在哥哥的画上。"
哥哥说："在妹妹的笑里。"
大树说；"在我的身上。"
小草说："在我的心里……"

这首诗写出了无忧无虑、坦荡无垠的童心，它排除世间所有的杂念，具有动人的艺术魅力。

柯岩看着《牧牛图》，情不自禁笑起来：那一群牛和牧童熙熙攘攘地走着，有的牛咧嘴大笑，有的牛凶恶地竖起犄角，有的牛愁容满面，有的牛稚气可掬；而牧童呢，有的在悠闲地散步，有的在跑着追牛，有的扬起了鞭子，有的坐在牛背上吹笛。柯岩似乎听见了牛的叫声，咀嚼青草的声音，蹄子踏在泥土上的声音；听见了牧童清脆的笛声，欢快的笑声……看着，思索着，柯岩懂得了：牛在孩子们的眼中，就是他们的朋友，它们有各式各样的性格，还有各式各样的肤色和花纹，它们不但会同小朋友交谈，还会同小朋友交心，于是写出了生气勃勃、生机盎然的诗：

我原来不知道
牛也各有各的性格：
有的会哭，有的会笑，
有的调皮，有的凶恶。
呀，各式各样的犄角，
完全不同的花色……

我急忙找了根小牛鞭，
也跳到它背上坐一坐；
请找找，哪一个是我，
哈，哪一个——是我！

柯岩更被卜镝的《老树的故事》吸引：一棵硕大无比的树上有上百个树桠，每一个树桠上都有一窝鸟，有的在喂食，有的大鸟在教幼鸟飞，这边一排小鸟在引吭高歌，那边一只老鸟在喂小鸟，最令柯岩发笑的是那些婉转鸣唱的鸟儿很多都戴着礼帽，穿着燕尾服，而小画家同他的家人正在树下散步。她很快为这幅画题了一首诗：

老树，老树，
你怎这么大！
你活够一百岁了吗？

有多少鸟儿，
在你身上安过家，
和你谈过话？

它们是从哪儿来的，
唱的都是什么歌呢?
这些身穿礼服的音乐家!

老树，老树，
告诉我吧，告诉我——
所有的故事和童话……

柯岩在这些有趣的儿童画中追寻着自己童年的梦，在题诗时挖掘着有关儿童生活的丰富的积累。但她还嫌不够：毕竟，柯岩的童年与卜镝的童年大大不同，而卜镝又是不同于一般儿童的“这一个”。于是，柯岩深入卜镝的生活，了解卜镝是怎样开始学画的，他又有着怎样的童年，怎样的性格和才能。

她了解到，卜镝出生在一个普通的北京市民家庭，从小受到父母很好的教育，很小就爱上了画画。她发现，卜镝是聪明的，有着惊人的记忆力和想象力，他可以随意地让自己飞翔空中，以便去看望世界各国的小朋友；他也可以让自己潜游海底，为的是办好“海底课堂”……

她还了解到，卜镝是幸福的，幸运的，有父母、老师、画家，还有广大的群众在哺育他，教育他，指导他，帮助他，关心他。

于是，柯岩通过卜镝的画和自己的题画诗，向世界介绍一个中国的普通而又不普通的孩子，让世界人民通过他和他的画，通过他的心灵、思想、感情、梦境和向往，了解中国和她的未来。

《春天的消息》就隐喻着我们社会的美好：

不要，不要跑得那么急，
你，多心的小狐狸!
没有狮子，也没有老虎，
有的只是我，是我呀——
轻轻的雪，细细的雨，

给你送来了，送来了

春天的消息……

柯岩的这部作品得到了读者的赞赏。

著名诗人艾青专门为这部诗集写了序言：《我为儿童祝福》。老诗人说：

儿童画是直觉的产物。儿童画是单纯的、坦率的，只忠实于自己的感觉。

诗人柯岩说："孩子的天真唤回了我的天真，在孩子的眼睛里我重又找到了自己童年的梦。"

柯岩以热爱儿童的心，关心儿童画，为儿童画题写了许多明丽的诗。她的许多诗像水晶一样透明。……

在卜镝的画里，像《节日的焰火》是纯真的儿童画。诗也题得好，有单纯的美。

《雨中看香山》记录了儿童心目中的香山的印象。

《老虎来了》画出了十几头鹿在林中奔跳，没有画出老虎，显出这个儿童的机智。

《老树的故事》多么富有想象。

《美丽的圣诞树》的诗又是多么聪明……

……

这都是最好的诗。

这些年来，在中国，儿童诗很发达，主要的原因，是儿童的成长和发展得到了社会的关心与爱护。而像柯岩这样的诗人，以母亲般的目光注视着儿童的成长是不多的。仅为卜镝的画她就写了一百多首诗。

我为儿童祝福！

艾青站在宏观的角度对柯岩的题画诗给予了很高的赞扬。

五、抒情诗创作

柯岩在新时期写了不少抒情诗。

柯岩在诗歌创作乃至于诗歌批评，都十分重视情感的抒发和意象的选择，重视立意的深刻、构思的新颖和意境的创造。

柯岩抒情诗的代表作当首推《周总理，你在哪里》。诗人独辟蹊径地抓住“寻找”二字构思，把“寻找”当作抒情引线和抒情角度，从而切入周恩来的丰功伟绩和精神世界，在广大的时空范畴内，由远及近，逐层深入地表达了对总理伟大人格的赞美和深挚悼念。

写了《周总理，你在哪里》以后，柯岩还写了《在周总理办公室前》、《哀思如潮》以及《请允许》等诗，歌颂敬爱的周总理，表达亿万人民对总理的怀念。

柯岩还写了怀念诗人李季、郭小川等文坛战友的诗。

柯岩写了三首悼念诗人李季的诗歌。《小为不肯去睡》抓住李季去世当天夜里，李季的爱人李小为固执地把门虚掩着等候李季回来，创造了一个期望却又是无望的“等待”意境，真实而又深刻地写出了李小为的哀伤和悲痛，同时也抒发了柯岩的哀思。《稿纸还摊在桌上》构思也极为精巧：

他的稿纸还摊在桌上，
从刚刚写上的字迹里
还散发着淡淡的墨香……
这最后一篇写的是三边：
《三边在哪里?》
在你忠实儿子的心上。

儿子的心却停止跳动了，
只把稿纸寂寞地留在桌上，

还未成章，还未成章……

电话铃，不停地不停地响：
问话的，慌慌张张，满含着希望，
答话的，吞吞吐吐，拒绝说死亡。

……

这两个字，不属于他！
那十年，他曾多少次怒睁双目
挣扎在生死线上……

这两个字，不该属于他呵！
他的工作衣还留着他的体温，
他的稿纸还散发着墨香。

是的，死亡不属于他！
他的造像正从墙上望着你笑，
略一凝神，就会听见他的笑声朗朗。

是的，死亡不属于他！
就像王贵李香香还在路上走着一样，
他和他的诗句将永远活在人民心上……

怀念郭小川的《又见蔗林，又见蔗林……》，写得最为深切动人。柯岩紧紧抓住她与贺敬之同郭小川一起“追随将军万里行”的豪迈征程，由眼前的甘蔗林想到郭小川的著名诗篇《甘蔗林——青纱帐》，进而忆起他们往日的经历和友谊，融怀念、回忆与现在的感慨于一炉，独具特色地歌颂郭小川生死贯之的壮志豪情，抒写了一代革命者献身人民与社会主义事业的壮丽人生，表达了柯岩对老将军王震的热烈赞美及对战友、诗友郭小川的深情怀念：

又见蔗林，又见蔗林……
如对故人，如对故人。
……
小川，小川，
曾记否？记否
当年，你我三人
追随将军万里行——

一路同行，啊，一路同行，
诗意盎然，热血沸腾！
司令员，指点江山：
讲当年怎样秋收起义，
拯救人民于水火；
忆昔日南征北返，
又怎样深入敌军如入无人之境。
铁道兵是怎样穿山越岭，
贯通山川血脉；
人民海军又怎样创建，
历尽了万苦千辛……

将军白发，迎风飘飘，
笑声朗朗，高歌抒怀：
叹江山万里，将交付我们。
谁能料，十年动乱，
千万人死于非命。

小川，小川，
你是噩耗先到，书信后临，

……

只留下层层疑云，满腹悲愤，
只留下你日记几卷，一缕诗魂。
司令员仰天长啸高声恸：
他白发人反先送你黑发人！

柯岩在激情之中，在“追寻将军万里行”的回忆中，歌唱了王震将军的历史功勋，写得诗意盎然，热血沸腾！接着写他们三人跟将军西行的壮丽行程，写得那样神采飞扬，瑰丽迷人——

先到虎门，后到厦门，
东临大陈，西出玉门……
碧海万顷，风舞舰旗，
大漠孤烟，行行脚印。
一路同行，啊！一路同行，
江山万里觅忠贞。

虎门登高，叹林则徐
临危不惧，铮铮铁骨；
厦门抒情，赞海岛战士
艰辛守业，赤胆忠心。
上海青年志在四方，
一代新人青春美；
三五九旅，英姿依旧，

屯垦戍边，再建功勋……

青山处处埋忠骨，
碧海滔滔尽是情：
山川、岛屿、边境、国门，
人人事事入我梦，
处处引我热泪倾。

柯岩在诗中把自己融进去，写出了自己如何虚心向前辈将军和同辈诗人学习的情景：

一路同行，啊，一路同行，
江山多娇人多情：
小川时时笔走龙蛇，
老贺日夜苦苦哦吟，
只有小柯，迷迷瞪瞪，
学骑学射学诗文：
先惊：《西去列车的窗口》，
更叹：《青纱帐、甘蔗林……》
战士风貌，诗品，人品，
日日夜夜，铸我灵魂。

而最后，柯岩超越了生死界限，表达了忠心不改，毁誉由之，依然结伴，万里壮行的神圣誓言：

又见蔗林，又见蔗林……
如对故人，如对故人。
……

小柯如今变老柯，
小川，小川，你可相信?!
几番风雨容颜改，
不改一颗赤子心。
毁誉由之，宠辱不惊，
依然结伴，万里壮行。

长空万里，万里长风，
依然追寻，依然追寻——
追大海辽阔，
追高山坚定。
追甘蔗林甜美，
追青纱帐艰辛。
追同行诗友，仍风华正茂，
追同行新秀，也冲锋陷阵……

啊！但愿人长久，
永生在诗文。
但愿人长久啊，
青春永驻在诗魂。
如我故人，如我故人。

这首诗，既有精巧的构思，又富有真挚强烈的感情，表达了高尚纯洁的战士情怀，抒发了生死不渝的战友情谊，感人肺腑，撼人心魄。

《暗淡的画像》在历史的城堡中，以一韵到底的半格律体，以深沉的历史眼光，表现了诗人对人类命运的悠远思考，批判了奴隶主的罪恶，表达了奴隶的希望：

海德尔堡的大殿里
悬挂着王族谱系的表格
海德尔堡的拱廊上
拉德维格一世的画像期待着香火

……

哪里是你的尊荣呢？拉德维格
倒塌的古堡也还是奴隶的劳作
世界上最大的葡萄酒桶
也再挤不出一滴奴隶的血色……

画像的姿势却比以前更愚蠢了
似乎也因为无人瞻仰而手足无措
如果知道后世的憎恨，拉德维格
当年会减少些罪恶么

勿忘我却开得越发晶莹了
就像是奴隶当年梦幻的颜色
侧耳细听吧，微风过处
似乎还响着奴隶的希望之歌

奴隶主就这样死去了
奴隶，却永远活着
哦，海德尔堡的勿忘我呵
你，蓝色、蓝色的花朵……

《波恩大学的知更鸟》以“聪明的知更鸟”指代友好的汉学系德国姑娘，歌颂了中德人民的友谊。全诗上下两段结构相似，对仗工稳，充满诗情画意，情浓似酒：

是什么鸟，是什么鸟
这样婉转的鸣叫
似微微颤动的琴弦
像甜美俏丽的口哨
带着花朵的芳香
裹着薄雾的轻绡
沾着清亮的露珠
连声音都唱湿了……

哦，是你么，是你么
聪明的知更鸟
你可知道，你站在
波恩碧绿碧绿的树梢
把远方来客的心都唱醉了……

是什么人，是什么人
这样亲切地向我们问好
澄蓝流盼的明眸
粲然欢笑的嘴角
吐出一串串我故土的乡音呵
却略带些异国情调
是那样热情亲密的倾谈哪
从《诗经》《楚辞》直到今天的民谣

是你么，是你么

汉学系美丽的姑娘
该怎样称呼你才好
是中德友好的使者呢
还是波恩大学的知更鸟……

《致海涅》则紧密联系当代中国诗坛，写出了富有针对性的海涅颂：

世界上有多少诗人贪求声誉，
写出时髦而媚俗的诗句。
为了一顶诗人的桂冠，
不惜向权贵卑躬屈膝……

当今又有多少诗人梦想不朽，
据说是只写给未来的世纪，
终日用没有谜底的谜，
编织着一件件“皇帝的新衣”。

而海涅，你！
没有追求不朽，
没有贪求声誉，
你只用真诚和朴素的诗句，
歌唱自由、进步和友谊；
你只用你纯洁的灵魂，
热烈地追求真理。
于是，剑和火焰般的海涅啊，
就和自由与真理永存，
就永远和进步的人类在一起！

这首诗，歌颂了海涅的崇高品德和美丽诗魂，也写出了柯岩的追求和向往，我们也可以把它看做是柯岩的形象和精神的写照。

作为一位富有激情的女诗人，柯岩很少写爱情诗。我在北戴河采访她时，她说，她和贺敬之不是那种缠缠绵绵的夫妻。他们把全部的心血和智慧都献给了文学事业，很少有花前月下、卿卿我我的时候。我想，是这样的：他们的爱情是冰山上的雪莲，只在某一时刻，才展现出最动人的风采。比如，在“反胡风运动”中柯岩坚定地认定贺敬之不是反革命的时候；在“反右”斗争中，互相安慰、互相支持的时候；在“文革”中柯岩带着孩子去贴解放贺敬之的大字报的时候；在贺敬之被“四人帮”弄到首钢劳改，柯岩精心照顾贺敬之的时候……但是，柯岩在生活中，有时也写一些爱情诗。比如她的《假如明天我就死去》，就是她在新疆时，为兵团战士写的，我们又何尝不可以解读为是她几次大手术前，担心发生意外突然死亡，而留给贺敬之的爱情诗呢?

假如明天我就死去，
朋友，请不要为我哭泣。
因为我永远不会和你分离，
因为我永远不会和你分离。

那长长的白杨林带
是我们一起栽的；
那无边无际的良田
是我们一起开的；
那宽阔平坦的大路
是我们一起修的；
那遥远的雪山
是我梦里的歌曲……

白杨树叶在阳光下闪烁

是我在向你微笑；
沉甸甸的谷穗在风中摇曳
是我在向你致意；
宽阔大路通向远方，
铺满了我的足迹；
那晶莹的雪山，还萦绕着，
萦绕着我深情的歌曲……

假如明天我就死去，
朋友，请不要为我哭泣。
因为我永远不会和你分离，
因为我永远不会和你分离。

而她注明了是“情诗”的《送信人》、《遥远的木楼》、《谜》，则写的是革命者的爱情故事。

《送信人》写一对18岁的情人在战争中分别，四年后“我”从敌后负伤归来，才知道你因为“在名单上我早已牺牲”而嫁给了别人。“我”压住悲痛又转战南北，直至“文革”后“我”妻子去世，知道你离异后独自一人，这才请儿子作传书的柳毅……

《遥远的木楼》从木楼的栏杆写起：

在弯弯曲曲的小巷尽头
有一座破旧的木楼
木楼有一段摇摇晃晃的栏杆
月明人倚楼

讲述了一个年轻的女革命者在党的机关里被敌人逮捕，为掩护自己的革命家

丈夫推倒作为信号的花盆而跳楼身亡的凄婉故事。几十年后，她丈夫“却终日

难以安宁/常常在会议中突然怔忡/往往在欢笑时蓦地噤声”。

诗篇结尾时又重复了开头那一段，给人以回环往复，言已尽而意无穷之感。

《谜》写“我”与“你”有长长三年的欢乐相聚，两情脉脉，从无猜忌。但突然有一天，年轻的情人“转身悄悄离去/正当桃花红满枝头”——

也曾终日期待
也曾彻夜屏息
在我终为人妻后
听说你才肯婚娶

垂暮时重返故里
不盼重逢，不为寻觅
只为解终身哑谜

郊外芳草萋萋
你已长眠不起
生时无片言只语
去时竟也将谜底带去

晚风中倚墓枯坐
忆华年相偎相依
听杜鹃声声啼血
又是一年春草绿

一颗流星从头顶悠然飞过
拖长长耀眼裙裾
心头忽怦然如枪击

这颗星可就是你

哦，是你，是你
夜空中满溢着你的气息
是你，是你
哦，你终于……
还我以终身探求的谜底

为了那壮丽理想的纯净
你曾怎样舍弃了音乐
你也就如何活生生地
割断了我和你……

啊，你呀你啊
曾让我为之心碎的你
今天又一次重创我心
为了这令人难以接受
又迟到的消息

忽然你活泼琴声盈耳
忽然你青春笑容如昔
泪雨摇落我满头华发
愿丝丝成缕，随泪入地
重绾你心细察——
可也有碎裂的痕迹

这几首叙事小诗，歌颂了革命者那悲壮凄婉的爱情，都写得那样深情款款，那样曲折坎坷，那样生动感人。《遥远的木楼》和《谜》，可以说是中国当代叙事诗中的精品，显示了柯岩创作中多情柔婉的一面。

写于80年代的长诗《中国式的回答》，是柯岩最具有代表性的一首政治抒情诗。在这前后的一个历史时期（包括现在），世界范围内信仰危机漫延，西方世界大批的文化人和青年怀着对人类生存的绝望，悲怆地叫嚷着“人死了”；社会主义国家大批的文化人和青年则表现出对社会主义—共产主义理想的怀疑。于是，人究竟应该怎样生，路究竟应该怎样行，成了一个世界性的重大问题。

《中国式的回答》，就是柯岩面对这个喧嚣的、浮躁的，甚至是悲观的世界，而作出的坚定的、有力的、响亮的、气宇轩昂的回答。

一开始，柯岩就尖锐地提出了两种思想、两种世界观的对立：

据说——时代不同了，
过去的一切都已过去。
什么革命的人生，
什么血染的红旗?!
青年是崛起的一代，
对今天，对过去，
他们有权喊出：
不，我不相信。
去你的一切丰功伟绩吧，
自我才是一切，
“他人是地狱!”

面对这样的挑战：
整个世界在注视：
从血泊中走过来的中国，
曾使世界震惊的中国，
是不是也出现了

——信仰危机?!

正是在两种思想、两种世界观的对比中，在严峻的时代和社会背景之下，柯岩热情地推出了张海迪——

于是，穿过十年的风雨，
静静地走过来一个姑娘。
是中国青年推选的代表吗，
你——张海迪？
带着你为人民服务的银针，
转动着你残疾者的轮椅，
从山东你那泥泞的乡间小路，
走向我们莽苍苍的神州大地。
“人生——并不是谜，”
你微笑着容光焕发；
“生活呵，多么芬芳！”
你歌唱着，那样甜蜜……
哦，一个典型的中国式的回答：
从容，柔韧，幽默，刚毅。

接着，长诗分爱与被爱、灵魂与躯体、给予与索取、大地和花朵四章，写出了张海迪的成长历程、事迹和思想。作者写张海迪“从母爱开始，学会了忍耐、奋斗和牺牲。爱，给了她一个坚实的立足点，引她走向更广阔的人生”。然后，张海迪燃烧着自我的生命火炬，为的是给他人送去光明——

对生活，她是歌手；
对病人，她是医生；
对人民，她是女儿；

对祖国，她是士兵。

请看吧，
一双中国的翅膀，
可以飞多高！
品评吧，
一副中国的脊梁，
为什么这样刚强！

诗人也写出了张海迪面临的新的矛盾和考验，热情地勉励她：

张海迪，继续向前迈进吧，
和你在一起的，
是浩浩荡荡的青年大军。
“社会主义么？我们建设，
血染的红旗，我们高擎！”
中国青年，就这样
回答了世界的提问。
因为养育他们成人的，
是中国的大地母亲。

在结束语中诗人再次照应开头，对人生、对诗歌，作出了正面回应：

在祖国亿万人民
正为“四化”奋飞时，
我们的道路上还有泥泞……
诗人，只能是人民中的一员。
有志诗歌者，也应清醒：

诗歌，于青年
是精神给养；
对革命，对人生，
无法朦胧。

这就是——
“溶解在我心灵里的秘密”，
我自豪，在革命遇到挫折时，
我不曾在“象牙之塔”里
对丰功伟绩进行嘲讽。
这就是为什么，我，
要这样书写我的诗意；
并且对我的诗篇，
如此题名。

这是一首有思想深度和浓厚诗意的优秀的政治抒情诗。

柯岩欣喜地、眼光独到地看到了高位截瘫的社会主义新人张海迪出现的意义，把一腔大爱献给了这个青年，她讴歌了这位“中国式保尔”的成长及其高贵品质，把她的精神典型化，使之成为指引新一代青年、照耀人类精神原野的一盏明灯。

在这首诗中，柯岩为我们树立了一个社会主义新人的艺术形象，高唱了一曲大写的“人”的壮歌。

柯岩把自己对时代和生活的思索，寄托在张海迪身上，从而赋予这首长诗以深刻的思想意蕴，并以之勇敢地、旗帜鲜明地、义无反顾地挑战“信仰危机”。

六、关于重庆诗会

1982 年，中国作协在大连办了一个读书班。重庆诗人王群生（他是抗美援朝战场上的战士，并在壕堑中开始写作和发表诗歌，后来也写小说，曾任重庆作协副主席，2000年病逝）、周纲、胡笳等找到柯岩，谈到当时诗坛的情况，他们说现在“崛起论”闹得一些青年诗人和编辑思想混乱，许多贴近生活的诗，甚至很好的诗不但发不出去，而且还受到嘲弄……他们建议：《诗刊》是否应该召开一些会议讨论讨论？

柯岩是一个很热情、很豪爽、很直率、很爱办事，甚至于很爱揽事的人，对他们三人谈的情况也很有同感——甚至于还思考得更多、更广、更深。而且她认为，《诗刊》既然是全国作协的机关刊物之一，就应该代表全国的诗歌方向。她想起前一年召开了“定福庄诗会”，也是由一些同志提出来，她坚决支持的。她当时想：为什么对一些诗歌问题老在背后嘀嘀咕咕，你说我，我说你，这样不好，不如干脆大家坐到一起来，当面谈——由《诗刊》来组织。于是请示了邹荻帆和严辰同志后召开了“定福庄诗会”。会议请来“主流派”和“崛起派”的代表，大家在会上也争也吵，但没有伤感情。因此她认为，有话还是当面讲比较好。

听了四川几位诗人的意见，柯岩觉得《诗刊》不能光是发表诗歌，还应该做一些理论研究方面的工作。自己既是作协书记处书记，又在《诗刊》工作，也有责任来做这件事。当时，中国作协常务书记朱子奇也在大连，柯岩当即向他汇报。朱子奇是一位热情的老诗人，马上回答说：“很好啊，应该开呀！”

回到重庆后，王群生等人向重庆作协和重庆市委汇报了此事，重庆方面给中国作协和《诗刊》来函，表示他们很愿意同中国作协与《诗刊》联合召开重庆诗歌座谈会。经过几次协商，决定这次诗歌讨论会由中国作协、《诗刊》、重庆市委联合发起，在重庆召开，由重庆市委主办，重庆作协承办。出席会议的30个人，北京的名单由《诗刊》提出，四川方面由重庆组织，重庆10人，成都8人，2名机动。当时观点很明确：既然双方争论得很激烈，当然方方面面的人都应该有，持各种观点的人都得去。北京方面的代表是：谢冕、邵燕祥、绿原、纪鹏、雷抒雁、周良沛、杨金亭、朱子奇、柯岩。

会议于1983年10月7日至9日在重庆西南师范大学（今西南大学）举行，由方敬、王觉、杨益言、梁上泉主持。

在这个会议上，柯岩作了《关于诗的对话》的演讲。她的发言包括三个方面的内容：一、我们究竟为什么要写诗？二、好诗、传世之作及“与世界对话”、“为未来写作”。三、世界观对创作的制约作用，并谈“代沟”。

一开始，柯岩就说，1980 年《诗刊》在北京举办《诗人谈诗》讲座时，曾有人当场问她“允不允许朦胧诗存在”，她回答道：

> 当然允许。不但允许，我们《诗刊》还发表几首呢，但坦白地说，朦胧诗永远不该是诗的主流。朦胧虽然也是一种美，但任何时代都要求自己的声音，只有表达了人民的思想感情和自己时代声音的歌手才会为人民所拥戴，为后世所记忆。

她接着从现在谈起——

> 从那时到现在，整整三年过去了。现在情况怎么样了呢？应该说，问题似乎比那时更严重了。从 1980 年开始的三次“崛起”，许多文章，观点越来越不朦胧，越来越古怪。从《在新的崛起面前》、《失去了平静以后》、《新的美学原则在崛起》到徐敬亚同志的《崛起的诗群》，不但认为新诗 60 年“走着越来越狭窄的道路”，应该“以外来的美学原则改造我们的新诗”，提出诗歌创作的反理性主义，“自我”就是一切，“不屑于表现自我感情之外的丰功伟绩”，“不屑于做时代精神的号筒”，并把某些青年中的迷惘与思想混乱，概括为“我不相信”四个大字的生活态度，……甚至公开提出要允许“与统一的社会主调不谐和”的观点。……
>
> 与之相伴的，是许许多多勇敢分子的“新诗 60 年空白论”，“中国只有三个半诗人——戴望舒、徐志摩、李金发和半个何其芳”，“中国根本没有诗人”，“中国的新诗从零开始”，“从我开始”……
>
> 这股思潮表现在诗歌的创作实践上，是诗风大变。脱离生活，脱离人民，吟花弄月，无病呻吟，浅入深出，自我高于一切的诗歌一下子充斥了诗坛。

在这个背景下，柯岩这才讲了几个问题：

一、我们究竟为什么要写诗？

还是从1980年那次《诗人谈诗》说起。……在我的那场众多提问中，有这样一张条子：“允不允许只为一个人写诗？或只为几个人写诗？”我回答说：“当然允许。不过可不可以允许我也给你提提建议呢？如果你真是只给一个人写的，你何不直接交给他本人或请人转交呢？如果你真是为几个人写的，那么复制一下或油印一下不更省事么？就不要再去麻烦编辑部或印刷厂了……”当时哄堂大笑，气氛很友好，不像后来“扔白色手套”时那样剑拔弩张。……究竟我们是为什么写诗的呢?!……

我们提出，诗人应该有社会责任感，这，难道是过分的么？

“崛起论者”蔑视我国的革命历史，蔑视我们的现在，把一切与革命、与人民群众生活有关的都斥之为“红色诗”、“假、大、空”，是能够允许的么？

我们不禁要问：他们为了什么“崛起”呢？他们要把青年引导到哪里去呢？

到底要叫青年为什么写诗呢？为“表现自我”，为艺术而艺术，为形式而形式，为时髦，而“引进”……五四运动之后的文学舞台上早就上演过这些最解放、引进、挑战、与传统彻底决裂……各种节目，并早已为人识破其唯我主义及民族虚无主义的实质了。

柯岩在批评那些表现自我就是一切的诗歌观时，还热情引用了两首好诗，一首叫《来自鞋摊的诗报告》，一首叫《我是力，我在等待中旋转》。后一首写道：

大楼竣工了，
我将要离去。
在这页立体的稿子上，
我完成了自己的诗句。

那走上阳台的达木兰，
那飞到玻璃窗上的双喜字，
是我奇特的构思和新颖的立意。
我让它发表在中国这本杂志上，
留给后代们一个思索的议题。
我走了，大踏步地向前迈去。
我要开辟一个新的场所，
用我旋转的速度，
来加固祖国这部巨大的机器。

柯岩称赞道：“好一个临时工，好一个等待中旋转的力。一个愿为祖国母亲抹去一点忧虑的儿子，一个充满信念、理想与希冀的真正的人。做人就要做这样的人，写诗就该写这样的诗。”

在第二部分中，柯岩讲传世之作及“与世界对话”，主要是讲只有好诗才能传世，引用了郭小川、赵恺等人的诗。第三部分中，柯岩谈了世界观对创作的指导作用。她说：

前些时，外边有一种误传，说是《诗刊》捧起了十七颗新星，现在又来骂他们了。首先声明：我们从没有把他们称作“新星”大加吹捧，并且至今也不是骂他们。只是在1980年，《诗刊》召开了一个“青春诗会”，选了一些当时涌现出来的、写诗有希望的青年来学习。坦白地说，是想加以“引导”的。我们请了许多老诗人：艾青、臧克家、张志民、李瑛、流沙河……给他们讲我国诗歌的战斗传统，新诗中存在的问题及发展趋势，谈外国诗歌的许多流派及其发展变化，谈人生，谈艺术，谈思想，谈技巧……参加这次诗会的这些青年同志当时和以后也是写了不少好诗的，如张学梦的《现代化和我们自己》，梁小斌的《雪白的墙》，杨牧的《我是青年》，叶延滨的《干妈》，还有陈所巨，梅绍静……莫不如此。就是被“崛起论者”树为标兵的舒婷、顾城，最初也是写了许多好诗的。舒婷的《致橡树》、《这也是一切》、《祖国，我亲爱的祖国》，顾城的《一代人》：“黑夜给了我黑色的眼睛，我却用它寻找光明”，还有他写白公馆，写小萝卜头的诗，不但艺术上很有特色，思想也很健康、昂扬，受到了青年的普遍赞扬。我们不该支持吗？支持有什么错呢？

最后，柯岩满怀热望地寄语青年：“我们这样一个十亿人口的大国，人民有权要求我们的诗歌队伍十倍、百倍地大于现在。因此我们珍惜每一个有才能的人，正因为珍惜，才说这些话的。……我祝愿在座的爱好诗歌的同志都能走上诗人之路，为人民写出好诗。我更祝愿在我们整个年青一代爱好诗歌的及正在写作的青年诗人中出现大诗人，为人民歌唱并深受人民爱戴的大诗人。”

2005 年 8 月，笔者在北京采访柯岩时合影

就在重庆诗会结束后不久，部队诗人要求柯岩到部队传达此次会议精神。她和朱子奇同志都去了。在部队，她除了传达重庆诗会的精神外，还同部队诗人顾工等人很知心地谈到对顾城的看法。因为柯岩同顾工关系很好，顾城一直称柯岩

为阿姨，所以柯岩也把顾城当作自己的孩子，直称顾城为孩子，同他谈话非常直率。

柯岩曾对顾城说："孩子，你很有才华，但是，你性格太孤僻，太忧郁，你不改变，不但会越来越远离群众，而且会同新社会格格不入，生活得很痛苦，甚至会……自杀的！"

柯岩怀着对诗友的尊重和关心，在顾工也与会的情况下，把自己对顾城的看法当面告诉了顾工，希望他加强对顾城的教育和引导。后来，顾城去了国外，最后竟至杀妻之后自杀。柯岩每念及此，都十分痛心，越来越认识到对青年诗人、作家进行引导和帮助的重要性。对青年诗人一味捧场、奉承，不利于他们的成长。

重庆诗会后，中央提出了清除精神污染。

柯岩回到北京，受到热烈欢迎。作协党组书记张光年一手拉着柯岩的手，一手拍着她的肩说："你们开了一个非常好的会，感谢你们啊，感谢你们……"

作协又专门召开了记者招待会，新华社发了通稿，各大报纸纷纷转载。柯岩一时间成为新闻人物。

可是，没有多久，反对清除精神污染的势头陡起，柯岩和参加重庆诗会的人差不多都被当作"清污先锋分子"。一时谣言沸沸扬扬，柯岩自然首当其冲。一来因为她是重庆诗会的发起人和组织者；二来因为她立场鲜明，观点明确，发言直爽明快，不模棱两可、含糊吞吐。

但是，柯岩想不通：重庆诗会是中国作协和《诗刊》及重庆市委联合召开的，会上并没有攻击谁，整谁，怎么就成了"左"的会议，"整人的会"，什么"点名一大串"，"棍打一大片"，什么"横扫一切"，"搞得大地上一片白茫茫真干净"，什么"左王"、"左棍"哪……我整了谁了？点了谁的名了？不就是提了徐敬亚的名吗？那还是因为他在《人民日报》上公开检讨，希望他不要有压力，而鼓励他的呀！就算这也不行，就算这也是错误，可以批评，甚至批判嘛！干吗给我扣帽子，造谣言呀！我个人倒不怕！"文革"都经过了，什么谣言没听过？什么帽子没戴过？可是，不该株连那么多人哪！

后来，她听说方敬也被牵连，心里更不安。方敬是重庆作协主席，西南师范大学副院长，老诗人，谦逊诚恳，德高望重，柯岩一直把他敬为自己的老师。有人攻击柯岩，他忍不住站出来说了几句话："柯岩怎么啦？柯岩的发言我都听了，而且大会小会我都一直同她在一起，她到西南师范大学讲话还是我主持的会议，没有听见她点过谁的名，更没听见她说什么出格的话呀！发言稿和会议记录都在，哪里有什么极'左'、'横扫'之类的事呢？"这一来，方敬也成了极"左派"，说他用极"左"的观点包庇极"左"的柯岩。

还有纪鹏，因为回京向部队报告了重庆诗会的情况，还请了朱子奇和柯岩到部队作报告，当时李瑛、顾工、韩笑等部队的老大哥都在场，他们都十分亲切地开玩笑，还给柯岩敬军礼，可是，现在纪鹏也成了"左派"了！

而当时在社会上发言比较激烈和尖刻的人，反而成了抵制重庆诗会的志士。

后来，对柯岩的攻击逐步升级，而且越来越离奇，以至于不少认识柯岩的人都突然不理她了。柯岩家的信箱中还出现了香港寄来的骂她的剪报和匿名信。同时，在《诗刊》也出现了不少谣言：某某提编委，柯岩不同意；某某要提级，柯岩反对；某某的稿件，被柯岩否定……

柯岩不但感到愤慨、伤心，而且也逐渐明白了事态为何如此发展。于是，她赶紧打了辞职报告，以自我放逐的形式接受驱逐，从此离开诗坛，写报告文学、小说和电视剧去了。

但是，写小说和电视剧也逃不过一些人的诬陷和打击。《寻找回来的世界》出版后，外地有人写了评论，北京马上就有人打电话过去："不要发她的评论，她是极'左'分子，你们不要宣传她，不要叫人看她的书。"

柯岩把《寻找回来的世界》改编为电视剧后，也不愿用真名，就对导演说："就写你的名字吧！"

导演说："那怎么行？将来会追究我侵权的！"

柯岩道："那就随便用个笔名吧！"

导演说："为什么？"

柯岩不能说出真情，推托说："我不像你，你年轻；我年纪大了，砸不起呀！万一失败了呢……"

于是，柯岩就取名楚雪、战楠，寓“初学”和“战胜困难”之意。

电视剧获奖了。不是一般的名不见经传的奖，而是连续获得飞天、金盾、国家教委等七个全国性大奖。柯岩是原著者，这是捂不住的。有些整她、骂她的人就对她说：“柯岩呀，你认识楚雪、战楠这两个年轻人吗？”

柯岩就只好敷衍道：“认识呀！”

那些人说：“这两个年轻人可真有才能呀！”

柯岩总不能说自己真有才能吧，就应付地说：“我看也就一般吧！”

结果，谣言立即蜂起：看，柯岩狂到什么程度？人家两个编剧把她的小说化腐朽为神奇，她居然说人家也就一般……

有人忙劝他们别说了，要知道柯岩是写剧本出身，搞不好这本子就是她改的，快打听清楚了再说，不要闹出笑话！

后来，宋庆龄基金会要为获奖的电视剧颁奖。颁奖前一天，柯岩突然接到一个女孩的电话说：“柯岩老师，您不认识我，我也不报我的姓名了。我只是代表一些年轻人，请您明天一定要去领奖！”

柯岩从不出席这些颁奖活动，就客气地说：“请你务必原谅我，我身体不好，我不去了。”

女孩子固执地说：“您一定要去！”

柯岩也坚持说：“所有的奖，我都没去领的。”

女孩告诉柯岩：“但这个奖，您务必得去，而且还应该穿得漂漂亮亮地去！您知道这个奖是我们怎样争取来的吗？”

听了这个电话，柯岩十分感动，打心眼里感谢这些年轻同志，不是因为给她争了奖，而是因为他们的公正。于是，第二天，她专门为他们穿了一套玫瑰红的套裙去领奖。

在重庆诗会过去20多年后，评论家张器友面对时下的诗歌现状，在《柯岩文学活动的成就及其意义》一文中对柯岩在重庆诗会上的发言给予了评价：“在当代文学运动中，柯岩坚决地捍卫了革命现实主义诗歌和革命浪漫主义诗歌存在的历史合理性及其诗学原则，旗帜鲜明地批评了非理性主义和狭窄的‘表现自我’论诗歌观。”

张文指出，柯岩对于滥觞于“文革”、在上世纪 80 年代兴盛的现代主义诗歌——朦胧诗，既承认其合理性，又认为朦胧诗永远不该是诗歌的主流。而且，柯岩对于那场诗歌运动存在的问题，给予了充分警惕。她旗帜鲜明地反对非理性主义，对于“先锋者”避而不谈的“世界观与文艺创作”的关系问题阐明自己的观点，强调诗人应当努力掌握先进世界观。他还特别指出，柯岩在新时期诗歌批评的具体实践中，总是遵循着美学的、历史的批评原则，维护诗歌艺术的特殊性，维护诗歌艺术的尊严。

我认为，张器友的文章是实事求是的，公允的。

七、给大学生作报告

谣言可怕也不可怕。柯岩虽然退出了《诗刊》、诗坛，发表诗歌很困难，但她仍然不能忘情于诗且心有不甘。而且很多读者和诗人、作家喜欢她的作品，许多大学的领导和学生欢迎她去作报告。柯岩想：北岛不是说“我不相信”吗？我也不相信！我不相信我们的群众会不相信自己的眼睛，会不尊重事实；我不相信青年学生会不爱自己的祖国和人民，会不相信马列，不相信革命！我就要到大学里去讲，讲诗，讲文学，讲创作，讲人生，讲革命，讲传统……

到了大学，柯岩先提出一个尖锐的问题：“大家都知道作家有各种流派，那么，柯岩是哪一派呢？”

学生们纷纷议论起来，会场一时显得特别活跃。

柯岩这才自报家门，自己回答道：“柯岩是人民培养的、认为生活是文学的源泉的一派，是学习着运用历史唯物主义和辩证唯物主义观察生活、表现生活的一派。在座诸君，如果哪位不愿意听，请立即退场，以免彼此浪费时间。”

她这一说，教师们立即热烈鼓掌，大学生也大为欢迎，气氛好极了。

一次，在一个艺术院校，柯岩说：“我知道，你们最关心自己的作品如何走向世界，那么，你们知道现在海外最欢迎我们的哪些作品？”

学生们睁大眼睛，想听柯岩的答案。柯岩于是回答道：“也许你们想不到竟是有些人人认为土得掉渣儿的《归心似箭》、《喜盈门》等等。”

柯岩告诉学生，大部分西方人都崇尚性，有的甚至把性与爱情等同起来。但是，《归心似箭》却表明：性是爱情的重要组成部分，但却不是爱情的全部。外国人在《归心似箭》中看到了人物的行为美、语言美和人性的美，在主角的眼睛中看到了那么含蓄、那么有诗意的美，看到了那种纯净的、温柔的、高层次的美和爱情，看到了我们东方人的优美爱情，看到了爱情中的忠诚、信赖和等待，还看到了中国人的人性美、人情美、风俗美……

年轻的大学生被她的报告紧紧地抓住了。柯岩这才进一步阐发：为什么这些看似土得掉渣儿的《归心似箭》、《喜盈门》能够走向世界？因为它们具有民族特色，又发掘了别人尚未发现的独特的民族生活和具有个性特点的心灵领域，或者说在人们司空见惯的生活中发现了新的人物，新的事件，新的意蕴，新的美。这证实了鲁迅先生的名言：越是民族的，越是世界的。

那么，作家是怎么发掘出这些美来的呢？是靠自己的面壁苦思吗？是靠在书斋中发挥天才吗？

柯岩对学生说：我听说有的同学下到基层很苦闷，认为没有什么可看的，可画的，躲在屋里画自画像，从自己的头顶上画出两条蛇来，以为这是伟大的创造。其实，这并不新鲜，它只不过是对西方某些作品或画派的模仿而已。在西方，早已有在画中人物身上长出几十条蛇的作品了。

台下发出一阵善意的嘲讽的笑声。

柯岩以铿锵有力的语气说道：“真正能够创作出美的艺术的人，只能是真正热爱生活，并且对生活永远有新鲜感的人！而一切拾捡洋垃圾的人，只能欺世于一时，至于那些专门制造伪民俗以迎合洋人殖民心态的作品，就更等而下之了……同学们千万不要上当啊！”

哗哗哗……台下爆发出热烈的掌声。

这时，台下递上来一张纸条。柯岩展开一看，轻轻念道：“柯岩老师，您一开始是怎么深入生活的呢？”

柯岩问大家：“你们有兴趣听吗？”

“有！”

“好吧，我就给大家讲讲我是怎样深入工读学校，又怎样写出《寻找回来的世界》的，好吗?”

哗哗哗……台下爆发出更加热烈的、期待的掌声。

她给学生们讲她深入工厂、农村、部队的经历，讲她参加改造妓女的工作，讲她到工读学校工作、学习、体验，而后写出《寻找回来的世界》的过程，讲自己的学习和创作的道路……

她给学生们讲："看一个作家，不但要看他的作品，还要看他的人品；看一个人，不但要看他的一时一事，还要看他的全部脚印，看他的全部历史，全部作为。不要听那些风派理论家的风云际会的话，因为他可以今天这么说，明天风向一变，他马上又那么说了。做人，也一定要做正直、正派、踏实奋进的人!”

柯岩作完报告后，学生往往会问许多问题。柯岩总是怀着对青年的爱，怀着对革命的信念，坦诚地回答他们的问题。学生们对柯岩也推心置腹，什么问题都敢给她提。比如，有学生问琼瑶的作品可不可以看？柯岩回答说："当然可以啦！我原来没看过琼瑶，可我一同青年接触，不少人就问我关于琼瑶的问题，所以我就开始阅读她。现在各大出版社大约出了二十几本琼瑶的书，我读了十几本。琼瑶有古典文学的修养，作品追求意境，很会编故事；而且她的作品比较干净，纯洁，她真诚，讲善良，讲友谊，讲爱情，很少床上动作，比我们好多号称共产党员作家的作品干净得多，为什么不可以读？不过，她的作品反映的生活面比较狭窄，和真实生活的距离远了一些，等你们生活经历丰富一些之后，很快就会超越她，去读更深刻的作品。"

还有一次在北京，给青年作家讲话时，有人问："你们一生吃了那么多苦，你们还信仰吗?”

柯岩回答说："还信仰。因为信仰使我们向上，使我们活得充实，使我们的人生有意义……你们问我这个问题，好像很可怜我们，其实，令我们担心的倒是你们，你们缺乏信仰，将来的日子会比我们难过得多。"

在南方一所大学，有人给柯岩写条子："你刚才讲的都是心里话，看得出来你是真爱我们的，可现在社会风气那么坏，你不能也变坏一点吗?”

柯岩念完条子后说："谢谢，我现在已经变得够坏的了。我像你们一样年轻的时候，为真理而斗争，可以奋不顾身。可现在见了坏人绕着走。可不这样不行啊！不这样我可能早死了！不能保存自己，那我也不能到这儿和你们见面了。为了坚持革命，必须忍辱负重。多少革命前辈深深地感动、启发和引导着我。我这里只举丁玲同志的例子。我参加革命前后受过丁玲同志很大的帮助和影响，但一进文艺界就听到关于她的各种谣言。当时我轻信了那些谣言，带着青年人特有的偏激，立即把她从心里血淋淋地撕去了——连同她的成就和辉煌。……20 年过去了，在四次文代会上，丁玲复出时，那么多人围上去，我却只能远远地含泪凝视，因为我心里对她十分愧疚——虽然我从未参加过对她的批判会，也未写过一篇批评她的文章，但我心里相信了那些说她被捕叛变的谣言。这以后，中组部两次为她下发文件，一次是为她的右派问题平反，一次是澄清历史问题，为她彻底平反。后一个平反阻力重重，整她的人，有的光明磊落地向她道了歉，有的却死咬着不撒嘴，继续给她的平反工作制造阻力。但丁玲同志怎么样呢？她始终沉着冷静地尽着一个共产党员的本分，为党做着力所能及的工作。虽然又有不少年轻人听信了新的谣言对她误解和谩骂，但她却以自己对党的忠诚，在中外正直人士的心中，树立了壮丽的丰碑。"

一次，柯岩在山东大学作报告，正在会场十分活跃，学生们听得十分动情时，一个学生递上一个条子："请你对贺敬之的诗作出评价。"

柯岩知道，这个提问显然是带有挑衅意味的。会议主持人怕柯岩为难，立即宣布："这个问题柯岩教授有权可以不回答。"

面对着全场静静等待、渴望听到真话的大学生，柯岩灿然一笑，坦然说道："不，这个问题我可以也应该回答。郭小川、贺敬之是一代歌手，这是任何人也否定不了的——不管你喜不喜欢他们的诗。他们的诗在一个时代，甚至不止一个时代，是影响了千千万万人的。这是任何人也抹杀不了的事实。当然，他们也有他们的局限性。正像在座诸君，你们即使比他们伟大一百倍，但在你们后人看来，你们也仍会有你们的局限性一样。"

台下又一次为她的真诚和坦荡，报以大海浪潮般的掌声。

1991 年柯岩到广西师范大学演讲，礼堂挤满了听众。有一个学生递条子问："柯教授，你在所有的大学讲课都像在我们这儿这样受欢迎吗？有没有受冷落的时候？"

柯岩回答说："好像没有。大学生对我都很厚爱，大多像今天这样，屋里屋外讲台前走道上都坐得满满的……"

"为什么会这样呢?"我很感兴趣地问柯岩。

"因为我爱他们，相信他们，对他们说真话!"

是的，柯岩确实是出于对青年的爱。她的时间是那样的珍贵，她有那么多的作品要写，那么多的"文债"要还，她甚至于在重病之中，大手术的间隙，都在拼命地写作：她是一位惜时如金的作家呀！可是，她却宁愿挤出宝贵的时间去给青年们作报告。有时，医生和家人担心她那搭了桥的、带病的心脏不堪重负，都不赞成她去，但是，当青年朋友邀她去演讲时，她还是坚持着去，因为，有一双双纯真而满含期待的眼睛在她心头汇聚，闪烁；因为，一个崇高的心愿在她心中闪烁发光——我要用美好的理想来塑造我们的下一代!

就是因为这样，柯岩到各个大学讲课，作演讲，都受到师生好评，并被多所高校聘为客座教授。

第五章

报告文学与传记文学创作

“文化大革命”后，柯岩虽然当了《诗刊》副主编，做了许多繁荣诗歌创作的工作，但却很少写诗了，而把创作重点转向了报告文学。

为什么会这样呢？柯岩告诉我：“‘文革’后，‘伤痕文学’一时成了文学创作的主流。没有把注意力放到优秀人物、英雄人物身上。而这些人是大量存在着的。党的优良传统和党的正气还在。‘文革’后出现青年的信仰危机，出现复杂的思想斗争，而这些，在儿童文学中是难以表现的。加之，全国科学大会、全国财贸大会、全国教育大会相继召开，大量科学战线、财经战线、教育战线的英雄人物吸引了我的眼睛和心灵，使我受到鼓舞和激励，看到了‘四化’的光明前景。我觉得我应该多报道各条战线上的英雄，把这些活生生的英雄讲给人们听，指给青年看，于是，我选择了报告文学。”

几年时间里，她写了《奇异的书简》、《船长》、《追赶太阳的人》、《东方的明珠》、《天涯无处不芳草》、《美的追求者》、《癌症≠死亡》等报告文学，写了传记文学《永恒的魅力》。柯岩要把这些生活中确实存在的真实的、优秀的人，放在读者面前，让这些真实的优秀人物，走到青年读者中间，成为青年的榜样。

一、《奇异的书简》

粉碎“四人帮”后，科学的春天到来了。科学大会召开了！邓小平在会上嘱咐科学家勇往直前，由他来做“后勤部长”；郭沫若在会上作了振奋人心的题为《科学的春天》的演讲；叶剑英为大会题诗“宏观在宇，微观在握”……

柯岩满腔热情地参加了科学大会，热情地同科学家交朋友。在采访中，她发现两位科学家在十年间通了2000多封信，这些信探讨天体物理的奥秘，为现代物理学作出了重要的贡献。于是，喜欢读信的她，被这2000多封奇异的“天书”打动了，更被他们的人生经历和人格魅力打动了。于是，她写出了报告文学《奇异的书简》。

《奇异的书简》就以书信开篇——

说也奇怪，在我的诸多爱好中，有一个是：读信。

……

信，曾像溪水一样在我的生活中流去。有一天，一封这样的信突然出现在我的眼前……它，既不能使我快乐，也不能使我悲伤；既没有表达感情的字句，又不能称为文章。

……

我睁大迷惑的眼睛，望着给我这封信的同志，他却催促我说："读吧，快读！要知道，这样的信不是一封、两封，而是两千多封！十年里，他们两人就是这样写了两千多封信，平均一又三分之一天每人就写下这样一封哩！"

我想：如果把两千多封都摊开，从天上撒下将化作漫天飞舞的雪花；若它们能在地上行走，将成为一条潺潺的河流。啊，十年不断的潺潺的河流啊！

只是，它是这样一条奇异的河流呢，唱着这样奇异的歌……

这是什么样的信？写信的又是什么样的人？柯岩慢慢揭开了谜底：

原来，这是两个人名的英文缩写。LT是陆琰；琰一个少见的、普通字典上查不出来的字；LF是辽复，辽复姓罗。

陆琰曾是个小小的孩子，大睁着圆圆的双眼，张望着奇异的世界：红的花，绿的草；白天，蓝天白云；黑夜，满天繁星……多么美丽的世界！可是，花为什么红？草为什么绿？白云为什么会行走？星星为什么要眨眼睛？他问妈妈，妈妈不会回答。……陆琰去问爸爸，爸爸苦涩地笑笑，顾不上回答。陆琰只好自己跑到旧书摊去，找到什么就读点什么。支离破碎的知识，回答不了好学的孩子的问题……

罗辽复也曾是个小小的孩子，同样大睁着双眼张望着世界。他比陆琰幸福：父母只有四个孩子，上边还有哥哥，糊口不像陆家那样艰辛。有一天，小小的辽复从一本叫做《科学大纲》的书上看到一段这样的记载：光是有一定速度的。如果一个人用比光还快的速度走路，那他就会看见一种奇怪的现象——时间在倒着走！

两个做着科学梦的孩子迎来了解放，柯岩接着写道：

陆琰恢复了他差一点被旧社会夺去的思考，继续他对宇宙的遐想：天上的星星真多啊！从一颗星到另一颗星那样遥远，它们彼此的光传到对方都要几十万光年，那么，从一个银河系到另一个银河系呢？宇宙是多么大，多么大啊，真是无限大！……但是，我能认识它么？能掌握它么？小陆琰毫不迟疑地做了回答：能！陆琰已经是共青团员了嘛！共青团是党的助手，是新世界的主人！世界上还会有新世界的主人做不到的事吗？不，不会有的！

于是，陆琰开始了他对物理学的顽强进攻！并决心敲开北大这个最高学府物理系的大门。因为，虽然数字、天文，都非常有趣，但解决物质运动的根本规律还是物理！

罗辽复这时却爱上了文学，写文章、编板报，甚至和同学们一起出起刊物来，名叫《小草》。无怪乎辽复决定献身文学，并在作文《长大了做什么?》里写上了他的十四岁的至理名言："自然科学只不过是火车，社会科学才是司机。"语文老师看到这里会心地笑了，暗暗赞许他说得真好。可是，全面分析了罗辽复的条件，他晚上找小辽复谈话，还是劝他决不要放弃学理科。

至此，两个孩子在他们人生的道路上，又各自向对方靠近了一步。

于是，陆琰毫无乡愁地坐上了火车，向着北京起程了。窗外是祖国明丽的山河，心中是滚滚的波涛。车过济南，他才把眼睛从车外收回。回头一看，背靠背地坐着一个和自己差不多衣着，差不多年纪，差不多神态的青年。青年人是不甘寂寞的。陆琰看了他一眼，他也转回头打量了陆琰一眼。陆琰对他笑了一笑，他也对陆琰笑了一笑。"你上哪去?""北京，你呢?""北京!""上学?""上学。""哪个学校?""外专!""你呢?""也是!"

于是，两个人从背对背转成面对面了。

作家写了他俩幸福的大学生活——

两个月后，陆琰发现有肺结核，不宜出国，回家休养了。一年后，免考，重新录取到了北大物理系。当他拿着学生简单的行李往宿舍走时，来接他的人竟是罗辽复！他也因为身体不好给转到这儿来了。

从此，四年，他们形影不离。上课，他们并肩而坐；考试，他们共同复习。海淀的深夜，听惯了他们的娓娓长谈；未名湖畔，到处留下他们青春的足迹。

四年啊！这朝气蓬勃充满理想、令人留恋令人赞美的四年啊！他们在知识的大海里畅游，名师和益友时时给他们以教益……

"你记得吗？居里夫人说过的一句话？"

"记得，'我们要把人生变成一个科学的梦，然后再把梦变成现实'……这话说得多么好！"

数不尽的这类谈话，仅仅是随便的闲聊么？

不！这是在向真理迈进，是对人生意义的探讨；是美学视野的扩大，是立足点的升高……

但是，他们不满足，还不满足！为什么一部长长的科学发展史上尽是外国人，什么牛顿定律，爱因斯坦理论，麦克斯韦方程……中国人天生不行么？不！中国古代就有四大发明，对人类文明作出了巨大贡献。毛主席说："中国应当对于人类有较大的贡献。"领袖是这样了解和信任自己的人民！那么我们该做什么？该做什么？……

就在他们起步向科学高峰攀登的时候，"文化大革命"爆发了。作者写了他们两人在艰难岁月里在南京和内蒙古两地分别钻研和协同作战：

他们做梦也没想到：他们从事科研的路会这样奇异。

中国人民也没有想到：在新中国完美健康的肌体上会长出"四人帮"这样一个大毒瘤。

陆琰和罗辽复是在党的培养下成长起来的年青一代科学工作者，暴风雨检验了他们的翅膀。他们中学时代、大学时代的一切遐想、一切思索、一切理想、一切希望……在“文化大革命”的暴风雨中得到了锤炼，完成了一次飞跃，变成了坚定的信仰。

他们坚信：科学需要社会主义，社会主义更需要科学。

于是，陆琰变成 LT1——1305。

罗辽复变成 LF1 ——1296。

“四人帮”砸烂了陆琰工作的一所军事科学院校，把他复员到南京一家小工厂里。陆琰就做好工厂交给他的一切工作，赢得了工人的信任和尊敬。

“四人帮”咒骂知识越多越反动，煽动学生打派仗，不让他们上课，封闭了图书馆。在内蒙古，罗辽复就把一些学生组织起来学习，偷偷地给他们上课，讲《量子力学》。

但是，这还不够，还不够！于是深夜的灯火闪烁在 LT 和 LF 的窗口——口，就像南京和呼和浩特在遥遥相望……

他们也无须说话，他们只更深地把自己投进物理的世界，在这里披荆斩棘，浴血奋战；专心致志，刻苦攻关。

南京的夏天是炎热的，蚊子成群结队地向人进攻！没关系，没关系！陆琰挥汗如雨，奋笔疾书：来信收到。关于北京层子模型的研究，绝对不能搁置。这项工作我国起步较早，决不能让它落后……

内蒙古的冬天是寒冷的，暖气不热，屋里也滴水成冰。没关系，没关系！罗辽复戴着大皮帽子，身上裹上皮衣，搓搓冻僵的双手，呵开墨水冻结的钢笔，又开始向南京呼唤：来信意见是对的，但愚意以为奇异粒子的非轻子蜕变亦颇值得再研究……

陆琰的身体是不好的。长期肝炎，需要休息和营养。爱人泪汪汪地看着他，但他把钱都买了参考书了。衣服破破烂烂的，春夏秋冬都是一双大球鞋。但为解决信上谈不清的公式，他把给孩子置冬衣的钱买了去内蒙的车票，找罗辽复去了。爱人撅着嘴，可心里是高兴的。她了解他，她了解他啊！她自己也是党一手培养起来的化学工作者，她爱他就是爱他这点志气，这身骨气，这股硬气！她怎么能不支持他呢？

LF，LF，LF……这样，他向内蒙呼唤得更频繁了。

罗辽复身体也是不好的。在学校时就长年患肠炎，现在又教学，又搞科研。“四人帮”破坏了国民经济，安排家庭生活是那样不容易。他把自己紧紧锁在小屋里钻研他的公式，没有热饭就冷吃，没有菜就不吃。孩子在外边哇哇地哭，他听不见么？是的，他听不见。有他爱人呢！爱人是个小学教师，她把对下一代的全部责任心和希望倾注在催眠曲里。

LT，LT，LT……这样，他向南京的呼唤也更频繁了。

当他们工作完毕稍作喘息时，他们往往不约而同地想起彼尔·居里的名言：……当我像嗡嗡作响的陀螺一样高速旋转时，就自然排除了外界各种因素的干扰，抵抗着外界的压力。

这句他们青年时代心爱的箴言，竟变成了他们现在自身的写照……他们就加速，加速，更加速地旋转起来，穿过时间和空间的距离，把自己置身在科学研究的世界，唾弃了“四人帮”造成的一切干扰，出现了我们面前这一系列长长的论文名单……

他们俩合作进行的这些工作，为发展我国的高能物理、天体物理、超导物理基础理论研究工作作出了贡献，受到了国内外学术界的关注和好评。

LT，陆埮，现在是南京市科协副主席，五届人大代表。

LF，罗辽复，现在是内蒙古大学副教授，内蒙古自治区革委会委员。

终于，他们共同迎来了科学的春天，一起走进了科学大会——

两个朋友在科学大会上重逢了。他们没有像初遇时那样又笑又跳，他们只是紧紧地握住对方的双手，透过欣喜泪水的薄雾凝视着对方。

他们已不再年轻了。鬓发已染上白霜，只有丹心如故。

周围的科学家也不像当年火车上的人们那样笑了。他们也透过欣喜的泪水在凝视着他俩。科学家了解他们，他们也了解别的科学家。经过“文化大革命”严峻考验的我国的科学家们，成熟了。……

让我们祝愿他们在科学的春天里向着科学的高峰顽强攀登吧！他们不会回头，他们义无反顾，因为他们既看到大会堂里手捧鲜花向他们扑来的红领巾，又看到大会场外，九百六十万平方公里辽阔的土地上，人民向他们伸着的双手。

人民相信他们：会永远在党指引的科学道路上不断前进，就像太阳系里的灿烂群星永远围着太阳，在自己的轨道上前进一样。

柯岩是满怀激情地写出这篇报告文学的。它及时敏锐地写出了两位年轻的科学家攀登科学高峰的艰难历程和顽强意志，给人以鼓舞和激励。同时，构思精巧，立意高远，议论精湛，文笔优美。作者以两位科学家的2000多封书信作为全文的线索，一开始就娓娓倾诉自己对书信的特殊感情，并表示：“我要大声赞美发明书信的人。”柯岩赞美书信，其实也是透过书信这一形式，向我们介绍陆琰和罗辽复两人在十年时间里写的2000多封信。她告诉我们：“书信，不只是叙事的，抒情的，议论的，也是可以用来进行科学研究的。两千多封信，就是他们研究的心血结晶！”由此为我们展示了书信中所蕴含的两位科学家对祖国对事业对生活的一片忠诚，描绘了迢迢千里隔不断的两位科学家的真诚的心。这独特的构思，使全文显得深情、真切、新颖、深刻。所以，文章一发表，立即引起很好的反响。

二、《船长》

1979年夏天的一天，柯岩突然接到《人民文学》编辑部的电话。电话那头首先要求柯岩：“你一定得答应我们一件事。”

柯岩回答：“只要我能够！”

编辑说："请给我们写一篇报告文学，为建国30周年用……"

柯岩一向害怕别人命题，就想推掉："你们选好了人物线索？可是我还不知道有没有兴趣……"

编辑肯定地说："我们为你选了一位大有作为、精通业务的远洋轮船的船长。你对他一定会感兴趣的！"

柯岩知道，这位编辑是一位资深编辑，不但了解他们杂志需要什么样的文章，也了解作者的兴趣、风格和特长。他说自己会感兴趣，总是有原因的。于是，柯岩请他介绍一下这位船长的主要情况。编辑非常兴奋地介绍起来。听了编辑的初步介绍，柯岩果然有些兴趣了。

"我们马上把已有的材料给你送去！"这位编辑从柯岩的口气中听出了她的心意，立即不容分说地挂断了电话。

材料送来了。柯岩翻阅着厚厚的文字材料：关于贝汉廷的先进事迹的新闻报道，他同外国港务局官员的谈话，他给船员们的讲课稿，以及各式各样的业务报告，还有各种嘉奖令及感谢信。看着看着，柯岩的大脑中出现了一个富有民族自尊心和社会责任感，具有高度文化修养而又精明强干的人物，她在心里对自己说道：对！这就是我想写的社会主义新人！

她决定采访贝汉廷！

9月初，得知"汉川号"在天津新港停泊的消息后，柯岩立即和《人民文学》的编辑一起上了船。柯岩首先打外围战，找船上的政委、大副、二副以及船员，请他们谈他们对贝汉廷的了解、认识、看法……在这个基础上，她再采访贝汉廷。柯岩告诉我："开始，他远远地躲着我，当然是彬彬有礼地。当我迫使他坐下来时，他也只是讷讷地，不肯多谈。但他周围的人及我的经验都早已告诉我：一个真正的人必然是个'富矿'。他越是害怕宣传，越是躲镜头，越使我感到他的价值。于是，我就撇开任务，和他聊大天：天文、地理、学习、工作、航海、文学、婚姻、家庭，谈他的经历、兴趣、爱好、追求、向往，他的欢乐，他的苦恼，他的爱憎，他的梦想……"

柯岩同贝汉廷像老朋友一样海阔天空地聊天，推心置腹地倾谈……

在燥热的船舱里，在机器的轰鸣声中，诗人在脑海里编织着蓝色的梦。她边谈边记录着。有时，一朵火花迸发，一阵灵感闪过，她赶紧记在笔记本里面。

逐渐地，柯岩被贝汉廷的经历和事迹所感动，心情也随着贝汉廷的讲述而上下起伏。柯岩在贝汉廷的叙述中展开丰富的联想，她仿佛随着巨轮驰向了蔚蓝的大海，看到了贝汉廷在独立安装高大机件时的睿智和坚毅，看到了贝汉廷在抢救希腊沉船时的沉着和忠诚。

两三个星期过去了。

回到家中，柯岩精心构思：她既要按照事实本身，写出贝汉廷真实的生平、经历、性格、感情，写出其外在的和内在的活动；又要运用文学的手法，在构思立意、结构安排、剪裁取舍、烘托陪衬等方面下工夫，从而向读者展献一个真正实在而又鲜活生动的船长。

柯岩抓住贝汉廷的几件典型事件，突出地展现了贝汉廷的智慧、魄力、胆识以及高度的主人翁责任感和国际主义胸怀。同时，“在反复琢磨如何刻画主人公时，心里同时想着我的许多年轻的朋友和整个青年一代，希望我对待生活的看法能多少对他们有些影响。希望他们和我一样，能从令人敬重和喜爱的人物身上吸取力量，使主人公成为吸引他们并成为他们愿意效仿的榜样”。

就这样，经过十多天的奋战，一部具有中国气派、中国作风、中国魄力的《船长》终于诞生了！以下是作品中的几个精彩情节：

一、“汉堡港的变奏”：

写国内要贝汉廷返航时装运天津化纤厂的成套设备，国内急用。可是，汉堡港却不让他们运此大件，因为代理认为中国船根本运不了这套设备，原因是这套设备极不规则，大多超长、超高、超重，且又贵重，只能交给工效最高的德国货船装运。可贝汉廷却坚持要装运这批货，一是国内现代化建设急需；二是成套设备运输费高；三是你外国人能运的，我们中国人也能运，凭什么小看我们中国人！贝汉廷找到代理说：“谢谢你们的好意，我们可以一船装走。”

代理见贝汉廷坚持要运，也不好硬性阻拦，他伸出手说：“拿来!”

“什么?”

“配载图！没有过硬的配载图，你可休想装载这样的大件!”

贝汉廷胸有成竹地笑了，取出详尽、完善的配载图。行家们一看都惊呆了！

密密麻麻的图纸上，“成千上万个部件，不仅各有各的装载部位，而且件件有尺码、有重量、有体积，件件有标号”。

“这哪里是配载图，这简直是一份科学报告。”代理不得不称赞。

这是贝汉廷和全船技术人员27个不眠之夜的结晶！

就这样，经过严格的、科学的装配和绑扎，“汉川号”终于在汉堡港的欢呼和赞美声中启碇远航，把这大型成套设备安全运抵中国。

二、“伦敦港的友谊”：

一次，“汉川号”配载200吨滑石粉到伦敦港卸货。途中收到公司电报：伦敦港最近规定，不卸滑石粉。为什么？不知道，这是新规定。公司远隔万里，不知情由。但200吨滑石粉压在冷藏舱盖上，舱里还有伦敦的各种冷冻货。滑石粉不让卸，别的货也取不出来，到前边中转，运费要超过货物本身。贝汉廷决定，船仍直驶伦敦港。船一到港，他立即彬彬有礼地去拜访代理、卸货组长、工头、工人，摸清了不卸滑石粉的缘由。原来是一个工人看报时偶然发现了一篇化学家署名的文章，文章指出滑石粉作用于人体，就要引起癌症。贝汉廷立即请代理到船上做客，畅叙别情，谈得十分融洽。代理告别时说：“在港口，有什么困难，只管找我。”贝汉廷长叹一声：“困难是有哇！”代理马上伸过手来，与贝汉廷握手：“让我帮助你。”“我带来了滑石粉。”“知道，不就200吨吗？”“可我因为怕压坏，装在了冷藏舱盖上。”“这样吧，我先和工会的负责人谈谈，请他来看你。”

不出所料，工会的负责人把头摇得像拨浪鼓一样：“这是工人的权利，工会坚决支持。”“别的港口都没这项规定呢！”“本港对工人劳动保护特别注意。”贝汉廷承认确实如此，并且列举了伦敦港工会的种种成绩。至于卸滑石粉的劳动保护么，“汉川号”愿意提供一切条件：口罩、面具……工会负责人说：“那么……也许……我试一试！”贝汉廷说：“只要先生愿意帮忙，一定成功。先生知道伦敦的商人为什么购买滑石粉么？”“为什么？”“因为我国青岛出产的滑石粉质量好，包装也好。我又装在舱盖上，一点没有破裂……先生知道滑石粉是做什么的么？是做化妆品的。香粉，脂粉，高级化妆品呀！贵国的妇女那么美丽，从古到今都搽粉，但她们是多么健康！”

问题就这么解决了!

可是，贝汉廷又向代理提出了新请求：“我们还有好多艘船都载着滑石粉呢!”

“你何必管别人的船呢?”

“因为都挂着五星红旗呀!”

从此，凡是挂着五星红旗的船上的滑石粉，只要包装不破，伦敦港一律管卸。

三、“邓小平式的船长”：

中美建交，邓小平同志访问美国引起了巨大的轰动。“汉川号”的航线上，各个港口的人都称赞贝汉廷，说他是“邓小平式的船长”。

他要到亚历山大港卸货，这里泊位紧张，搞不好就可能等几十天。于是，贝汉廷在途中就连二接三地给港口代理发电报，打电话，以便让“汉川号”这三个字一再冲击所有有关人员的脑细胞，加深他们的印象。抵港后，他就直奔港务局，拜访港务局局长。他是那样熟悉地称呼着局长，当他要求快速装卸时，局长说：“怎么这么急？你们中国人从来不在乎船期。”

他说：“谁说的？我们现在要搞‘四化’，分秒必争哩!”港务局局长像老朋友似的望着他笑。于是他熟练地和所有打交道的人交往着，尽快办好一切手续，穿过各国色彩缤纷的泊船，扬帆远航了，节约了20多天船期。多么灵活，闪电似的进击，不像个船长，倒像个军事家。

包括“汉川号”在内，我国从国外一共买了四条船。保修期间，发现冷藏舱上有“汗水”，浸湿了货物。贝汉廷拍下了现场的照片，又请各个港口的验货师签署了证明，还用油漆在船上标出了“汗水”的位置，回厂要求返修。船厂工程师抱着几尺厚的设计资料翻给他看，满嘴数字、专用名词，就是不肯返修。并说，已有两条船来过，已签字同意不返修了。但贝汉廷有一叠一叠的现场照片、证人签单。工程师火了：“找不出理论根据，就是不给修。这是国际惯例做法，合同上规定的。”汉廷也火了：“放下你那几尺厚厚的资料，我拼上几夜不睡也要查出根据来。你吓唬不住我。”工程师像海水一样高深莫测，但是贝汉廷却像礁石一样坚硬，于是海水退潮了，留下了资料。

于是贝汉廷顽强地用血肉之躯去迎战冷冰冰的数据。经过艰苦的查找，果然，“汗水”出在横梁部位……

把工程师请了回来，工程师先是点头后是摇头：“没想到啊！没想到问题出在这里！”怎么办？返修呗！船厂工人连续开了几个夜班，加铺了一层绝缘体，加铺了一层甲板。这条船修好了，其他的呢？工程师听也不要听。于是，贝汉廷去见总经理。总经理说：“那两条船已经双方签过字，免修了。”还说：“你知道你这一条船返修用了我多少美金，上20万哩！”

“我很抱歉，”贝汉廷说，“我知道四条船索赔，工厂损失是很大的。但如果不修好，那三条船全世界航行，等于给你们厂做负面的活广告。那样，你的损失不就更大了吗？”

总经理先是摇头，后是点头，最后抬起头来打量这个小小个子的Captain贝，欣赏起这个好当家人来了。真是第一流的头脑，外加一副铁腕，好一个铁腕人物啊！四条船冷藏舱设备返修共花了船厂72万美金哩！

四、“大吊的故事”：

好像是在热那亚港，港口当时正好没岸吊。过去都是借用船上的大吊，喏，用就用呗，好像是已成惯例了。但贝汉廷反复研究各港口的资料，发现那是不合理的。于是他向代理提出：“应由货主付费。”代理说：“过去都不付呀！”他说：“你想，买这条船时，大吊是船价的十分之一。怎么，用了我的大吊，使了我的人工，磨损了我的钢缆……难道不付费是合理的吗？”

第二天，代理来说货主同意了，因为货主如不同意付大吊费，就得到港口申请岸吊，同样得付费，而且还得等着调配。第一次拿到了大吊费，有好几万外汇呢！拿到之后，贝汉廷立刻要求以书面形式，将它作为制度固定下来。拿到书面材料之后，贝汉廷代表公司和代理谈判，要求所有的中国船以后一律按此办理。代理说：“你的船，我保证每次如此。但别的船……”

贝汉廷说：“道理不是一样的么？”

谈判的结果，是拿到了港方的书面合同。贝汉廷立即把这份材料，寄回上海，由公司报总公司，同世界其他港口交涉，一律照此办理。

多么精细，多么科学！完全是科学家的逻辑！然而又多么灵活，多么有办法，简直像个出色的外交家。

五、“海员风度”

“SOS！SOS！SOS！”塞浦路斯商船“艾琳娜斯霍浦号”不断发出紧急呼号，这艘已航行28年的超龄船，在九级风浪袭击下已不能运转，失去控制，决定弃船求救。全体船员下到救生小艇，小艇在悬崖般的巨浪中上下颠簸，危险万分。困境中的船员们焦灼地看着一只只船影离他们远去……“可能是风浪太大，他们自己也在危险之中，不能靠近”，也就不敢前来救援，船员们已失去获救的信心。

就在这危难万分的时刻，“汉川号”驰近了。当贝汉廷听见报务员在呼啸的风暴声中突然收到求救信号后，一跃而起，查明遇难船失事位置，立即下令：“全体船员进入岗位准备抢救！满舵！全速进！”

“汉川号”驰近遇难船时，遇难船已在狂风巨浪中缓缓下沉，而救生艇却一次次被风浪打开，靠近不了“汉川号”。贝汉廷下令“汉川号”在救生艇周围游弋等待，直到一个多小时后，第五次驰近小艇，才终于把遇难船的水手接到“汉川号”。

但是，船长却要等到遇难船下沉后才上“汉川号”。贝汉廷，这位航海日志上从来没有误过一天航期的船长，却毫不迟疑地答应了。他为了过往船只的安全，命令打开全部甲板灯，守候在遇难船旁，并反复呼喊别的船不要靠近。两天后，遇难船沉没，贝汉廷两天两夜没合眼！

柯岩写道：“‘人有人的风度，船有船的风度，国有国的风度。’外国人不可能个个到我们国内来认识我们的国家，贝汉廷常常对他的船员说，‘他们就是通过我们每一个海员来理解中国的。中国，是五千年的文明古国，新中国成立30年，有着崇高的威望……我们要牢牢记着这一点，时时刻刻记住’。”

一口气写好初稿后，柯岩又同编辑一起去“汉川号”上，把稿子念给贝汉廷及船上有关人员听，请他们看，进一步核清事实，听取建议。经过反复修改，《船长》终于完工了。

《船长》在《人民文学》1979年11月号发表后，引起了很大的反响，读者争相传阅。

《船长》以精选的典型事例和刚劲的语言，为我们塑造了一位具有崇高理想、杰出才能、爱国情怀和政治家风度、外交家口才的优秀船长，一位向现代化进军的闯将，一位社会主义新人的形象：

在海上，贝汉廷像是一块冲不动的礁石。

在岸上，贝汉廷是一块千锤百炼的钢铁。

榜样的力量是无穷的。柯岩以她塑造的贝汉廷的形象，激起了广大读者对英雄人物的挚爱，对新生活的信心，显示了报告文学作为“文学的轻骑兵”的效果，发挥了社会主义文学的教育作用。

信件像雪片一样飞来。沈阳市业余作者吴伟写信给柯岩：“（读了《船长》）我简直像是沉浸在一种温馨的、崇高的气氛里，感受着为‘四化’而献身的人们心灵的美，感受着‘中国风度’的美。假如说蒋子龙笔下的乔厂长还只是个艺术形象，那么，你笔下的Captain贝则是一个活生生的真实的人的写照。这样的作品，为人民‘提气’，为‘四化’‘提气’！”

不少青年给柯岩来信说：“我们长大了也要航海去，做一个像贝汉廷那样的人。”

几个海员的妻子来信说：“我们一边读一边流泪，贝船长使我们懂得了：航海是英雄的事业。过去，我们老为丈夫出海，不能帮助做家务而委屈、生气，今后，我们一定要全力支持他们的工作……”

一位女兵写信给柯岩：“‘四人帮’整整摧毁了两代人的青春，一代人的理想。不少青年无理想，无文化，无纪律，心中无英雄。我真想呐喊、呼吁，我们的作家不但要‘暴露’，而且要多报道各条战线上的英雄。这些英雄是在生活中的，而不是令人可望而不可即的。”

几年后，贝汉廷在远洋航行中，因心力衰竭，牺牲在自己的岗位上。噩耗传来，柯岩心痛如绞，写下了《蓝色的思念》，以表达对贝汉廷的缅怀：

怕到上海，偏到上海，

怕见海洋，又见海洋。
我该到哪里去寻找呢？
贝汉廷，我的船长！
……
孩子们都能讲述
贝汉廷怎样大战在汉堡港。
你和教科书一起
正伴随他们成长。
你的形象，将不是
只留在妻儿的梦里，
你的形象，将刻在
一代青年的心上……

柯岩还说：“贝汉廷同志将永远活着，活在那汹涌澎湃、永远神奇美丽的大海里；也活在无边无际，比大海还要清澈、还要壮阔的人民群众中。贝汉廷同志与大海永存！”

三、《美的追求者》

柯岩为美术家韩美林写报告文学时，韩美林还不是什么大画家。但是，柯岩却以睿智的眼光发现了这位潜力巨大的画家，并为他写了一篇传记性的报告文学作品。

柯岩认识韩美林是在1975年，一位朋友介绍韩美林来见柯岩，并为柯岩的儿女作画。韩美林为柯岩的女儿小风画了一只酣睡的狐狸，并非人像，却与小风神似，使大家为之惊奇。他又为柯岩的儿子小雷画了一只绿色的狐狸，斜着一对眯缝眼，大伙儿一看，不由得拍起了手，欢呼道：“真像！真像！”就这样，韩美林的画吸引了柯岩。在以后的交往中，韩美林的话逐渐多起来，柯岩也逐渐认识和了解了韩美林。韩美林凄苦的身世和奋斗的精神吸引了柯岩。韩美林才两岁就死了爹，跟着年老的奶奶和贫困的母亲在破庙里度过了饥寒交迫的童年，五岁多就被送进收留他的慈善机构办的贫民小学里学习美术，但他却认为自己是幸福的。他常常饿得前胸贴后背，可是，这却使他觉得到手的一切食物都是美味。他不到 14 岁就加入中国人民解放军文工团，他演过《雷雨》里的周冲，《龙须沟》里的二嘎子。但是，无论多么动人肺腑的情节和摄人魂魄的台词，也改变不了他对线条和色彩的爱好。1952 年，才 15 岁的韩美林调到地方当夜校教员。他敢画几丈高的毛主席像，敢到体育馆墙壁上刷很大很大的美术字。不到 16 岁，他就出版了一本关于绘画基本知识的书。正在这时，身患重病、富有艺术才华的小乐姑娘向他伸出援手，把韩美林带入了艺术世界：

> 第一次见面给小韩的印象深极了。她穿着一件银灰色的旗袍，一件白色的毛背心、白袜子、浅灰色的鞋，是那样的优雅、和谐，比自画像还美。一掀帘子，她笑吟吟地进来了，轻轻地问："你就是小韩？早听说了。"小韩向她深深一鞠躬，叫道："乐老师。"她那样粲然一笑，完全不像画上那样悒郁。于是十六岁的小韩，从此就几乎想不起她是有病的了。
>
> 他每天来找她，拿自己的画给她看，要她指出他的毛病，要她帮他修改。从她那里，他认识了陈老莲、八大山人、齐白石、达·芬奇、米勒……从她那里，他接触了贝多芬、李斯特、柴可夫斯基、德彪西……是她，让他开始大量地阅读古今中外的文学作品，告诉他没有文化就没有画。是她，使他第一次看到西欧印象派的自由光影和线条，明白了画家的天地该是多么广阔……
>
> 将近一年的相处，使韩美林真正懂得了匠人和艺术家的分界线。一个愿望在小韩心中慢慢成熟了，他想去考中央美术学院附中，但始终不敢说……
>
> 一个初夏的黄昏，乐姐姐叫小韩到她屋子里去。小韩进去了，发现他的乐老师在床上斜倚着，平日苍白的面颊非常鲜艳，他说："乐老师，你今天脸色真好，你没病了吧！" "是的，快没病了。"乐姐姐那样奇异地一笑："今天叫你来，是想让你帮我做点事。你看见那一叠箱子了吗，你有力气把它们一只只搬下来吗？"

……

小韩气喘吁吁地把第二、第三只箱子都搬下来了。乐姐姐气喘吁吁地掏出了钥匙，让他一一打开。天呀！就是天方夜谭的宝洞打开在小韩面前，也不会像这两只箱子这样使他目眩神迷……

原来那全是画。原版的画，复制的画，各种各样流派的画。小韩翻着翻着，完全没有听见乐姐姐对他的任何讲述，直到最后一句："这全是你的了。"

小韩才像如梦初醒地拒绝说："这……怎么可以，你——你呢？"

"我已经不需要它了。只是，有一个条件，你一定要去考中央美术学院。"

"我？"小韩吃吃地说："我……可，我，怎么行？我是想考——"

"行。"乐姐姐沉思着说："一个人活着，要没有志气，没有向往，活着，有什么意思呢……你是很有希望的孩子，我……希望你……"

韩美林在小乐姑娘的帮助和激励下，由敢都不敢报考中央美院附中到一举考上中央美术学院。可是，当他接到美院的录取通知的时候，小乐姐姐却已经去世了。在中央美术学院，韩美林广泛地涉猎民族艺术宝藏，又陶醉于西欧绘画作品。他一边像海绵一样的吸收，一边又大胆地实践，发表了不少引人注目的作品。

"文革"中，韩美林被打成反革命，关进监狱，受了四年多的折磨。在狱中，因为他在逼供诱供下不肯诬陷他人，被认为不老实交代，受过各种刑罚，被撅断过三次手指头。但是，即便在那样严酷的环境中，他也在地狱里寻找天堂：他目光灼灼地在监狱里捕捉、追求任何一个美好的形象——一只蚂蚁在地上发现了一粒碎屑，一只蜘蛛在屋角结网了，它们有着多么坚忍不拔的毅力啊！在同监难友的掩护下，韩美林千方百计地留下一截筷子头，在自己的大腿上作起画来。练笔，练他那被勒断了筋的手腕，画一切他可以看见的形象，画一切他记忆里的形象及一切他想象中的形象。他不停地画，裤子上的布很快破了，他就拆下别的衣物补一补，四年中，韩美林的"裤桌"上的补丁竟有四百块之多！年轻的韩美林在痛苦中沉思，在仇恨中锤炼，在苦恋中追求，在黑暗的地狱中追求着美的天堂！

有一位诗人曾意味深长地说过这样一段话：“追求美的事业，从来比海盗的事业更危险。艺术家的命运好像总是不幸的，只有历史对他有情。即使权贵可以把艺术家的肉体从世界上彻底消灭，但他的作品，会代替他活下去。没有任何力量能从人民心里把它抹掉……”事实确实就是如此。就在韩美林无声息地在黑牢里苦苦挣扎，害人者也以为他早已失去存在价值的时候，在淮南的一次画展上，两个与他不相识的观众却在议论着他，想念着他，并通过一位狱中的朋友把他请出来让他饱餐了一顿。

出狱后，韩美林又回到淮南瓷厂，体重只剩 72 斤。朋友们见了他都掉眼泪，但害人者却早已飞黄腾达，并利用手中的权力继续折磨他，刁难他。分配给他的是许多重活和不足六平方米的小屋。但六平方米对于刚从八寸地盘出来的韩美林来说，已经是无限广阔的天地了。工人朋友们也不许他干活，而让他躲到一边去作画。他开始笔不离纸地画起来，无比勤奋地学习一切艺术表现手法，民间的，民族的，东方的，西方的，古典的以及现代的，融会贯通，而创造出他自己的，深深交织着他的爱和恨的独特风格的新画。

他对柯岩讲：“在画了七八千张之后……我常常半夜半夜地披衣坐着，一张一张地比较它们的效果，这时，世界上的一切都不在我心里存在了。什么伤痕、痛苦，什么凌辱、饥饿和寒冷……一切都不复存在，有的只是画和我，我和画。有时，连我自己也不存在了，这是多么大的享受啊！我想，你是会懂得这种幸福的。”

是的，柯岩最懂得这种忘我地投入艺术创作之中的幸福，最懂得这种痴迷地陶醉于美的追求中的幸福，甚至于正是这种对美和艺术的忘我的追求，才使柯岩以充沛的激情写出了关于这位有着坎坷经历的美术家的报告文学作品！

柯岩在写这篇报告文学作品时，也曾听到过不少对画家的流言飞语，但这丝毫未曾动摇她写作的决心。因为她清楚地知道：人，不是神，谁都会有弱点的。何况，她在文艺界工作 30 多年了，听惯了伴随着名人的各种善意与忌恨的传说。所以，柯岩为韩美林说了公道话。有人说韩美林经过“文化大革命”，认为“人不如狗”，所以从此光画动物不画人。柯岩绘声绘色地描写了韩美林的动物画作品之后说道：“不爱生活的人作品里不会有这么多阳光。对人生含恨的画家，笔下不会有这般生活的情趣与人情的温暖。”

柯岩还以一个事例表现了韩美林的爱国主义思想和忘我追求艺术的精神。一位外国记者在北京采访韩美林，曾提到希望韩美林到他的国家去画画，必将引起轰动，而且很快就会成为百万富翁。但韩美林拒绝了。他说：“你的国家也许是富有的。但我的祖国就是我的母亲。她也许暂时缺奶，也许打过我，但她是我的妈妈，我爱她，我爱她呀！”

柯岩在美国好莱坞明星大道上

在文章最后，柯岩满怀厚望地说：“画家韩美林！带着你对生活、对祖国、对民族、对人民的无限热爱，继续迈着你追求者的步伐前进吧！你已闯过了重重关山，穿过了急风暴雨走过来了。现在，在你面前，令人担忧的却是过多的鲜花，过多的赞美，过多的物质包围……但愿你永远能像过去和现在一样，毫不动颜地鄙视一切童话中的金雨，继续倾心于一切精神财富，更加贴近养育你，保护你长大成人的人民，为他们终生追求，为他们留下——顽强的追求者的不可磨灭的足迹吧！”

四、《永恒的魅力》

对美，对美的人物、美的事物、美的心灵、美的人格的追求，是柯岩的报告文学作品的突出特点。她的写宋庆龄的传记文学作品《永恒的魅力》，也是突出描写宋庆龄的美——外貌的美，风韵的美，心灵的美，人品的美。

《引子》写宋庆龄墓地的朴素之美及其所表现出的宋庆龄的心灵之美：

世界上有多种多样的美。庄重的美令你敬慕；悲壮的美令你倾心；威严的美令你震慑；幽静的美引你遐思；豪华的美也许会令你艳羡；但只有朴素的美会让你感到毫无间隔，一下子消失了距离，是那样地令人亲近，那样地动人衷肠。大概所有来谒她墓地的都会感到震动的吧！一个泱泱大国名誉主席的陵墓，朴素得就像寻常百姓一样。一样到和她生前亲自为她的保姆李燕娥所设计的墓地完全一样。没有仪仗，没有装饰，一米宽、二米长。……只有真正具有民主意识的伟人才能这样，只有真正尊重人民的自觉的公仆才会这样。

正文的第一章《彼美人兮》，写宋庆龄外在之美："没有一个人第一次见到宋庆龄不震惊的，因为她实在太美了。"接着，柯岩以众多见过宋庆龄的人来回忆和品评宋庆龄之美：见了宋庆龄"完全呆住了"，"被她的美征服了"，她不是仪态万方、雍容华贵的美，而是"说不出来的美"，"那样柔美，那样书卷气"，那样"温文尔雅、风度翩翩，又生气勃勃……"，"她是纯净的美？圣洁的美？端庄的美？典雅的美？都对，都是，但又都不完全。那是那样一种深沉的、内在的，十分丰富，却又无比强烈，令人不可抗拒……让你几乎不敢形容"。

写宋庆龄"越上年纪越美，是那样一种成熟的、完善的、又独具性格魅力的美"，是一种内在的美，人格的美，气度的美。

接着柯岩写宋庆龄的父母宋耀如和倪桂珍对宋庆龄姊妹的培养：

宋耀如信仰的是上帝，他在人世间最尊崇的却是林肯。传播基督教义和林肯的"民有、民享、民治"的思想，力求自由、平等、博爱，推翻清政府，实行中华革命，构成了他动荡而又矛盾的一生。他的传奇式的经历和坚定的革命信念是他给子女的第一本教科书。

可惜真正读懂、身体力行的也只有庆龄一人。

倪桂珍和宋耀如是自由恋爱结合的伴侣，他们志同道合，心心相印。他们坚决反对中国传统的压抑个性的陈腐教育，一心充分发展孩子的美好天性。他们在生活上为孩子创造一切可能的物质条件，但不允许他们耽于享乐。他们在思想上坚决摈弃封建阶级的一切特权，而强调奋斗、创造和进取，强调知识就是力量。要求孩子们都具有坚定的人生信念、为国为民的远大理想、钢铁般的坚强意志及超人的自制力，女孩子也不例外。宋耀如按着基督教和斯巴达的方式训练孩子，要使他们成为具有基督精神的斯巴达勇士。

宋耀如在训练长女淋大雨时，四岁的庆龄也跑进了雨中。她在回答父母的责问时说："不是你说过，古斯巴达人一生下来就被扔到山里去吗？我都四岁了，还怕雨淋吗？"

从此，宋耀如在训练长女时，不再拒绝庆龄参加。无论是打球，跑步，野外远足，甚至有意停餐挨饿……庆龄都是坚持到底。即使累得精疲力竭，饿得脸色苍白也仍然神态安详，面带微笑。……这个小小女孩优雅、高贵的气质不但时时使亲友们赞不绝口，也常常引得认为熟知自己女儿的父母暗自惊讶呢！

又一天，有孩子骂她们是"小洋人"。宋庆龄问父亲这是为什么？宋耀如说："我学习外来的先进思想，只是为了改变我们自己国家的落后面貌，使她富强起来，人人过上富裕、民主的幸福生活。这是我的意志，也是爸爸妈妈的愿望。所以爸爸才每天去传教，去辛辛苦苦地工作；妈咪才搞社会福利工作，不断地去孤儿院，去救济穷人。我们的生活方式也许比较洋化，但我们不是洋人，你们也决不可做小洋人。我们是中国人，是真正热爱祖国的中国人！"

从这天起，宋耀如要求孩子们每天练毛笔字，读中国历史，背诵古文……倪桂珍很好地配合丈夫，教女儿穿中式服装，留中国发式，做中国菜肴，并且只要有可能，就带着庆龄一起去照料孤儿……

第二章《情之所钟》，写宋庆龄婚姻之美，写她与孙中山志同道合、惊世骇俗的婚姻。宋庆龄小小年纪就爱上了革命，爱上了从事革命的孙中山。

当庆龄作为孙中山的秘书，成为他不可缺的助手，成为他配合默契、心心相印的战友时，工作中和生活上频繁的接触，就更激起她对孙中山的崇敬与仰慕；孙中山的高尚品德和不屈不挠的革命意志，在宋庆龄纯洁的心灵中日益形成难以抗拒的引力，加上女性对失败英雄特有的同情与保护心理，她对他的爱情已是根深蒂固，瓜熟蒂落，不可更改的了。

1914年秋，宋庆龄要回祖国探望早已从日本返沪的双亲，临别的时刻，她忍不住对孙中山倾吐出内心的隐秘："我多么想永远和先生一起工作，永不分离啊……"

宋庆龄的聪慧、美丽，对革命工作的满腔热情和无私的献身精神，早就深深地打动了孙中山。此刻，看着她那羞涩而又坚定的神情，孙中山十分惊喜又十分感动。可是他年长她几乎一倍，又是有妻室子女的人，他不能不替庆龄考虑。

"谢谢你，庆龄。可是你太年轻，我……"孙中山慎重地说，"再说我现在还在流亡之中，革命不知什么时候才能成功，我的生命也时刻处在危险中……"

"我知道，"庆龄轻轻地说，"我小时候就听你讲过，要是不为一件伟大的事业而生存，生命是没有意义的。现在我和你一起，为几万万同胞争取自由和幸福……这样的生活是我早就向往的。"

"你的父母会怎样看？你最好还是征得父母的同意以后再做决定。"

"我的婚姻由我自己做主，"庆龄说，"我决心要同你一起生活和工作。"

当庆龄回到家中，她的决定还是引起了轩然大波。一向开明且同孙中山有那么深厚情谊的宋耀如不但坚决反对女儿的决定，并立即为她找了一个名门子弟，甚至于把她反锁在房间内。而庆龄却坚决地在女佣帮助下，从窗户逃出，连夜乘船前往神户，与刚同卢氏夫人办完离婚手续的孙中山正式结婚！此后，她终生无悔。柯岩这样写道："为了这个婚姻，她和她爱之极深的父母几乎决裂。为了这个婚姻，她忍受了多少恶意中伤，谣言诽谤。为了这个婚姻，她投入了中国政治漩涡的中心，从此走上了终生不得安宁的暴风骤雨般的人生道路。为了这个婚姻，她甚至改变了自己的性情。”

> 1925 年 3 月 12 日，孙中山在北京死于肝癌。
>
> 他们在一起仅仅共同生活了十年。此后她孀居了整整五十六年。孀居五十六年，这是一段多么漫长的岁月。这期间有多少辛酸、痛苦，多少风风雨雨，又有多少谣言，甚至恶意中伤啊！

柯岩突出了宋庆龄对孙中山的忠诚：“（她）几乎抛弃了自己的一切，甚至没有了家庭，没有了兄弟姐妹，终生为劳苦大众的彻底解放而奋斗！”

第三章《至亲骨肉》，写宋庆龄与其姊妹之间的骨肉亲情和原则分歧。

第四章《肝胆相照》，写宋庆龄对国际友人、民主党派和共产党人的深情厚谊：写宋庆龄为援救邓演达而奔走，甚至亲自去找她深恶痛绝的蒋介石求情；写宋庆龄为救七君子而“自请入狱”；写宋庆龄帮助斯诺访问延安；写宋庆龄在马海德最困难的时候帮助他；写宋庆龄对艾黎、耿丽淑、爱泼斯坦等国际友人的帮助和友谊；还写了宋庆龄对周恩来的尊重和友谊。

柯岩在传记中引述了马海德在悼念宋庆龄同志的文章中记录的这段史实：

> 由于宋庆龄同志直接的教育和培养，我对中国人民的感情日益深厚，支持中国革命的思想也更加强烈，曾多次要求到江西革命根据地工作，但一直未能成行……1936 年春末的一天，我接到了宋庆龄派人送来的信，约我晚上到她住所去一趟。我到她住所，她在客厅里接见了我，非常高兴地说：“我告诉你一个好消息，你的夙愿实现了。”“中共中央想邀请一位公道的记者和一名医生，到陕北去实地考察边区的情况，了解中共的抗日主张，我看你和斯诺一块儿去吧！”听到这天大的喜讯，我非常高兴。……我非常感谢宋庆龄同志对我的帮助和教育，是她老人家把我送到陕北，使我从一个革命的同情者变为一名为人民解放事业奋斗的战士。
>
> ……离开了我所敬仰的宋庆龄同志，带着她为我所准备的接头信——半张五英镑的钞票，我和斯诺在各级党组织的关心和保护下，冲破了蒋介石军

队的重重封锁来到了我所向往的陕北。我在陕北包括在延安工作的十年中，常常接到宋庆龄同志捎来的热情问候，并收到她从世界各地募集来的医药品和其他物资。

第五章《掌上明珠》，写宋庆龄对妇女运动和儿童问题的关怀、支持和资助。

尾声《叫我庆龄同志》，写宋庆龄与中国共产党的友谊和交往，写中国共产党、毛泽东、周恩来对她的敬重。柯岩称颂道："宋庆龄是世界上最伟大的女性之一，她一生地位崇高，但她一生中从来没有过任何'特殊'的想法，因此，她从来没有过任何'特殊'的要求。在她心里，副委员长也好，国家名誉主席也好，只是向人民奉献自己的岗位。"

最后，柯岩以丁玲对宋庆龄的评价结束全文：

> 您的高风亮节，永远给诗留下浓郁的芬芳。诗人全都歌颂您，您会使诗情更加浓重，诗意更加隽美，诗文永放异彩，您本身就是一首美丽、动人的诗篇。

通过以上几个方面，柯岩全方位写出了自己心目中的宋庆龄——一个诗人眼中的宋庆龄：她美丽非凡的仪表风采，她高尚优美的内心世界，她高贵慈祥的独特性格，她无与伦比的高贵品德，她彪炳史册的历史功勋。

在艺术构思上，柯岩独辟蹊径，不依傍前人，不依从写传的惯例，而是非常聪明巧妙地以个人感情为线索，把自己的采访、调查及自己的感受与文献资料结合起来，以精选的典型事例、精彩的典型细节和优美抒情的文字构筑华章，展示宋庆龄的卓越风采和动人魅力，使全文显得诗情浓郁，优雅典丽，摇曳生姿，感人肺腑，为新时期的传记文学奉献出一曲优美绚丽的华彩乐章。

第六章

长篇小说与电视剧

柯岩是青少年的良师益友。她不仅写了大量儿童诗、儿童剧，而且还写了几部涉及青少年的中长篇小说、电视连续剧，还主编《人生咨询》、《大墙丛书》、《古今中外文学名篇拔萃》，写了与儿童对话的《和“巨人”对话》等，表现出她对青少年的特别真挚热烈而深沉的爱。

她的中篇小说《高压氧舱》写有这样的题记：“青少年自杀是当代社会的‘常见病’、‘多发病’，是世界性问题。”这篇小说讲述的正是一个企图自杀的女青年黄小艾被人们挽救的故事。《高压氧舱》描写女青年黄小艾在遭到丈夫无耻背叛的打击下万念俱灰、企图自杀，被救活后送进医院的高压氧舱。在这里，许多本身需要急救的病人向她伸出援手，她亲眼看到了这些不同职业的人们——司令员、女作家、教师、工人……——共同怀抱着崇高的目标，她终于明白了世界上还有另一种她未曾经历过的生活、另一种她未曾体验过的爱，她终于找到了真正的无悔的人生道路。柯岩正是这样在自己的许多作品中记述和描写英雄人物，通过他们的形象去影响、塑造下一代。

她的第一部长篇小说和同名电视连续剧《寻找回来的世界》，写了工读学校生活这个很少有人触及的题材。柯岩的用意很深，又很有现实针对性。她说：“青少年犯罪是世界性的问题，每一次战争或大的社会动乱之后，青少年犯罪的数量必定激增，这是规律。有的人把中国出现这个现象归罪于改革和开放，这至少是不懂这个规律。十年动乱之后，全世界都注视着中国是怎样解决这个问题的。作为受党和人民长期培养的作家，我有责任用我多年的观察、体验和思考来回答世界舆论。我们有伟大的党，有优越的社会主义制度，有许许多多徐问似的默默地把爱奉献给孩子们的优秀人物，因此我们不仅能有效地防止青少年犯罪问题酿成新的社会动乱，而且能有效地挽救失足青少年。”

她的电视系列剧《红蜻蜓》，可以看做是《寻找回来的世界》的姊妹篇，是柯岩反映教育生活的又一力作，刻画了人民教师杜嵋的高尚人格和思想境界，并从学校、教师、学生、家庭、社会等角度，全方位地反映了当时中学生的综合教育问题。

她的长篇小说及同名电视连续剧《他乡明月》描写了主人公、青年演员紫薇和朵拉在当时“出国热”中到美国去工作生活的曲折复杂经历，激发了人们对于青春的反思、对于人生的感悟："天堂在哪里，有人说是美国，为那个扑朔迷离的梦幻世界，十多年来多少中国青年背井离乡。故国万里，大洋阻隔，传来的讯息也是扑朔迷离的，他们'洋插队'的生活情况究竟如何呢?"小说对于"洋插队"的生活，作出了真实的、深刻的表现。

1982年她完成了报告文学《癌症≠死亡》，2004年她又发表了长篇小说《CA俱乐部》，写了又一个多数作家很少涉足而又具有世界性的题材：与癌症抗争，与死神搏斗。她满怀激情地描写了中国的抗癌明星们的精神世界和生命光辉。从饱经风霜的梅部长、柴部长，到有18年癌龄的俱乐部秘书长张丽月，直至刚刚扬起人生风帆的青年江小江、姜大河，他们都勇敢地接受了死神的挑战，以顽强的斗志和科学的方法抗击癌症。他们对于人生意义的不懈追寻，显示了中国人民崭新的精神风貌和宝贵的生命价值，不但使身患癌症的青年重新鼓起生活的勇气，也使身体健康的人为之震撼，深受启迪。

柯岩的这些代表作以及她所从事的文学活动，都体现了她高尚的创作追求：始终从祖国未来的命运的高度，从把青少年培养成为社会主义事业接班人的高度，以强烈的使命感、责任感关注和帮助青少年健康成长，用自己的理想去塑造下一代。柯岩关注着广大的青少年，无论是幼儿园的小朋友，还是正在普通学校学习的学生；无论是一度失足的青少年，还是陷入某种心理危机企图自杀的年轻人；无论是由于各种原因离开祖国到异国他乡去求学、谋生的年轻人，还是突然身患癌症、面临绝境的年轻人，她都在文学上作出了及时的反应，鲜明地回答了时代提出的新问题新挑战，努力帮助青少年走出迷茫。因此，青少年读者称柯岩是他们的"良师益友"，是他们的精神守护人，也是我们祖国未来的守护人。我认为，这正是柯岩的创作追求。

柯岩的几部长篇小说以及电视连续剧就充分体现了她的这一追求。

一、再次深入工读学校

1984年，长篇小说《寻找回来的世界》在《十月》创刊号上一发表，立即以其新颖的题材、深刻的内涵、深广的容量、鲜活的人物及充满诗意的情感和富有文采的语言，受到读者的热烈欢迎，引起文学界、教育界、公安政法界的重视和关注。几十家电台同时连播，很快改编为同名电视连续剧，播出后引起更大反响。

《寻找回来的世界》是柯岩长篇小说的代表作。

“梅花香自苦寒来。”《寻找回来的世界》是柯岩 30 多年来深入生活、长期积累孕育辛勤耕耘的结果。

前面写到，柯岩曾在 1956 年至 1958 年深入工读学校。那时候，柯岩就有写作的欲望。但大约觉得还不成熟，就没有写出来。不过，柯岩并未中断同工读学校的联系。她了解到，“文革”中，工读学校也被砸烂，许多领导和教师被批斗。但是，就在这些校长、教师受批斗时，不少工读学校的学生自发地起来保护校长和老师。“文革”后，柯岩决定再次深入工读学校。

粉碎“四人帮”以后，她再次去了工读学校。她找到当时温泉工读学校校长、其时已是全国工读教育研讨会理事长的刘瑞峰。

经过 24 年漫长的岁月，刘瑞峰已步入壮年；而柯岩，也已青春不再。二人默默相对，半晌无语——此时无声胜有声啊！

沉默了好一阵，柯岩才压住心中的激动说：“二十几年了，你还是那样！”

刘瑞峰亦道：“你——也没变。”

“你又回到工读事业了！”

“你也没有离开你的岗位！”

“那时候我们多么年轻呵！”两个人几乎是同时发出深沉的感叹。这感叹里有多么丰富复杂的内涵啊！随即，两人又禁不住扬声大笑起来。这笑声里，有多少胜利的喜悦和追求更加美好的未来的信念！

柯岩不禁回想起那美好的年轻时代。当年，他们都是风华正茂，指点江山，雄心勃勃，扬言要把工读事业消灭在他们手中（即不再有问题青少年）。想不到 20 年后，“工读事业”不仅没有被消灭，反而却大大发展了，青少年的教育问题更加严峻，更加沉重了！

“真没想到你能活过来，”柯岩忍不住对刘瑞峰道，“刚开始打砸抢，我心想，完了！工读孩子打砸起来，校长老师还有活路吗？”

“不，正好相反！”刘瑞峰笑着说，“在那些黑白颠倒的日子，工读学生反而表现出非常高的道德水平。每次揪斗我时，留校留厂的工读毕业生轮班跟着我。他们对造反派说：‘斗可以，打不行！’我在台上挨斗时，他们就在台角或台下睁大眼睛守着我。所以，我没挨过一次打！”

说到这里，他忍不住笑了。柯岩也为他工读教育的成果而高兴得笑了。

刘瑞峰又说：“更可笑的是，造反派管不住在校的工读生时，还不得不‘勒令’我去维持秩序。”

在50年代柯岩深入工读学校时，就经常同刘瑞峰交谈。她同他谈教育、谈家庭、谈社会。刘瑞峰是个虎虎有生气的人，谈起话来热情奔放、慷慨激昂而又生动活泼、见解深刻。柯岩常常高兴地称他为“说书”。在紧张繁忙的一天工作之后，柯岩走到他面前：“怎么样，来一段？”

刘瑞峰就会放下手上的工作，笑着说：“好，来一段就来一段！”

他口若悬河地说起来，他的话就像湍急的河流，忽而飞奔激越，忽而漩涡四起，忽而山重水复疑无路，忽而柳暗花明又一村。

柯岩常常听得入迷，在本子上飞快地记着。

这一天，正在滔滔不绝地讲述的刘瑞峰突然停下来，说道：“这些，你都不用记了，这与学校无关。”

但柯岩仍在记着。刘瑞峰两眼狐疑地看着还在不停地记录的柯岩说：“你，不是写小说吗？”

柯岩回答说：“是啊，是写小说。写小说什么材料都需要，你请往下说吧！”

刘瑞峰忽然走近柯岩，用手拍着她的小本：“哎！我说——你可别把我写进你的报告文学里去呀！”

柯岩忍不住笑起来：“就算写个报告文学，又有什么不可以？你紧张什么？”

“呃，别，别，你可千万别写我呀！”他突然手足无措起来，用手搔着头，神情懊恼地坐了回去。

柯岩不解地说：“你怎么了？我写好后一定请你过目，还不行吗？”

刘瑞峰忙解释：“不，不，我不是不信任你。我是说，我只是一个普通的共产党员，有什么可写的呢？”

柯岩一听这话，心里翻江倒海一般："是的，你只是一个普通党员，只是做着一个普通党员应该做的一切。但是，在经历了那场极不普通的混乱岁月，在林彪、'四人帮'把我们的党糟蹋得不成样子，党内也出现了一些特殊党员、涌进了一些不合格的党员的时候，在很多不了解我们党而且出现信仰危机的青年面前，你这个普通党员所做的一切是多么令我激动、令我敬佩，让我觉得非把你写出来奉献给广大读者，特别是青年读者不可呀！"于是，柯岩更加坚定了写好工读学校，写好工读教育事业的决心。

柯岩又留在了工读学校，一住就是半年多。柯岩再次深入师生，认真采访。她跟老师们交谈，同老师们一起工作，她亲眼看到了工读学校的校长和老师们的工作，也亲眼看到了学生们的进步。

刚开学时，面对破烂的校舍，刘瑞峰对大家说："自己动手修。还要做到间间明亮，室室有花。咱们这些孩子没过过文明生活，得先从美化环境开始……"

修好校舍，学校又要给学生修操场。哪儿有地方啊？老房子旁边，遍地是猪圈。有人担心："这怕不行吧？"

"咋不行？让猪圈搬家！"刘瑞峰抄起锹，把鞋袜一扒，就跳到猪圈里干起活来。

榜样的力量是无穷的。"干呗！"人们一起干起来。

工读，工读，一面工作，一面读书。得赶快盖校办工厂啊！可盖冲床车间那会儿，工程进展慢腾腾的。为什么？没人抹顶。

怎么办？

大伙儿上呗！

校舍刚建好，领导又提出："光有物质生活可不行，还要精神。得组织剧团、合唱团，让学生朗诵诗……"

教师会议笑成了一锅粥："就这些学生，还朗诵诗？别逗了！"

老师们说的是实话，他们告诉柯岩，现在的一些工读生愚昧到什么程度呢？有的孩子不知道自己是哪国人。问他是哪国人？他说是北京人。有的人不会做最简单的算术。问他五除以五等于几？他说等于零。老师说：五个烧饼分给五个人，一个人得多少？他说：一个呀！老师说：五除以五不是一样么？他说：不一样，那是烧饼啊！

可领导发令了：“学生不会，咱老师会。来，每人一首，我带头！”

老师们都纷纷交了稿，给学生开了个朗诵会。

说惯粗话，从没听过轻声细语的学生们却说：“哟，老师！你们怎么都这么说话？这就叫诗吗？我怎么脊梁上直发麻？”

美感需要培养，也是可以培养的。很快，朝阳工读学校不但有了诗歌组，还有了摄影组、雕塑组、合唱队、师生小乐队、话剧团。

两周年校庆时，学生们不但唱了《没有共产党就没有新中国》、《工读校旗》、台湾校园歌曲《小路》，还自编自演了不少节目。

柯岩看到，工读学校已没有用“文革”前“以管为主”的管理方法了，现在实行的是“立足挽救，造就人才”的方针，对那些缺乏人间温情的孩子，老师们以诚挚的爱使他们感动，不是把他们当作罪人，而是把他们当作亲人，让他们自尊为人，学着做人，并在真诚的师生感情交流中，让学生们受到教育、感染和激励，慢慢地向好的方向转化。

柯岩给我讲了这么一个故事：当时，学校为了调动学生的积极性，每月评一次积极分子。一个外号“二百五”的学生，一心一意想当积极分子，就努力学习，遵守纪律，拼命劳动，做好事。可是，往往 10 天、20 天，就会犯一次错误——打架，因此每次都没评上。这一次，好不容易熬过了 28 天，可不知道为什么，又打了一架。在评积极分子时，有的为他遗憾，有的还说：“可见他的进步是假的。”

可就在这时候，校长却说：“我投他一票！”

大家愕然了。有的说：“可是他又打了架呀！”

校长说：“他是打架了。可他是为什么打的呢？我去调查了，他打架，多半是从劝架开始。别人打架，他先去看热闹，接着就制止，哪边不听，他就跟哪边打起来，结果倒成了主角。这说明他动机还是好的，比袖手旁观好，比在旁边起哄架秧子更好。他打架是真的，但进步也是真的呀！守了二十几天的纪律，因为打一次架把那么多天的进步都抹杀了，这公平吗？所以，这次选积极分子，我要投他一票。”

大家听了，都同意了。晚上，这个孩子就一头撞进校长的家，双眼噙着热泪说：“校长，没说的，就为这一票，我豁出命跟您！”

校长笑着让他坐下，问他：“你每次好心好意地劝架，怎么最后老成了主角呢？”

孩子傻乎乎地笑了：“我也不知道。”

校长说：“我知道……”

“那你告诉我吧！”学生津津有味地听校长讲，从此很快进步起来了。

一次，西城区召开工读教育会，北京市几十个工读学校的领导都到会了。

柯岩到会一看，与会者大多是她青年时代一同“救过火”的伙伴，但是，他们都已经成熟了，成为久经沙场的工读老将，一张嘴就是成套的经验和理论，听得柯岩大感惊讶，也大为振奋，这使她更看到了工读事业的重要性。

原来在温泉工读学校读书的谭朴告诉我：“1978 年，工读学校恢复，我从普通中学调回朝阳工读学校担任教导主任，柯岩仿佛从天而降，突然出现在工读学校。我高兴得又像孩子一样扑到她身边，紧紧握着她的手说：‘你还记得我吗？’

“柯岩老师端详着我，也高兴地说：‘认得！认得！你不就是小谭朴吗！’

“我回答说：‘我都快 40 岁了，已是老谭朴了！’逗得全场的人哈哈大笑。

“柯岩在朝阳工读学校一住就是大半年。她一会儿找学生谈话，一会儿同老师谈心；她今天同学生一起参加劳动，明天又同教师一起研究学生思想教育问题。我经常劝柯岩老师：‘您都 50 多岁了，身体又不好，千万要注意休息，不要累坏了身体！’

“柯岩总是笑呵呵地说：‘我爱这些学生，我更敬佩你们这些教师，我生活在你们中间，我感到年轻，浑身有使不完的劲！’

“不久，柯岩的长篇小说《寻找回来的世界》出版了！她专门送给我一本，题词道：‘送给小谭朴，祝你成为黄树林一样的教导主任。’我含着眼泪看了两遍——它就是写的我的生活啊！一次开会时见到柯岩，我很感激地对她说：‘柯岩老师，您是我小时候的老师，今天又塑造了黄树林这样的人物形象，为我指明了前进的方向，您真是我终生的好老师。’

"柯岩笑着说：'你只说对了一半。应该是，你及你的同事们，也都是我的老师。没有你们，我怎么写得出这部小说哩！'"

柯岩这句话，的确说明了她写作《寻找回来的世界》的重要原因——是生活，是人民，是工读学校的老师和学生，给了她创作的素材，给了她创作的源泉；而且也是生活和生活中的先进者，给了她越来越深刻的认识和感情。

二、《寻找回来的世界》的创作及其影响

在采访时，我问柯岩："你为什么50年代没有写工读学校？"

柯岩思索了一会儿，回答说："从1957年以后，随着我国政治生活越来越不正常，越来越'左'，在那时真实地表现青少年犯罪问题几乎是不可能的。这是事实。但我想：关键还是主观条件不具备。因为，熟悉了生活，或者说有了一定的生活积累并不等于就深刻地理解了它。我那时候太年轻了，虽然对青少年犯罪问题很感兴趣，对党的教育、改造、挽救政策也深有感受，这些从来没有经历过的生活和形形色色极为生动的人物形象和他们的命运，每天在我脑子里萦回，常常激动得我彻夜难眠。但是，拿起笔来，又仅此而已。如果那时硬要敷衍成篇，我想，顶多是一些教育故事的堆砌或优秀教师素描。……现在，只有现在，当我已经历了人生的各种风雨，甚至在十年动乱中也有了失掉整个世界的感情经历，开始能够把工读学校这段生活放在规律性的世界高度，……思想的光辉才真正照亮了这个题材的深刻内涵。于是，一切都与以前不同了。原有的生活素材以崭新的面貌出现在我的面前，我这才觉得我真正理解了这段生活，心里踏实下来，想象力立刻展开翅膀，我开始小心翼翼又信心百倍地去驾驭它，进入了创作阶段。"

1979年底，柯岩开始了《寻找回来的世界》的创作，1980年底完成了30多万字的初稿。正在她进行修改的时候，不幸于1981年夏初住进了空军医院，一住就是半年多。

5月的一天，贺敬之正在医院陪伴柯岩，一位部队的将军和一个部队的业余作者也来看望柯岩。他们正在交谈着，突然，门口传来轻轻的叩门声。三位工读

学校的学生来到空军医院看望柯岩。开始，他们有些怯生、拘束，柯岩热情地喊出他们的名字。他们捧着手中的慰问品，急步走到柯岩床前，关切地问候道："柯岩老师，您好些了吧？"

柯岩高兴地说："我好多了！快坐下！你们大家都好吧？"

三个学生坐下来，回答道："好！好！我们都挺好！"

两个男同学忙把鲜花送到柯岩手上。

穿着花格子上衣、脸色红润的女学生看到柯岩病床里侧放着的氧气瓶问："柯岩老师，您现在还靠输氧气吗？"

"不啦！前些时候全靠它，现在活过来了。放在这儿是备用的。"

女学生放心地笑了："听说您病得很厉害，大家都很着急，早就想来看您，可校长又不让，怕打扰了您！"

柯岩说："谢谢你们！"

三个孩子交换了一下眼色，决定开始慰问仪式。他们一起站立整齐，向柯岩鞠了一个躬。然后男孩子念了学校写给她的慰问信。接着，女孩子打开手中一本紫红色缎面的纪念册，朗读了写在首页的一首诗：

敬爱的老师、人民的诗人，
工读师生想念您啊，想念您。
在我们校园的三十亩土地上，
每个角落都留下了您的脚印。
在我们师生的每颗心田里，
都有您播撒的火种和甘霖。
那火种是人的尊严之火啊，
那甘霖是党和人民的期望和信任。
请收下这差强人意的纪念册吧，
这里面装的是十几帧照片、两百颗心。

病房里静悄悄的，所有的人都被女孩子深情的朗诵所感动了，吸引了。朗诵完了，女孩子向柯岩又鞠了一躬，并双手捧着纪念册送给柯岩。在场的人禁不住轻轻地、但是激动地鼓起掌来。

柯岩听着女学生的朗诵，眼里泪光莹莹。

贺敬之眼圈也红了。他感动地对将军说："因为爱人民而得到人民的爱，这是对一个作家最大的奖赏！"

柯岩双手紧紧抓住女孩的手说："谢谢你们！谢谢你们！遗憾的是，我一病几个月，给你们写的书还没有最后完成。"

"不！你给我们的已很多很多！……"说着，女孩忍不住轻轻地抽泣起来。两个男孩子努力地控制着自己的感情，紧闭嘴唇，不让自己哭出来。女孩子意识到不该哭泣，甩甩短发，对柯岩说："柯岩老师，您好好养病，我们一定按照您为我们写的歌中的话去做。"

女孩回头问两个男同学："你们还记得这首歌吗？"

两个男同学大声地回答："当然记得！"

"那我们唱给柯岩老师听吧！"

于是，三个人轻轻地、深情地唱起了《我愿做一支火把》：

生活虽然欺骗过我，
但我并不甘心堕落。
当人间重新给我温暖，
我就开始新的生活……

女孩子高兴地坐到床边，把相片一张一张地翻给柯岩看。她高兴地指点着说："看，这是您的作品朗诵会的照片，这是您给我们讲故事的照片，这是您给我们作报告的照片……"

三个学生走后，将军对柯岩讲："这些工读学生竟这样爱你！"

柯岩对将军讲了三个孩子的经历，然后说道："这三个孩子都是'文革'的受害者。在工读学校这些日子，我更认识到对这些孩子进行心灵上的教育的重要性。我们要以双倍的爱去温暖他们的心灵，激发起他们内心的善良和美好的潜质，让他们把失去的美好世界寻找回来。”

后来，那位和将军同去看柯岩的业余作者把他看到的感人场面写成文章发表出来。

柯岩急着要把作品改出来，她瞒着医生，开始对《寻找回来的世界》进行修改。

可以说，《寻找回来的世界》是柯岩20多年生活积累和感情积累的产物，是她对祖国青少年的爱和对教育事业的爱的结晶。

柯岩在《寻找回来的世界》中，写了“文革”后的工读学校。柯岩真实地表现工读学生受“文革”影响，抽烟、喝酒、偷扒、打架、骂人、耍流氓，灵魂深处埋着绝望和仇恨、悲观和暴力等阴暗的东西，但她不是在展览这些消极的因素，而是怀着饱满的热情，以深情的笔触，写出了以徐问、黄树林、于倩倩为代表的教育家们如何以深挚的爱心和社会主义的人道主义精神，通过艰苦、细致、深入、扎实的工作，去温暖和治疗他们深受“文革”重创和扭曲的心灵，使他们一点点弃恶从善、弃旧图新，洗心革面，痛改前非，一步步寻找到那已经失去的世界，重新走上光明的人生道路。

柯岩在具体真实地描写工读学校学生回归正常生活轨道、找回理想人生的艰难历程中，突出了革命人道主义精神和社会主义新人的巨大感召力量。她以澎湃的革命激情，热情塑造了徐问、黄树林、于倩倩等美丽动人的形象。

徐问在担任某医院院长兼支部书记的时候，刚刚收拾好了这个“烂摊子”，上级就要他担任工读学校校长。他接受了组织的派遣，退出妻子盼了多年的单元房，住进工读学校仓库，在这里重新开始战斗的生活。他顶住迟威、薛人凤煽起的阴风，积极从事改变工读学生的思想的工作。他取得了很大成绩，反被撤职，但他默默地承受下来，让历史来分清是非。他寓刚强于沉静稳健的性格，展示了一位党员教育家的光彩形象。

教导主任黄树林，是受过徐问教育的工读学校学生，在他身上甚至可以看到徐问的影子。他年轻的时候，就经受了太多的苦难和不幸。但经受了深刻的教育后，反而使他更具有进取心和火一样的热情，艰苦而又繁重的生活的磨炼，使他一步步成长为能够独立应付各种复杂局面的坚强的共产党员。他给于倩倩说的一句话很好地表达了他的思想："我们的信念如果一见丑恶，就要破灭，那这信念不是太脆弱了么？因为我们从来不是认为生活中没有丑恶，我们恰恰是承认生活中有丑恶，但丑恶是可以改变，可以医治的。我们不是为了变丑为美才到这儿来的么？"他的这段话使于倩倩深受感动，于倩倩还把这段话写进自己的日记。这段话，是作家从工读学校生活中提炼出的深刻的真理。

于倩倩更是小说全力刻画的重要人物。她积极主动地投身于教育和改造灵魂被扭曲了的工读学生的事业，经历一桩桩繁杂、琐细的工作，忍受着阴暗角落里泼过来的一盆盆污水，历尽艰难生活的折磨，她战胜自身的怯懦，一次又一次地昂然站立，获得了崇高的道德力量。她在帮助一个个"小疯子"回到正常人的世界，找回人生理想的同时，也找回了自己失去的那个诗意的世界——在献身社会主义事业的过程中实现了人生价值和理想。

柯岩在这曲荡气回肠的英雄颂歌中，诗情洋溢地表现了一个世界性的主题：处在苦难中的人类可以找回美好的世界，实现崇高的理想！

很多人把《寻找回来的世界》称为苏联著名教育家马卡连柯的《教育诗》的中国版。这不仅说明中国的社会主义文学从苏联社会主义文学中汲取了营养，而且还说明柯岩的教育小说《寻找回来的世界》，达到了苏联社会主义现实主义文学名著的高度水平。当然，二者也有时代的、民族的、思想视野及个人风格方面的差异：

首先，在内容上，《教育诗》重在写被教育者，《寻找回来的世界》重在写教育者。柯岩也描写了工读学生的改变和进步，但更重要的是写了徐问、黄树林、于倩倩等人民教师热忱关怀学生、忠诚于党的教育事业的高尚形象。是他们创造了中国教育史上的奇迹。《寻找回来的世界》在更高的层面上揭示了工读教育者挽救失足青少年的工作的艰难苦辛及其重大意义。

其次，《教育诗》把表现的内容集中在工读学校；而《寻找回来的世界》却不仅反映工读学校的生活，还把笔触从工读学校拓展到整个社会，把工读学校的生活同整个社会错综复杂的矛盾联系起来，从而表现了更加深刻而丰富的时代内容和社会意义。

其三，在艺术风格上，《教育诗》更重视对生活的真实层面的开掘，具有严谨的现实主义风格；而《寻找回来的世界》则洋溢着革命浪漫主义的激情和韵味。柯岩以对英雄人物的崇敬之心和女性作家对生活的挚爱之情，为工读教师唱出了一曲热情的颂歌，把工读教育中的诗意和美发掘、展现出来，展示了工读学校孩子们在老师们慈母般教诲下出现的新面貌：向秀儿佩戴上了共青团员的团徽，郭相喜成了积极分子，宋小丽准备去当工人，小建国写出了美丽的诗篇，而谢悦已在准备报考师范大学……这些，赋予作品以充沛的诗情和优美的意境。

《寻找回来的世界》在 1985 年第六届全国优秀电视剧“飞天奖”评选中，被多数评委认定为当之无愧的领衔力作，而被授予了一等奖。

柯岩的《寻找回来的世界》印证了马克思的一句名言：

> 如果你想感化别人，你本身就必须是一个能实际鼓舞和推动别人前进的人！

柯岩在谈到《寻找回来的世界》的创作时曾对笔者说：“十年动乱，孩子们失落了很多，他们失落了宝贵的年华，失落了良好的社会环境，有的甚至失落了基本的物质生活条件，社会动乱使他们变得愚昧粗俗。他们需要爱、理解、尊重，需要人间的温情，需要走正路的诱导。这些，正是我们应该给予的。我们的责任，是要帮助他们找回那个失去的世界，是要动员全社会的人，把爱的阳光更多地献给这些被摧残了的花朵。我们‘大人’们，那些年也失落了很多，但只要我们全身心地追求与奉献，在奉献中塑造一个完美的自己，就会像于倩倩那样，得到一个完整的世界”。

1984 年，中央人民广播电台“长篇小说连播”节目编辑看了《寻找回来的世界》，认为它独辟蹊径，一方面展现了失足青年的心灵变化，写人民是如何挽救这些失足青年的；一方面揭示了我们的党员和干部队伍中的思想和组织不纯的一些问题，其主题思想具有广阔的社会性，因此决定演播此小说。他们请来柯岩和演员王刚，采用演播者与作家直接交流访谈的形式播出。双方睿智的提问、机敏的答辩，让听众再次感受到了柯岩丰富的生活体验与深厚的创作功力。其丰富精彩的内容，生动、质朴、准确的语言，深深地赢得了听众的喜爱。

1986年，中央电视台播出了由柯岩改编的12集电视连续剧《寻找回来的世界》，放映之后，在观众中激起了更强烈的反响。全剧还没有放完，就有人怀着按捺不住的激动之情，写信给报刊，讲述自己的观后感。许多观众来信表示：《寻找回来的世界》所塑造的人物真实、亲切、感人，它揭示了一个非常深刻的主题，粉碎了“四人帮”后，我们的祖国，我们的人民在寻找着美好的未来。该剧结尾没有出现“大团圆”的结局，恰是留给观众们一个问号，启发人们去思索，激励人们为祖国美好的未来去奋斗。它告诉人们一个真理：正义终将战胜邪恶！

三、《红蜻蜓》

随着改革大潮泛滥起来的极端个人主义、虚无主义、拜金主义，对广大青少年造成了巨大伤害。柯岩对这种现象感到切肤之痛。于是，她拍案而起，面对出国潮、黄金梦、经商热、享乐欲，唱出了一曲人民教师的热情赞歌，也对资产阶级思潮给予了尖锐的批评。

1990年，柯岩创作出电视剧剧本《仅次于上帝的人》。一年以后，由导演过《秋白之死》、《评梅女士》、《都市风流》等电视剧的著名导演虞志敏搬上荧屏，拍成10集电视剧《红蜻蜓》。该剧描写在经商热、出国潮、赌博风、走穴风冲击下的中学教育生活。柯岩着力打造了优秀教师杜嵋的形象，揭示了人民教师高尚的人格和丰富的精神世界。

一开始，柯岩就以生动的画面，揭示了杜嵋的形象：天黑了。夜深了。车辆越来越少，街灯渐渐熄灭，大楼只留下最后一个亮着的窗口。窗内，一张简陋的书桌，一个坐在书桌前的背影。响起画外音：

> 丈夫：“该睡了，还不睡吗？全城都睡了。”
>
> 女人：“总得有人醒着。”
>
> 丈夫：“停电了。真黑呀！这下子没法干了吧？”
>
> 女人划亮火柴，点燃一支蜡烛，也微微笑着说：“越黑——就越需要光

明。”

丈夫：“就你这一支小小的蜡烛，能支持多久?”

女人：“怎么会只是一支呢? 光亮从来是互相照耀的。”

……

地上点点的烛光，突然地像流星一样奔驰，划过黑夜，慢慢地聚在一起，组成图案，每支蜡烛都似乎是熊熊的火炬。

丈夫：“唉，你呀——没听到见时下最流行的一句话么：‘人人为自己，只有上帝为大家。’”

女人挺起身，眼睛辉映着烛光，悠悠地说：“那我就是——仅次于上帝的人!”

这个凝聚着柯岩心血和思想的、精心设计的片头，营造了诗意的境界和艺术的氛围，突出地揭示了全剧的灵魂和意旨。

接着，柯岩以各集皆能独立成篇而内部又连缀为一个有机的系列整体的10个故事、10集系列剧，唱出了对人民教师的深情颂歌。

第一集《在人间》，写杜嵋的学生、年轻教师钱莉莉受西方人生观、金钱观的影响，自以为与外国人保罗相爱，于是，扔下了自己的工作和学生，一心想出国。她的行为，受到了学生的讥讽和同事的指责。杜嵋在充分理解钱莉莉的基础上，深入钱莉莉的家庭，为她代课，为她换班，通过深入细致的思想工作，帮助钱莉莉正确认识社会、人生、爱情。而当钱莉莉被保罗玩弄遗弃以至精神崩溃、决心作践自己的时候，杜嵋满腔热情地鼓励她吸取教训，坚强起来，并主动拿自己任教的尖子班去同钱莉莉的乱班初三（3）班交换。情之所至，金石为开。杜嵋的高尚品德和真诚帮助，终于提升和振奋了钱莉莉的精神，使钱莉莉重返校园。

第二集《流失生》，深入开掘了中学生流失这一话题。杜嵋突然发现品学兼优的三好生张福儿竟然成了流失生。而其他班的流失生似乎更多。许多人都把这视为习以为常的事。而杜嵋却坚信社会主义的教育思想，深入实际，调查研究，找到张福儿失学的原因是因其父承包校办工厂未给马厂长行贿而被诬陷。她遂伸张正义，为张福儿父亲请来律师，揭穿了马厂长的阴谋，张福儿的父亲无罪释放，张福儿也重新回到了课堂。

第三集《黄金梦》，写杜嵋正在举行“告别14岁，迎接绚丽的青春”的主题班会，而党支部却在被迫讨论“开后门，收议价生问题”。杜嵋敢于同歪风邪气斗争，凭一身正气，弄清了学校师生合伙倒卖三合板和汽车的事件，挽救了险些被金钱腐蚀的青年教师和一些年轻学生。

第四集《朦胧的碰撞》，触及了当今社会普遍关注的中学生早恋现象。杜嵋外出开会回校后发现学生小小因被诬“早恋”而给她写的“遗书”，她马不停蹄，连夜寻找，终于救回了小小。小小回到学校后，受到一些教师的指责和讥讽。但杜嵋却以极大的爱心，深入细致地进行思想工作，了解到与小小真正发生“朦胧的感情碰撞”的对象不是张福儿，而是她在少年宫结识的提琴手黎晨。杜嵋告诉小小“这是很纯真、很美好的友谊”，“友谊不但能使人摆脱暴风骤雨的感情走向阳光明媚的晴空，而且能使人摆脱黑暗混乱的胡思乱想而走入光明与理智的思考”。柯岩通过杜嵋向人们表达了一种观点：“小河的水静静流淌，刀能割断它吗？抽刀断水水更流，有阻力的时候就会出现漩涡和激流。阻力越大，激流越强，有时摔得粉碎，有时形成岔道。是不是？而朦胧的碰撞是很自然的。只要我们善于引导，而不是堵塞。”

第五集《可惜他们不知道》写学生橘子用毛衣遮住考题答卷作弊，杜嵋在丈夫作风败坏要求离婚的艰难时刻，深入橘子同学家中，了解了橘子的真实情况，发动班上同学给橘子家糊纸盒，让橘子读书，使橘子补考及格了。

第六集《猫鼠之间》写杜嵋解决学生与家长的矛盾。杜嵋在自己家庭纠纷十分剧烈之际，还把她获市模范班主任的奖金拿出来开家长联欢会。但同学们却对家长意见一大堆：“一天就是分儿、分儿、分儿！作业、作业、作业！”“还老训人。”“还打人哪！”杜嵋说：“你们这是——老鸦站在猪背上——光看见人家黑！”接着教育学生：“不能看人家什么都不好，看自己什么都好，关系就会越来越紧张，整天猫跟老鼠似的。有什么劲？要是变个方法呢？彼此多看优点，多交流，增进了解，相互体谅呢？……”杜嵋提出召开家长与学生的联欢会。她先组织学生到各自家长单位了解父母的工作环境和父母的贡献，然后让学生们在联欢会上向家长汇报成绩。联欢会开成了家长与子女的交心会。会后，学生与家长关系明显改善。

第七集《失落与追求》，写班长陶桃家又搬了新家，陶桃怀疑父亲收入有问题，思想疑虑。上课时，陶桃还在想心事，画自画像，被教师乙讥讽。陶桃在学校亭子里啜泣。杜老师来劝她，她也没说原因。原来陶桃回家发现了父亲贪污的线索，她痛苦地在天主教堂祈祷、听道，满腹疑惑。杜嵋到天主教堂找到陶桃，劝说陶桃重新调查父亲的问题，把证据交给了检察院，并在陶桃无家可归时收留了她。年轻教师无忌追求韩可，韩可婉拒。韩可向校长谈了他对杜嵋很久以来的爱。杜嵋母亲劝女儿接受韩可的爱。

第八集《超越自我》，写陶桃住在教师无忌家，无忌跳起类似《天鹅之死》的舞蹈给陶桃看。陶桃给无忌谈了杜嵋与韩可的爱情："他俩是那么合适，那么相像……"劝无忌放弃对韩可的初恋。第二天，杜嵋正上课时，韩可通知她周大同自杀，杜嵋差点晕倒。杜嵋与韩可去周大同家了解到周大同很爱画画，画的都是自我的肖像画。杜嵋与韩可带学生去医院看望周大同，表达同学对他的关心和慰问。杜嵋把市里奖励优秀教师的房子送给教师乙。韩可与杜嵋带杜嵋的儿子岳岳上公园玩，非常开心。岳岳表示愿同妈妈、韩可与姥姥一起住。就在这时，杜嵋的前夫生病住院，杜嵋前往照顾；杜嵋的前夫又向杜嵋求情认错，引起韩可疑虑。钱莉莉听人传言说杜嵋要复婚，她忍痛放弃自己对韩可的爱，去杜嵋的前夫家，对正在照顾发着高烧的前夫的杜嵋讲述了韩可对她的爱和对她可能复婚的疑虑，叫她马上回去安慰韩可。杜嵋赶快去了韩可家，可韩可不在，桌上放着写满了"山眉、眉眉、杜嵋"和画有杜嵋的画像的纸张。而这时，钱莉莉又向痛苦疑虑中的韩可讲述了杜嵋不可能同前夫重归于好，劝他不要误解杜嵋，而要不断地"超越自我"，继续追求杜嵋。莉莉幽幽地说："老同学，想过吗？我来找你谈话，也正是为了超越自我。"韩可于是赶到了杜嵋和学生搞社会调查所在的山村。在小村里，周大同把他画的裸体素描交给韩可——他就是因为画了这些裸体人像，被父母认为丢了他们的脸而被狠狠打骂以至于去自杀的！韩可劝慰了他，要他"相信自己，管住自己，要有更高的生活目标，有力量战胜自己"。周大同真正地觉醒了。

晚上，杜嵋在月光下伫立着。她看见村道上手电光一闪一闪，一个人正急着大步走来。

杜嵋已经猜到这是谁了。她笑了，泪水慢慢盈满眼眶……

韩可正在爬山……

月亮的银辉这样璀璨。明天一定是个晴日。

明天一定很美丽。

全剧完了，可是我还沉浸在美丽的画面之中，还沉醉在杜嵋与她的同事们、学生们的那些生动而丰富的故事情节和生活氛围之中，还流连在她与韩可的美好的恋情之中……

邓小平曾深刻地指出："我们最近十年的发展是很好的。我们最大的失误是在教育方面，思想工作薄弱了。教育发展不够。"柯岩的《红蜻蜓》以宏阔的视野和深刻的思索，在深广的社会历史文化背景中，成功地塑造了一系列栩栩如生的人物形象，特别是贯穿全剧的主人公杜嵋，更是中国新时期影视艺术世界中极富典型意义的人民教师形象。杜嵋的形象是在她与同事、学生、家长及社会上各种人物的交往中充分展示出来的，具有鲜明的理想光彩和巨大的人格力量。该片较之此前拍摄的电视连续剧《师魂》和《绿荫》，克服了"就事论事"和"囿于校园生活"的弱点，把艺术的触角从校园延伸到社会生活的层面，在复杂的社会生活斗争中，展示了丰富的思想内容和深刻的社会意义。

四、《他乡明月》

1992 年，柯岩的长篇小说《他乡明月》在《文汇报》上连载后，很快出版单行本，成为畅销书。这是柯岩的又一部成功之作。

柯岩是广东人，有很多亲友在国外生活。她也多次出国，采访和结识了很多外国朋友和海外华人。1986 年，柯岩应邀赴美考察、讲学，并开始孕育一部表现海外华人思想生活的长篇小说。1990 年，她再度赴美考察，补充生活体验。

她告诉我，即使她在国外养病之时，也尽可能睁大眼睛，多读一点，多看一些。有时候，她可以一口气在附近图书馆借一百本中文或英文原著——其中很多都是在国内想看而看不到的，还有大量的英美畅销书。看这些书，不仅可以了解外国的风土人情、世态人心，在写作手法上也为她提供了借鉴。

正是读万卷书，行万里路，才使她写出了这部富有人生哲理和诗情画意的好小说。

在这部小说中，柯岩以现实主义手法，成功塑造了朵拉和紫薇等典型形象，通过她们曲折的遭遇，展现了丰富的思想内涵。朵拉与紫薇是歌舞团的好朋友。朵拉出生在音乐家庭，“文革”中历经磨难，聪明能干，坚毅顽强，成为歌舞团的著名歌唱演员。因不满团长“老狼”的排斥和打击，以出嫁美国的方式，寻求在美国读音乐学院的机会。经过一番痛苦曲折的挣扎和拼搏，终于考上了音乐学院，毕业后，受到舒尔茨教授的宠爱，做了舒教授美中文化交流中心的合伙人，在事业上闯出了新天地。

没有什么文化的紫薇因其特殊的美丽，被歌舞团招为报幕员。她因为支持朵拉也受到团长的打击，抛弃了心爱的初恋情人周峻，违心地嫁给朵拉的表哥，去了美国。没有爱情的婚姻，复杂的公婆妯娌关系，使她经常处于痛苦、懊恼、孤寂、空虚之中，时常回忆起她与周峻离别的情景。在空虚中，她落入有妇之夫卢大卫的罗网，最后不得不隐姓改名到一个小地方生活，沦落为陪酒女郎。几经波折，她才深切认识到，他乡明月根本不像传说或想象的那样美妙，感到还是“月是故乡明”。

柯岩还穿插了朵拉的妹妹米拉同紫薇的初恋男友周峻在国内的成长和发展，以此对比朵拉尽管在音乐学院毕了业，却无法进入专业演唱团体之门。

小说构思精巧，通过两个主人公为了求学、谋生，从中国，到美国，广泛描写了各阶层、各方面的形形色色的人物，深刻地展现了美国社会，包括唐人街在内的社会生活图景，塑造了众多的、性格鲜明的人物形象。小说情节曲折感人，一波三折，人物形象鲜明突出，语言流畅优美，主题具有很强的现实意义，是一部融诗歌、戏剧与小说于一体的，充满艺术美、诗意美的优秀小说。

广东现代革命作家研究会在 1994 年 8 月、9 月间先后三次召开座谈会，讨论《他乡明月》。著名作家欧阳山首先致辞说：

在大家都说文学创作和文学评论同时陷于低谷的今天，咱们在广东作家协会有名的“古战场”的上空，开这样一个座谈会，讨论柯岩这样一位广东女作家所创作的、描写两个女孩子在美国旧金山唐人街所碰到的种种奇妙遭遇的长篇小说《他乡明月》，是一件非常有趣味又有意义的事情。

我现在谈几点意见：首先，我想说一说为什么要研究这本书。理由很简单，一共只有两个。一个是好看，一个是爱国。咱们只要一拿起这本书，它就有一种吸引力使得咱们一口气读下去，甚至到了废寝忘食的地步。它使咱们感到有趣，感到愉快，比看一部戏剧，比看一场电影，都更加着迷。这就是它的娱乐功能，并且是一种高尚的，而不是下流的娱乐功能；也是一种有益的，而不是有毒的娱乐功能；还是一种向心的，而不是一种离心的娱乐功能。

其次，说到欣赏功能，咱们会发现书中到处充满了艺术的美。这种美，在语言运用的生动活泼方面，在环境描写的绚丽多姿方面，在情节结构的出神入化方面，在典型性格的传神塑造方面，都发挥得淋漓尽致。特别在典型性格的塑造上，柯岩使出了她的独特本领，使得以朵拉和紫薇为中心的中外男女人物，都像一个个会说话的雕像，矗立在咱们面前，使得看的人俯仰逡巡，一时舍不得离去。

又其次，这本书还具有多方面的认识功能，别的不说，就说国家跟个人的关系这一点。它是那样清楚明白地告诉咱们：个人离开了祖国，到别人的国度里面去生活，就算别人并不特别为难自己，可是自己得耐着性子，低首下心地去适应别人的风俗习惯、生活方式、国家制度和数也数不清的法律条文。除了这些以外，还要心甘情愿地去当一个二等公民或者三等公民。那实在不是滋味儿。咱们平常在祖国大地上自由自在地、有说有笑地出出进进，来回行走，是完全无法体会那种心情的。

最后，柯岩成功地通过塑造朵拉和紫薇两个典型性格，在咱们面前展示了一幅无法想象的生活图景。她使咱们看得清清楚楚，两个愚昧的女孩子怎样因为犯了思想上的错误而落入可怕的陷阱里，又从那里经过了许多痛苦的挣扎和折磨，企图拼命地冲出自己亲手制造的灾难。这真是使得每个读者都哀其不幸，愤其无知，并且为之担惊，为之心酸，为之愤然，为之惋惜。……这不就是这部长篇小说的最好的教育功能吗?

就是这样，《他乡明月》在均匀地和谐地发挥着文学创作这四种功能之外，还同时在字里行间场景后面，使咱们听到一种由远及近像雷鸣一般的主旋律的声音。如果我说的这些都符合这本书的实际，那么，咱们将会发现这是一本革命现实主义的大众文学的珍品，成就是惊人的、不同凡响的。只有这样的作品一天比一天地多起来，咱们的中国特色的社会主义文艺才会出现真正的繁荣。预祝咱们的座谈会获得丰硕的成果！

在这三次座谈会上，著名作家、评论家于逢、楼栖、梵扬、郭正元、李天平、谭志图、易准、郑心伶、梁惠玲、邝邦洪、仇志杰等人都发了言，对小说给予了高度评价。

谭志图认为：“小说取材不算新颖，但作者有深邃的思想穿透力，善于发现和挖掘表层后面的东西，通过精心的运筹，把一个平凡的故事写得一波三折，回环跌宕，使读者始终被两个女主人公悲欢离合、潮起潮落的命运所吸引，随着小说展现的一幅幅形象生动的生活画面，或焦灼牵挂，或同情哀怜，或扼腕叹息，或陷入沉思，在审美的愉悦中受到感染，得到人生的启迪和感悟。”

易准认为：“作者没有带着既定的主观想象的框框去反映美国的社会生活，而是遵循革命现实主义的创作原则，根据自己对美国生活的观察、体验，以自己的所见、所闻、所遇的人和事，进行提炼和概括，力求忠实于客观生活。小说还写了美国社会各色各样的家庭，像万花筒般反映了美国社会生活的方方面面，既有健康美好的一面，也有畸形腐朽的一面，从中暴露了美国社会某些本质的东西，这对客观地认识美国社会很有帮助。写异国他乡生活的作品而能达到这样高的艺术境界，产生如此强烈的艺术感染力，实在难能可贵。”

郑心伶、梁惠玲认为：“《他乡明月》笔墨细腻，特别在人物塑造方画，与同类题材的小说相比，显得更为高超。小说从头到尾，极少甚至可以说基本上没有大段的静态描写，无论人物的肖像、环境还是事件过程的交代，都是通过人物的活动来表现的。作品侧重写人物的灵魂，表现海外游子失掉根子的痛苦，东西方人生观念的碰撞与融合中的矛盾、困惑和艰难以及对祖国、亲人的恋念之情，深刻地展现出当代一些青年人精神上的迷惘、探求、成长的过程，发人深省，具有很好的教育意义。”

邝邦洪认为：“《他乡明月》的主要人物朵拉是成功的，她在我国当代文学女性人物画廊中是一个新的典型，她代表了众多的出国留学生的诸方面，她所蕴藉的社会内容和审美价值是深广的。作品着重突出朵拉吃苦耐劳、坚韧奋斗的精神以及中国妇女的那种传统美德。”

仇智杰认为：“作家用十分公正的态度，冷静地看待和评价西方文化，与中国传统文化中的优秀部分，做了比较，并用艺术手段，对这种比较做了形象而深刻的反映，通过一连串的构成全书脉络的典型事件，将一个个令人扑朔迷离、心悸胆寒、推崇竞争的西方社会的生活图景，呈现于读者的面前，引导人们思考：到底美国社会是个怎么样的社会。作家更用浓情重笔，抒写了对祖国、故乡和亲人的深情，奏响了时代的主旋律，这是一本寓教于乐、好看有益、洋溢着爱国主义激情的好书。”

《他乡明月》这部长篇小说，自始至终“贯穿着血脉”，这血脉就是强烈的爱国主义思想。写对祖国的爱，不是停留在对祖国的思念和爱恋，而是通过人物深刻地表现中华民族的道德理想，展示炎黄子孙的勤劳、勇敢、善良、机智、坚韧等特点，所以能够武装人、引导人、塑造人、鼓舞人。这是一部洋溢着时代主旋律的好作品。

肖南说：“我是一口气读完《他乡明月》的，读完之后，久久不能平静。故事虽然简单，但对我的启发很大，使我感悟颇深。从朵拉和紫薇身上，我发现自己有紫薇的贪图享受，爱慕虚荣，怕苦怕累，又有朵拉的自尊、自爱、自强。我不愿像紫薇那样沉没在后悔的苦海中，我必须树立正确的人生观，不能在人生的旅途中失落、走错路。我年岁正与她俩相仿，她俩对我是正反两面的最好的教材。”

《他乡明月》出版后，中国广播电视学会“小说连播”研究委员会于1993年先录制成30集广播小说，由牟云和刘纪宏演播，在全国50家电台播出，引起了较大的社会反响。

1994年，河北电视台又改编制作了28集广播连续剧，于1995年元月4日到31日播出。广播连续剧《他乡明月》深受大、中学生听众的喜爱，收到北京、河北、山东、吉林、陕西、四川、甘肃等地的听众来信。他们认为：《他乡明月》是一部难得的成功佳作，是生活的真实写照，给那些认为外国的月亮比中国的圆的人是个很好的教育。而且有很好的立意，主题节奏明快，内容没有拖沓之感，听后对人生道路的选择有了启迪和教益。

五、病中缺席的研讨会

1996年，六卷集《柯岩文集》出版。9月19日，由《文艺报》、《人民文学》、《诗刊》、中华文学基金会等31个单位发起的、在北京国际艺苑举办的《柯岩文集》（六卷集）研讨会举行之时，柯岩却躺在阜外医院的手术台上，正在做心脏搭桥手术。这给研讨会增加了一种不同寻常的气氛。

那天，雨过天晴，北京的秋天显得格外的明朗与清新。在著名画家刘迅开办的、以举办高雅艺术活动而久负盛名的国际艺苑里，宾客如云，气氛热烈。几百人汇聚在大厅，济济一堂。研讨会会场四周的墙上，挂满了政坛、文坛及艺坛的名人、大家祝贺柯岩艺术成就的贺词、书画：

文采风流

——张爱萍

与人民同心，和时代同步

——迟浩田

艺海扬帆女船长，文坛盛开大红花

——周克玉

南国才女，作品如林，召唤明天，教育后人。

——林默涵

柯岩是坚持现实主义道路的杰出作家，她的很多作品都达到很高的诗的境界。

——刘白羽

才华横溢，强手多面；文苑增光，煌煌六卷；关怀人民，充满情感；切近时代，笔锋精炼；思想湛深，读者神健；品格风格，令我赞叹。

——臧克家

情系小读者，爱从笔下流。

——马 烽

理直气壮说真话，有血有肉吐真情，求得真理行真事，真善真美真诗人。

——朱子奇

全国人大副委员长布赫、原全国政协副主席马文瑞发言，称赞柯岩是“革命战士，人民作家”，是“真善真美真诗人”。

中宣部副部长、中国作协党组书记翟泰丰致辞，对柯岩的创作道路及其作品进行了充分而又中肯的评价：

柯岩同志是我们党培养的卓有成就的优秀女作家，是我们伟大时代的歌手。

她的作品第一个特征就是洋溢着对祖国、对人民的爱和对‘四人帮’、对社会上一切丑恶东西的愤怒。

柯岩同志作品的第二个特征，是她的创作思想是马克思主义的。她有自己独特的审美个性，她的作品的审美视角不仅仅局限于审美形式，更注重审美理想、审美情趣，更注重通过自己的作品净化人们的心灵，倡导人生的美好追求和崇高理想，塑造新的一代。《寻找回来的世界》如此，《他乡明月》也如此。读了她的作品总感到那么亮丽，那么美好，那么充满希望。柯岩曾说：“为了把年青一代教育成为既有文化科学知识，又有好的道德品质；既有爱国主义，又有国际主义；一代比一代更健美、更先进、更具有共产主义思想，我们必须倾注全部心血，调动一切艺术手段，让他们得到最新最美的文化艺术，成为社会主义新人，比我们更完美、更健康。”我们从她的作品中可以看到她的性格，我们从她的性格中也可以看到她的作品的风格。……

柯岩作品的第三个特征是热爱生活，扎根生活，扎根人民。她的作品之所以朴实、热情、欢快、明朗，深受读者欢迎，在广大青少年和人民群众中产生强烈影响，是因为这些作品都来源于生活。所以她的作品和她本人，受到从将军到士兵，从领导干部到工人、农民，从医生到科研工作者的欢迎。

《柯岩文集》是她辛勤耕耘的记录，艺术才华的结晶，是共和国历史的再现，也是作者心灵的写照。这些作品是作者克服了各种挑战，长期同病魔斗争中写成的。尤为难得，尤为可贵。这些作品组成了一部爱祖国、爱社会主义、爱人民、爱青少年的雄伟的交响乐，在社会主义精神文明建设中，特别在对广大青少年进行思想品德教育中，产生了广泛而良好的社会影响。柯岩同志不愧为“灵魂的工程师”这个光荣称号，先后多次获得全国少年儿童先进工作者、青年思想教育先进工作者及妇女先进工作者称号。柯岩同志高尚的情操和追求真善美的精神，很值得我们作家，特别是年青一代文学工作者学习。

他还向大家通报了柯岩正在动手术的情况：

柯岩这次做的是心脏搭桥手术。党组织和医学界，对柯岩的手术相当重视。柯岩前年摘除了一个肾。她长期抱病工作，身体虚弱……柯岩是个极有意志力的人，我们坚信她能挺过这一关……

中国作协党组副书记陈昌本发言的题目是《她的作品就是响亮的“中国式的回答”》：

摆在我们面前厚厚六卷的《柯岩文集》，是柯岩近半个世纪以来在文学旅途中艰辛跋涉的记录；是她面对纷繁变幻的时代风云所作出的“中国式的回答”；是她以饱满的激情唱给祖国、人民和党的颂歌。在这三百多万字的作品里，涌动着诗意和才情，凝聚着一个共产党人的人格力量。

柯岩的创作，是和人民共和国同步的。1949年，沐浴着新中国的阳光，年轻的柯岩拿起笔杆子，走进专业创作的队伍。五六十年代，柯岩是以儿童文学、戏剧文学作品闻名于世的。《“小兵”的故事》、《大红花》、《最美的画册》、《讲给少先队员听》、《我对雷锋叔叔说》、《“小迷糊”阿姨》等脍炙人口的篇章，不但陶醉了许许多多少年儿童，也使不少成年人为之倾倒。

粉碎“四人帮”之后，柯岩像解放了的普罗米修斯，重新焕发了艺术青春。她为拨乱反正、重振社会主义文学事业而奔走呼号。在担负繁重的文学组织工作的同时，她以旺盛的创造力和惊人的勤奋，在诗歌、报告文学、小说、散文、影视文学等各个领域中，都取得了丰硕的创作成果。粉碎“四人帮”初期，一阕《周总理，你在哪里》，曾经拨动了多少人的心弦，使多少读者热泪盈眶。她的报告文学也充满着诗情。《奇异的书简》、《追赶太阳的人》、《天涯何处无芳草》、《船长》、《癌症≠死亡》……几乎每一部报告文学新作的发表，都在读者中引起喜悦和激动。而长篇小说《寻找回来的世界》，则开拓了小说描写的新领域。这里，展现的是一项独特、宏伟的挽救、铸造人的灵魂的工程。广播电台播出，特别是拍成电视剧放映后，更是在全国引起强烈轰动。继《寻找回来的世界》之后，柯岩为读者奉献出又一部长篇力作——《他乡明月》。这部小说吸引了广大的读者，被认为是柯岩小说的新高度。和《他乡明月》几乎同时问世的电视连续剧《红蜻蜓》，也赢得了广泛的赞誉。它是青春的颂歌、新中国的“教育诗”。它以崇高的思想境界和强大的艺术魅力，获得了“飞天奖”和“五个一”工程奖。

不夸张地说，柯岩是新时期最有影响的作家之一。她的创作高潮持续时间之长，涉及文学样式之广，都是很少见的。她是文学领域中不断“破纪录”的“运动员”，从70年代后期一直到90年代，不断有激动人心的佳作问世。她又是文学领域中的“全能运动员”，在诗歌、报告文学、散文、小说、儿童文学、影视文学等各个领域，都奉献出令人惊异的名篇。

回顾柯岩所走过的文学道路，可以清楚地看到，她是一位方向坚定、目标始终如一的作家。13年前，柯岩写出著名的长诗《中国式的回答》。其实，她的其他作品何尝不是“中国式的回答”！可以说，她的许多创作都是用艺术形象回答时代所提出的迫切问题。她说：“和我们的人民一起，帮助我们的生活更快地前进，我认为，是我们中国作家最大的幸福！”“我最大理想就是：用自己的理想塑造下一代。”她用充满艺术魅力的创作，实践了自己的主张。……她的创作既有“变”的一面，又有“不变”的一面。变，就是随着时代的前进而前进，不断推陈出新，不断在内容和形式上进行新开拓；不变，就是永远从生活出发，从人民的需要出发，永远沿着“为人民服务，为社会主义服务”的道路前进。不论刮什么风、下什么雨、出现什么风波、涌来什么潮流，柯岩一直不改初衷。我们的“迷糊阿姨”，一点也不迷糊。正像有的评论文章所指出的，她是个“醒着的作家”。

柯岩的又一个显著特点是人品和文品的统一。她的文学境界，得益于才情和学识，也得益于坦荡、火辣辣的性格。她决不是只把马克思主义和社会主义挂在嘴边、写在纸上。她不会包装自己，也不会隐瞒自己的观点，总是按捺不住地是其所是、非其所非。在大是大非面前，她不喜欢朦朦胧胧。作品中清丽爽朗、潇洒明快的风格，和她的个性是分不开的。也许她的作品还欠缺鲁迅那种深沉的冷峻，但和那些游戏人生、调侃一切的“创作”比起来，不是要强一百倍、一千倍么！

会上，文学界的领导、作家、专家、学者，一个个登台讲话，对柯岩的作品给予高度评价，并表达了他们对柯岩的敬佩，对其作品的喜爱。

诗人阮章竞说，柯岩“贵在真纯，贵在激情，贵在于文坛一度霜雾凄迷之际敢于横扫阴霾，一往直前”。

一位专家说：“柯岩的作品是从高尚的人生观的总根上生长出来的绚丽花朵。”

另一位专家道：“柯岩的六卷文集，我们到处可以感到她的那颗爱心。她爱孩子，爱青年，爱无私奉献的先进分子，爱普普通通的劳动者。……她将自己爱的热力，全部贡献给了中国的人民群众。”

柯岩在美国图南大学

女作家丁宁从柯岩使她感动不已的一些生活事例，论述了柯岩对人的爱及其作品所产生的社会效果。她说："《柯岩文集》是柯岩从大地母亲的泥土中滤出的金粉铸成的、献给人民的金玫瑰。"

还有一位作家说："三百多万字的《柯岩文集》，是她心中汩汩流淌的美的歌，光明的歌，热情的歌，希望的歌，生活的歌。"

著名男高音歌唱家李光曦演唱了歌曲《周总理，你在哪里》，更掀起了人们心中的情感……

李殿仁将军说："也许我是个军人的缘故，很注意她的作品在军队中的反响。一些部队领导常常在激愤于许多靡靡之音影响部队时，就用她的作品教育官兵，请她给部队作'树立正确人生观'的报告，请她为部队作者作如何创作的报告。我曾先后在几个部队院校工作，发现不少军校生非常钟爱她的作品，部队的官兵对柯岩同志很尊重，很敬仰。我举一个例子，去年当听说柯岩又一次住院需要做肾手术时，很多干部战士，有的是将军，有的是士兵，有的是基层干部，纷纷赶到医院或打电话找到医生，主动要求为其献肾献血，以至医生都感到惊奇。其实原因很简单：从我来说，就是觉得像柯岩同志这样的一个人民的作家比像我这样的一个军人要重要得多，我们军队的同志很希望多一些柯岩同志这样的作家，柯岩同志和人民心连心，和我们军人心连心，她热爱人民，热爱人民的军队；人民热爱她，军队也热爱她，需要她。一位军委首长出访前夕，得知柯岩重病住院，登程在即，便安排秘书代表他前去看望，出访归来的第二天，便亲自赶到医院看望，连说：'你与人民同心，我们愿与你同行。'并再三叮嘱医院领导及医生：'要千方百计尽快治愈她的病，她是人民的作家。'我们为有这样的好作家、好战友感到骄傲和自豪。借此机会我祝愿柯岩同志早日康复，祝研讨会圆满成功。"

讲坛上，讲演者在声情并茂地评价着柯岩的作品和人品；会场里，人们却在关注着柯岩的身体和生命。因为，前年，她才摘除了一个肾；而此刻，却又要做复杂的心脏搭桥手术。她的丈夫贺敬之正焦急地守在医院！

柯岩同志，你可知道，当你在手术台上接受命运的挑战的时候，你会内会外的战友、同志、读者，都在深深地牵挂着你，都在默默地为你祈祷，祝愿你战胜病魔，早日康复！千万颗心是同你的心连在一起的！

这时候，台上传来低沉、感伤的声调：

假如明天我就死去，
朋友，你不要为我哭泣。
因为我永远不会和你分离，
不会和你分离……

台下立刻响起一阵嗡嗡声，人们议论起来：

"柯岩那么多美妙动人的优秀诗篇，为什么偏选这一首？"

"怎么回事？朗诵这首诗？"

"这可是柯岩自选的！"

“为什么?”

“你不觉得，这首诗正好表达了柯岩视死如归的精神和豪爽乐观的性格!”

“哎，还真是的！柯岩此刻正在动手术，不知道成不成功，我们真该为她祈祷！愿上帝保佑她!”

就在这时，会议主持人、《文艺报》主编郑伯农高兴地对大家说：“已有消息，柯岩手术成功了!”

会场上顿时腾起一片欢呼声，表达了广大作家和读者对柯岩的一片爱心!

一位诗人激情满怀地朗诵了柯岩创作的诗篇《致海涅》:

海涅，你!
没有追求不朽，
没有贪求声誉，
你只用真诚和朴素的诗句，
歌唱自由、进步与友谊;
你只用纯洁的灵魂，
热烈地追求真理。
于是，剑和火焰般的海涅啊，
就和自由与真理永存，
就永远和进步人类在一起!
……

听着这诗篇，与会者都觉得：我们的柯岩就是海涅！这首诗就是她的人格和心灵的写照，她的追求和向往!

研讨会的热烈发言和人们对柯岩的惦记说明，热爱人民的作家一定会博得人民的热爱!

柯岩是幸福的！因为她赢得了人民的热爱!

第七章

癌症患者的希望之灯

一、《癌症≠死亡》

1982年，柯岩的《癌症≠死亡》发表，引起极大反响。

《癌症≠死亡》的写作是偶然的，也是必然的。

1981年，柯岩从开春住院，年底方离病榻。因为她多年无痛血尿，被医生怀疑为肾癌，让她住进了癌症病房，接触了大量癌症病人。在死神的门口徘徊，她接触了多少生离与死别，眼泪与悲伤，痛苦与折磨，又看到了多少忠贞与负义，廉洁与贪婪，坚强与怯懦，善良与残忍，崇高与卑劣，悲剧与喜剧，正剧与闹剧……世界在这儿浓缩了。死亡毕竟是最后的裁决，一切人的本性在这儿都纤尘俱显，须眉毕露，进行着淋漓尽致的表演。她因此能进一步地透视人生，看到了许多精彩的故事，要向人们讲述。

但是，最使她感动的，却是郭林气功。

由于柯岩也曾被怀疑为癌症，所以一些人劝她学学气功。开始，她是不相信气功的。她想，针灸还有几根针，中药还有药可用，可这气功看不见摸不着，她就不信。后来因为陪一个病友，她撞进了气功领域。那天早上，她穿着军大衣，走进紫竹院，刮着大风，冷得要命，可是却看见男男女女一大帮人，又唱又笑地锻炼着，一打听，全是癌症病人，他们之间还互称“老癌”，毫无一点悲观颓丧之气。她感到惊讶，感到激动！于是，她开始自觉地注意起气功治癌。在逐渐深入了解气功治癌的功效之后，在逐渐深入了解郭林其人之后，她终于应癌症病人的要求，写出了《癌症≠死亡》。

她的这篇报告文学，写得极为朴实，完全以第一人称，根据她的亲身观察、体验，亲眼所见，亲耳所闻，亲身思索和考虑来写。

开始，她对气功治癌还不大相信，就亲自到紫竹院公园去探访：

一进紫竹院的门，就觉得寒气逼人，呼呼的大北风卷着地下的沙土扑面而来，几乎站立不住。老陈和他的爱人满怀热情地到处打问郭林那个癌症班……

转过一座小土坡，眼前出现了一大片人，男女老少都有。一个年轻的军人站在一个石墩上，正在讲着什么。风把他的声音刮走了，听不见。但人群却爆发了一阵响亮的大笑，想必他说了什么可笑的事。……

这时两个人迎面向柯岩跑来。哦，认出来了，这是她的两个青年朋友：小罗和小韩。他们一个个指给她看，说："那个大声讲话的军人，叫于大元，是这个班的辅导员。他自己就是个癌症病人，直肠癌。""那个老太太，看见了吗？就是脸儿尖尖的，头发雪白的，在那里张着嘴大笑的。对，就是那个，肝癌。70岁了，医生原说她活不过今年'十一'的。"……

我一愣，一愣，又是一愣；至此，完完全全地瞠目结舌了。……

被判处了"死刑"的人们！是的，这个词多么确切地说明了问题，看来，并不都是视死如归的哲人吧？恐怕更多的是下定决心和死神顽强角力的勇士。……

"耳听为虚，眼见为实。"柯岩不得不注意了。

在我的朋友小韩的帮助下，我开始阅读起有关的大量材料及报刊来。

据北京市肺部肿瘤研究所蔡廉甫等三位同志的文章报道：气功确实能增强肺癌病人的体质，帮助病人恢复体力来耐受放疗和化疗的消耗。……（见1980年7月2日《体育报》）

而1980年10月15日的《解放军报》发表的沙衍孙同志的文章，更是具体地介绍了海政某部高文彬同志运用气功治癌的经过：高文彬同志1976年8月在医院开胸手术后，发现右肺门淋巴腺癌广泛转移。已是晚期，无法手术，只能缝合。之后进行放疗与化疗，他又无法耐受，整天头晕眼花，全身不适，白血球迅速下降……医生断言只能存活半年。在走投无路的情况下，开始练气功，坚持两三年，就上班了。人们都说，这真是个奇迹……

柯岩进一步了解，见到了“癌症明星”——就是那个被判处了“死刑”却不甘心死亡的高文彬，见到了高文彬怎么鼓励其他癌症病人：

“干吧，伙计！癌就是这么个玩意儿，反正你不吃掉它，它就要吃掉你。”

“听见没有？老癌们!”于大元又插上来说，“加劲干，老陈，二天也当个癌症明星。”

……

我的眼眶一下子润湿了。我不禁一连退后了几步，以便能更好地打量这一群——这一群被癌的王国无情地判处了“死刑”的囚徒，一群被死神紧紧扯住衣襟的俘虏，一群常人眼里的活死人！……

在这殊死的决斗中，他们有的已遍体鳞伤，有的即将牺牲。但他们只要还有一口气，还能走一步路，他们就将继续这一场力量悬殊、几乎是无望的角力，用自己最后的生命之火给未来者点燃希望的灯……

哦，我盼望，我盼望——而且相信：从这一群人中将不断出现新的明星。最后，将出现一个光辉灿烂的明星群，高高地挂在祖国深远的长空，向全世界宣告：看，在东方，在中国，又升起了一类你们一直在寻找的新星——古老的，却又是年轻的，奇异的，却又是你们一直寻找的星。

柯岩满腔热情地去请医生来考察。但是，医生总是说：“病人自己做，我们不反对，但让我们用于临床，就必须有数据。”

柯岩想：但是，我有活生生的病人。数据不是从活人的实验中统计和总结出来的么？于是她千方百计地动员她的医生朋友们去看活人怎样练功，以搜集数据。

医生来调查了，数据也搜集了，却并没有任何行动。

于是，柯岩去找病人，病人们热情而诚恳，充满了对郭林的感激之情，每每讲得声泪俱下：

但这里，且容我客观报道，记录一下新气功受益者之一——于大元同志经过理智分析归纳的一些论点吧。于大元就是我前边讲过的那个四川人。男，46 岁，现役军人，直肠癌患者。于 1979 年 1 月手术切除，一年后发现颈侧及腹沟对侧淋巴结肿大，即开始做气功。至今三年多，未经任何其他治疗，未见复发，且肿大的淋巴结早已大部消失。与他同时手术的直肠癌患者三人，当时病情有的比他重，有的比他轻，术后未进行锻炼，现均已死亡。而他，现在是郭林新气功治癌班的辅导员之一，每天练功、教功、查功，常常工作十五个小时以上，矫健灵敏，精力充沛，他一次与我谈话就长达五个小时，没休息，没喝水，连说带比划：

“我是党多年教育的党员，我的言行是要对人民负责的。我从来不说气功可以包治百病，但我说，根据我亲身经历及几年所见，新气功配合中西医治癌肯定是有疗效的。效果究竟有多大，究竟怎样配合更好？还需要长期的摸索及实践，但有效有益应该是不容否认的。

“我认为郭林对气功事业的贡献，主要有以下四个方面：第一，带着气功走向社会。……第二，应该说，郭林同志在气功改革上有所创造。……第三个贡献嘛，依我看，就是公开提出气功能配合治癌，还能治好癌。这句话看来平平常常，但仔细琢磨一下，还是有点英雄气概哩，有压倒一切敌人，而决不被敌人吓倒的英雄气概哩！……第四个贡献，一句话就说完了，就是让气功事业体现出了为人民服务的精神。你想想看，十一年如一日，以古稀之年带着气功走向社会，治病救人，个人费心费力，分文不取，这不是为人民服务是啥子？”

从柯岩一开始到紫竹院看癌症病人做气功，陈大姐和老陈就不断怂恿她：写篇报道，写篇报告文学吧！但她一直没有这个打算，也不敢有这个打算。

他们问柯岩：“你为什么不写？”

因为她害怕，怕卷入纠纷。

可是，1981 年年底，她所住的医院，一个患鼻咽癌的晚期病人因为疼痛，因为绝望，跳楼自杀了。

柯岩心里很难过。就在这个时候，她决定了：无论如何，要写这篇文章——

这是我的责任。那么纠纷呢？我准备卷入。同时，我准备应战。

为了解除千千万万癌症病人的痛苦，为了征服癌症，为了最终制服死神——这个人类头号的敌人，让人类都能活到本身的自然寿命，让我们动员起来，团结一切可以团结的力量，调动一切可以调动的积极因素，组织起浩浩荡荡的治癌大军，难道不是我们现代中国人对人类应尽的义务吗？

为此，我写了这篇报道。

我相信一切医学界的同志们会体会到老陈及所有癌症病人努力延长自己存活期的目的：他们在等待着，眼睁睁地等待着你们，等待你们承认一切可以对癌斗争的手段，等待你们找到最好的治癌道路。并且希望你们承认：在他们生命垂危之际，他们也曾毫不懈怠地，忍着几乎是无法忍受的痛苦，一分一秒地，一个细胞一个细胞地为这治癌的事业进行了殊死的角力……

他们的生命之火是明亮的，他们的斗争是壮美的。但愿我们每个人在面对死亡时都能这样。

这里，柯岩写出了她创作的动机，创作的动力，创作的崇高目的，这就是：为了人民！为了病人！为了人类的幸福和未来！

这篇报告文学写出了郭林其人及其气功，写出了众多癌症患者，在郭林气功指导下顽强地同癌症搏斗，创造治癌奇迹的故事，表现了中国弱势群体顽强乐观的精神，歌颂了中华民族坚忍勇毅、重情重义的传统美德。作者还深刻指出："因为气功源远流长，枝叶繁衍，真伪高低不易辨明，我们才更迫切地需要系统地研究，科学地取据。"

这篇从生活中产生的报告文学产生了特别大的反响。作家在人人谈癌色变的时刻，勇敢地发出了"癌症≠死亡"的响亮声音，真是振聋发聩、石破天惊。它给癌症病人和他们的家属带来生的希望！很多癌症病人以此书为生活的教科书，重新鼓起生命的风帆！成千上万的癌症患者给柯岩写信、送锦旗，表达对她的感激和敬意。2006年，山东三个地市的300多名晚期癌症患者联名签字，给柯岩做了一个大横幅："柯岩——我们大家热爱你！"柯岩不仅成为癌症患者衷心爱戴的善良的文学家，甚至于成为一些癌症患者心中的"活菩萨"。

著名学者司马南说："实事求是地说，报告文学《癌症≠死亡》出版以后，在整个中国，在世界华人当中，改变了人们对癌症的认识。在这方面，柯岩确实做了一件功在社会，善在社会，利在社会的好事。她的作用和意义，远远超出了报告文学作家写的一本书。"

二、《CA俱乐部》

"CA俱乐部"的"部歌"是美的人生哲理，也是美的生命的赞扬——

世界上有千千万万个俱乐部，
但只有CA俱乐部，
不但给你以知识，
而且给你以力量；
不但给你以勇气，
而且给你以榜样。

世界上有千千万万个俱乐部，
但只有CA俱乐部，
教你在受伤之后，
怎样挺直脊梁；
在你翅膀折断之后，
教你继续飞翔！

世界上有千千万万个俱乐部，
但只有CA俱乐部，
充满了亲情、人情、友情、爱情。

在残酷中有温柔，
在绝望中有希望，
在痛苦中有诗意的梦想……

作为一个被怀疑患有癌症的病人，柯岩用自己的泪和血，用深情和大爱，继《癌症≠死亡》之后，又谱写了一首新世纪的“救死扶伤”之歌。

柯岩是一位永不停息地攀登的人。《癌症≠死亡》的成功，激发她进一步了解癌症患者，了解抗癌集体的事迹。她看见，在抗癌俱乐部里，成百上千的癌症患者聚在一起，相互鼓励，相互切磋，相互“话疗”，从痛苦中走出来，以乐观的心态勇敢地生活着。她还看到，在“抗癌乐园”里，没有歧视，没有悲观绝望的气氛，也没有功利和金钱交易，而是洋溢着关爱、亲情、友情、仁慈与坚强。“抗癌乐园”里，癌友们欣赏自己、鼓励自己，从科学的医学观、人生观出发，以免疫学、心理学为依托，通过体育锻炼、情感宣泄（这被称做“话疗”）、审美愉悦等多方面，进行全方位的抗癌。大家亲如兄弟姐妹，为成员的一点点成绩而欢呼，为每一个患者过“一岁”、“五岁”、“十岁”生日……癌友们在自己的家园里得到了心灵与肉体的双重治疗、双重修复，以“带癌生存”的方式像正常人一样快乐地生活。柯岩恭恭敬敬地向这些被常人们抛出正常社会的等死的人学习，学习他们的人生态度、美好心灵和顽强拼搏的精神。同时，她还苦心钻研当代医学，研究癌症病例，研究世界征服癌症的动向和经验，研究传统中医学，把生命科学、信息科学、时代美学引入文学，投射于当今人类尚未完全认识的癌症领域和抗癌的精神领域。于是她进入了探索医学奥秘、人生奥秘、人性奥秘的崭新领域。

这次，她决定不用报告文学形式，而选用长篇小说的形式。

柯岩充分发挥了长篇小说反映生活容量巨大，可以虚构的特点，把作品的视角从中国扩大到美国，把人物的生活范围从现实延伸到历史，拓展了几十年，更增添了形形色色的人物，这样，作品对生活的反映就更广阔，更丰富，更深刻，也更典型，更集中，更强烈，作品的教育作用更大，审美意蕴更精湛。

五年后，被卫生部评为“杰出科技著作突出贡献出版社”的中国协和医科大学出版社正在多方组稿反映新的“生物——心理——社会模式”医学新理念的著作，他们以敏锐的眼光发现了柯岩这部著作所蕴涵的社会的、医学的、文学的价值，在广泛征求各方面专家的意见后，于2004年6月出版了这部长篇小说。6月，经国家民政部批准，国际气功大会在北京召开；10月，中国健身气功协会在北京召开了健身气功学术交流会。北京还举办了《CA俱乐部》研讨会，反对伪气功的著名人士司马南在会上发表了长篇报告《快乐地生活下去的秘密》，他在报告中肯定了正确练功的必要性，并赞同柯岩在《癌症≠死亡》和《CA俱乐部》中表达的保护和重视中国传统科学气功的观点，他认为：“气功不但是我们必须给予保护之中华文化遗产，而且是21世纪向世界先进医学模式转换当中理应认真借鉴之祖宗宝物。将其束之高阁，或弃之不用，或仅给予象征性的乱用，均是自废武功之愚蠢举动。”他还高度评价这两本书不但没有违背科学精神，而且还大大地有助于更多的人来科学对待气功，研究气功，不再发生像我们的传统节日被别人抢先申报世界遗产的憾事。

《CA俱乐部》是以癌症患者为读者对象的作品，但不是简单的医学普及读物；它是最新的医学模式和先进医疗理念的艺术解读，是当今最前沿的从“单纯的生物医学模式”发展为“生物——心理——社会模式”医疗观的形象化体现。同时，还是具有中国特色的群体抗癌方式的总结和推广应用。书中描写的种种中西医综合治疗手段和体育锻炼，包括太极拳、气功等等，挽救了成百上千名癌症患者。同加拿大医学院一位院士提出的“21世纪最好的保健医生是自己”一样，这种先进的、独特的、现代化的科学医疗手段，正在全球广泛传播，并在无数的临床试验和医疗实践过程中，得到许许多多医生和病人的认同和赞许。作为一位关心癌症病人的作家，柯岩走在了医学的前沿。

2004年7月11日，协和医科大学出版社和新华书店联合召开了《CA俱乐部》首发式。会上，柯岩应邀讲话时说：“每当我被病痛折磨得难以忍受时，我就想，再难受还能比晚期癌症病人难受吗？他们受得了我就受得了；既然他们都能活得健康而美丽，我为什么不能?！所以，请专家们原谅我只能把你们对我的夸奖当作对我的鼓励和鞭策，因为确实‘存在决定意识’。正因为‘苦难是一个人最好的老师’，‘卑贱者最聪明’，所以处在生活底层的弱势群体往往有着我们难以想象的大智大勇和豁达通透，只要我们真心实意地甘当小学生，他们就会帮助我们不断脱出‘已知障’的自我束缚，不但会使我们也生活得充实和快乐，而且还会使我们也变得越来越聪明和美丽。”

因此，《CA 俱乐部》在某种意义上还是一部别出心裁、独具匠心的医疗美学著作，它让读者看到和领悟生与死的搏斗，识别崇高和卑劣、忠贞和负义。作为科学的医疗美学，应当不仅仅只是目前广泛流行和推崇的美容、整容、保健、养生之类的实用技术和手段，而应该是在对人的外貌和肢体进行矫形的同时，更注重心灵的疗养和美化。在《CA 俱乐部》一书中，我们既看到众多像“癌司令”柴禾那样面对死神勇于抗争、善于抗争的“抗癌勇士”；也从患有乳腺癌的江小江口中，听到她是如何被一个“外表那么风流倜傥”、可“灵魂会那么肮脏”的丈夫凌辱和抛弃的令人愤慨的故事。什么才是真正的美?《CA 俱乐部》从一个特殊的群体和视角，为我们寻觅到了正确的、完美的答案。

从文学的视角来看，《CA 俱乐部》又是一部新颖的医学小说，它是艺术与科学的交融和结合，是以文学的魅力和生动感人的典型形象，来感染和启迪千千万万的癌症患者，并通过他们进一步感动和教育每一个病人、家属和健康的人。作者不是以旁观者的同情心、怜悯心来对待那些所谓“病入膏肓”、“被宣判死刑”的人们，而是以患者自身的亲身经历和体验，与他们同命运、共呼吸，以这些“抗癌明星”、“抗癌英雄”为友、为师，将这个群体中的生活原型及其真实事迹，经过加工、提炼、典型化，通过催人泪下的故事和生动丰富的情节，塑造出典型环境中的典型人物，使作品富有撼人心魄的艺术魅力。

贯穿小说的主线是被称为“癌司令”的某军区训练部部长柴禾和他少年时代的女友嫦娥的人生经历和爱情遭遇。柴禾出身贫苦，母亲给人当奶妈，哺育了主人家的女儿嫦娥，柴禾与嫦娥青梅竹马，感情真挚。不幸的是，嫦娥母亲早逝，其父与继母迁居香港后把她骗去嫁给了一个流氓，使她过着悲惨的生活。在婚姻的火坑里挣扎的嫦娥，幸得善良的外籍商人安东之助，移居他国，同安东结为伉俪。安东不幸早逝，儿子小托尼又患上了癌症，并自甘沉沦。嫦娥绝望之际欲轻生自杀，美国医生布朗把她从死亡线上拉了回来，并协助她找到离家出走的小托尼。嫦娥为从身心两方面救治小托尼，回国取经，又见到了柴禾。原来，柴禾在嫦娥去香港后，上了军事院校，结识了军区姚司令员之女胜利，在经历许多磨难之后，二人结为夫妻。可是柴禾却又患上癌症，胜利全力支持丈夫抗癌，但却先柴禾去世。柴禾全力投入“CA俱乐部”，在坚持气功治癌的同时，还帮助、指导其他癌症病人进行气功治癌。见到嫦娥后，柴禾热情指导嫦娥怎样用气功治癌，但却回避她的爱。布朗经在美行医的华人黄松娇介绍，对气功治癌产生兴趣，到中国考察，布朗喜欢嫦娥，想让嫦娥当他的助手，以便在美国兴办癌症专科医院及气功疗养院。嫦娥爱柴禾，希望同柴禾重圆少年时的爱情美梦。但柴禾强压住自己对嫦娥的感情，假说自己已有爱人，积极促成嫦娥与布朗的事业以及他们的婚姻；而他自己却在战胜几度复发的癌症之后，不幸死于心脏病。

在这条主线之外，小说还穿插了丰富的内容：俱乐部秘书长张丽月与丈夫林工程师的美满爱情，江小江同姜大河的真挚爱情，小陈与小郭在抗癌战线上产生的悲壮而缠绵的爱情，还有外国代表团交流抗癌经验，癌症病人的精彩演出等等，情节错综复杂，故事异彩纷呈，结构华丽精妙。

在这错综离奇的情节中，柯岩为我们描绘了众多鲜活的人物形象，表现了他们崇高的精神。柴禾无疑是全书的主要典型。柴禾有着多灾多难而又奋斗崛起的人生经历：他从小饱经患难，却在患难中同嫦娥结下了青梅竹马的纯真爱情；嫦娥远走他乡之后，柴禾靠艰苦拼搏进入高等军事学校学习，在即将担负重任之时，却因嫦娥突如其来的海外飞鸿而招致弥天大祸，幸得军区司令员保护才只是流放边疆，还得以同对他一往情深追随而来的司令员女儿喜结连理；“文革”后，正当苦尽甘来、可以大展宏图之时，万恶的癌症却找上门来！柴禾在这时表现出最美好的品质：在癌症一次又一次复发之时，他却尽力为抗癌俱乐部的事操劳；虽然他的妻子先他而去，临终前嘱咐女儿促成他与嫦娥的婚事，他也对嫦娥爱恋至深，但却拒不接受嫦娥的爱，一是因为“我从来不愿依赖他人。在我目前这样重病的情况下，我更是不愿意成为别人的包袱”，“在我无力照顾和保护妻子时，我就没有权利结婚”；二是他想促成嫦娥和布朗的婚姻和抗癌事业，让抗癌事业在大洋彼岸的美国得到进一步的发展。其目光何等远大，其胸怀何等广阔！最后，作者通过柴禾给嫦娥的遗信，把柴禾在苦难磨砺下达到的崇高精神境界充分表现了出来——

小娥娥：我马上就要走了。给你写这封信，是我在这个世界上要做的最后一件事情。北北说：你恨死我了。不，——你不会的。我相信天会塌，地会陷，但我的小娥娥，永远不会恨她的奶哥哥。

但是你在生我的气，这正是我有意为之的。因为我知道只有让你生气，气得越厉害越好。这样，才可以使你不回北京，才不会戳穿我的谎言。是的，我没有结婚，根本就没有什么米大夫。造出这个假象不仅仅是为了让你停留在美国，完成咱们梦寐以求的抗癌大事业；还为了促成你和布朗先生的婚姻。

你这一生太苦了。我不能让你经受再一次丧偶的痛苦。我已病得太深了，而布朗先生是我至今见到的我认为最适合你的人。他又非常优秀，不但会帮你实现从小未竟的大志，成为一个卓有成就的人；他还会因为深爱着你，使你得到人间最幸福美满的婚姻，携手并肩安度晚年，从而使你永生永世不会受到你从小就害怕的广寒宫的凄凉孤单。

你曾多次十分伤心地对北北和丽月说：我从来没有爱过你，并至今耿耿于怀。当时我无法解释，但在这最后的时刻，我必须告诉你：我爱你。我怎么会不爱你呢？从我6岁到你家，你还是那么一个娇气好哭的小丫头起，我就爱你，直到我们一起长大。是命运使我们一再错过：先是你的去国；后是因为我们共同的事业。

我这一生只爱过三个女人：妈妈、胜利和你。而我，也不曾辜负你们对我的爱。因为我从小到大，无论处在何等境地，从未背叛过我的人生理想：为人类彻底解放而奉献自己的一切。

即使到了生命的最后一刻，我仍然笑傲死神：因为在他为我所划定的癌症领域，我始终不曾投降。我只是措手不及地、偶然失败在另一个人类也正在努力与之奋战的杀手——心脏病的战场上。

所以，不要为我悲哀，让我们含笑告别吧！

永远是你的奶哥哥：柴禾

柯岩在小说中还描写了数十位抗癌明星，他们无不具有鲜明的个性。而这些人又组成了光辉灿烂的抗癌明星群，这是柯岩为中国当代文学作出的宝贵贡献！

《CA 俱乐部》还传承并高扬我国传统文化精神，表现了高度的人性关爱，展示了中华文化的高度魅力。在这部小说中，写得最感人的是母爱。小说写了两位母亲，一位是为挽救自己的儿子小托尼而费尽心机、耗尽心血的嫦娥；另一位是乔教授，她为了给不满两岁的患睾丸癌的小儿子做化疗、放疗，硬是抱着孩子做放疗，用她的手把需要治疗的准确部位翻出来，固定住。乔教授的儿子好了，可乔教授却因“吃”了大量放射线而患了肺癌！这是多么伟大的牺牲精神，多么伟大的母爱啊！作家倾情展示的以柴禾、丽月、小江、松娇等人为核心的“CA 俱乐部”，是一个充满了人性关爱的生命群体。他们是躯体上绝对的弱势，却是灵魂上无比优美、感情上无比丰富的绝对强势的群体。

三、巨大的反响

《癌症≠死亡》和《CA 俱乐部》出版后，引起了巨大的反响，产生了重大的作用。许许多多癌症患者从中受到了鼓舞，看到了希望，获得了信心，投入了抗癌的伟大战斗！这两本书也给医学工作者以启迪和震撼，促进了医学界对群体抗癌的研究。

我们先看全国各地抗癌俱乐部或癌症康复协会的评价吧——

柯岩老师第一个用报告文学向社会宣告：癌症≠死亡！照亮了我们癌症患者的心，让我们看到了希望，为我们指明了方向，让我们鼓起勇气与癌魔拼搏。

——桂林市癌症康复协会

这篇报告文学发表以来，为广大癌症和重症患者指出了一条崭新的癌症治疗与康复道路，点燃了我们心中的生命之火，挽救了无数癌症患者的生命，让我们不但学会了坚强，而且拥有了爱心，拥有了为生命拼搏的快乐。

——济南市抗癌协会抗癌俱乐部

《癌症≠死亡》像一束火炬，点燃了癌症病人心中希望的灯，照亮了癌友前行的道路，鼓舞着无数癌症患者前赴后继地去拼搏、去争取自己的生命，二十多年来一直深受广大癌症病友的欢迎和喜爱，这在中国报告文学史上是罕见的。

——山东淄博抗癌乐园

《癌症≠死亡》给了我知识、力量、勇气、希望！我要将此带给更多的人。

——郭林气功网站

每次读到柯岩老师的报告文学《癌症≠死亡》时，就有一种想流泪的感动。也许因为自己曾经走过那样的艰辛岁月，因而更能读懂柯岩老师文中每一个鲜活的人物。他们就在我身旁，在每一个清晨里迎着第一缕穿透树林的阳光，在一队队步伐坚定的、伴着“吸吸呼”悦耳音符中舞动的人们。他们以超强的平常之心，平静地向命运宣告着“永不放弃”的信念，以顽强的意志诠释了生命的意义。

——云南省癌症康复协会

一位作家，二十多年来一直关注着癌症患者这个弱势群体，与癌症病友们一起感动，一起流泪，她也被癌症病友深深地景仰着、爱戴着，他们之间更拥有了比亲人还亲的感觉。

——深圳市“爱康之家”癌症康复俱乐部

著名作家刘章说：“作品是对我国传统的科学气功的正名，是对神秘主义伪气功的无形批判，必将对临床的肿瘤专家和癌症患者及其家属提供宝贵经验，对医疗科学的发展作出贡献，在一定意义上说功德无量！”

中国协和医科大学出版社于2004年破天荒地出版了《CA俱乐部》，成为该社成立以来出版的第一部文学著作。同时，还再版了《癌症≠死亡》。该社在“出版说明”中对这两部作品都给予了高度评价：

我们知道《癌症≠死亡》是著名作家、诗人柯岩在上个世纪80年代初的一个名篇。癌症自来被视为绝症，因此不论是自己还是亲友患了癌症，周围都是一片愁云惨雾，特别是已到晚期，既无法手术，又不能耐受放疗、化疗的患者，已被迫抛出人类正常的社会生活之外，不说是束手待毙吧，也是胆战心惊，终日忧心忡忡。在那个人人谈癌色变：“十个癌症九个埋，一个没死不是癌”的时刻，作家能毫不犹疑地喊出“癌症≠死亡”的响亮声音，自是振聋发聩、石破天惊，无疑会在社会上产生极大反响，给癌症病人和他们的家属带来生的希望。可我们是一家医学专业出版社，人文类的图书不在我们出版的范围之内。我们也只能遗憾地对读者据实以告。但是，我们既然是一家以出版医学著作为主的大学出版社，多年以来，我们一直关注医学发展的动向。进入21世纪以来，随着社会的发展，人类对疾病的认识不断加深，传统的生物医学模式已日渐显露出其对于疾病认识的局限，人们越来越重视人的心理以及社会因素对疾病发生、发展以及康复的影响，医学模式自是也从单纯的生物模式向生物——心理——社会的复合模式转化。为了反映这一发展状况，我们四处寻找相关的作品。恰在此时，又有人向我们推荐了柯岩同志的新著《CA俱乐部》。我们读后深感惊异。在这本书中作者除了一如既往地用细腻的笔触，动人的人物形象，诗意盎然地向读者展示了那群自强不息、团结友爱、坚忍不拔、誓死不渝地与死神角力的勇士，越发鲜明、深刻地印证了《癌症≠死亡》里所有激情的预言之外，还深刻地表明：这些自发组织起来，通过顽强拼搏把一个绝对的弱势群体，打造成一个逼人仰视的英雄群体的作为，实践的正是当今医学界提出的最新医学理念！……更为难能可贵的是，作者并不是简单地让我们折服于“群众是真正的英雄”这一颠扑不破的真理，而是通过精巧的结构、曲折的故事、栩栩如生的人物形象和细致入微的心理刻画，展现抗癌明星们可歌可泣的血泪人生，歌颂了中华民族重情、重义、重奉献的传统美德，引导读者在“润物细无声”的氛围里潸然泪下时，很自然地进行许多社会和人文深层次的思考，从而影响他们的感情倾向，程度不同地净化各自的灵魂。

为此，在医学模式从单纯生物模式向生物——心理——社会模式转化的同时，我们出版了本社建社以来的第一部文学著作：长篇小说《CA 俱乐部》。图书出版以后，受到社会广泛的关注和赞誉。不但各类媒体纷纷报道，还荣获了全国妇联、文化部、广电部等七个国家部委联合颁发的“人口文化奖”长篇小说首奖。各地癌症患者更是欢欣鼓舞，用他们力所能及的各种方式：写信、送匾、自发开会庆贺，甚至数百个晚期癌症患者联合签名向作者和我们表达他们的感激……可与此同时，他们仍然希望我们再版《癌症≠死亡》。他们觉得《CA 俱乐部》比多年前的《癌症≠死亡》更动人、更深刻、视野更开阔、信息量更大，确实更能激起他们追求生命价值，追求生活质量的勇气。但是，我国现有癌症病人 1000 多万，对于那些晚期癌症患者，特别是我国每年新增的 150 多万、全世界每年新增的 1000 多万大难初临、惊魂未定的新患者和他们的家属来说，报告文学里的真人真事，更是触手可及、伸手可攀，也更具有可比性和实践性。在他们刚刚迈步、踏上这条与死神抗争的荆棘之路时，先读开门见山、直截了当的《癌症≠死亡》，再看丰富多彩的《CA 俱乐部》，两相引证，或许能更进一步提高生存和生命的质量。

他们从实际出发、充满人性关爱的建议深深打动了我们，我们相信他们从实践而来的真知灼见，相信柯岩老师的《癌症≠死亡》也会像对那些老抗癌勇士一样，成为这些新患者的精神武器，他们的生命之灯，在他们奋勇前行时，激发他们与死神抗争的更加强大的生命力。于是本社决定再次出版多年前的这本老书。

这个前言，从更为权威、更为科学的角度说明了柯岩的《癌症≠死亡》和《CA 俱乐部》的科学性、文学性及其巨大的作用和强烈的感染力，也说明了这两本书的巨大贡献！

柯岩在近几十年的创作生涯中表现了对身体受伤和精神受病两个特殊人群的

热情关注。她写癌症人群，写高位截瘫青年，写工读学校的生活，写卖淫制度的改造以及卖淫现象的泛起，从“受了伤”的人群里发掘生活和人性的诗意，发掘人性的美。这是一个特殊的领域，其中蕴含着极为丰富的社会、人生内容。对于作家来说，“病”、“病态”，又是切入生活的一个独特角度，柯岩涉足于此，体现了她深厚博大的悲悯情怀，同时也体现了她的审美追求，凝聚了她独特的美学理想。

《CA俱乐部》出版后，中央人民广播电台文艺之声节目编辑叶咏梅再度与柯岩合作，推出广播节目。播出后，产生极大反响。

古稀老人王福生来信说：“我认为这是一部世界一流水平的书，听了很受鼓舞（也不管是有癌症的人或没有此病的人，也不管是真事或编的故事，都是富有教育意义的）。首先，说说这部小说的作者，她写的这部小说入情入理，人物的心理描述得细致入微。其次是两位播讲人李野墨、牟云简直棒极了，哭时笑时都非常投入，一个女人扮两个女人，一个男人扮两个男人，声音有差别非常不容易。这两位同志是世界一流水平的演员（或叫播音员），我简直佩服得五体投地。”

北京宣武区听众姜英来信说：“感谢747文艺台全体工作同志，为我们听众播出这么多好节目，文艺之声各界人士都爱听，我边做家务边听广播，真是乐在其中，提高人生素质，接受科学教育，真是好处多多。《CA俱乐部》与不治之症作斗争，医生、家属、朋友，在精神上努力帮助病人战胜困难。我女儿的儿子今年20岁，在普通大学上大二，是‘白血病再障’，各大医院全去过，也住过医院，可大家认为这是治不好的病。现在我最担心的是病孩母亲对他失去康复的信心。嫦娥女士正是我们要找的精神。现在请求您帮我买两本书，我要用这些病友的精神当镜子，照样去做，提高治病信心，与不治之症作斗争，大二学生一定有救。我这外婆要想一切办法帮助他。郭林气功一书到哪儿去买？音乐之声办大型义卖义演活动，为民做好事，谢谢，这50元代我转交。拜托！”

84岁离休干部吴大胜来信说：“我听AM747，从《天地颂》到《独臂将军》，从《余秋里》到《CA俱乐部》，我都听得很认真，并且不断向亲朋介绍，鼓励他们听。《CA俱乐部》的故事很感人，母爱、男女之爱、友爱都那么纯真、真切，并且语言也的确很美……”

一些读者还发来短信：

生命多么脆弱，世界如此美丽，善良而多灾多难的人啊，愿你们坚强坚强更坚强！愿天下好人一生平安无灾无难！

我因腰椎病卧床月余烦躁空虚，经女儿提醒找到了文艺之声，豁然开朗，尤其《CA俱乐部》使我懂得自己也是主治医生，以及意志在战胜疾病中之作用，谢谢文艺之声。

我是一名癌症病人，听到这个节目深受鼓舞。希望得到你们的帮助，怎样加入俱乐部？哪儿卖书？真诚感谢！

俱乐部创造的奇迹启示着生死之谜，乐观的心态，积极的气功锻炼，切合的中西医治疗，突破了僵化的认识，没有被癌症吓死！令人敬佩和振奋！

我是一名在读研究生，因故被调剂到并不喜欢的专业，现在面临着调整自己适应新生活的挑战。《CA俱乐部》的主人公给予我很多的思考，我希望从中获得力量。

听了《CA俱乐部》我觉得：这不是悲者之声，这是强者之歌，我真很佩服他们，这不屈的人生！

柯岩在《我写〈CA俱乐部〉》一文中说：

我写了一群癌症病人的故事，并不仅仅是为了病人；

我写了当今最新的医学理念，并不仅仅是为了医学；

我写了中国传统医学的灿烂光辉，更不仅仅是为了继承传统。

那么，我究竟是为什么，又是为了谁呢？

也许，你们想不到的，我是为了你们，我的广大的年轻的朋友们！是为了你们啊！……如果这本小书里凄美的爱情故事能吸引你们的目光，故事里主人公们曲折的生活道路，面对艰难险阻一往无前的勇气，享受痛苦并超越痛苦的智慧，临终前还要用自己最后的生命之火，为后来者点燃指路明灯的博大胸襟……能令你们动容，愿意把他们当做自己人生的参照系从而也能找到快乐生活下去的秘密的话，那才是我写作《CA俱乐部》的初衷；也才是我，一个写书人，无与伦比的幸福啊！

这就是柯岩的初衷，柯岩的心愿，柯岩所追求的幸福啊！

四、同疾病作斗争

柯岩不仅写书，总结抗癌勇士们的经验，鼓舞人们同癌症疾病搏斗，而且关心和鼓励身边的朋友和她认识的同志同疾病、同癌症搏斗。

她尽力帮助她的朋友用新方法治疗癌症。我在北戴河采访柯岩时，她给我谈到应该怎样对待癌症患者："中国作协有一个同志，也是我的朋友，他得癌症住了院。我立即帮他找中医，找气功师，但是他爱人不许我告诉他。这个得病的同志英文很好的，他一看诊断书上写着CA，早知道他得癌了。但是他觉得爱人不告诉我，那我也不告诉她，不要伤她的心。就这样甜甜蜜蜜，你骗我，我骗你，到最后的时刻，他才说我早知道我得的是什么病。咱们快点找柯岩，找中医，找气功师吧，可是太晚了……三个星期之后他去世了。这是一个很悲惨的故事。我想，如果提前告诉他，他就会接受综合治疗，延长生命的。"

柯岩还举了一个例子："一个很有名的表演艺术家，也是我的朋友，得了癌。家属找我，说不要告诉他。我说：'你必须告诉他。他从小侦察兵出身，枪林弹雨里过来的，你怎么能不告诉他？不告诉他，他每天若无其事地开会。我的爱人（指贺敬之）也一样。他每天在那儿开会，病房成了会议室。你告诉他之后，他就要为生命而拼搏了。这样可以调动他内心的力量，这是置之死地而后生啦。这个事你不告诉他，他自己也会怀疑。当然我们应该具体情况具体分析。比方你知道这个人非常非常脆弱，他根本承受不起打击，你告诉他，当时他就会晕过去的。但咱们具体分析，你爱人是老同志，上过战场，打过仗，他承受得了的。你应该告诉他。'后来，他女儿不同意告诉她爸，打电话给我，说：'阿姨，你告诉他，我跟你急。'我就说：'你不告诉他，我跟你急。'我在电话里骂她，我说：‘我告诉你，你这样，你爸爸迟早死在你手里。你怎么这么混啊?’把她骂得呀……我的老伴儿是个很温和的人，他说：‘骂自己的孩子就行了，不要骂人家的孩子了。’我说：‘不行，非骂。’骂到最后，他的爱人下了决心：‘对，得告诉他。’告诉他以后，他的病房里就不再开会了，好多事放下了，开始拼搏，开始中西医综合治疗，体育锻炼，做气功，并认真治疗。几年过去了，现在还活得很好。这时，我就给那个女儿道歉了，我说：‘对不起，阿姨不应该骂你。’结果她说：‘亲的热的才骂呢，亲妈才骂呢。’你看，她原谅我了。当然我这不是鼓励骂人，还是要慢慢地去说。那会儿我是真为她爸着急，所以骂了她。所以我讲，要让病人有知情权。当然，对不同的病人要有不同的告诉方法，具体问题具体分析。”

20 世纪 90 年代初在浙江省桐乡市乌镇（春秋时期吴、越两国交界处）

笔者的爱人吴日华在北京文化部艺术研究院工笔重彩研修班进修期间，突然发现患了直肠癌，接回重庆后做了手术，医生说还能活两三年。柯岩知道后，打了多次电话，又寄来《癌症≠死亡》和《CA 俱乐部》等书籍，让我爱人参加“CA 俱乐部”，练郭林气功，还给我们讲怎样做“吸吸呼”。我深感到柯岩老师的爱心和帮助了！

诗人刘章在《癌症患者的教科书》一文中深情地回忆了柯岩对她的帮助和关心：

柯岩是我的保护神，是我尊敬的大姐。我们是 1976 年相识并开始交往的，而深厚的友情建立和发展是在 2000 年我患癌症以后。我不知道她是怎么知道我患胃癌的。她先是打电话安慰，很快又寄来了练郭林功的书籍，我太笨，怕练不会，便把书束之高阁。2001 年 10 月我第二次住院，她和敬之老师不知打了多少电话，在北京给我找了住处，请了老师，叫我去练功。病在我身上，她比我自己更关心我的生命，我没有理由再拖了，于是开始了一天两次练功，果然大见成效，从那以后，我再也没住院，三年来，写了大量诗文，编辑出版了五、六部著作，我常说我的初步战胜癌症，我的还算过得去的健康，是柯岩大姐逼出来的。不止对我，对文艺界其他朋友，对她所熟悉的人都一样，她像烈火，温暖着别人冰冷的心；她像春风，要使所有生命的花朵美丽。想到她的音容笑貌，我曾写了一首题名《女诗人柯岩》的诗，头两节是这样写的：

她是春风，
要吹开所有的花朵；
她是冬火，
要温暖一切角落；

她是奔马，
总是勇往直前，
不肯居于人后，
奋蹄直向峰巅！

柯岩和贺敬之他们自己，也是以这种精神同疾病搏斗！

柯岩从80年代初开始，就经常尿血。医生说她是肾炎，柯岩没有把病当回事，继续工作、创作。疼痛时，她就坐在床上，用画夹子垫着写。她就是这样，带病写出了《寻找回来的世界》和《他乡明月》。贺敬之多次劝她去医院好好看看，她总说没什么。直到1995年她病得厉害了，单位领导逼着她去看病，她才住进了医院。经过认真检查，确诊是肾结核，必须动手术。贺敬之参加了手术前的会议，心情十分紧张。到病房安慰柯岩，但柯岩却很镇静，在临上手术台前，匆匆写下了遗嘱：

如果我此去，将不再回来。

请不要埋怨任何人，也不要自责。

在当前的中国，以我的情况，得到的已是最好的条件与医疗。

谢谢医生护士们，谢谢所有的朋友和我的亲人。

我的一生无悔无怨，我永远忠于我的信仰，并相信无论道路如何曲折，马克思主义的光芒终会照遍全球。

我的著作是我忠于我的信仰与人民的见证，我去后不希望任何人对之加以修改和润色。

我的未成稿，我郑重委托我终生的伴侣为我付之一炬（无论是半成稿或草稿甚或创意提纲……），我实在来不及（也没想到）收捡，它们散见家中各处。因为我不愿被现在或将来的无聊之徒、轻佻之辈加以篡改或曲解，而这种人我想这个世纪甚至几个世纪以后都仍会存在，而且也许活得有滋有味，因此，大可不必用我去增添他们的作料。

我的孩子都是好孩子。

我的丈夫是世上最好的丈夫。

我的朋友都是世上最好的人。

我的信仰是世上最美好的，我选择的人生道路是正确的，因此，我的一生无悔无怨。

我是含笑而去的。

这是柯岩在手术前，在生命可能丧失之前，留给丈夫的遗言，也是她对自己一生的最后总结和回忆：她的信仰是美好的，她的道路是正确的，她的爱情是幸福的，她的作品是她忠实于信仰与人民的见证，因此，她的一生，无悔无怨！因此，她坦然面对手术和可能出现的意外！

手术那天，柯岩单位和贺敬之单位的同事、文艺界的朋友以及柯岩的读者，把手术室外的过道挤得满满的。管桦父子、张僖陪着贺敬之焦急地等在手术室外。贺敬之心里七上八下，满面愁云，不知结果到底如何。

终于，柯岩被推出了手术室！贺敬之急忙迎上去，只见医生拿着一个盘子，里面盛着柯岩的右肾，已经彻底地烂掉了。贺敬之看着自己最心爱的人身体里的器官，也看见了她这些年遭的磨难，真是伤痛不已！那种感觉，让贺敬之刻骨铭心。

柯岩出院之后，又拿起笔继续进行创作。

贺敬之告诉我说："她心脏不好很长时间了。1996年一个深夜里，她心绞痛得厉害，呼吸急促，我说：'咱们去医院吧。'她说：'不用去，没事。'我没听她的，她就是太刚强。我给急救中心打了电话，到了医院以后，发现她血压高得吓人，整个身体情况很不好，必须马上抢救。医生说，她的病很危险，抢救之后必须做心脏搭桥手术，于是转到阜外医院。她66岁了，又只有一个肾，这次要搭四根桥，危险性很大。手术的前一天，她在医院，我回家去做一些准备。一位参加了会诊的老专家突然把电话打到我家。他说，手术有风险，成功率只有30%，是不是不要做了……我心情非常不安。反复考虑，觉得不做这个手术没有别的出路，只有做了，她生的机会才会更大。那一夜，我没有睡。想着我们的一生、我们的种种往事、我们共同的事业，想着万一手术不成功，该怎么办。要手术了，大家都很担心，只有她仍然笑声不断，像个没事的人一样。医院有个女清洁工，平时爱跟她谈心，也读过她的诗。要把她推进手术室时，女清洁工跑过来，一下子就扑上去，把她抱住了，哭着说：'大姐！你是个好人，你会没事儿的。'我躲在一边，悄悄地流下了泪水。"

柯岩不但自己对疾病毫无畏惧，就是自己的爱人得了癌症，她也非常镇定。

翟泰丰在《灵魂与生命的燃烧》一文中写了贺敬之患癌症的事：

> 那是一九九二年夏天，医院突然通知中央宣传部和文化部："贺敬之病重，治疗方案要面报……"我和文化部刘德友副部长共同急赴医院。主治院长和两位专家讲了贺敬之全部病症，听来使我冷汗直流，心跳不止，心想，怎么好好的一个人会要结束生命了？而医院确是反复检查，证实贺敬之同志左肺上端有一个2.5cm大的癌瘤，已是中期，如不切除、化疗，多则半年少则三个月必定结束生命。让我们代表单位签字，不要再延误时间。天啊！敬之同志从十四岁奔赴延安到今天，写下了多少优秀大作，传之民间，他就真的这样要去了……刘德友也心如火灼，问我怎么办。

他说："看来得快做手术，避免转移。"

我却不敢相信这是事实。可大夫又明明是这样讲的。我心神久久飘忽、飘忽……不知如何是好……最后，我想到了柯岩，她为人果断且爽快。就忙和刘德友说："这可是人命关天的大事，这个字咱俩不能签，得听听柯岩的意见。"待找到柯岩共商此事时，她似乎早已胸有成竹，当即斩钉截铁地回答："不做手术！"

我和刘德友向她反复转达医院的意见。

她仍然坚持着："现在肿块还不大，且非多发，先保守治疗，中药加上郭林功，同时密切观察，如癌肿发展，再考虑手术！"原来这是许多关爱她的"抗癌明星"为她制定的老贺的治疗方案。

此后，她就伴着贺敬之走进河北唐县大山里去"吸吸呼"了。此后又去了不少气净人安的地方，继续"吸吸呼"，加上各种治疗。

一年后复查：小了一半！

两年后复查：更小了！

之后再复查：不见了！

这是我亲历目睹的实事，是为我和周遭同志大为惊叹的事实……

柯岩给我补充说："医生发现贺敬之患癌症后，要求贺敬之做手术。但她不同意贺敬之做手术。她请教了很多抗癌明星，他们分析说：治病也是打仗！得不偿失的仗不能打，两败俱伤的仗不能打，同归于尽的仗更不能打！老贺的病灶在左肺上侧，较深，如果开刀，就要锯开或取掉肋骨，太伤元气。而根据现在的片子看，肿瘤还不大，根据我们多人多年的经验看，上年纪的人癌症的进展一般比年轻人慢些。我们还有时间可以边保守治疗，边继续观察：如果癌发展缓慢，就继续保守治疗；如果发展很快，那时再开刀也不迟！再说，CT 也好，核磁共振也好，现在的水平还不能发现很小的转移点，万一打开之后出现意想不到的情况——这在我们许多人身上都发生过，往往白挨一刀。既然我们还有时间，为什么不选择避免白受损失的方案呢？当时医生按照惯例，叫我不告诉贺敬之本人，怕增加他的思想负担。但我了解贺敬之，你不告诉他得了癌，他总有做不完的事，再说，我们虽是夫妻，但生命权毕竟是他自己的！只有在他完全知情之后，他才能为他自己的存活而选择，而拼搏；我也可以和他并肩作战；我的癌症明星朋友也才有可能最大地发挥他们的作用。于是，我把他的病情全部告诉了他，并把我的朋友为我分析的形势、战略、战术及初步制定的作战方案都告诉了他。老贺没多说，他紧紧地拉住我的手。当天他就在医院走廊里开始了气功锻炼。然后我们拉着手回了家。我们平时不是卿卿我我的那种人，在一起总谈工作、谈人生、谈写作、谈党和国家的大事，可那次，我们之间的那种默契，那种一生相守的柔情，一下子攫住了我，觉得只要我们两个在一起，就没有战胜不了的困难。十多年过去了，他的肺癌已经不是什么问题了！我们一直为我们那个决定而高兴！”

谈到这件事，贺老高兴地对我说：“这事我是很感谢她的，为她对我的信任，为她和她的抗癌明星们为我做出的决策和治疗方案。”

第八章

大爱无疆

一、为优秀作家作品写序

为了繁荣社会主义文学，扶持新生力量，促进理论研究，柯岩受出版社和朋友之托，经常给年轻作家写序。她为《中国新文学大系·报告文学卷》写导言；为《中外艺术家特写集》、《古今中外爱情诗选》、《当代世界女性》、《大墙丛书》、《荧屏群星》、《情系军营》、《卢沟桥事变》、《圣国之魂》、《一个革命的幸存者》、部队女兵的诗集《寸草心》、打工仔的诗集《青春与梦想》写序。但她更多的是为儿童文学作品写序。如为《金波儿童诗选》、任溶溶的儿童诗《雷公公和啄木鸟》、鲁兵的《神奇的旅行》写序，为《小学生日记》、《鲜花和星星》、《小鸟音符》、《红领巾朗诵诗选》、《儿童短篇小说选》、《小天使的呼唤》、《队旗颂》、《全国小学生作文竞赛作品精选》、《每个中学生都能成材》、《生命的逗点》、《配画新诗辞典》等作品写序。

这些序，耗费了她大量的时间和精力。因为她写序与有的名家只在人家写好的序后签个名不同，她必得看过全部作品，经过思考后才自己动笔写。她认为，这既是一种学习，又是一种贡献，是对青年作家的一种支持，是对文学事业的一种促进。所以她花费了大量精力做这个工作。她病重后，没有这么多精力来写序了，但是，有好的作品，她也仍然带病为之写序。

比如她为《情系军营》写序，就充满了战士的情怀：

> 重病多年，我已不再给人写序了。……这次因为自不量力，居然远行云南，回来又添了新病：血压一下子高到了200/100。正在遵医嘱全休时，收到了天津《情系军营》编辑部的来信，让我为这本诗集写序，我竟不假思索，一口答应了。别人惊诧，自己事后想想，好像又是一桩自不量力的事。再一想呢，其实也不奇怪，因为第一，解放军从来在我心里占着极为重要的位置，我自己也有着深深的军营情结；二来呢，找我的是一群老战士，而我，自认为是很了解战士的。

正是基于战士的情感，柯岩开始阅读和品评这部诗稿：

诗集寄来了，打开一看，一行行、一句句，说的都是掏心窝子的话，兵的气味扑面而来，我一下子就回到了我的青年时代，又回到了朝鲜前线、新疆前线、广西前线、福建海防、东北边哨……没有战端的时候，我们跟着他们站岗放哨，和他们一起扛枕木，修桥铺路，挖战壕，打涵洞……在战火纷飞的时刻，他们把我们坚壁在掩体里，他们去冲锋陷阵，一遇空袭，他们就扑在我们身上，为我们抵挡弹片……我曾经采访和歌唱过他们中的多少英雄模范啊！……这部诗集里的照片、诗句与记忆里的人物、场景不断地重叠映照，相互呼应，缓缓地翻着书页，眼泪不知不觉地流了满颊满脸。

当然，我不是说，这些诗就写得如何高超，如何绝妙，但我敢说的是：这些诗写得确实句句动情，字字真诚。你就想想罢：几十几百个早已退役的老兵，在商品大潮的冲击下，不为名，不为利，往返奔波，历时数载，出画册，编诗集，为的只是要重新丈量青春的脚步，告诫自己也勉励战友：“最是崇高报国情，热血男儿戍边城”，“曾是一个兵，永不改初衷”……

柯岩以饱满的热情、以革命者的情感欣赏和评价这些诗：

有些人也许会说：这些诗太一般了，说的都是些老话，太不时尚了。但我却认为这些诗相当独特，既溢满军人本色，又极富个性。他们的诗句也许真是缺少些“前卫”式的晦涩或灰色的意象和语言，但正是这些“老话”说出了人生的真谛，道出了大多数正直人的情怀。而且他们说得是多么的有趣呀！不信你就看这位连指导员是怎样描绘他的连队的罢：“连队就像一个家，连长是‘爹’，我是‘妈’。训练施工全得管，吃、喝、拉、撒一把抓。”你以为这位指导员太琐碎甚至庸俗吗？错了！你就想想吧，在“阳刚之气”几乎成为当今男性美的最高标准，“酷”和“冷面杀手”可以成为绝大多数女孩倾慕崇拜的年代，他，一位年纪轻轻的指导员，军营里堂堂的七尺男子汉，居然肯用一个“妈”字来形容自己，肯去做一切啰啰嗦嗦、琐琐碎碎，只有母亲才会想到、才肯去做的一切事，他对战士的爱该有多么深厚！因此，从这个“妈”字，我不但感受到他的灵魂美，而且领略到极富个性的独特的艺术美。

我向读者推荐这部诗集，正是因为我从中得到了学习，受到了感动。我期望并且祝福：但愿我们每一个人，特别是我们的青年一代，都能有这样高尚的情操，都能像他们一样地奉献，从而拥有像他们一样充实和美丽的人生。

柯岩为东缨的《圣国之魂》写的序——《灵魂安放何处》，写得摇曳生姿，荡气回肠。作者先从老师的重要性写起，而老师的重要性这个话题，作者又别开生面地从《爸爸的老师》这样一首诗写起：

著名作家任溶溶有一首诗，叫《爸爸的老师》，说的是一个一年级小学生的爸爸带他去看望自己当年的老师。小学生十分高兴，觉得爸爸是大科学家，爸爸的老师还不得是大大大的科学家。不料一见，原来爸爸的老师也正是自己的年级老师。小学生的惊讶是可想而知的，给他的震动当然又是极其其强烈，终生难忘的。

细想一下，道理原是极浅显的：如果没有一年级的启蒙，爸爸连字还不识呢，还谈什么科学家？难怪几十年后爸爸仍这样恭恭敬敬地去看望老师。这首诗是为孩子写的，但却把无数成人尊重老师，感激老师的典型心态表达得十分深刻。

是啊，人怎能不把给予自己思想之光、精神之光、道德之光的塑造者铭记终生，对之感激莫名呢？这就是我们为什么常常能读到许多动人的回忆华章的缘故。

在歌颂老师之后，作者笔锋一转，这才写到校长上来：

但是，对能发现名师、创造条件使名师安心授徒，甚至费尽心机帮助青年教师成名成家，组织名师各尽其才、再攀高峰，从而名师成林、建成名校的校长呢，却知者鲜，书之者更少了。

在写出校长在社会上的重要之后，柯岩才点出了东缨的这本《圣国之魂》的特色和贡献：

东缨这本《圣国之魂》填补了这方面的空白，他写的不是一个校长、十个校长，而是采访了两千多个校长，把校长的工作、职能、思考、追求，能够做到，已经达到和可能奋斗的方方面面，都化成经纬，编织成章，融化成此书的骨骼血肉。更为可贵的是，此书不但把当代中国最优秀的中小学校长数以千计的教例，经过作者思想感情的过滤，栩栩如生地刻画出这些“小国之君”的道德文章、性格人品、心志谋略、理想和灵魂，令人深深感动，而且上升到理论高度，构成了别具一格的教育管理学说，给人启迪，发人深省。

最后，柯岩才表达了她写序的良苦用心：

如果我们每一个读了这本书的人都能以书中这些优秀中小学校长为镜，对照一下自己，他们是在用自己的血肉支撑着共和国的大厦，用自己的灵魂在雕塑祖国的明天，那么，我们呢？我们的灵魂现在哪里，又该安放何处？

啊！灵魂安放何处？

如果我们每个人都能常作此想，校正方位，则范者幸甚，作者幸甚，国家幸甚，民族幸甚！

而《八九点钟的太阳——序丹阳〈友人书简〉》则从给自己的小孙子讲为什么要写序写起：

因为是广东人，亲友中新老移民都多，对他们在海外挣扎与无奈的心态多少有些了解，因此，对书肆与地摊上大为畅销的“发洋财”、“嫁洋人”等过分轻易与洋洋自得的故事就难免心存疑惑。隐隐地心头就生出一种期盼：怎得有些熟知海外生活的人给他们传递点真实客观的信息才好。

在这样的心绪里，接触到连载在《中流》上丹阳的海外飞鸿，就不仅仅是如愿以偿，而是大喜过望了。于是，在得知这些文章将结集出版，希望我能为之写序时，就毫不踌躇地一口答应下来。答应的时候自然是以为不难的，可既然要写就必得重读细读，谁知不读还好，越读就越难以下笔了。见我终日捧着这些篇什翻来覆去地沉吟，女儿的男孩很同情婆婆，用手环着我的肩说：“医生不是叫你休息吗？你怎么又给人改稿子！”我苦笑道：“哪儿是改稿子，是要写序。”

孩子自小在我们身边长大，自己学习又是全优，见惯了场面，小手一挥说：

“那还不容易！”

“很难哪！”我说。

“为什么？”

“你还小，一时和你说不清……”

“那不行，我一定要知道。”他一下紧紧抓住我的手。

到这里，作者才对丹阳的《友人书简》给予评论，指出它的主要特点：

首先，这些文章很吸引人，我说。它抓住了当前人们关注移民大潮的热点心态，以亲身的经历真实而客观地解剖着美国和自己：既有初到一个新国度的鲜亮欢畅，又有乡思万种的缕缕愁肠……有感而发，不遮不掩，情真意切，娓娓道来。……

其次，我说，我不能不惊异于作者的审美层次，小小年纪，竟能有这样的艺术功力。每篇的论述中心选择的都是当代社会关心或应该关心的问题，以简练的形式，叙述丰厚的内容，精心结构却似浑然天成，自然而然又循序渐进地不断激发你的阅读兴味。《一个留学生的思考》的真挚，《令人悲哀的卑谀心态》的悲凉,《“变相难民营”》的激愤,《历史的冲突》的沉痛,《走红西方的“中国文化”析》的犀利……一发表时就得到许多读者的盛赞,这次我集中读来更是心驰神移:开篇掩卷,处处充满艺术的美,遣词调句,优美准确;走笔如行云流水,绚丽多姿又舒展自如,时而高山峻岭,时而流水淙淙;细腻委婉又跌宕起伏,不但时时予人目不暇给、美不胜收之感,更因作者以柔肠百转的深情紧叩读者的心扉,简直令我无法平静。

当然最令我心折的还是作者得自辩证唯物史观的思想穿透力。她面对全世界传媒(特别是美国自己)对“美国神话”铺天盖地的宣传,却十分冷静地结合亲身经历做了一番“由此及彼,由表及里,去伪存真,去粗取精”的思考,从“天堂也似的”花花世界里看到了人生的顺逆冷暖,从美妙的移民国家看到了“变相难民营”,从同样的出国中分辨出哪是“中国这艘航船在现代世界的海洋上出航的彩旗”,哪是“散发着弃船而去的鼓噪与骚乱”。她是那样勇敢地面对无论是白皮肤、黄皮肤,也无论是老将或是新产的“中国问题专家”、“汉学权威”们,大义凛然地驳斥他们以明显的偏见歪曲丑化中国的谬论。在寡不敌众的劣势与愤懑里,又能清醒地把这少数人和广大美国学者区分开,并从那些真正的学者、专家对她的支持中领会到科学的真理之光与美国人民的善良心地和友好情谊。我深深赞同一位评论家对《友人书简》的评价:我敬佩丹阳,……她激愤于那些“整日游于美国政客权贵之间,‘大义灭亲’地乞求美国”“对中国‘严加’各种各样‘制裁’,好让中国老百姓的日子过得更难一点”的叛逆者的行径……

我还要说,我敬佩丹阳,因为她的胆识与骨气。因为她对祖国及人民的拳拳儿女心,对读者对年轻朋友的殷殷手足情。无怪乎许多读者为她的每次《友人书简》的发表奔走相告:“此文极好,大可一读。思想如此敏锐,文字如此洒脱,骨气如此硬朗,实在难得难得……”“总的感觉犹如漫游于广漠高原之上,那份莽苍,那份雄浑,那份壮阔,使我震撼,使我动容,读着这些作品,心灵净化了,思想升华了,视野开阔了,思维敏捷了,一股豪情壮志从肺腑慢慢涌起,涌起……”

最后，作者照应开头，发表了自己深刻的议论和热烈的抒情：

我要说的还多，孩子一直仰脸望着我，眼睛一眨不眨。我明白我说的这些，孩子不可能全懂，但爱与美的渗透，国格与人格的教育，不正是该从小做起么？

我是多么希望不仅我们的青年，最好我们各级的决策者们，不要只重视“权威”或“精英”的宏论，而也能读读丹阳这样“小人物”的文章。……大陆上丹阳式的小人物还多。如果我们大家都能做到不唯洋、不唯名、不唯利、不唯上、不唯“炒”，兼听细察，择善而从，才有可能真正使中国自立、自强于世界民族之林。

欣慰吧，“大众的中国”正在崛起！

欢呼吧，早晨八九点钟的太阳已经上升！

令人感动的是，柯岩写序的高度责任感。她不但认真阅读原著，而且仔细分析作品的特色和优点，并结合当时文坛动态给予深刻的剖析，指出其思想意蕴和时代特色，给人高屋建瓴之感。

她的《咱们有多少海伦——序叶丹阳〈珍爱乳房〉》，就不但有思想高度，而且极有诗意和哲理。叶丹阳患了乳腺癌，却在与病痛的顽强抗争中写出了自述性的纪实文学《珍爱乳房》。柯岩高兴地为之作序，指出：“这本书的内涵远远大于乳房本身，甚至也远远超越了乳腺癌这种疾病。它不仅仅写出了一个癌症病人治疗过程曲折起伏的感情煎熬和心路历程，还写出了她所结识的不同类型其他患者色彩绚丽的世态人情；不但笔触细腻地写出了点点滴滴的人生感悟，还相当生动地表述了局部与整体（乳房和生命）、形式与内容（肉体和灵魂）、个人与社会（苟活与贡献）、得与失、生与死、爱与被爱等相互对立又相互依存的辩证关系，从而上升到理性及生命终极意义的哲学高度。”序言的最后写得热情洋溢：

读一个聪明的人写的书，会使我们得到智慧；

读一个美丽的人写的书，会使我们懂得什么才是真正的美；

倾听一个直面人生的勇者倾诉她的成长经历和心路历程，不但会丰满我们生活的参照系，同时也会使我们增添直面我们各自人生的勇气！

更令人感动的是，柯岩写序极其认真负责，经常带病给人写序，写评论，而且在病中也反复思考，反复修改。比如给《说唱做》丛书写序，就是在重病住院之后，违背医院要她安心养病的指令，偷偷地在病床上写出来的。

再如给丹阳的《友人书简》写序，她在重病住院前已写好，交给了出版社。但后来她又觉得要增加一些内容。修改稿寄美国之后，出版社在交接中搞丢了，只好请柯岩重写。柯岩硬是在病床上，在插着各种输液、输氧管子的情况下，认真修改了这篇序言。在病房窗外看着这个场面的编辑，都忍不住流下了眼泪。

二、《和"巨人"对话》

2000 年底，正在写小说的柯岩收到了吉林《小学生阅读报》编辑孙新寄来的信，希望柯岩为他们的报纸开辟一个回答儿童来信的专栏。

原来，《小学生阅读报》在请了我国卓有成就的大师严济慈、钱伟长、康世恩、赵朴初、启功、冰心、艾青、吴作人为孩子们题词寄语后，受到读者欢迎。报纸又收到小读者的许多来信，提出了那么多迫切需要解答的问题。而小读者及家长都希望柯岩来解答这些问题。接到编辑部的信，柯岩想到，《小学生阅读报》在极端困难的条件下坚定不渝、兢兢业业地为孩子们工作，这使她极为敬佩，而能为小朋友做点事情，又是她的责任和荣幸。她曾经说过："孩子们无边无际的想象力不但能唤回我的天真，他们的无邪还能洗涤我的灵魂。"她决定接受这项工作，并反复推敲，想出了一个好名字——和"巨人"对话！于是，在一年的时间里，柯岩每周写一封回信，回答学生提出的各种问题。

为什么柯岩要叫孩子们叫"巨人"呢？她对孩子们说："首先，这是因为我实在爱你们，希望你们都能健康成长，每一个人都能成为力大无穷的'巨人'。其次，21 世纪开始了，历史的重任已经落在了你们肩上了。……那就让咱们从小就建立远大的生活目标，都成长为‘巨人’吧!”

那么，怎样成为“巨人”呢?

只要我们朝着既定的人生目标，一步一个脚印地走下去，理想就会变成现实的。就像小树一样，把根深深地扎进大地，广泛地吸收各种营养，又把枝叶高高地伸向蓝天，不怕风吹雨打，也不怕骄阳暴晒，永远用微笑面对生活，一点一滴地把氧气输送给世界……

就这样，柯岩开始了和“巨人”的对话。

柯岩与“巨人”的对话，体现了教育者应该起到的两个作用——主导作用和外因作用。教育家苏霍姆林斯基说：“只有能够激发学生进行自我教育的教育才是真正的教育。”这既指出了教育者的主导作用（激发学生，而不是仅仅靠学生自发），又明确了他的外因地位（教育者只是激发学生进行自我教育）。柯岩正是以回信的方式，针对学生的思想问题，激发学生进行自我教育，而不是加工、灌输，更不是代替。

一群孩子说他们是“正在痛苦中煎熬的孩子”，他们都有一件事让他们烦得要死，那就是他们都有一个啰嗦得要命的妈妈。

柯岩在给他们的回信中语重心长地批评孩子说：“你们可真是身在福中不知福啊！……妈妈啰嗦正说明了妈妈爱你们。”同时她又引导孩子“换位思考”：“如果不从现在开始学习着考虑和关心别人，等你们成人之后，无论在社会上还是人群中，你们都将很难立足。至少是不受欢迎的……”她恳切地希望孩子们更多地体会妈妈对他们的爱，充满幸福感地把一切做得更好，以减少妈妈的忧虑和啰嗦。

当孩子们对妈妈“备课”感兴趣的时候，希望柯岩回信告诉他们怎么帮助妈妈“备课”。于是，柯岩回信，给孩子们讲，他们该怎样“备课”——即怎样与妈妈交流感情。有个男孩子整天和妈妈闹别扭，跟妈妈顶嘴吵架，他听到教育家让妈妈“备课”的信息，就希望妈妈照此办理。但妈妈说她已经忙得不行了，哪有时间“备课”？儿子就想：自己来“备课”吧！他就写了一篇《我的妈妈》

的作文，说妈妈十全九美，有一点不美，就是爱发脾气，“其实妈妈优点还是蛮多的，她工作认真、出色，她的同事都敬重她；在家里她把我们照顾得舒舒服服，对每个人都非常关心……她是太累了，要是我能少让她操心、帮她做点家务活呢？是呀，为什么必须是她，而不能由我先迈出这一步呢？”这个男孩为让妈妈平心静气地读这封信，就在这篇作文得了高分以后才给妈妈报告此事。他妈妈看了他的作文后，泪流满面地把他拥在怀里说：“我的儿子长大了，我的儿子长大了……妈妈好惭愧……谢谢你，妈妈的好孩子！”柯岩赞扬这位男孩：“看，这个男孩是多么聪明呀！既然他爱妈妈，那么妈妈一时不肯‘备课’，他就决心从‘我’做起，勇敢地迈出了第一步。”柯岩以这个男孩子的事例，给孩子们树立了榜样。

一位文娱委员给柯岩来信，说她一心为了班级和学校的荣誉而焦虑，可很多同学却反感她，那么该怎么做才不会令同学反感呢？柯岩巧妙地讲了一个回声的故事：一个小学生在大山上春游，他被大山的美丽所吸引，对着高山喊：“你是谁？”山谷也回应：“你是谁？”他对大山喊：“讨厌——”大山也骂：“讨厌——”他骂：“你——坏——蛋”。他气愤得问老师。老师教他：“你怎么不试着向它问好呢？”于是小学生对着大山喊：“你好吗？”对方也回答：“你好吗？”小学生高兴地喊：“做朋友吧！”大山回答：“做朋友吧！”小学生喊：“我喜欢你。”对方也喊：“我喜欢你——”

柯岩通过这个故事告诉孩子们，在人际关系上，也会有这种现象。我们要学会尊重人，遇事多从自己身上找原因，而不要动辄责怪和埋怨别人，更不要搬出老师去压人，越压就会越对立。

一位学生小涛的朋友年年都是三好生，这学期却没评上，他哭了，而且对评上了三好生的两个同学像仇人一样，还到处说人家坏话。于是就有人劝小涛不要同他好，他不愿意，有人甚至骂他是马屁精，而他这位朋友却要小涛去跟别人对骂。小涛很为难，问柯岩：“我该怎么办？”

柯岩首先肯定小涛在当今这个“金钱挂帅”、人情日薄的社会风气中，却在为弄清是非、捍卫友谊而苦苦挣扎，这是多么难能可贵啊！同时，也分析了小涛的朋友“因别人战胜了自己就去说别人的坏话，那可就真成了嫉妒了”。而嫉妒是一条蛇，谁要是让它缠上了，那可了不得！柯岩还进一步指出：“在朋友遇到困难的时候，决不要背弃他，要不然，人还要朋友干什么呢?”但不背弃决不等于屈从、偏袒。你不肯随着他去和骂他的人对骂，说明你绝对不是什么“盆儿”，而是一个既重友情又明辨是非的好孩子。“你不是爱你的好朋友吗？那你马上要做的事就是立即制止他和班级的对立，……同时指出他的缺点，毫不含糊地告诉他：嫉妒是一条蛇。”柯岩最后说：“暴风雨过去，天空会更加晴朗，空气会更加清新；友谊经过考验，才会更巩固、更纯净。愿我们所有的人共勉。”

一个班长写信给柯岩，说他们班的同学每天吵吵嚷嚷、打打闹闹的，既不服从命令，也不听指挥。他嗓子都喊哑了，还和同学们吵架，他向老师辞职，老师又不让。他急着请柯岩给他想办法，赶紧给他回信。

柯岩十分幽默地给这位苦恼的大班长回了信：

你真像一个惯于发号施令的大将军，给我也下开了命令。幸好我是个习惯听从孩子命令的人。又从你的信上看出来你那十万火急、度日如年的样子，于是，大笑了一场之后，立即执行你的命令，赶紧给你回信。

我认真地考虑了你的问题，觉得你的老师说得对，你不能见困难就退！我也相信你是有组织能力的，看你，不是把千里之外的我也组织进去了吗？但是，你要明白不是所有的人都喜欢听人发号施令的，没有受过一点军事训练的人，更是不习惯执行命令。再说了，你们是学校，学校是培养文明礼貌的地方，作为班长，你也不宜“不止一次地和同学们吵架”。问题的实质是你是否尊重同学们。五年级，在你看来已经很大了，可你们还都是孩子呀！按照教育学和心理学的规律，这个年龄段的孩子正是生理迅速发展的阶段，感情和精力都需要大大地宣泄，这个时期的孩子特别的好动和活跃。发育得快，心理又还没有成熟，自我控制的能力还差，因此吵吵嚷嚷、打打闹闹就成为他们宣泄的主要特点之一。只要他们不是在上课时这样做（从你的信上看，好像不是上课时，因为在课堂上会有老师管束，用不着你这个大班长喊哑喉咙），就用不着过分干涉他们，就是在他们确实妨碍了他人，需要制止时也是需要方式方法的。这里，还是让我们先讲一个古老的故事，也是一个常讲常新的、有关太阳和北风的故事吧！

柯岩给这位班长讲：北风冬天很得意，要同太阳赌他最行！

太阳说："就赌看谁能让路上那几个行人把外衣脱掉吧。"北风哈哈大笑说："这回你可输定了，我北风连百年老树都能连根拔起，还对付不了几个小小的行人？"说着它用尽全力，大肆咆哮起来。可北风越这样凶猛，行人就只会把衣服裹得越紧。"而太阳呢？既不吼，也不叫，它只那样微微地笑着，暖暖地照着，行人却越来越觉得温暖，他们先是解开扣子、敞开胸怀，最后高高兴兴地把外衣脱了下来。"

柯岩最后说："这个故事教育着一代又一代的孩子：一个人无论权力有多大、职务有多重要，光靠发号施令是不行的。他必须学会关心群众疾苦，学会了解和尊重自己的工作对象，只有真正懂得了这个道理，并且身体力行时，才是一个合格的领导人。"

在《妈妈凭什么干涉我的自由》中，针对写信的男孩崇拜两个哥哥"朋友多，特会玩"，"大方帅气，花钱冲，穿着也新潮，走到哪儿都引人注意"，柯岩明确表明自己的态度："为了对你负责，我实在不能为了让你高兴而顺着你说。"同时指出，"从你的言行看，你似乎还不太分得清颜色呢，难怪妈妈要把你管紧一点哩"，"你实在是正站在人生的十字路口啊"！接着，她提出了孩子需要思考"人究竟为什么活着，到底应该怎样活着"的人生课题。

真正的教育，应该是尊重孩子，相信孩子，激发孩子，要依靠孩子的内因而使他们得到主动发展。

在《是鸟儿不让我学习》中，一位小学生对柯岩说，他不想念书、听课，是因为："我根本听不见老师讲什么，我的耳朵里听见的全是各种鸟叫，眼睛里看见的全是各种各样的鸟儿，可好看了。我不是不想学，是鸟儿不让我学习。……我是一个乡下的孩子，为什么非上学不可呢？让我去跟鸟儿过，那丐（该）多幸福呀！"

柯岩回信给这位"哭恼"的孩子，批评了他的糊涂：乡下孩子就不该读书吗？她又从鸟儿的角度出发，认为鸟儿也有自尊心，交朋友也得挑一挑。"挑吗，当然就得挑比较优秀的了，那么，你掂量一下自己吧……所以呀，我说（现在不是鸟儿，而是柯岩奶奶说了）亲爱的小红兵，继续爱你的鸟儿吧！为了爱它们，从现在起就好好学习，把不及格的功课赶快补上……衷心希望你不要白白浪费了你极好的天赋，将来成为一个鸟类学家，为巩固和发展自己的爱好，为保护人类的好朋友，为创造人类更好的生态环境而奉献出自己吧！”

在《从来没有“太晚”》中，柯岩对一个马上就要蹲班，署名“一个后悔死了的孩子”的来信是这样回复的：“看你这么着急、这么后悔，我倒比较放心了。”试想，对一个万念俱灰，认为“一切都太晚了”的孩子，从哪一点激发最有力量？柯岩还是找到了他虽然不多，但是极其宝贵的“后悔”情绪，从这一点“自我责备”的“星星之火”出发，去激励孩子心中烧起燎原大火。她列举了两个“不怕晚”的老者的故事：一个82岁上大学，以优秀成绩结业；一个是著名戏剧家丁毅，晚年在身患癌症的情况下，开始学习英语，最后出版了《西洋歌剧剧作选》。最后，柯岩告诉孩子：“相信世上从来没有‘太晚’，‘不怕慢，只怕站’！千万不要‘后悔死了’，而要因后悔而越发发奋起来！”

柯岩还与孩子们就学会拒绝、学会倾听、学会宽容等一些带哲理性的问题，进行了对话。

小朋友李小鸣来信说：

我在学校功课一直很好，朋友很多，好朋友也不少。从四年级开始，功课渐渐难了起来，于是有些朋友就开始抄我的作业。特别是我的同桌——我最好最好的朋友，不但抄我的家庭作业，而且考试的时候，还要抄我的答卷。我既怕老师看见，又觉得这对他也是不负责任的，可我只要和他一说，他就说我变心了，不和他好了。其他的朋友都向着他，说我骄傲了。我明明知道他们是不对的，可他们人多势众，我实在是苦恼死了，您快来信救救我吧！

柯岩回答说：

首先我要感谢你，你不但没有打扰我，而且提出了一个当前学生中让人忧心忡忡的问题……

如果我们的孩子既不好好学，又不以抄袭和欺骗行为为耻，我们的国家还有希望吗？我们的未来还会是光明的吗？而你，好孩子，不但为此感到深深苦恼，而且是非分明，并将此提到了责任的高度，因此，也就更加的令我欣慰。其实你完全不必苦恼，你所要做的只是坚持下去。当然，说起来容易，做起来很难，一个成年人在不被周围人理解时都会感到痛苦和孤独，何况你还在十分依赖群体、渴望友情和玩伴的童年。坚持真理往往是需要付出代价的，这就是为什么许多人不肯这样做的原因，也是许多肯于这样做的人被人仰视的缘故。你既然已经迈出了第一步，那么，我就劝你勇敢地走下去。这里，请允许我先给你讲一个坚持真理、拒绝邪恶的故事吧！你知道我国有个大名人马寅初吗？他是一个伟大的爱国主义者，又是当代卓有成就的经济学家。……新中国成立后，作为政协常委和人大代表，在考察农村经济发展时，发现人口增长太快，这位爱国学者就开始奔走呼号“控制人口”的问题……随着中国政治舞台的风云变幻，党内的野心家康生、陈伯达之流，……开始了对马寅初的批判和围攻。但马老在任何艰难困苦的条件下，仍是坚持真理，拒绝检讨。同时坚持锻炼身体，要活一百岁来看到自己的胜利。果然，粉碎“四人帮”后，彻底给马老平了反。这时，马老已是近百岁高龄，他果然看到了自己的胜利，并且硬是活了整整一百岁！

中国人口日益严重的事实不但让人们认识了马老的正确，更让人们看到了他的铮铮铁骨，从而也就教育了我们要以他为榜样：为真理而坚持，要敢于拒绝。

你是不是觉得有点奇怪，在谈你们班级一个小小的问题时，怎么竟扯出国家大事来了？这个柯老师，是不是太离题了？不！我的孩子，我之所以这样和你对话，因为你是我的小“巨人”啊！“我们今天是桃李芬芳，明天是社会的栋梁……”对明天社会的栋梁，我怎么能不让他视野开阔些呢？你们的人生道路还很长很长，路上的诱惑和陷阱还很多很多，古人讲“修身齐家治国平天下”，这话对你可能还太深了一点，留着你上了中学咱们再来探讨吧。现在我给你讲这个故事，仅仅只是希望你能敢于坚持正确的东西，要从小学会对错误的东西说“不”，也就是：学会拒绝。

一个学生来信说：

因为我从小就伶牙俐齿，特会说话，我妈夸我是个语言天才，街坊邻居也都管我叫“小八哥”。从上幼儿园起，我就是班上的播音员、故事员，老是一大堆小朋友围着我，上学以后，从一年级直到五年级，我都是班上的首席讲播，无论我讲什么，大家都听得津津有味。可从今年开始，我的听众越来越少，即使我大声招呼，来的也稀稀拉拉。其实不过是因为最近班上有一个女生得了个作文优秀奖，还有一个男生学会了电脑，其实这有什么呀！我是决不会放弃我的首席地位的，您见多识广，请您教教我，该怎么把我的听众夺回来?!

柯岩回答说：

我相信你确实是有口才、有语言天赋的。从一年级直到五年级，始终雄踞班里首席讲播的宝座，讲什么都让同学们听得津津有味，还一惊一乍地呼应。这容易吗？当然是不容易的。但正因为你驾轻就熟，于是你就忘记了“百尺竿头，更进一步”的古训，而“做学问如逆水行舟，不进则退”呀！就在你志得意满、洋洋自得之际，同学们却大踏步地前进了。

你不甘心失去你的听众，声言决不放弃首席的地位，这很好，有志气！但是在我看来，争夺听众的道路只有一条，那就是公平竞争。什么叫公平竞争呢？从自己方面来说，首先得创造条件，讲究实力，既能坚持又有智慧，还得熟悉、了解对手与受众的状况和心理……从对手方面来说呢，就得尊重人家，看到人家的长处，而不能轻视或贬低对手。你说是不？

比如对你们班那位得奖的女同学，我们应该做的首先是认真研究为什么得奖的是她而不是别人？她文章的独到之处究竟在哪里？她又是经过怎样的努力才达到的（即使仅仅是个区级奖）？这样做，自然比挑剔她讲话结结巴巴要难得多，因为这需要的是客观、公正和谦逊；而对那个学会了电脑的男生，假如是我当时在你们班上，也会像你那些同学一样的围上去听他讲述的。至于有些同学“居然去围着两个差生听他们讲怎么摸鱼”，这又有什么奇怪？连我都好奇呢！这一切都是那么新鲜和有趣，甚至怪刺激的，你怎么还能责怪同学们想听呢？

你不能理解这一切，只能是一个原因，那就是你一贯“首席”的地位使你麻木，你既没有看到同学们的进步，也没有想到自己的落伍。你不要不高兴，在当今飞速前进、日新月异的世界上，我们每个人都随时会面临着落伍的局面，落伍并不可怕，知道自己落伍，奋起直追就是了；可怕的是不敢承认自己落伍，而你，不幸现在恰恰就是这么个状况。

怎么办？很好办！首先，老老实实承认自己确实有差距，相信竞争其实是带来了新的机遇；然后，高高兴兴地去迎接挑战。当然，不说你也明白，能赢得胜利的战士除了勇敢还得素质高。素质是一个人全面的道德修养和丰富的学识。我自己年幼时，也是一个爱说话，并且也被认为是一个还会说那么几句的人，因此，总爱抢话头而很少倾听他人说话。上了年纪之后，才慢慢懂得了倾听的重要。学识从哪里来？除了读书之外，还要善于从生活中吸取，那就是要学会观察生活的各种形态，倾听一切人的声音，然后，经过自己思想感情的过滤，融化成自己的东西。这样你才会一步步地提高，才会越来越感到自己的不足。古人说：“三人行，必有吾师焉。”想必你还从来没有这样想过吧！否则你就不会对同学们采取那种轻蔑的态度了。也不必不好意思，马上改正就是。

心理分析专家认为，过分关注自我是一种不正常甚至是病态的表现，而如果你能真正对别人产生兴趣，你将发现他人给你的东西要远远超过你能教给别人的。

如果你相信，那就让我们相互勉励：尊重他人，学会倾听……

还有学生来信说：

我是一个很内向的女孩，没什么朋友，但我学习很好，是班上的学习委员。因为整天和其他几个班干部在一起工作，所以渐渐地就成了朋友，工作上虽然常有不同意见，但争争吵吵、商商量量总算对付了。没想到最近听说，她们还在背后议论我，说我小心眼儿，太琐碎，又娇气，很难相处，和我在一起累得慌什么的。我已经哭了好几回了，真想当面去质问她们，大骂她们一顿；可又害怕她们因此就不再理我了，那我可就太孤单了。可我又咽不下这口气，您能回信教教我怎么办吗？柯岩阿姨，您现在是我唯一可求助的人了，您不会不理我吧？

柯岩回答说：

我怎么会不理你呢，看，我这不是赶着给你回信了吗？再说从你短短的来信，我已经看出你是一个很真诚的好女孩，对生活认真，渴求友谊，追求完美……可是，你是不是有点太过于较真了呢？别说你现在听到的还只是传言，而传言往往容易走样。就算你的朋友真是这样说了你，我看也不至于就伤心到要生病的程度呀！你大概是独养女儿吧？众所周知，独生子女大都难免有点娇气，你也不会例外吧？再说小心眼儿，一般女孩都心思细密，遇事爱较真儿，换了你，和这样的朋友相处，是不是也有点累？就是她们真是这样说的，我看也没有什么了不起：女孩儿感情丰富，形象，说话绘声绘色，形容词儿多，即使稍稍夸张一点，也是可以理解的嘛！就为这个哭起来没完，伤心得都让妈妈惊慌起来，这是不是真有点小心眼儿的味道了呢？至于由此也想起她们的种种缺点和不是，想去大骂她们一顿，这就不但不够朋友，而且也未免太有失风度了，是不是？

什么是交友之道？也就是说朋友之间应该怎样相处？正确的做法应该是相互尊重、相互关爱、同甘苦、共患难……如果经不起一点风浪，动辄生气，甚至翻脸，那种朋友不交也罢。俗话说：“水至清则无鱼，人至察则无徒。”又说：“好朋友怕反个儿。”如果你肯用这些话对照一下自己，不要光想自己对人的好，多想想朋友们对你的好处和她们的长处，我想，你很快就会心平气和下来的。

你还小，大概没有看过《将相和》这出戏，但你听说过这个故事吧？讲的是古时赵国大将军廉颇和宰相蔺相如的故事。都21世纪了，难道我的小“巨人”的心胸还没有还没有古人开阔？当然，廉颇和蔺相如原来不是朋友，那么作为已经是朋友的你们，是不是更应该相互体谅、严于律己、宽以待人呢？其实，不光是对朋友，对任何人（只要不是敌人）我们都应该学会宽容。社会越来越开放，世界正在变小，我们需要打交道的人势必越来越多，内向的性格很难适应与各种各样的人交往。希望你能通过处理好这次风波，改变自己，开朗起来；提高自己，学会宽容。

柯岩的这些文章，是有非常重要的意义的。最近社会上流传着这样一句警言：“一个民族如果物质不强大，一打就倒；如果精神不强大，不打自倒。”笔者最近常想：我们国家这些年物质强大了，现在经济总量已经是位居世界第二，可能在物质上是不容易轻易被打倒了。但是，我们的精神世界怎么样呢？我们在精神上是不是强大呢？我觉得，还是不容乐观的！笔者是在大学从教40多年的教师，据我观察，当前人文精神的缺失，已经在各个领域表现出来：理想受到冷落，信念遭到嘲讽，道德濒临危机，情操蜕化为欲望，责任意识淡薄，金钱主义至上。人文精神的弘扬和人生意义的教育确实任重道远。“如果精神不强大，不打自倒。”这一点，我们是不是应当有点危机意识呢？

可贵的是，柯岩同志以敏锐的眼光和高度的责任感，早就看出了这些问题，非常重视对青少年的理想信念、道德情操教育。她同少年儿童的这些对话，从孩子们的实际问题出发，循循善诱，以心换心，引导孩子们解决生活上、思想上的难题，充分体现了一个老共产党人的爱心和责任感。

三、主编《人生咨询》

柯岩是一位热爱人生、热爱儿童、热爱祖国青年的热心人，一位真正关心青少年并为他们健康成长付出心血、智慧和才华的人道主义者。主编《人生咨询》

就是她对青少年的爱的表现。

长篇小说《寻找回来的世界》发表以后，柯岩收到了许许多多来自全国各地的信件。其中有不少是从管教所、劳改农场和监狱里寄来的，这些正在受审或服刑的青年都不约而同地在信中向她发出了“帮助我们”、“指点我们”、“救救我们”的呼唤，还有不少刚刚步入社会的青年朋友在来信中向她请教各种各样有关人生的问题。读着这一封又一封的来信，柯岩不知怎么办好，她要创作，身体又不好，要一封封地回信是不可能的。该怎么办呢？就在这时，北京青少年教育协会和工读教育研究会的同志来约请她办一个为广大青年所需要、所喜爱的刊物，以帮助广大青年。这与她的想法不谋而合，她愉快地接受了筹备和主编这个杂志的重任。经过半年多的酝酿和筹备，1988 年岁末，《人生咨询》创刊了。作为主编的柯岩同北京青少年教育协会和工读教育研究会的同志，请来了我国司法界、教育界、文学界的一些著名的专家、学者当编委。这些人虽然都已白雪积满头顶，但却还是一批青春似火的“年轻人”。他们尽管人生坎坷，历尽艰辛，但对生活的执著和信念一如既往，永不变更。正是这些专家、学者，组成了这个集社会性、知识性和文学性为一体的综合刊物的编辑部。它的宗旨，是从教育学、心理学、社会学、犯罪学、伦理学、文艺学、美学等各个角度，同年轻人广泛对话，创办各种“信箱”，创办“门诊咨询”，从正反两方面向年轻人剖析真实的人生。

为了吸引青少年，柯岩他们把《人生咨询》办得与众不同，别具一格。每一期的栏目都多姿多彩，他们在每一期根据提出的问题，组织相应的情节曲折而又引人入胜的小说、报告文学，使读者在潜移默化之中受到感情的陶冶和思想的启迪。

《人生咨询》的每一期都有一个相对集中的主题，比如婚姻、家庭、友谊等，或以精练的笔墨，记述真人真事，或以现实生活为基础，围绕着各种主题，写出生动的小说……

《人生咨询》的主题始终没有离开“人生”两个字。比如，针对青少年自杀问题，开辟了“癌症明星自述”专栏，正像“编者的话”中所说的：“这一组文章更主要的目的是向那些不懂生活意义的人们宣告生命的庄严与壮美。”

《人生咨询》的栏目很有特色，耐人寻味。编辑们在刊物中开辟了“解忧信箱”和“热线电话”，或谈约会的艺术，或说婚外恋致艾滋病……读者们可以提出自己的各种苦恼、疑问，青少年朋友不好意思问老师、不便问家长的问题都可以在这里询问并得到回音，编辑们决不会敷衍。

打破常规思维，这是《人生咨询》的又一个特点。比如，关于痛苦，人人都害怕，可是《人生咨询》却刊出了《享受痛苦》一文。文章告诉读者，只有在痛苦的处境中，人才肯深深思索。而在痛苦中思索，最容易有发现，有突破，从而出现飞跃。这篇文采飞扬的佳作，使一些读者获得了人生哲理。

1989年春夏之交的那场风波之后，《人生咨询》就刊出了“为什么年轻人最容易上当受骗”的专题，重点放在“如何走出人生误区”。柯岩亲自撰写了题为《我们为什么老上当》的文章：

为什么上当？因为青年人纯洁、热情，精力充沛、对生活充满幻想，又缺乏历史知识和生活经历，把什么事都看得很简单，既容易轻信又敏于行动……因此，上当几乎是必然的，不上当倒反而有那么点儿奇怪了。

比如说，一些爱好文学的青年写了几篇闪现才华的作品，对他们寄予厚望的前辈正满心欢喜地谆谆嘱咐：写作是很难的事，文学的路很长，决不要脱离生活，要努力学习，要端正自己的人生态度，要紧紧追随时代的步伐……他们正屏息敛气地听着，觉得难办呢！忽然来了这么三两个想当青年导师的人物，大手一挥，哈哈一笑说：听这些老朽的？他们这是明摆着在难为你们嘛！他已写不出来了。才给你们来这一套呢。你们都是天才，明白吗？天才呀！要照他们那老皇历做，会白白毁灭了你们的天才！你们只要深深挖掘你们自己内心深处的潜意识，放纵你的心灵，让天才如水似的流淌……写出来的那才是天籁呢！谁不愿意自己是天才呢？……正急于出名又有点畏难情绪的年轻人，自然立即飘飘然起来，而照这些最“爱护”他们的“青年导师”所说办理，果然写一篇，他给吹一篇；写一批，他吹一批！在小圈子里热热闹闹，但是，普通读者没有了。没有了广大读者，自是当不成真正的作家，于是文坛就这样出现了一批又一批牢骚满腹、颓废甚至自杀、犯罪的天才。……

比如说，一些青春年少的女孩，本来正在品尝初恋的幸福，正正当当地交着男朋友呢，忽然，不知从哪儿杀出来这么几个装束入时、出手大方的风流娘儿们，先是和你交朋友，然后再是看不上你的男朋友，笑他穷，嫌他“土”。在她们一脸的痛惜和同情的言谈举止影响下，涉世不深的女孩子慢慢也会越来越挑出自己男朋友的不是来，先是不顺眼，再是闹别扭，小吵大闹，彼此伤害，最后分手了事。还没容你伤心呢，早就有一个或几个风流倜傥的男人走进你的生活，于是吃饭跳舞、卡拉OK、追星旅游、开房间性解放、傍款卖淫、吸毒犯罪……

又比如，好端端地上着课呢，忽然就刮来一股下海风，不知怎么就把你卷了进去。于是先是在宿舍，然后在校园，先是偷偷摸摸，继而大张旗鼓地经商下海……耽误了学业不说，有的还血本无归，甚至负债累累……更有甚者，趁着一时情绪消沉或对某些世事不满，为你添油加醋，加深你的逆反心理，把你席卷进历史虚无主义思潮，反传统、反社会……不是把你变成“垮掉的一代”，就是把你推进犯罪的深渊……

那么，青年人要怎样才能避免上当受骗呢？柯岩总结自己的经验，提出了几点看法：

可爱的青年们哪！避免上当的办法是有的。首先，你得有一个正确的人生态度，想清楚你活着为了什么。这样，在滚滚红尘千般诱惑万种陷阱面前，你就会洁身自好，而不会随波逐流了。物必先腐而后虫生，人必自侮而后人侮之，这原是千古不变的真理！然后，你不要孤芳自赏，要永远着眼于广大群众，心里有了他们，你自然就不会硬拔着自己的头发摆脱地心引力了。群众中多的是品德高尚、智慧无穷的人物，他们平时不显眼，因为他们大都在默默地奉献。而在“市场上叫喊最凶的多半是卖假货的”！这也是百验百中的至理名言。再后，你要学点辩证法，懂得事物发展的规律和事物的两面性，矛盾是可以转化的，一切都是依时间、地点、条件为转移的……这样你就不会一看到一点出乎意料的现象，或迷惘困惑、或痛不欲生，而是会冷静思考和分析了。如果，你还有兴趣学一点历史，特别是结合着国情和社会来学，那你就会变得更加聪明起来，因为了解了历史上的伟大和先进，自然而然你就会产生自豪感和自尊心；了解了历史上的落后和屈辱，你就会懂得为什么我们现在还必须奋发向上、艰苦奋斗；了解了祖国美好的未来，你就会正确地看待目前不尽如人意的现状，增强信心、提高勇气，为把我们可爱的祖国建设得更加富强而努力了。

柯岩对笔者讲："我也有过上当受骗的经历，因为我也曾青春年少，大睁着疑问的双眼面对人生。上当并不可怕，可怕的是没有正确的人生航向。《人生咨询》就是要帮助孩子们越过障碍，创造更美好的人生。"

在那个年代，年轻人是多么需要正确的指引啊！柯岩这样尽心竭力，诚恳耐心地写文章，编杂志，同青年交心谈心，希望我们广大的青年成长为社会主义的建设者和接班人，其情可亲，其志可敬！

四、主编《大墙丛书》

1987 年，北京市关心青少年教育协会邀集了各方面的专家、学者，组成了一个庞大的编委会，着手编辑《大墙丛书》。柯岩被邀请担任主编，并就这套丛书写一篇序言。她在序言中说：

1984 年月 5 月 14 日至 18 日，联合国在中国北京召开了"世界青少年犯罪与司法"专题会议。

在这次会议上，中国政府改造、教育、挽救、造就人才的劳改政策受到外国司法界的一致赞赏。美国首席大法官称赞中国的监狱工作是"围墙工厂"。

在这次会议上，中国专家对社会治安及犯罪问题，结合中国国情而提出的"综合治理"方针，引起五洲十七个国家专家的重视，并普遍为联合国成员所接受，承认它是解决全球性问题的东方经验，是中国的独创和贡献。

正是在这个背景下，北京市关心青少年教育协会编辑了这套《大墙丛书》。

这套丛书致力于如实地展现大墙内外的生活，以正确地、科学地、实事求是地向中外读者介绍中国是怎样处理犯罪问题的，是怎样对待犯人以及为什么要如此对待的原因；致力于表现中国公、检、法战线的同志在运用辩证唯物主义观察事物，承认矛盾可以转化，创造条件化消极因素为积极因素，创造的这个中国式奇迹。

这套丛书以报告文学、小说、散文、戏剧、通讯等体裁的专集问世，使中外读者加深对中国现实的认识和理解；使已经伏法认罪、刑满释放的朋友坚定信念，在新的人生道路上脚步矫健；使正在服刑的人们看到希望和方向，从而获得勇气和力量，彻底和昨天告别；使正徘徊歧路或对法律几乎无知的青年朋友找到正确的人生道路。

柯岩和同事们首先组织创作编辑了报告文学集《沉沦与复苏》。这部作品由不同的作者所写的22个互不相关的故事组成，写了22个罪犯怎样在监狱的改造下，接受惩罚，认罪服刑，刑满释放，又回归到正常社会中，为社会做出了成绩，有的还成了先进工作者、劳动模范，有的当了厂长、经理。他们在这次写作中甘愿向社会重新袒露他们罪恶的历史、心灵的隐秘，用以告诫后来者，就说明他们复苏了的心灵和重建了的人生自信。

柯岩在繁忙的工作中抽时间参与了组稿、改稿工作。在稿件即将付印之前，她心中涌起亲切而又惆怅的感情，于是写出了深情的后记。她在后记中说，这20多个小小的，甚至相当粗糙的故事，代表着许多在大墙内得到改造和复苏的人的共同的心路历程：

这里面每个人的沉沦都是那样展现着错综复杂的社会因素和自己独特的七情六欲，饱含着人世的痛苦与艰辛；他们每个人的复苏又那样充满社会主义人道主义感情的激荡和理性的光辉。这一切，无不折射出中国天空上那时阴时晴的太阳，中国历史上那时起时伏的波纹。

柯岩不仅关心着青少年，还关注着少年失足者，甚至还关注着大墙内正在接受改造和教育的人们，柯岩有着多么纯洁、善良、博大的慈母般的心怀啊！

五、主编《古今中外文学名篇拔萃》

1988 年，柯岩在美丽的青岛海滨，吹拂着习习海风，照耀着金色阳光，但她的心头却欢乐不起来。因为，她刚才在市区看到：无论是大小书店，或者报刊门市，还是路边书摊，到处都堆满了与这大自然绝美景色截然相反的丑恶书刊。柯岩心里感到忧虑：为什么让这些庸俗、低劣、丑陋的书刊泛滥？

正当柯岩忧虑不安之时，青岛出版社社长刘笃义带着一批年轻人来找她，请她主编一套正经书，一套针对青少年的书。柯岩不由得高兴地叫起来：“那就编两套，青年一套，少年儿童一套！”

柯岩和前辈诗人艾青会上偶遇

刘笃义很有魄力，立即决定："一年编选，两年出书！"

柯岩在高兴之余，想到当前出版界的种种情况，又不禁犹豫了："要赔很多钱呢。"

没想到，刘笃义却说："我们愿意。"

柯岩没词了。她试探着问："你们哪儿来这么多钱赔呢？"

刘笃义回答："我们是新建社，市委、市政府为了让我们放手出好书，决定我们三年内免税。"

柯岩这才长长地出了一口气："这才是有远见的领导！"

大家都笑了。

柯岩不禁想起古今中外有多少优秀的名作啊，真如浩瀚的大海，可以培养青年的心智，陶冶他们的情操，开拓他们的视野，锤炼他们的意志，净化他们的血液，铸造他们的灵魂。于是，她决定编出两套古今中外文学名篇拔萃——既是古今中外，又是文学名篇，还要从中拔萃。

出书时，她把这些想法写进了序言：

> 这样，让青年们、少年儿童们能从古到今，从中到外地充分享受人类文明的丰硕果实，……从而培养未来世纪公民的优秀品质，塑造年青一代美好灵魂与崇高的人生信念。

就是怀着这样一种悲壮激越的情感，柯岩与同志们开始了一项伟大而严肃的工作！

经过艰苦的搜罗剔抉工作，最后，选出青年卷三大部十大本，分别是中国中篇小说卷、外国中篇小说卷、中国短篇小说卷、外国短篇小说卷、中国诗歌卷、外国诗歌卷、中国散文卷、外国散文卷；少年儿童卷六卷六大本，分别是中国小说卷、外国小说卷、中国诗歌卷、外国诗歌卷、中国童话卷、外国童话卷。

这套丛书出版后很快销售一空，供不应求。柯岩感到非常高兴，她看到：广大青少年读者对那些乌七八糟的读物是厌恶的，而对那些人类几千年来流传下来的优秀读物是非常期待，也非常热爱的！这也更坚定了她为青少年提供优秀的精神产品的信心和决心。

六、主编《首都建设者丛书》

柯岩十分热爱北京，每当奔驰过十里长街，遥望天安门广场，仰视一座座雄伟的建筑，环视北京千万座新起的居民楼时，她心中总是升腾起压抑不住的自豪感！她真切地感受到：希望不再是朦胧的，飘浮不定的，而是那样具体生动，实实在在——中国人民真正地站起来了！无论前面的道路上还有多少障碍，多少困难，但我们一定能够排除万难，越过一切障碍，阔步前进！

由此柯岩想到了北京的建设大军，对他们的敬意与感激之情总是油然而生！

> 是他们一笔一画、生死不渝地描绘着共和国的蓝图；是他们挥汗如雨，一砖一瓦地建设着北京，使亿万人民的凌云壮志变成现实。他们没有在任何一座建筑物上标上自己的姓名，但每一座建筑物都留下了他们的血汗。他们把一座座华美的大厦奉献给人们，自己却长年累月住在简陋的工棚。他们永远脚步匆匆地奔向废墟与荒原，于是废墟和荒原上出现新的城市与村庄。他们是真正的诗人，新的城市和村庄是他们留在大地上的不朽的诗行。他们的功勋应该载入史册，不但后人应该永远感念、瞻仰，就是今天的公民，也应该"不思量，自难忘"……

于是，柯岩在感动之际，自觉自愿地同几位志同道合的同志一起，在北京市委领导下，承担起编写《首都建设者丛书》的重任，讴歌这支早就应该被讴歌的为人民无私地奉献了青春和智慧的建设大军。柯岩等组织起一批热情的作者，以报告文学为开端，以建设者的志气和勇气，来讴歌这支建设大军。

七、散文集《人的一生，都在路上》

柯岩是文坛多面手。不但在诗歌、戏剧、小说、报告文学、传记文学、影视文学、文学评论方面有优秀作品，而且散文也写得很有特色、很有深度，很有成就。

她的散文集《人的一生，都在路上》就代表着她在散文创作方面的高度成就。

这本散文集每篇大都写一个人，间或写一个小的群体。作者在选材时就注意选择在她人生道路上对她影响比较大的人物（如曾志，吴雪、吴一铿夫妇），或者是她印象中比较深刻的优秀人物；还写了一些她在异国他乡认识的爱国同胞。作者为他们唱出了一支支真善美的赞歌，抒发了弥足珍贵的人生哲理。

作者写了一个抗战中立过战功的老战士田兵。他曾被党组织派到爱国名将范筑先身边当秘书，深受范筑先的信任。新中国成立后因保护几个“罚不当罪”的年轻人而被“发配”到贵州。但他秉性不改，辛勤工作，笔耕不辍，培养了不少文学新人。终因所受煎熬太多，过早离开人间。

作者更倾注满腔热情，满怀钦佩地写出了富有传奇色彩的老一辈革命家曾志的人生剪影。曾志，这位1926年就参加农民运动讲习所，1927年跟随毛泽东上井冈山的老同志，几乎经历了中国革命和建设以至改革开放的风风雨雨，历尽坎坷而矢志不移。柯岩对她非常敬佩，以摇曳生姿的笔墨，写出了她初见曾志时的印象：

> 却原来，她真是这样的美！……记得那天，她身着一件极其普通的月白色衬衫，浅灰色长裤，可气度却那样不凡，坐在北戴河旧绿的纱窗下，和我们轻言细语地话着家常，是那样纤柔秀丽，又那样优雅脱俗，直能令你目不转睛。既很难想象出当年赤脚持枪奔走在福建的崇山峻岭叱咤风云的勃勃英姿；也很难看出现在身居高位，是广州这样一个繁华大市日理万机的工业书记。

作者不但写出她在革命战争中献出全部青春和心血的赤胆忠心，还表现了她同陶铸生死相依的感情：

当我们读到陶铸那首《赠曾志》："重上战场我亦难，感君情厚逼云天。无情白发催寒暑，蒙垢余生抑苦酸。病马也知嘶枥晚，枯葵更觉怯霜寒。如烟往事俱忘却，心底无私天地宽。"曾志把它深深地缝进衣角直到陶铸病体支离被押解出京，明知是死别，却滴泪不掉，只含笑握别。陶铸头也不回，曾志目随千里……这是多么深重的同志情，多么崇高的革命义，何等澄澈的壮士情怀，何等刚烈的铮铮硬骨！……

作者更写出了曾志临终前的高风亮节——她让女儿陶斯亮找出 80 多个工资袋，清点出里面一个月一个月积存下来的几万元钱，让女儿全部交给中组部老干部局。她特别叮嘱女儿："袋子一定不要丢掉……因为它们能证明：这都是我的工资，是我的劳动所得，这钱……是干净的……每一笔都是清白的。上交给中组部老干部局……留给外地来京……看病的……困难的老同志用……"

她的遗嘱中交代：

死后不开追悼会；不举行遗体告别仪式；不在家设灵堂；京外家里人不要来奔丧；北京的任何战友都不要通知打扰；遗体送医院解剖，有用的留下，没用的火化；骨灰一部分埋在井冈山一棵树下当肥料，另一部分埋在白云山有手印的那块大石头下。绝不要搞什么仪式，静悄悄地，3 个月后再发讣告，只发消息，不要写生平……

行文至此，柯岩忍不住感慨万端地写道："（她）从从容容、坦坦荡荡地走了，像清风明月一样地走了。于是，她也就像清风一样永远吹拂着我们，像明月一样永远照耀着我们，岁岁年年，直到永远……但愿我们每个共产党员在人生道路上都能像她一样既追求崇高，又甘于平凡；只执著于自己的信仰，而淡泊功名利禄。这样，在我们临终的时候，也许我们也就能像她一样说出：'我的一切所得都是干净的，是清白的，清清白白的。'"

柯岩在《死神敲门之际》一文中为我们描绘了歌剧《白毛女》的另一位作者丁毅。丁毅半生戎马倥偬，在离休之后，在古稀之年，病入膏肓之际，怀着对歌剧事业的热爱，竟然从头学习外语，并翻译西洋歌剧，出版了文笔流畅的《西洋著名歌剧剧作选》。他还在癌症晚期，撰写了题为《为振兴具有中国特色的中国歌剧而呐喊》的长篇论文，表现了坚忍不拔的意志和顽强奋发的精神。

柯岩热情赞美他："像小学生一样地从学习 ABCDE 开始……直到读懂剧本进行翻译这需要多少时间？多大精力？多少精神和血汗？何况死神已经敲响了他的房门！可他，丁毅同志就这样开始了，就像战士上了战场冲锋陷阵，一往无前！……而现在居然已经洋洋大观，洋洋大观了。"

柯岩还写了她年轻时候的领导吴雪、吴一铿夫妇。吴一铿在柯岩才 20 岁时就派她参加改造妓女的工作，去根治存在于人类社会几千年的痼疾。她告诉柯岩："不懂得苦难就不会爱得深沉，真正的共产党人的眼睛不能只习惯光明。"柯岩在艰巨的工作中认识了真正的人生，看到了共产党的伟大，看到了新社会的光辉，也深深体会到吴雪夫妇让自己参加这项工作的远见卓识。她深有感触地写道："说这段生活为我此后穿越几十年的风雨人生和崎岖道路指明了方向、打下了坚实的基础，应该是一点也不过分的。"柯岩还表现了吴雪晚年面对文艺界甚嚣尘上的"一切向钱看"的歪风，考虑重新组织演剧队，以重振革命话剧的雄风。她热烈地称颂这种品性说："这种忠心耿耿、豪情满怀、衷肠不改、禀性难移的人是有福的！因为他们不仅没有虚度一生，而且还用自己生命的火把晚亮了后来人的道路。"

柯岩在《情不变，心未老》一文中写了与她同辈的军旅诗人韩笑。作者以强烈对比的手法，写韩笑在"文革"中被当作反党、反革命的牛鬼蛇神关进牛棚之时，囚室外的高音喇叭却正在播放由他作词的革命歌曲《伟大的国家伟大的党》。这时，韩笑像孩子似的哭了。后来，韩笑离职休养，按照部队规定，他不得不脱下心爱的军装，但是他热爱部队、热爱祖国的心没有改，他发自内心地歌唱道：

我没有离职休养，
我在放声歌唱；
我不穿军装，

还在行军打仗！

柯岩在文章结尾感慨地写道：

穿过军装的，不一定都是战士；离职休养的，照样可以——永远年轻。

这里面，镕铸着柯岩多少现实的、深沉的感受啊！

柯岩还写了富有声乐天赋的歌唱演员杜声显。他早年被分配到儿童艺术剧院当演员，其潜力未能得到发挥。按他的才能，可以举办独唱音乐会，又苦于没有经费来源。后来，他听见幼儿园的孩子们唱那些流行的“我爱你呀，我爱你！你是我的宝贝！”这样轻佻的成人情歌，立即跑去教孩子们唱：

春天里，有阳光；
树林里，有花香；
小鸟，小鸟，
你自由飞翔。

在田野，在草地，
在湖边，在山岗，
小鸟，小鸟，
你迎着春天歌唱。

孩子们高兴地跟着他学。幼儿园老师想请他教歌，却又没钱。他立即表示愿意免费教唱，决心为儿童服务，免费教儿童唱歌，免费为儿童唱歌。就这样，他开始免费为儿童义演义唱。几年时间，他为儿童义演了600多场。他从北京唱到全国，从辉煌的舞台唱到农村的草台子。他自豪地说：“我是世界上独一无二的、‘专为小皇帝服务的歌唱家’。”他又戏谑地说：“我是世界上最贫困的歌唱家，又是世界上最幸福的歌唱家！男高音歌王帕瓦罗蒂说：能把幸福和自由联系在一起的，才是人生最大的幸福。我虽然在歌唱上无法和他相比，但在把幸福和自由联系在一起这一点上，我也做到了。”有人听了他用美声唱法唱的意大利歌剧《我的太阳》，深深折服，问他：“你唱得这样好，为什么不去卖票给成人演出呢？那收入才可观呢……”他回答说：“我的心里装满了孩子，就装不下钱了”，“我的心里只有他们，他们就是我的太阳，我的21世纪的亿万颗太阳！”

柯岩还写了推拿大夫李秋存。他开头苦心经营企业，很不成功，但他没有灰心，决定义务从医，免费为弱智儿童义诊，后来又办起了弱智儿童康复中心，为社会做了很多好事。他还想在康复中心的基础上，再创办老年痴呆康复中心。但是，这样的义举和善心，竟被一些“聪明人”当成是“有病”，是傻子。作者不禁愤然叹息道：“这样的‘聪明人’越来越多，那就不是他们个人短视，而必将导致整个社会弱智了。那可真是我们这些寻常百姓天大的不幸啊！”

柯岩散文的另一个重要内容是写华侨和异国的朋友。柯岩几次出国访问、考察、开会、讲学，她的注意力始终聚焦在人物身上，特别是华人朋友身上。她的爱国主义情结，更使她着重表现华人、华侨的爱国主义情怀。同时，这些海外游历的描写，也让我们了解了她的涉外作品《他乡明月》产生的背景和基础。

柯岩的《大桥·小桥》写她采访杜兰大学国际学生服务中心年长的Lennon先生和年轻的姓杨的神童。前者高大健壮，满面浓须，豪爽而洒脱，干练又生气勃勃。他在杜兰大学国际学生服务中心接待了来自世界各国的上千名学生，不仅帮他们解决语言问题，还帮助他们适应学校生活，熟悉美国，逐渐融入当前社会。后者才13岁就上了大学，他只是喜欢念书，因此在小学、中学一直跳级。进入大学以后，他仍然热爱看书、做题，同学们去跳舞，喝酒，他不喜欢，就听音乐，弹琴，求知。他后来干脆搬到中心居住——因为这儿有世界各地来的同学，可以通过他们了解整个世界。“然后呢？”“然后就像Lennon先生一样，帮助整个世界互相了解。”这个孩子是在美国出生的，但中国话说得很好，有时他认为中文表达不完美了，就用英文补充。柯岩由他们想到了桥：

> 一边是中国，一边是美国。一边说汉语，一边说英文。
>
> Lennon先生高大魁梧，是大桥；他呢，还没成人呢，瘦瘦小小的，是

小桥。

柯岩于是浮想联翩，从我国最早的赵州古桥想到旧金山的金门大桥，从周恩来的和平共处五项原则想到基辛格的穿梭外交，从马可·波罗、鉴真高僧想到杜兰大学的校长，这些人不都是在不求闻达地、默默地以身为桥么？于是她深情地写道：

哦，桥。大桥、小桥、长桥、短桥们！

车流、人流从桥上匆匆地过，带着自己的欢乐与忧伤、喧哗与故事奔向自己的人生。各个不同的人生能为世界创造多少价值，带来多少新的故事？桥不知道，但它期望着。正因为如此，它才这样默默站着，连接着两岸的风景。

两岸的风景不同，人生也迥然相异，但它全不拒绝，默默包容。也许正因为它深知其异，才这样呼唤千乡过客，迎接八面来风，互相造访，互相交流，从而使各自聪明起来，使两岸都变得富裕和繁荣……

是的，这就是桥。它胸襟宽广，视野开阔，从不封闭自守。大桥、小桥，连接着千山万水。

《旅美三题》中的《New Orleans 的鳟鱼们》写了美国中文学校的校长和义务工作的教职员工怎样热心教华人孩子汉语的故事。里面特别选择了美籍华人教师陈平的一篇短文——《属于鳟鱼的故事》：

人们如是说着：鳟鱼，神秘的鱼，乡愁的鱼，悲剧的鱼。

在地壳巨变时期，那古老的鳟鱼并未灭绝，只是流落各地而已。在各处河水中生活的鳟鱼，他们觅食、恋爱、生子，可是到了秋末冬初，他们携妻挛子进入大海，成群结队，回到古生代祖先创造的古老家乡。年年岁岁，千年万年，鳟鱼，永不改变，永不迷途。……

他们说，故乡，有奇异的吸引，有神秘的召唤。他们说，鳟的归依，是生命的本然，超意志的力量。

我是不是也是一种鳟呢？如果我是，我也能让我的鳟族代代眷恋自己生命的发祥地吗？

或许，我们在这异域的中文学校，也在诉说着一个属于鳟鱼的故事……

在我没有全然明了鳟鱼这种神秘的鱼前，我在尽我的力量，去引导属于我的小鳟鱼。

这篇鳟鱼的故事是凄婉的，深情的，动人的，它表达了众多海外华人的故国之思，怀乡之情。柯岩深情地写道：

如今，夜已深了。我早已离开美国回到了家乡，但纽奥良的鳟族们仍然居住在我的心房。白天，欢笑在我的思念；夜里，遨游在我的梦乡。也许因为我们是同一种族的缘故吧。我是这样思念着你们啊！我远在异乡的鳟鱼姊妹，我祈愿你们永远这样诗意和美丽，引导着属于你们的小鳟鱼，时时日日，健康成长。……

柯岩夫妇和诗人郭小川在西子湖上

柯岩还写了身边的凡人小事，如守门的老大爷、自家的保姆等。

《名字，并不重要》写机关宿舍传达室的老收发齐大爷：“他是一个躬腰驼背的老人，不知是年龄的重负使他逐渐直不起腰，还是早年的苦难在什么时候折断了他的脊骨，他腰弯得厉害……但他却精神抖擞，声音洪亮，走起来一阵风，动作敏捷得很。他的收发工作是很繁重的。全院百十户住家，几百口人，亏他个个都认得，不但工作从不出差错，无论冬夏，每天黎明，还每天额外地拿把大扫帚打扫院子。”柯岩不光是记叙他勤勤恳恳的工作态度，而且记叙他在“文革”浩劫中对知识分子和干部的保护和爱护：“一夜之间，狂飙席地而起。我，不知怎的，一下子成了被专政的革命对象，而他，则被突然封为响当当的革命派。我呢，当然不甘心自己的‘失败’，决不肯低头认罪，挂黑牌，常常气急败坏地争辩，因而招来更多的打、斗。他呢，似乎也不醉心于自己的‘胜利’，仍是默默地送信，叫电话，仍是呼哧呼哧地扫院子，似乎也没戴红箍。在那不是黑就是红，不是趾高气扬就是俯首弯腰的日子里，他的这点异常表现使我对他平添了不少敬意。”而真正让柯岩认识齐大爷其人的，是他竟让柯岩与贺敬之最好的诗友郭小川的姨母来“监视”柯岩与贺敬之。郭小川的姨母拍着柯岩的手说：“他这是暗中派我给你送信嘛！多聪明的老人……”这时，“热泪一下子滚出了我的眼眶，我哽咽了起来。在那漆黑的暗夜里，我的心一下子紧贴住了一颗陌生的、却是滚烫的心”。

这以后，不少邻居告诉柯岩：

> 齐大爷为我们担了多少风险啊！多少次，外单位，甚至外来的一些群众组织要来揪斗时，齐大爷不是说：“你们来迟了一步，早就让他们自己的造反派揪走了，你们上单位找去吧！”就是以怕干扰了本院革命群众为名劝阻了他们。有一次，当我丈夫单位一些人来抄家时，竟是他老人家，托了隔壁的一位董阿姨来给我送信儿，使我来得及转移了正在写的大字报和帮我抄大字报的一个青年。

作者在满含深情地详细回忆了齐大爷的种种琐碎然而又是那么温馨的表现

后，真诚地写道：

我想，我至今把齐大爷当做亲人，不仅因为他在那样的境遇中，默默地保护着我和许多像我一样的同志，充分体现出了我国劳动人民的善良勇敢，而且，还因为他对任何人都不卑不亢，十分自尊而又尊重别人。他处理许多问题，不但十分得体、妥帖，逼人仰视；还往往出语惊人，处处流露出我国传统文化淳朴的幽默感，在令人忍俊不禁中增添了许多生活的情趣。

作者还进一步升华了人生的哲理：

他使我懂得了一个多么朴素的真理：和人相处时，应让人感到他的给予；分别时，应使人亲切怀念，每被人念及就给人光和热，给人美好及向上的感情。那么，无论这个人是干什么工作的，不管他叫什么名字，甚至无论他活着还是死了，我们都可以说：这个人一辈子没有白活。如果一个人，和人相处时，总让人心怀戒备；分手后，让人一想起来就不愉快，甚至感到肮脏与厌恶，感到被偷、被抢、被骗了……那么，即使这个人还活着，即使自己还活得有滋有味，甚至由于欺世盗名而声名赫赫。但对世界来说，他早已死了。或者说，还不如死了好。……

这篇散文虽短，却包含了丰富的内涵，蕴涵着深刻的哲理，抒发了柯岩真切的人生感慨，彰显了柯岩对普通百姓的爱，表达了柯岩作品中的人民性和人道主义精神。

散文，在柯岩的大量创作中不算太多，还没有受到太多的重视，研究者也不多。但柯岩的散文是有丰富的思想内涵和很高的美学价值的。

柯岩散文的突出特点是充满了诗情和哲理。柯岩是一位优秀的诗人，她的散文中也贯注着浓郁的诗情，闪耀着深深的哲理。

前面谈到的《大桥・小桥》就充满了激情，也有着象征意义。柯岩把杜兰大学国际学生服务中心年长的 Lennon 先生和年轻的姓杨的神童比作桥——友谊的桥，交流的桥，写它胸襟宽广，视野开阔，从不封闭自守，连接着千山万水，呼唤千乡过客，迎接八面来风，互相造访，互相交流，从而使各自聪明起来，使两岸都变得富裕和繁荣……这不是诗吗？不是充满了诗情画意和哲理意蕴吗？

再如她的散文《在澄蓝碧绿之间》，纵情地歌颂了中日人民的友谊，抒写了日本人民对中国人民的友谊。作者以参观坐落在日本箱根藤泽的聂耳墓为线索，以日中文化交流协会的日本朋友对聂耳和中国艺术家的爱，表达了深刻的主题，讴歌了中日人民的友谊。作者听日本朋友讲：聂耳纪念碑原来修在海边聂耳溺水的地方，1964 年被飓风掀倒之后，日本人民立即重新修建，并且把它移到离海岸较远的地方，被深深震动了：

> 日本人民竟这样尊重中国文化，尊重中国人民的音乐家！一个能尊重异国文化的国家才能真正有高度的文化。唐太宗能从西域各族吸取营养，才有了盛唐高度繁荣的文化；日本从明治维新开始向西方文明潜心学习，才开启了今天科学技术快速发展的先河。一个不仅尊崇本民族的精英，而同时也能敬重异国伟人的民族，才是目光远大的民族，有希望的民族啊！

柯岩听说聂耳纪念碑自从建立，就从没断过鲜花，即使在日本军国主义侵华时期，住在附近的几位老人，也年年带着孩子悄悄为聂耳碑洒扫祭奠，供奉鲜花。她的心战栗了：

> 啊，人民啊人民，创造历史的是你们，创造世界的是你们，创造人类文明、具有高尚情操的还是你们！任凭沧海变化，人事沉浮，政府更迭，但人民永存！人民渴望和平、友谊和进步的美好心愿永存！……

柯岩从一个具体的事件中升华起来，经过丰富的联想和高度的提炼，歌颂了人民的智慧和创造，歌颂了人民的美好心愿和高尚情怀，使文章具有深刻的思想和高度的审美价值。

柯岩的散文还有个性鲜明、真诚自然的特点。柯岩在散文中自由地抒写着人生的经历和见闻，也从容地倾诉着自己的人生体验和追求。

当她在临产大出血病危时，是许多大夫、护士给她输了血，而她始终打听不到是谁为她输了血。她不禁深深思索："想起那些拯救了我的生命的不知名的同志，我不禁反躬自省：难道那些牺牲了的烈士，那些为我们共和国的富强至今还在流血流汗的同志们对我的期望仅止于此吗？我们年轻时那种是非分明、疾恶如仇，'位卑未敢忘忧国'，为了真理而舍生忘死的劲头儿在我们身上还有多少？当年人与人那种美好真诚的关系还有没有可能再现，并进入更高的层次？……"

柯岩还在《人的一生，都在路上》中，对自己为什么写作，作出了真诚的回答：

> 中国，我的祖国，她是这样的古老，又是这样年轻，有着最崇高的美，也有令人十分愤怒和不能容忍的丑恶事物。生活中有这样错综复杂的矛盾需要解决，有这样多的是非美丑需要分辨。它们常常这样猛烈地撞击我的心灵，使我忍不住要哭要笑，要歌要唱，要呼唤，要呐喊，使我不能自已地要拿起笔来，投入到生活的激流中去……
>
> 能以写作"为人民服务"，并得到人民的首肯，才是一个作家最大的幸福。

是的，柯岩是幸福的！因为她和人民心心相印，她同时代血脉相连，她自觉地深入人民的生活之中，与人民群众和时代社会相适应，相协调，自觉地、主动地、积极地为人民、为时代写作和歌唱，为人民献出了那么多富有思想性和艺术性的精美作品，因此，她得到了广大群众的首肯，受到了广大读者的欢迎，受到了千万读者的爱戴。她的成功告诉我们，一个作家、艺术家，只有"与时代同进步，与人民共忧乐"，为人民写作和歌唱，才会受到人民的欢迎，才会永远不朽！

八、主编《与史同在——当代中国新诗选》

这是一部辉辉煌煌的大书，上下两卷，近一千页。

这是一部华丽珍贵的史诗，名家荟萃，诗画留香。

这是一部与史同在的诗的博物馆，见证历史，千载留芳。

这是一部黄钟大吕般的诗的交响乐，如春雷滚滚，似春风浩荡。

编辑这部诗选，是从当代中国研究所几位中青年朋友倡议搞一场诗歌朗诵会开始的。但他们知道这样一个巨大的工程，得有一个有相当修养和气魄，有敢作敢为的精神的大家领头才行。

于是，他们一致想到了柯岩！

听了他们的请求，听他们背诵《枪给我吧》、《黄山松》、《向困难进军》，柯岩不禁思绪翻腾：是啊，新中国成立以来，有多少优秀诗人，有多少好诗啊，现在却听不见了，看不到了，到书店也买不着了。

柯岩问他们："你们竟都记得？那会儿，你们还是红领巾吧？"

几位朋友高兴地笑了。可一会儿，眉头又皱起来，焦虑地说道："我们都记得这些，可现在的孩子却只知道追星，再不读这些了！"

柯岩知道，编这样一本诗集，谈何容易！新中国已经成立半个多世纪了，各种资料浩如烟海，各种诗歌汗牛充栋，要从中挑选出经得起时间检验的、有思想水平、有艺术质量的代表性诗作，是十分艰难的。而自己身体欠佳，因此，必须找一位与自己志同道合，而且比自己年轻，比自己更熟悉诗坛且有相当水平的合作者。

柯岩在记忆里搜索着，很快就找到了胡笳同志。胡笳是四川的一位著名诗人，他完全具备上述条件，心系诗坛，对诗歌始终痴情不改；而且还在前两年刚刚同几位朋友一起编了一本受到欢迎和好评的《中外优秀朗诵诗精萃》。

一年多的时间里，他们商定体例，拟出入选诗人及诗歌名单，然后就四处寻找这些诗歌。不少工农兵业余作者的诗，由于年代久远，有关他们的许多选集已被封存在图书馆仓库深处，很难借阅。她们只好查找那些厂矿旧报，甚至于从私人存书或笔记本里、评论文章里寻找。最后反复斟酌这些诗人的诗歌，并请画家合作，选出精美的插图，联系出版社出版发行。

《与史同在——当代中国新诗选》出版后，受到文学界，尤其是诗人们的热情欢迎和高度评价。

这本诗集收入了近300名诗人的400多首诗歌，再现了新中国诗歌的历史。诗集精选了从1949年10月1日至20世纪末优秀诗人郭沫若、艾青、臧克家、田间、冯至、何其芳、鲁藜、张志民、邹荻帆、徐迟、公刘、方纪、李季、李广田、郭小川、阮章竞、丁力、胡昭、方冰、韩笑、严辰、绿原、曾卓、贺敬之、闻捷、李瑛、雁翼、梁上泉、流沙河、傅仇、方敬、孙静轩、戈壁舟、王老九、李学鳌、吕剑、刘征、邵燕祥、胡世宗、白桦、牛汉、石天河、鲁藜、野曼、张永枚、未央、王辽生、雷抒雁、叶延滨、柯岩、沙鸥、杨山、王怀让、叶文福、食指、杨牧、梁小斌、傅天琳、舒婷等人的诗作，还选了台湾著名诗人余光中、彭帮祯、席慕容，香港著名诗人蓝海文、犁青、张诗剑、王一桃等人的优秀诗篇。

这些中国人民热爱而且熟悉的杰出诗人的优美诗篇，像一道横跨历史长空的美丽彩虹，又像一串铭刻在时代大地上的深深脚印，把昨天与今天紧紧相连，把历史与现实依依相系。这些来自于生活的诗篇，以赤子之情，歌颂祖国和人民，歌唱劳动和爱情，反映着生活的律动，跃动着时代的脉搏，极大地满足了广大读者，尤其是中青年读者丰富、充实精神生活的渴求，产生了很大的社会影响，必将与史同在，与世长存！

九、主编《与史同在——当代中国散文选》

2011年4月，我在将《柯岩传》第三次修改稿寄给柯岩以后，她在电话上告诉我，她正在编《与史同在——当代中国散文选》，非常忙。我一听，就知道这是一部大工程，因为《与史同在——当代中国新诗选》就是上下两部，100万字，散文选内容更多，肯定会是一百多万字！我忙劝她不要累坏了。她说，没有办法呀！必须得做呀！

2011年6月，我到邯郸参加河北省雁翼文学研究会成立暨雁翼文学馆揭牌大会，听《与史同在——当代中国新诗选》的第二主编、也是《与史同在——当代中国散文选》的第二主编胡笳先生讲，柯岩为编这部136万字的大书，从选题、构思、选文、组稿、审定、校对以至出版发行，花费了多少心思，付出了多少辛劳！她不是编一部普通的散文选，而是要编一部与史同在的、展示新中国60年辉煌历程的优秀的经典散文集，她不仅要从浩如烟海的散文中选出符合她的选择标准的、具有历史价值和美学意蕴的优秀散文，还要对这些作品进行精心校审，那是多么浩大的工程，多么艰巨的劳动啊！而她对这项工作又非常看重，工作是那样一丝不苟、精益求精。加上，这时她已是80多岁，是动过多次大手术才从死神手里抢救过来的老人。我完全可以想见，柯岩为此付出了多少心血！

胡笳说，柯岩是从2008年开始提出这项工程的。她看到《与史同在——当代中国新诗选》受到众多诗人、作家和广大读者的欢迎，就开始酝酿编一部姊妹篇《与史同在——当代中国散文选》。2008年，她请胡笳去到北戴河，商议了编辑散文选的事。她告诉胡笳，编辑《与史同在——当代中国散文选》仍然同编辑《与史同在——当代中国新诗选》一样，要从新中国半个多世纪浩如烟海的散文著作中，挑选出经得起时间检验的、有思想水平、有艺术质量的代表性的优秀作家的散文佳作，以反映新中国60年光辉而又艰辛曲折的历程；同时，还要选出反映新中国半个多世纪以来的重大历史进程、重大历史事件、重要历史人物、重大建设成就和自然景观的优秀之作。也即是说，这个选本既要选出能代表当代中国60年散文创作的整体风貌和思想艺术水准的经典之作，又要能通过这些散文反映新中国走过的波澜壮阔的伟大而艰辛的历程。这是较编辑《与史同在——当代中国新诗选》更为艰巨而繁重的任务！

但是，柯岩决定迎难而上！她仍然采取了回忆的办法，即先把自己阅读过的新中国成立以来的优秀作家的散文佳作的目录写出来，再查阅文学史提到的优秀散文以及反映新中国历史上的重要事件、重要人物、重大建设成就及中国辽阔大地上的重要景观的散文，再把当代中国（包括港、澳、台）主要作家的散文名篇汇聚起来，从中挑选出符合“与史同在”要求的精品来。

使胡笳惊讶的是柯岩惊人的记忆力，以及她对中国当代散文的熟悉和了解！

她善于从浩如烟海的大量散文中发现反映重大事件的散文，并从中挑选出优秀作品。

胡笳对我讲，选《两个美国间谍的自述》时，柯岩只隐约记得新中国成立之初读过这部作品，但却找不到这本书。为此，柯岩查了很多书店和图书馆，最后才在北京图书馆藏书库里查到。柯岩拿到书后，立即复印，再仔细节选润色，然后反复校对。胡笳还说，该书的审稿、校阅、出版发行，她都亲自过问，亲自安排。

2011 年 9 月，几乎是在收到《与史同在——当代中国散文选》的同时，我就听到柯岩生病住院的消息。我忙打电话问贺茂之将军，他告诉我，这次柯岩的病情很重，在重症监护室医治。我看到那装帧精美、内容精湛丰厚的《与史同在——当代中国散文选》，就想到，柯岩真正是为了文学事业而累垮的、累病的呀！正是经过她的倾心付出和精心编辑，《与史同在——当代中国散文选》才取得了巨大的成功。这部皇皇巨著凝聚了柯岩的心血，也闪耀着柯岩的思想光芒。

我觉得，这部选本有着三大突出特点：

首先是它的经典性。选本选择了反映新中国 60 年来的重大历史事件、重要历史人物、重大建设工程、重要文化景观，同时又具有高度思想与艺术水平的经典之作。如：《谁是最可爱的人》（魏巍）、《我热爱新北京》（老舍）、《夜走灵官峡》（杜鹏程）、《印度之行》（冰心）、《南京路上好八连纪事》（郭小川、马玉才、胡瑞松）、《山地回忆》（孙犁）、《社稷坛抒情》（秦牧）、《丁香花下》（黄秋耘）、《松树的风格》（陶铸）、《日出》（刘白羽）、《荔枝蜜》（杨朔）、《秋色赋》（峻青）、《记一辆纺车》（吴伯箫）、《雨中登泰山》（李健吾）、《小将们在挑战——记中国乒乓球队》（郭小川）、《忆铁人》（魏钢焰）、《一封终于发出的信——给我的爸爸陶铸》（陶斯亮）、《怀念萧珊》（巴金）、《幽燕诗魂》（丁宁）、《“牛棚”小品（三章）》（丁玲）、《合欢树》（史铁生）、《莫高窟》（余秋雨）、《秦腔》（贾平凹）等。

其次是它的宏阔性。柯岩以那样宏伟的气魄和胆识，精选了 130 多万字的散文选，这在中国散文发展史上都是罕见的！因为多数大型散文选本都是集体搞的，而这部选本主要是她主导并倾全力编选出来的。而且她选择的内容又是那样的广阔和丰厚，选文几乎全方位地反映了新中国60多年来各个阶段的重大历史事件、重要历史人物，以及当代中国政治、军事、外交、工业、农业、科学、教育、工商业的发展变化及各界人士的精神风采，并且还全面、立体、艺术地展示了神州壮丽河山的蓬勃生机与沸腾景象。为了表现新中国成立初期的历史，柯岩选了袁学骏的《天下第一坡》和著名散文家林非的《渡过长江去》、《共和国记忆里的国徽国旗国歌》；为了反映新中国成立后改造战犯、改造妓女的重大事件，柯岩选了《墨西哥的疑惑》和《末代皇帝的自述》、《两个美国间谍的自述》等作品；为了表现新中国成立之初海外科学家回到祖国，柯岩选了《钱学森的艰难回国路》；为了反映抗美援朝，柯岩选了《谁是最可爱的人》、《彭德怀最后一次排兵布阵》、《英雄黄继光献身的一刻》、《泪中的的怀念》等作品；为了表现新时期的历史性转折，柯岩选择了《惊回眸，那个春天》、《徐迟与〈哥德巴赫猜想〉》、《一个海外学子的命运转折点》、《怀念萧珊》、《"牛棚"小品(三章)》、《一封终于发出的信——给我的爸爸陶铸》等文章；为了表现北京奥运会，柯岩选择了《北京鸟巢畅想曲》、《圣火》；而在描写民族英雄、人民英雄方面，柯岩选择了《大无大有周恩来》、《为人顶天立 豪气逐风云》、《忆铁人》、《荣获奥林匹克勋章的中华第一人》、《人生能有几回搏——记我国第一位乒乓球世界冠军容国团》、《袁隆平，用一粒种子改变世界》、《一个人与一条路》；为了表现中国人民60年来的建设成就，柯岩选择了《"人工天河"屹立太行——1959年建红旗渠纪实》、《关键时刻还得看子弟兵——成昆铁路的英雄史诗》、《我们战斗在戈壁滩上》；为了表现中国的壮丽山川和风土人情，柯岩选了《北京的春节》、《昆仑飞瀑》、《桃花源记》、《乡土情结》、《访柳泉杂记》、《泼彩九寨沟》、《莫高窟》、《神仙一样的爱情——走婚泸沽湖》等文。而且所选作者面之宽，也是很突出的：既有享誉文坛的知名作家、学者，又有初试身手的青年俊杰；既有大陆作家，又有港、澳、台作家乃至美国作者……再有，柯岩选文的体式也是比较开放的，她采用了大散文的概念，把一些报告文学、传记文学的长篇佳作，均纳入她挑选的范畴，通过节选、压缩改编的方法，铸成新的自成体系的文章，选入其中，如《末代皇帝自述》、《两个美国奸谍的自述》等，这大大扩充了这部散文选的思想内涵。

其三是当代性，即它的思想教育性、审美艺术性和大众普及性的结合。柯岩在主编这部选集时，非常重视以文记史、以文正史、以文传史，非常重视选取那些表现新中国历史上的重大事件、重要人物、重大项目的散文，以表现中华民族的光荣传统在当代的传承和发扬，表现社会主义事业的伟大成就，歌颂真正的无产阶级英雄的博大胸怀和无私美德，使选文具有高度的思想意蕴和强烈的教育作用。同时，柯岩又很重视选文的审美价值和艺术内蕴，强调选出的散文必须是真正的艺术品，能给人以艺术的陶冶和审美的愉悦，给人以灵魂的净化和精神的启迪。同时，这部选本还有很强的大众化和普及性的特点，非常适合广大群众阅读。

把《与史同在——当代中国新诗选》和《与史同在——当代中国散文选》放在一起，就更看出了这两部书的意义，它们确如解放军总政治部原常务副主任、总后勤部原政委，中国新四军研究会会长周奎玉上将在《与史同在——当代中国散文选》的序言中所赞扬的那样：

> 清代思想家龚自珍说："灭人之国，必先去其史；败人之纲纪，必先去其史；绝人之才，必先去其史。"而这部书则是以文记史，以文正史，以文强史，具有深远的现实意义。它所记载的体现出共和国成长中的重要事件和代表人物以及艺术价值，不但与新中国的历史同在，而且与新中国的历史同辉。我想，这应是此书的价值之所在，也该是柯岩、胡笳主编此书初衷之所在。

更让我感佩不已的是：柯岩编这两部文选，是在身患重病之时，尤其是编后一部散文选时，已是80岁的老人，审校书稿时已是重病在身，躺在病床上了！但是为了总结和汇聚新中国60年的文学成就，为了祖国文学事业的繁荣和发展，为了给青少年留下新中国60年的宝贵的文学遗产和精神食粮，她却带病工作。她真正是新中国文学战线上的"劳动模范"、"高产作家"、"全能冠军"！她真正是"烈士暮年，壮心不已"，她真正是做到了"春蚕到死丝方尽，蜡炬成灰泪始干"啊！

第九章

荣誉与成就

一、崇高的荣誉

2009年8月24日，北京，中国现代文学馆。阳光灿烂，花木缤纷。

“柯岩创作生涯60周年暨《柯岩文集》首发式座谈会”隆重举行。

高朋满座，气氛浓烈。

会场上，挂着政界、军界、文化界、文艺界的领导、专家、学者的题词、对联、诗词；几个大玻璃柜里，陈列着柯岩的上百种著作。迟浩田将军的贺词特别醒目：

诗人称她一团火，
老兵敬她火辽阔。
赤心为民多雅颂，

1980年，柯岩到天津看望作家孙犁

华夏此树有几棵？

——迟浩田

主席台上，坐着中宣部、文化部、中国文联、中国作协、文艺界、文学界的领导同志及专家、学者翟泰丰、高占祥、李殿仁、赵鹜、石祥、岳宣文、王巨才、邓友梅、张炯、司马南、李准、李希凡、丁宁、丁振海、仲呈祥、张玉、阎德纯、束沛德、郑伯农、刘润为、雷达、范咏戈、雷抒雁、梁鸿鹰、阎纲、周明、马瑞芳、金波等，柯岩也端坐其上。

中国作协党组书记、副主席李冰主持会议。他首先请中宣部副部长宣读了中宣部部长刘云山同志的贺信。刘云山同志的贺信以“与时代同进步，与人民共忧乐”两句话高度评价了柯岩60年的创作，信中说：

欣逢新中国成立60周年之际，中国作家协会召开柯岩同志创作生涯60周年座谈会暨《柯岩文集》首发式，回顾柯岩同志60年的创作生涯与历程，研讨柯岩同志60年的创作实践与成就，是一件非常有意义的事情。我谨向柯岩同志致以诚挚的祝贺与敬意！

柯岩同志是我国当代著名诗人、作家。她把自己的艺术生命和国家民族的命运紧密地联系在一起，始终遵循社会主义创作方向，与时代同进步，与人民共忧乐，走过了60年不平凡的创作历程，发表和出版了50余部作品。《柯岩文集》是她辛勤耕耘的结晶，艺术才情的展示，是她唱给祖国和人民、唱给党和时代的颂歌，是中国文学的宝贵财富。

1949年，柯岩同志迎着新中国诞生的曙光，开始了自己的创作生涯。20世纪五六十年代，柯岩同志以儿童文学、戏剧文学作品闻名于世……新时期以来，她更是焕发艺术青春，以饱满的创作激情，在小说、诗歌、儿童文学、报告文学、影视、戏剧、散文、文艺评论等领域全面开花，先后发表了一系列产生了深远而广泛社会影响的作品，并先后被翻译成英、法、俄、德等多国文字，收入大、中、小学语文教材。她的作品贴近时代、贴近生活、贴近人民，赢得了人民群众的由衷喜爱。

柯岩同志是一位始终对祖国和人民充满了感情和敬意的作家，是一位具有强烈的社会责任感和历史使命感的作家。柯岩同志还是一位坚持不懈地进行艺术创新、永葆艺术青春的作家。她在60年的创作生涯里，一直文心雄健，笔耕不止，佳作迭出。她的作品一直随着时代的进步而进步，随着艺术的发展而发展，从内容到形式，从题材到艺术质量，都不断开拓创新，不断达到新的高度。

柯岩同志的艺术实践证明，一个文学艺术家只要心随时代、情系人民，时代就会真诚地拥抱他、馈赠他，人民就会真诚地欢迎他、厚爱他。

中国作协主席铁凝首先发言，她指出：

今年是新中国成立60周年，也是柯岩同志从事文学创作60周年。在这个不平凡的年度里，我们召开柯岩创作生涯60周年座谈会暨《柯岩文集》首发式，共同探讨柯岩同志的创作道路、成就和经验，有着不同寻常的纪念意义与价值。

柯岩同志是新中国建立后卓有成就的儿童文学作家，又是新时期以来在诗歌、小说、散文、报告文学、戏剧影视、文学评论等多种文学样式上都有突出成就的作家。大半个世纪以来，她一直以高昂的创作激情投入写作，在各种体裁中游刃有余，各有建树。提起儿童文学，我们马上想到了《“小兵”的故事》《“小迷糊”阿姨》等名篇，提起诗歌，我们马上就会想起《周总理，你在哪里》《中国式的回答》，提起报告文学，我们马上就会想起《船长》《奇异的书简》《美的追求者》《追赶太阳的人》《一个诗人眼中的宋庆龄》和《癌症≠死亡》，提起小说和影视剧，我们马上就会想起《寻找回来的世界》《仅次于上帝的人》《红蜻蜓》《他乡明月》。这些作品，都因其精湛的文学艺术品相与质量，而引起了极大的社会反响，受到了广大读者的特别喜爱，成为中国当代文学一座宝贵的富矿。

柯岩同志是与新中国一起成长起来的作家。她的作品，反映了新中国60年所走过的风风雨雨，是时代的实践者、记录者。建国初期的艰苦创业，改革开放的开拓进取，阳光与乌云，欢笑与泪水，都在她的作品中得到真实、生动的反映。她的作品既让我们感到了时代脉搏的跳动，也给了我们丰富的美的感受。豪放壮阔，清新明丽，婉约细腻，是她独特的美学风格。

她是美的追求者，爱的奉献者。她始终怀着"与时代同进步、与人民共忧乐"的诚挚情感，拥抱时代，拥抱人民，拥抱生活，讴歌时代，讴歌人民，讴歌生活，将自己全部的爱的力量，都献给了人民群众。从她的作品中，我们看到她对祖国的爱，对普通劳动者的爱，对孩子的爱，对生活的爱。她用无限深厚的爱温暖着人们的心灵，滋润着干涸的心田。是当之无愧的时代歌手和人民作家。

在她60年的创作历程中，她一直怀着强烈的责任感与使命感，紧握手中的笔，投入到生活的滚滚激流中，关注时代，热爱生活，不懈追求，精益求精，以她特有的个性与才情，绝佳的气派和风度，为文为人的品格与风骨，为我们做出了表率和榜样。

铁凝代表中国作协向柯岩颁发了"从事文学创作60年"证章和证书。一时间，全场活跃，气氛欢腾。

全国人大常委、教科文卫委员会副主任、中国作协副主席金炳华发言说：

柯岩同志是我国当代的著名作家和诗人。在和柯岩同志接触中，我感到在她身上有着崇高理想，有着坚毅乐观、热爱人生的生活态度和精神。柯岩同志身患多种疾病，经过几次手术，经历了很多的痛苦，但是她非常坚强乐观，从来没被疾病所吓倒。有几次柯岩同志发烧到39度、40度，我去看她的时候，她还是说没有问题，仍然关心着作家和作家协会的工作，使人非常感动。我感到在柯岩同志身上有一股强大力量在支撑着她，这就是理想的力量。这种对人生的无比热爱，影响了她的创作。读者从她的作品中，感受到她那颗真诚的心。人是要有一点精神的。作为人类灵魂工程师的作家，自身的精神品格尤其重要。作家，就是要以人品立身，以作品说话。柯岩同志就是这样一位为人民群众所喜爱的作家。我们要学习和弘扬柯岩同志这种高尚品格和可贵精神。

柯岩同志还是我们中国作家协会的老领导，曾任中国作协主席团委员、书记处书记。长期以来，她一直关心着作家协会，关心着文学界，关心着广大作家朋友，力所能及地帮助他们解决创作和生活中遇到的问题和困难。她自己身体不好，但是经常关心和帮助青年作家成长，关心老作家的看病、住房问题等等。她对我的工作也给予了热情的关心和支持。在这里，我向柯岩同志表示衷心的感谢。

中国作协副主席翟泰丰热情称赞柯岩是中国文坛一位全能高产作家、人民作家，他说：

有一次，医院突然通知我说：贺敬之患了肺癌，必须马上做手术。不做手术，6个月就可能去世。医院要我马上签字。我急得冷汗直冒！一个这么优秀的诗人可能很快去世，这是多么令人难过和痛苦的事啊！快做手术，还是不做手术？我不知道该咋办！我叫秘书马上通知柯岩，请她来处理这件事。柯岩来了，她立即同贺敬之研究了治疗方案，斩钉截铁地说：不做！她决定用保守治疗，用中医加气功。柯岩与贺敬之的默契和柔情打动了我。她伴着贺敬之进了大山，天天做气功，吸吸呼。一年后检查，癌症小了一半，第二年，又小了一些，三年下来，癌症居然就没有了！

后来，柯岩得了肾结核切除了右肾，不久，又要做心脏搭桥手术，这是一个大手术，要做体外循环，危险性很大，手术成功率只有30%。医院开了半天会，研究了手术的情况，决定由最好的专家、院士亲自主刀。贺敬之紧张得不行！脸上愁云密布。他去安慰柯岩，柯岩却很镇定。手术刚做完，她又拿起了创作的笔！

这就是柯岩其人！

柯岩文学创作的艺术价值和她作品的历史地位一样，文学评论界早有大量评说，其中令我感受最深的有五点：

其一，是鲜明的审美价值追求。她的审美价值追求是社会主义的、为人民的，她所追求的是我们时代精神世界的壮丽之美，是人民心灵世界的崇高之美，是鲜明的人性之美，是高尚的人格之美。她的这种审美价值追求充分体现在她各个不同历史时期的作品中。

其二，是独特的审美个性。柯岩审美个性的独特性是她审美价值追求的延续。她的性格善良而坚强，朴实而果敢，畅快而敏锐，她始终在生活里，在人民中——在抗美援朝前线的战士里、在工厂工人里、在工读学校师生里、在可爱的孩子中，她的灵魂与人民相融，情感与人民相通。她在作品中勇敢地揭露鞭挞丑恶，展示人间大爱，给人以光明和鼓舞，这是她全部作品共同而显著的艺术价值。

其三，是作品多样式交叉并用的美学追求。她的作品构成了以柯岩名字命名的丰富多彩的文学玫瑰园，在这个文学玫瑰园里不乏吐珠纳玉的佳作，其作品构思之巧妙，结构之严谨，声调之优美，韵味之浓重，个性之鲜明，让这个玫瑰园如此绚丽耀眼。

其四，是注重心灵对话，在心灵的闪光中加大文学的艺术表现力，达到文学创作的新境界。这心灵的对话是在祖国心脏里回响，是在历史脉搏中的跳动。

其五，是不断开掘美的意象，寻觅文学创作新的生命力。柯岩的作品彰显着明显的创新性，既有广阔的胸臆，视通万里、昂扬意气、荡涤胸怀的气势，又有巧妙的构思，清丽的文采。她在创作中十分注重开掘美的意象，创造新的形式，给文学创作以新的生命力。她说："我写小说想尝试一下，把诗引进小说，从结构上尽量既有戏剧性，又有诗的意境，使我的作品不同于别人"，她还特别强调"一个作家重复别人没出息，重复自己也没多少出息"，她倡导"要在变化中找到自己一些独特的东西"……显然她在寻觅文学创作新的生命力，更深地开掘美的意象，她是这样说的，也这样做的，成就都在她这十卷书里。

最后，翟泰丰说：

现在，我把我画的玉兰春意图送给柯岩，以表达我的敬意！

翟泰丰送画，全场气氛欢腾起来。

原中国文联副主席、著名作家、影视剧评论家仲呈祥发言，全面分析了柯岩电视剧的创作，并高度评价了柯岩电视作品的化人、养心及引领和提升作用：

中国当代文艺史上，柯岩是一位丰产的多面手。她在诗歌、报告文学和儿童文学、长篇小说创作上硕果累累。新时期以来，她又敏锐地把笔触伸进了覆盖面广、影响力大的电视剧创作领域，为这门新兴的艺术提供了具有普遍启示意义的宝贵经验。

第一，柯岩为中国新时期的电视剧创作奉献出了《寻找回来的世界》《仅次于上帝的人》（也就是后来的电视剧《红蜻蜓》）《他乡明月》等优秀作品。这些作品都标志着中国新时期电视剧创作的较高思想艺术水准。它们以紧扣时代脉搏的历史品格和诗化的美学风貌，启示年轻的电视剧界懂得一个深刻的道理：作为彪领新时期大众艺术思潮的一种主要艺术形式，必须坚持文化化人。电视剧这门新兴的艺术使命光荣，责任重大，它应该靠自身的艺术魅力把人的素质化高，然后靠高素质的人去保证社会经济建设的全面发展。这才是科学发展观的题中之意。柯岩的电视剧创作，精益求精，以质取胜。她的作品，无论是描写迷途知返的失足少年的《寻找回来的世界》，还是直面当下中学教育的《红蜻蜓》，抑或是表现海外游子生活的《他乡明月》，都给人以理想和力量，都是以艺术“化人”的具有示范价值的优秀作品。我以为，我们的文化艺术犹如一座宝塔。改革开放，文艺包容，这塔座愈多样愈丰富愈繁荣，但前提是不得背离我们倡导的价值取向和伦理道德标准。而塔尖上，则必须是力推那些历经历史和人民检验了的有思想的艺术与有艺术的思想和谐统一的优秀作品，因为正是这塔尖上的作品引领着人民艺术鉴赏的精神航程。像柯岩这样的作家及其优秀作品，才不愧于在中华民族当下文化建设的宝塔的塔尖，引领我们民族的文化艺术前行。

第二，柯岩的作品又启示我们，大众化的电视剧创作同其他艺术形式一样，也必须靠艺术创新通过养眼进而养心。艺术作为人类审美把握世界的一种独特方式，它的终极目标应该是养心，把人的精神境界养高。柯岩以她的人格魅力和执著的诗意审美追求，告诉了我们人生真谛。读她的剧作，那《寻找回来的世界》，那《仅次于上帝的人》，那《红蜻蜓》，那《他乡明月》，都强烈感受到一种美的意境，一种如诗如画的陶醉，其间如宋丹丹、李媛媛饰演的艺术形象，都是深入观众之心的美的化身，既养眼更养心。这又与我们当前某些信奉“营造视听奇观”的伪美学原则，止于养眼而放弃养心，甚至于连养眼都谈不上，花眼乱心，形成了强烈对照。柯岩的电视剧作品不仅养眼，更能通过养眼使观众得到认识的启迪，心灵的净化，由视听的快感升华为精神的美感。这是她的作品留给我们的宝贵启示。

第三，柯岩在电视剧创作中灌注的人格力量、生命意识和人性追求，以及她的人生理想、美学追求，对今天的社会生活和文化建设起着宝贵的引领作用。这又跟我们当下的文化建设中太多的迎合形成了鲜明的对照。胡锦涛总书记在第八次文代会和第七次作代会上的重要讲话中强调要注重引领社会生活和文化建设，并指出：“一切受人民欢迎、对人民有深刻影响的艺术作品，从本质上说，都必须既反映人民精神世界又引领人民精神和生活，都必须在人民的伟大中获得艺术的伟大。”柯岩是一位自觉以自己的辛勤耕耘和创作反映人民精神世界，并引领人民精神生活走向更高的审美境界和艺术境界的文化战士。这点给我自己留下了深刻的印象。归根结底，我们应该学习她这种自觉的文化态度。著名社会学家费孝通先生在总结近一个世纪以来，中华民族文化建设的根本经验时，曾精辟归纳为“文化自觉”。柯岩以她的艺术创作实践告诉我们，她是一个坚持“文化自觉”的文艺战士。她坚持美自己民族的美，也美她自己的个性之美、人性之美。她同时也是一个能够美人之美的、具有开阔眼界的文艺工作者。她善于吸纳别的作家、别的民族的一些优秀精神产品的适合中国国情的成果。比如说她的《红蜻蜓》，当时就是中国电视剧剧坛独放异彩的创新的散文化的作品。而《寻找回来的世界》，标志着中国电视剧在那个时期的最高审美水平，获国家政府奖“飞天奖”一等奖。她善于把自己个人的、民族的美与他人、他民族的美在改革开放的现实土壤之上加以交融、整合，创造出一种既富民族特色、又富时代精神的体现出鲜明的“柯岩个性和风格”的优秀作品。因此，她在中国电视剧的发展史上占有重要的一席位置和具有独特的审美价值。

哲学是管总的，哲学通，一通百通。柯岩是一位自觉地坚持马克思主义的审美思维和历史思维的文艺工作者，她信仰和践行与时俱进的马克思主义的美学观和历史观，始终以推动社会进步、构建和谐社会为己任，她是一位坚守共产主义理想信仰的坚持文化化人、艺术养心、重在引领、责在自觉的人民尊重的优秀作家。

接着，著名表演艺术家殷之光朗诵了诗人石祥的诗《柯岩是一团火》：

柯岩是一团火
　　她总是那么热情，那么光芒四射
　　她总是那么年轻，那么朝气蓬勃
　　她是与共和国一起成长的人民作家
　　她却自诩为：岩石上的小树一棵

柯岩是一团火
　　三月的一丛杜鹃
　　六月的一束丹荷
　　九月的枫叶一簇
　　腊月的红梅一朵

柯岩是一团火
　　美丽而不妒群芳
　　要强却尊重弱者
　　作品：给人温暖，亦真亦善亦美
　　人品：大爱无价，崇尚精神、情操、道德

柯岩是一团火
　“小迷糊”、“小兵”、小画家、
　小读者把她的儿童诗当作火红的糖葫芦、小风车
　开国总理的英灵听到她深情的呼唤
　蓦地站起来，拥抱含泪的人民、长江、黄河

柯岩是一团火
　第一次向世界宣告《癌症≠死亡》
　患者尊她为“救命的菩萨”、“涅槃”的神火
　高墙内失足青年欢呼《寻找回来的世界》
　视她为回头的岸，航行的舵

柯岩是一团火
　几代人在中小学课本里
　和她对话，听她诉说
　找到了人生的坐标，入门的钥匙
　懂得了路该怎样走，人该怎么活

柯岩是一团火
　为弱势群体鼓与呼
　呕尽一腔血，捧出心一颗
　为可敬可爱的人树碑立传
　自己宁做丰碑的基石底座

柯岩是一团火
　使命和责任是她脚下的“风火轮”
　雅俗共赏是她笔下的庄严承诺
　不追逐名利、桂冠、高官、厚禄，

愿做人民大众普通的一个

柯岩是一团火
情感源于人民母亲的怀抱
创作来自群众火热的生活
和百姓一起哭、一起笑、一起唱
与祖国同忧患，同荣辱，同苦乐

柯岩是一团火
贤妻、良母，新的女性
诗人伴侣，平民生活
既是女人，又不让须眉
既发扬优良传统，又紧扣时代脉搏

柯岩是一团火
右派帽子扣不住这团火
十年浩劫扑不灭这团火
左风右浪摧不垮这团火
魑魅魍魉吓不倒这团火

柯岩是一团火
面对人民，鞠躬尽瘁
面对批斗，刚直不阿
“文革”中，“孤胆劫狱”传为佳话
还好人一个清白，捍卫了法律、人格

柯岩是一团火
野火，篝火

宁把自己燃尽，让大地开花结果
星火，圣火
甘为人间火种，让千秋历史评说

原《文艺报》主编范咏戈指出柯岩的创作是一种生命写作，高度肯定了柯岩的人生态度和人格精神：

我读柯岩作品的最大感动是她那种高尚人格力量的感动。首先，她堪称文学界的劳动模范。洋洋十卷本的《柯岩文集》，六百万字的作品中，柯岩同志在文学的多个领域：小说、诗歌、散文、报告文学、戏剧、影视、评论都留下了丰硕的创作成果。不仅当时有轰动效应，也将长存于当代文学史。可以说在新中国成立后的一代作家中她是秀出班行、无出其右的一位。《寻找回来的世界》的赤子之心，《他乡明月》中的高情远志，《一个诗人眼里的宋庆龄》的蕙心纨质，《周总理，你在哪里》的沉哀入骨，她的文论中的姜桂之性，所有这些都是作家人格的构成部分。更何况这些作品有的是在与死神搏斗，躺在抢救室病床上奋笔疾书写下的。她悉心辅导了大量的工人业余作者；70岁的时候她在《小学生阅读报》上开辟了“和‘巨人’对话”的专栏，有问必答地给小朋友们去信，解决他们不愿意上学、和爸爸妈妈的矛盾等等。她是一位“越界”的作家，她的文字不仅是墨写的，更是生命写就的，也只有如此的写作姿态才能够使一个作家的作品达到一种生命力的高度。那种对祖国、对人民和对作家称号神圣性的维护和理解使柯岩同志成为“五四”以来新文学的传人，无愧为新中国成立后成长起来的一代作家中的杰出代表。正因为柯岩的文学灵感来自于生活，特别是来自于人民群众的主体生活，所以她的作品总有一种坚硬的质地，历久而弥新。这种对生活的热情拥抱，是她能够在现实主义道路上走出辉煌的原因。她所有作品中都浸透着那种现实的品格，具有真实的生命张力和生活感觉，也使柯岩作品常常获得不虞之誉。

柯岩走过的创作道路是富有启示意义的，从她的道路上可以走出大师来。当然，这不是喊几个口号即能达到。柯岩坚持现实主义道路的胜利是和她深厚的文学造诣分不开的。她的秀出班行是和她的幼学壮行密不可分的。她有深厚的文学底蕴。她的作品把中国灵魂的多个方面磨炼得发光，犹如多面的宝石：这一面是意志，那一面是秩序，这一面是优美，那一面是精神，还有英雄主义、爱国主义。她的作品是创造者和引导者，把光明投向人民内心，帮助人民以精神的方式掌握世界，激发人的实践意志，引导人们追求大写的自我。

与文学艺术全不搭界的淄博抗癌健身乐园园长、身材瘦削的李英伟走上了讲坛。他一开始就讲起了与本会似乎全然无关的他突患癌症的经历：

2001 年 7 月，突如其来的癌症把我逼入了生命的绝境。

第二天，在家人和同事的陪同下，我到省城济南找一位影像学老专家做进一步确诊。专家接过片子，脸上立刻露出无比的惊讶，他急切地拿出相机把片子拍下来，一边惊奇地自语：这么大的瘤子，这么特殊的病例！可以上教材了！

他没想到病人此刻就站在他身边，两眼盯着片子头也不回地问：病人现在的情况怎么样？还可以下地吗？……我建议保守治疗，估计最多也就两个月……

刚才还心存幻想的我，脑子顿时“嗡”的一声，就什么都听不到了，老专家只顾惊奇而没有同情的话语和表情激怒了我。两个月？我才 35 岁，我的生命怎么可能就只剩下两个月?! ……

为了寻求更好的治疗，在单位领导和朋友帮助下，我住进了北京中国医学科学院肿瘤医院，并在那里正式被确诊为“弥漫型恶性淋巴瘤”，癌症中晚期……由于我体内的肿瘤巨大并与心脏粘连，又包着上腔动静脉两条大血管，不能手术，只有大剂量的放化疗一条路。……

第一次、第二次化疗，我在难以名状的痛苦中熬过了。……

对我身心打击最大、让我有了炼狱般煎熬的还是第三次化疗。……从凌晨三点多钟，我开始了强烈的呕吐和41度的高烧。——我根本无力去控制和把握，只有一个姿势趴在床上，喷射状地呕吐。真是生不如死啊！……

就在大家非常同情这位患者的时候，他突然语调一变：

就在我痛不欲生之时，一天同病房的陈教授兴冲冲地从外面进来，“嘿,！小伙子，快看看！”他一边大声叫我，一边递给我一本书，我无精打采地接过来，蓦地，一个让我吃惊而又振奋不已的大标题映入我的眼帘——《癌症≠死亡》。

癌症≠死亡?!

手中立刻像抓住了救命稻草，又仿佛黑暗中的一盏灯在我眼前一亮。

我迫不及待地翻开书读下去……

渐渐地，那一个个活生生的癌症患者的形象，在我眼前生动起来，我的心一下子亮了！眼前开始有了光明：原来不仅仅只是西医，我们还有中医和气功啊！还有抗癌明星们用鲜血和生命总结出来的癌症康复道路……

那一天，我一连读了三遍《癌症≠死亡》。

越看越激动，越看越有劲儿，我感到浑身上下充满了从未有过的勇气和力量，我那彷徨无助的心渐渐有了坚实的依靠。……

清晰地记得妹妹陪我去抗癌乐园，见到于大元老师他们那一天，面对那么多来咨询的癌症病人，于老师操着浓浓的四川口音，风趣地给我们举一个个“老癌”战胜癌症的例子，在场的许多曾被判了“死刑”而又顽强活下来的抗癌明星们，也纷纷向我们讲述着他们抗癌成功的经历……

死亡的阴霾一扫而光……

我终于知道我应该怎样活着了！

从那天起，《癌症≠死亡》这本书，就再也没有和我离开过……

从那天起，于大元这些老师们谆谆教导我的“以健康的精神为统帅，以自我心理治疗为先导，首选西医，结合中医，坚持郭林气功锻炼，讲究饮食治疗，注意生活调理”这条癌症康复道路就牢牢地印在了我的心里。……

光阴似箭，一转眼，我已经活了八年多，大大超过了医生预言的“两个月”，在《癌症≠死亡》的指引下，我不仅找到了心中的榜样，找到了如何活下来的方法，更从他们身上学会了坚强，懂得了活着的意义和生命的价值。

于是，我产生了这样一个强烈愿望：我要带着《癌症≠死亡》和最近出版的《CA俱乐部》这两本书，和已经康复了的癌症病友们一起，骑着自行车走遍胶东半岛、走遍山东的每一个角落，把这两本书送到正在病床上挣扎的癌症病友的手中，把柯岩老师这盏希望的“灯”送到每一位病友的心里……

《癌症≠死亡》既曾在我们生命最艰难的时候，指给了我们一条通往新生的光明的路，点燃了我们的希望之火，也必将有益于当今迅速增长的癌症新病人。可以这样说，这是一篇向癌症王国吹响的进军号，宣告“癌症≠死亡”的一篇战斗的檄文！……它，已经是，也永远会是所有癌症患者心中一篇不死的宣言！

全场响起热烈的掌声。

李英伟还谈到对作家的希望：

希望作家们少写一些无聊的东西，多写一些对社会、对读者有用的作品！希望作家带着真诚的心去到生活之中，写出帮助读者升华灵魂，认识生命的作品！去点燃读者的生命之火，燃红青少年沸腾的心！

最后，李英伟代表山东和淄博抗癌乐园，献给柯岩一面有数百位癌症患者签名的锦旗，以表达山东的癌症患者对柯岩老师的尊重。

锦旗上写着：“柯岩，我们永远热爱你！”

这是对柯岩的贡献的最高奖赏啊！

中国教育学会理事、工读教育学会秘书长谭朴发言说：

1956年，我年仅14岁，由于犯了一些错误，被家长送进了当时全国的第一所工读学校——北京温泉工读学校学习。就是在这里，我认识了柯岩老师。

柯岩老师是我的辅导员。那时，她是那么年轻漂亮，那么充满活力。她经常给我们讲故事，她的故事讲得特别好，我们那时特盼她讲故事！我们还盼她带我们过团日，她带我们到西山鹫峰远足，领略大自然的风光，认识祖国河山的美好。她还带我们到北海、颐和园游玩，划船，同我们一起唱《让我们荡起双桨》的歌。柯岩老师很尊重我们的人格，发展我入队，让我当中队长。我们虽然是犯过错误的孩子，但是，柯岩老师仍然视我们为祖国的花朵，满腔热情地教育我们。我在工读学校受了六年教育，直到高中毕业，当上了人民教师。

转眼间到了1978年，我已是从教16年的老教师了，在那拨乱反正的日子里，被"文化大革命""砸烂"的工读学校又得以重新恢复。我从一二〇中学调回朝阳区工读学校当教导主任。1980年的一天，柯岩老师就像从天降下来一样，意想不到地又来到我们身边。我仍像孩子一样地扑到柯岩老师身边，紧紧握着柯岩老师的手，天真地问她："您还记得我吗?"柯岩老师略加端详："认得，认得，你不就是小谭朴吗！"这次，柯岩老师又来体验生活，她要写一部反映中国工读教育的长篇小说。她一住下来就是大半年，她一会儿找学生谈话，一会儿找教师谈心，她今儿参加学生劳动，明天又参加班主任会研究学生教育问题。她哪像一个大作家、大诗人？她又成了一个普通的工读教师！我们这些当年的学生，仍然像那时候一样，老爱跟着她，围着她，追着她，说那些说不完的话，讨论那些讨论不完的问题。直到她很累了，我才想起她已不是当前那个年轻的老师，于是我们劝她："柯岩老师，您都50多岁了，身体又不好，要注意休息，千万不要累坏了自己。"柯岩老师总是笑着说："我爱这些学生，我敬佩这些老师，我生活在他们身边，我感到年轻，有使不完的劲头。"

三年后，她的长篇小说《寻找回来的世界》发表了。她专门送了我一本，并在书上题词道："送给小谭朴，祝你成为小说中的教导主任。"我接过这本书，含着眼泪，一口气读了两遍。有一次，我诚恳地对柯岩说："柯岩老师，你是小时候的老师，今天，你又为我们塑造了黄树林等先进人物，又为我们指出了前进的方向。您是我终身的老师。"

可是，柯岩老师却严肃地说："你只说对了一半。应该说，你和你的同事们也都是我的老师。否则，我怎么能写出这部小说呢！"

是啊，人民的作家，是人类灵魂工程师，也永远以人民为师！我的柯岩老师，在她心目中，人民永远是她创作的源泉，所以她才会成为受人民喜爱和尊敬的大作家，大诗人！

著名演员曹灿朗诵了柯岩的《周总理，你在哪里》，再次激起热烈的气氛。会议的高潮是柯岩致答谢词：

我衷心感谢中国作家协会为我召开这样大的一个座谈会，感谢四川出版集团、四川文艺出版社为我出了印刷得这样精美的一套文集并前来出席会议，感谢为这个会议的召开和这套书的出版而操心费力的所有做具体工作的同志们，感谢在百忙中抽身前来参加这个会议和写来贺信、贺电的领导和同志们、朋友们！

刚才会上领导和同志们对我说了许多称赞的话，有些话简直让我坐不住。如果我说，我心里十分不安，好像是在客套；如果我说，我是不值得大家这样费心费力的，也好像我这人太不识抬举了，所以我只能把这一切当作是大家对我们这一代、和共和国一同成长的这一代的整体评价，我只不过是我们这个队伍里的普通一兵，是为了纪念我们共和国的60周年，被挑出来做解剖的一只麻雀，这种解剖也许可以帮助我们留下已逝历史的脚印，也许对培养今天的文学新人也有些可供参考之处。我只能在这样的理解下接受这些对我的热情的鼓励，并怀着深深的感激。

我是一个缺点很多的人，工作中的失误也不少，虽然创作生涯已经是

60 多年，但在创作上也还很不成熟，如果问，这长长的 60 多年中，我的长进究竟在哪里？我认为，那就是我终于弄清楚了：我是谁？

我是谁？我只不过是一个从旧社会走来的、出身贫寒的知识分子家庭的小知识分子，考不上公费校拿不到奖学金就得辍学或没钱吃饭；如果不是投身革命，可能早就和那个社会的无数知识分子一样，不是葬身于饥寒，就是沉沦于黑暗。是革命队伍给了我一切。一到青年艺术剧院，就非常幸运地被分配到创作组。有多少打过仗、负过伤的老干部向往多年都未能如愿进入的创作组，是他们为我让出了名额，同时也给了我原本可是他们的机遇。可我年轻时候完全没认识到这是老同志们为了革命的长远利益在培养新生力量，反以为解放战争快结束了，现在要的是走向世界，建立国家大剧院，“土八路”出局让位是顺理成章、理所应当。因为那时革命队伍里大学生很少，我就把自己念过几天大学当作资本，每天夹着厚厚的书本走来走去，不知天高地厚，浅薄而张扬，稍不如意，就闹情绪，找领导哭鼻子，全想不到这些领导中就有因工作需要而从创作岗位上改行做行政的。近几年看到一个国外资料，说是经统计得知，全世界的人都算上，能真正从事自己理想或心爱工作的人，超不过 7%，在这 7% 中能真正有些成绩的又不到这 7% 中的 2%。

我不敢说，我是有成绩的，但就是我能始终留在这个岗位勉强做些事，又花了老同志和领导的多少心血啊！首先，反反复复组织我们学习《在延安文艺座谈会上的讲话》，用自己转变立足点的经历来教育我们：作家绝不是精神贵族，创作和所有其他的工作一样，只是革命分工不同；什么是“大鲁艺”，什么是“小鲁艺”。然后，又给我们请了那么多大家来上大课：洪深、焦菊隐、曹禺讲戏剧；张天翼、赵树理、孙犁讲深入生活、讲艺术技巧——但是，道理讲得再深刻，听来的毕竟不是亲身经历的，我的眼里仍然没有群众，心里向往的仍然是莫斯科大剧院、斯坦尼斯拉夫斯基，是席勒、布莱希特、奥尼尔……幸好那时对创作人员要求严格，每年至少有 8～10 个月下去生活，别管你是恋爱、结婚、生孩子都必须打起背包下去，与群众同吃、同住、同劳动。长长的 60 多年过去了，我至今是那样地感念这个规定：是农村的大田和汗水教我懂得了粮食的来之不易；是农村的父老乡亲让我感受到了什么叫做默默奉献、什么叫做无言的牺牲；是工厂的师傅们手把手地教会我纺纱、接线，让我从心的深处理解了郝建秀；是机车厂、火车头和“文化列车”让我从感情上接近了我国第一个火车女司机田桂英；是钢铁厂的炼钢车间、铸造车间、轧钢车间教我领略到大工业生产的统一作战和工人阶级集体观念的形成；是下部队的摸爬滚打，是福建前线、新疆前线、广西前线、朝鲜前线负伤的战士和血染的土地，让我明白了共和国为什么能屹立于世界民族之林……

也许今天有些时髦人物以为我在说漂亮话，又是假、大、空，难道你们真的不以苦为苦吗？当然，我们不是傻子，当然体会到苦是不好吃的。为什么能坚持下来？就因为面对这些真的以苦为荣、以苦为乐的英雄模范，我们年轻的心里自然也会油然生起一股凛然正气，我们年轻的血也会沸腾。

可世界观的改造、立足点的转移哪里有这么容易呢？现在回头想想，“十七年”对我来说，基本可以这样划分：每当我在深入生活的时候，即使劳动再累、生活再艰苦，我总是活得充实而快乐；可只要一回到文坛这个名利场，各种纷争和诱惑就又往往让我徘徊、苦恼、愤懑不平和自我膨胀……但那时的大气候毕竟蓬勃向上，于是在批评和自我批评中，我总还能用榜样的力量来约束自己，每当在困难面前泄气或感到委屈消沉时，一想想我在喀喇昆仑山上采访三五九旅屯垦戍边的老战士，他们从 1949 年徒步进疆，一上山就一手拿枪，一手拿坎土曼，十几年没下来过，以至在我访问他们时，他们会反复让我为他们描绘北京的模样，坐火车、坐飞机的感觉；想想我在四川荣军演出队体验生活时，看安着假肢的战士怎样跳欢乐的《花儿与少年》、截去了双手的伤员怎样用残臂在风琴上弹奏《我爱我的祖国》时，我曾怎样哽咽难忍。想想我在前线看到那些血染的山头，那一座座年轻战士的新坟，就立刻万分羞愧，就有了不能在他们创造的和平生活里坐享其成的志气。于是，消沉和委屈自然云消雾散，困难也就迎刃而解了。

在今天这个创作生涯 60 周年座谈会上，我的学生谭朴、我的战友覃琨、“我的病人”李英伟为我叙述了那么多的美好情谊，令我不但重温了过去那些激情燃烧的岁月，也重新唤起了我一直埋在心底的对他们深深的感激。谭朴是上世纪50年代我在工读学校体验生活时的学生，后来，他成长为一位工读学校的人民教师。我在工读学校不过只待了短短两年，而谭朴和他的战友们却终生过的是那天天“救火”的日子。如今，小谭朴也已年过花甲，满脸皱纹；他的老校长刘瑞峰和老师们更是早已华发落尽，病痛缠身。是他们心贴心地教会了我该怎样去向人民教师学习，是他们不顾自己母亲流着泪却夜以继日地去揩干别人母亲眼泪的精神，才衍生出那本《寻找回来的世界》。我在儿童艺术剧院只不过写了几个剧本，可覃琨和她的演员同行却克服着常人难以想象的困难，一辈子在台上蹦蹦跳跳，硬让青春美女化成小小顽童。李英伟更是不止一次地带领他的同志们在各种场合向我道谢，感谢《癌症≠死亡》、《CA 俱乐部》给癌症病人带来的信心和勇气，其实更该感谢的恰恰是他们。在我每次动了大手术疼痛难忍或重病在身辗转病榻时，我总是想着他们，对自己说：“晚期癌症病人能活，我就能活；他们在那样痛苦甚至是凄惨的情况下还能乐观向上，自强不息，回报社会，我也必须做到!”于是，我也就活了过来，努力继续工作。他们才是我的老师，是我终身都在学习的亲人。

而人民对我的厚爱又何止于此呢呢?

1960年因我病危，在物资极端匮乏的情况下，医院为我输了2000多cc血，因为血库里的血不够新鲜，就直接从医生护士身上抽。我至今不知道为我输血的同志们的姓名，因为无论我怎么打听，他们都不肯告诉我，只说：“你问这个干什么？这都是我们应该做的。”“文化大革命”中，我根本不认识的少年宫的庄正芳教练（就是在少年宫教过庄则栋的教练）悄悄找到我家，让我把正在上小学的儿子交给他，因为“黑帮”的孩子由于生活无着落，往往会被社会上的一些人带坏。我说：“他根本不会打乒乓啊!”他说：“你怎么还这么傻呢？我会说他很有潜力。”我说：“不怕连累你吗？我们家可是两个‘黑帮’。”他摆摆手就转身走了。于是我的儿子就这样进了少年宫，以后也就上了北京最好的中学。我知道他这样保护过的“黑帮”孩子还不止一个，“文革”后都顺利地考上了名牌大学。而他至今仍是个普通教练，退休后住在一座普通居民楼的五层楼上。

我的儿子在上初中时，和另一个“黑帮”的孩子骂江青，被同学告发，他们的班主任把他们两个叫去训斥：“你们两个‘黑帮’崽子，还敢炮打？真是胆大包天哪！不知道这是反革命罪吗？就是把你们一枪崩了，你们的爹妈也脱不了干系！”这哪里是追查，明明是在递话。于是两个孩子就咬紧牙关死不承认。班主任又递话说：“这么大的事，别人敢瞎说吗？是不是和同学打了架，把人家惹急了？”两个孩子赶紧说是打了架了。于是，班主任忙找了那个孩子来，告诉他这不是件小事，如果属实，是要蹲监狱，甚至被枪毙的——是不是因为你们打架，把你气糊涂了，一时没听清也是难免的。要是没听清又判了他们，你还不得后悔一辈子，说得那孩子也三心二意起来，班主任又马上安排我儿子他们向同学道歉，硬是把一个“反革命”案件消灭在了萌芽状态。这个班主任当时才20多岁，还是一个年轻的女孩子，可她竟这样聪明，这样勇敢，这样有担当！我在苦难中得到的类似的保护还有不少，比如：在斗我斗得最狠时，我曾上书当时刚调到文化组戏剧口的、没见过面的李英儒同志，我信任他，因为他是写过《野火春风斗古城》的老作家，他果然不怕牵连很快地批示下来，使我没有再度被关押；后来又有一个刚刚调到文化组的新会地委书记党向民，是我在广东开会时仅仅见过一两次的同志，到青年艺术剧院参加批斗大会，竟专门从台上走下来，到“黑帮”队中和我握手。虽然他们的这些作为并不能改变我“黑帮”的身份，但这种心如明镜、是非分明、坚决按党的传统办事的凛然正气，这种在任何险境、多大的压力下也千方百计给同志以温暖以援手的革命情谊，怎能不令人感动万分?！当时我还听说了多少类似的故事啊！像写《铁道游击队》的刘知侠同志被斗得知死去活来时，是芳林嫂的人物原型把他藏在自己家中；像在《红色风暴》中一样，王昆的老保姆把她的小儿子八月径直带回了自己农村的家，成年累月地养了起来——就像当年的老根据地人民保护和坚壁八路军，又像红军长征时把无法携带的孩子托付给人民！

这哪里是一般的保护？这是历史的再现，这是革命传统的延伸，这是干群关系的鱼水情深，这是没齿难忘的救命之恩啊！我能不刻骨铭心，终身不忘并学会感恩吗？

而人民有教于我的还远不止于此！他们不但教我做人，还教我作文。直到今天，无论我是去大学讲课，还是独自默默哦吟，我总是把码头工人黄声孝的“太阳装了千千万，月亮卸了万万千”、“左手抓来上海港，右手送走重庆城”，煤矿工人的“我寒冷，让一切的寒冷因我而温暖；我沉重，让一切的沉重因我而轻盈”等许多绝佳诗句挂在嘴边作为标杆。也许我奋斗终生，最后也难以企及，但只要想到劳动人民不但为我们提供衣食住行，给我们温暖和光明，还在用他们崇高的精神在叩击我们的心灵之门，我就会立即严肃起来，绝不敢胡编乱造、轻薄为文。

长长的60年过去了，作为中国作家队伍中的并不出色的一员，我的贡献很少，但几十年的风霜雨雪，几十年的坎坷泥泞，还是让我记住了文学前辈对我的谆谆教导：“作家是靠作品存在的，其他一切伎俩都没用。”也亲历了极浅显却又极严酷的现实，那就是：文学的淘汰非常无情，其残酷性仅次于芭蕾舞。为什么有些极富才华的文学青年昙花一现就不再闪耀，而无数已故的文学前辈却永远被人怀念？就是在这样正反两面的教育下我慢慢成长，终于知道了我是谁。

我是谁？我是劳动人民培养出来的一个普通写作者，不是精神贵族，不该有任何特权，我只有在为人民歌唱中获得生命；我是我们共和国劳动大军中的普通一员，我必须学习着像工农兵和在基层工作的所有知识分子一样，在自己的岗位上尽职尽能，奉献自己，直至牺牲。

我是谁？我是我们祖国密密森林里的一棵小树，我必须像我的前辈老树们那样学习着为人民送去新鲜的氧气、片片绿荫和阵阵清风。

我是谁？我是我们祖国无边无际海洋里的一粒小小的水滴，我只有和我13亿兄弟姐妹一起汹涌澎湃，才会深远浩瀚，绝不能因为被簇拥到浪花尖上，因阳光的照耀而误以为是自己发光；如果我硬要轻视或蹦离我13亿海水兄弟姐妹，那么，我不是瞬间被蒸发得无影无踪，就将会因干涸而终止生命。

在我80年漫长的人生旅途中，经历了阳光灿烂，也跌入过深渊，跋涉过险滩，但只有在知道了我是谁、懂得了感恩之后，才有了完满的幸福和真正心灵的安宁。现在我虽年事已高，又身患重病，还是决心继续追随我们这支文学大军，奋力前行！

谢谢大家！

这篇答谢词多么深情，多么诚挚，多么感人！在阅读了《柯岩文集》、评论集和全部文章之后，在多次同柯岩倾谈之后，我深深感到，柯岩是真正尊重劳动人民、懂得感恩的作家，她在60多年的创作生涯中，为人民捧出了一颗金子般纯洁的赤子之心！

二、巨大的成就

参加了“柯岩创作生涯60周年暨《柯岩文集》首发式座谈会”之后，我回到重庆，再次阅读了柯岩的代表性作品，翻阅了几年来采访的笔记，用半年多时间，写完了《柯岩传》。我觉得，我应该对柯岩的思想艺术成就作一个概述。

在1996年柯岩作品研讨会及柯岩创作60周年座谈会上，刘云山同志的贺电和铁凝、翟泰丰、李冰、陈昌本、李殿仁、仲呈祥、李准、范咏戈、艾裴等人的发言都讲得很好，很深刻，很全面。还有理论家陈涌、严昭柱、丁国成、程树榛、贾漫等也写了很好的评论。

我觉得，柯岩是当代中国一位始终坚守社会主义的文艺阵地，坚持社会主义的文艺道路的人民作家；是一位挺立时代潮头，高扬时代精神，成就卓著，贡献突出，影响广泛的时代歌手；是一位才华横溢，顽强勤奋，创作出各种体裁的文学精品的高产作家、全能作家；是一位热爱人民，关心青少年，并不断以充满个性特色和诗情画意的艺术杰作铸造年青一代心灵的优秀的灵魂工程师。

60年来，她取得了重大成绩和辉煌成就。这主要体现在以下几个方面：

第一，坚守社会主义的文艺阵地，坚持社会主义的文艺道路。

柯岩的创作始于上世纪50年代，但她主要的创作成就是在70年代中期以后。80年代末期以来，世界范围内信仰危机漫延，苏联与东欧等社会主义国家解体倒旗。在这样的背景下，柯岩以她的长诗《中国式的回答》、长篇小说《寻找回来的世界》、电视剧《红蜻蜓》、报告文学《船长》、传记文学《永恒的魅力》以及大量理论著作，坚持了文艺为人民、为社会主义服务的方向，坚守了社会主义的文艺阵地，表现了革命人道主义精神，显示了社会主义文学的辉煌业绩，展示了中国社会主义文学的广阔前景，显示了中国社会主义文学的思想魅力、艺术成就和强大的生命力。

《中国式的回答》热情讴歌“中国式保尔”——张海迪的成长及其高贵品质。柯岩以张海迪的实践诠释了人生的意义：

> 对生活，她是歌手；
> 对病人，她是医生；
> 对人民，她是女儿；
> 对祖国，她是士兵。

柯岩在诗歌中为我们树立起又一个社会主义新人的艺术形象，唱出了又一曲社会主义人道主义的颂歌，向世界作出了旗帜鲜明的回答。

长篇小说和电视剧《寻找回来的世界》满腔热情地塑造了徐问、黄树林、于倩倩等教育者的崇高形象，生动地描写了他们从思想上、精神上教育、挽救遭受伤害的工读学生的艰难历程，显示了革命理想主义的巨大教育作用，表现了寻找回来美好的世界的强烈愿望。《寻找回来的世界》是“中国的教育诗”，可与马卡连柯的《教育诗》相媲美，都是社会主义现实主义的杰作。它体现了中国社会主义文学的艺术魅力。

柯岩的《红蜻蜓》、《永恒的魅力》、《船长》、《CA俱乐部》等作品，也都塑造了革命理想主义的人物，闪耀着社会主义的光辉，倾注着革命人道主义激情，显示了马克思主义的科学精神。

柯岩不仅在创作上，而且在文学活动中，都坚持社会主义文学的方向和道路。粉碎“四人帮”以后，她担任《诗刊》副主编时积极为诗人平反，大力开展诗歌朗诵活动，大大促进了社会主义文学的繁荣。她在承认朦胧诗出现的合理性的同时，又及时指出其问题，并提出了指导性的意见。她始终坚持诗人应当掌

柯岩看望前辈诗人臧克家

握先进世界观，要有社会责任感，要从人民的生活出发，表现人民的生活和感情，要有审美的特点和艺术的独创，坚持了中国文学的社会主义方向和道路。

第二，始终融入人民生活斗争的洪流，运用现实主义的创作原则和方法。

柯岩从上世纪50年代开始，即自觉地接受并贯彻“生活是创作的源泉”这个马克思主义文艺观的基本原则，并在艺术实践中确立了正确的创作思想，形成了独特的创作个性。这是她之所以成为“时代歌手”和“人民作家”的根本原因。

1949年冬，柯岩作为一个年轻编剧，参加了北京封闭妓院、改造妓女的工作，经受了艰苦的磨炼，以后又参加了“文化列车”的戏剧创作。1956年，她主动去到刚刚创办的工读学校，与普通教师一起上课，一起工作；粉碎“四人帮”以后，她又再次深入工读学校，写出了杰作《寻找回来的世界》。60年来，她坚持到农村、工厂、部队、学校、科研单位，与工人、农民、解放军指战员、教师、科学家、艺术家交朋友，保持生活的新鲜感和敏锐感，从生活的海洋中汲取素材和诗情，写出了大量的优秀著作。

在创作方法上，她自觉地运用社会主义现实主义的创作方法，运用多种体裁，运用多种艺术手法，并且借鉴西方文学的一些新手法，来塑造社会主义新人的光辉形象，努力用爱国主义、集体主义、英雄主义精神去感染、激励和引导广大读者。

而且，柯岩在着重表现正面形象的同时，还重视表现生活中的矛盾和斗争，在新事物与陈旧腐朽的事物的斗争和对立对比中，来展示新事物的蓬勃生机和壮大成长，揭示旧事物的逐步败退和衰亡。《寻找回来的世界》既充分表现了徐问、黄树林、于倩倩等在教育工读学生方面的正面工作，又用大量篇幅展示了他们同造反起家的薛人凤、沙局长的尖锐斗争，从而生动细腻地描绘了一幅教育事业在斗争和曲折中前进的错综复杂的图画，表现了高度的历史真实性和理想的美。

第三，塑造社会主义的新人形象，并用自己的爱心和理想塑造下一代。

柯岩以精彩的情节、典型的事例和多情的笔墨，站在时代的高度，在广阔的范围内，为我们塑造了许多可敬可爱的英雄人物，并以英雄的业绩和崇高的精神感染和激励着广大青少年，给他们提供了强大的精神力量。

在传记文学作品《永恒的魅力》里，柯岩以大量精选的事例和典型细节，深情地记叙和讴歌了宋庆龄富有魅力的美丽仪表和崇高壮美的精神境界；在《寻找回来的世界》中塑造了以徐问、黄树林为代表的一批年长一代的共产党人；在《红蜻蜓》中塑造了以杜嵋为代表的一批优秀青年教师；在报告文学《船长》中，为我们塑造了一位邓小平式的船长；在《CA 俱乐部》中塑造了柴禾等优秀形象。这些典型人物，带着浓烈的诗意和美感，帮助青少年陶冶情操、净化心灵，给广大青少年提供了前进的榜样和强大的精神力量。

第四，文学文体的全面融会贯通，高产多产优质的全能作家。

柯岩最先是以儿童诗歌创作享誉文坛。改革开放以来，她的创作激情火山一样喷发，创作路子越走越宽广，各种题材，多种体裁，随心所欲，自由运用。她在诗歌、小说、报告文学、传记文学、散文、戏剧文学和影视文学等多个领域里都才气纵横，得心应手，佳作纷呈。诗歌方面，有《小弟和小猫》、《周总理，你在哪里》、《中国式的回答》、《又见蔗林，又见蔗林……》；长篇小说及电视剧有《寻找回来的世界》、《他乡明月》、《红蜻蜓》；中篇小说有《高压氧舱》、《面对死神》、《道是无情》、《妈妈不知道的事情》；散文和报告文学、传记文学有《船长》、《奇异的书简》、《美的追求者》、《人的一生，都在路上》、《名字，并不重要》、《追赶太阳的人》、《癌症≠死亡》，《永恒的魅力》。在文学理论和文学批评方面，也有所建树。更难能可贵的是，她在各个领域的创作中，都有杰出的作品，并多次获得各种文学艺术大奖。她创作高潮持续时间之长，涉及文学样式之广，数量之多，成就之高，影响之大，在当代文坛中，是少有的，罕见的，杰出的。人们称她为文学通才，全能冠军，全能作家，巾帼奇才，是破纪录的文学运动员，是新时期最有影响的作家之一。柯岩在文体使用上完全从内容的表达、题材的要求、素材的多寡、人物的塑造、主题的提炼出发，不拘一格，灵活运用，不模仿别人，也不模仿自己。

我曾经问过柯岩："你为什么要从事多种样式的写作呢?"

她回答说："我不知道别的作家是怎么想、怎么做的，就我自己来说，这是生活的需要。因为生活是创作的源泉，而生活又是那样五彩斑斓……生活中有那么多的是与非、美与丑，常常非常猛烈地撞击着我的心灵，使我感悟着它、体会着它，使我忍不住要拿起笔来。每当这个时候，你就会发现，单单使用一种文学样式来写作，远远不够呀！况且，光使用一种文学样式写作，那么你平日积累的许多生活素材和感情就会白白浪费掉。"

柯岩在充分发挥各种文体的长处的同时，还善于把各种文体的优点融合起来，使之相得益彰。她把诗歌的激情和意境融入了她的散文、小说、戏剧乃至报告文学、传记文学与电视剧之中；她又把散文的文采和挥洒自如融入了小说和报告文学、传记文学之中；她还把戏剧的情节融入儿童诗之中，把小说的情节和细节描写融进报告文学和传记文学的创作之中；她的小说，又借鉴了歌剧的结构和戏剧的手法，还特别富有诗的意境。

的确，柯岩可以说是非常善于选择和把握各种文学体裁。她在题材选择和文体驾驭上所达到的成就和挥洒自如的境界，令人想起古代伟大的诗人和作家苏轼，苏轼也是善诗、词、散文、议论，擅长美术、书法、音乐，在当时可谓全才。苏轼曾这样自豪地表白自己："吾文如万斛泉涌，不择地而出，在平地，滔滔汩汩，虽一日千里无难。及其与山石曲折，随物赋形而不可知也。所可知者，常行于所当行，常止于不可不止，如是而已矣。”

第五，思想艺术上的继承和创新。

继承和创新，是柯岩创作上的追求。她继承的是屈原以来中国文学的优良传统，是高尔基以来的社会主义现实主义的优良传统，是“五四”以来的中国优秀文学传统。同时，她也学习和借鉴西方优秀的文学技巧和方法。

在继承传统方面，柯岩的艺术精神与中外杰出艺术家的心是相通的。她以60年的文学创作实践告诉人们：文学艺术是一种审美意识形态，它应该不断地拓新，但文学应该是文学而不应该是非文学，儿童文学应该是儿童文学而不应是非儿童文学，诗应该是诗而不应该是非诗。她总是把文艺作品当作文艺作品来写，并且坚决地捍卫着它的尊严，给予接受者一个和谐的、审美的艺术杰作。所以李希凡在《她有一颗赤子之心》一文中说，柯岩“把社会主义理想深情灌注于她的艺术创造当中，绝不作概念化的说教”，“创造充满美和诗意的世界”；阎延文在《众里寻她千百度——从青年的视角读解柯岩》中说，柯岩的作品“时时勃动着一个坦直真率的艺术精魂”，她“以高度的艺术自律严格遵循现实主义客观真实的美学风范”。

创新，更是柯岩文学创作的一贯追求。针对一些作者认为创新只是形式上的创新，与内容无关的倾向，柯岩深刻地阐发了自己的创新观。她说：“究竟什么才是创新呢？我个人认为：去发现别人还未曾发现的独特生活或心灵的领域，或者在人们早已司空见惯的事物中发掘出了新的意义，或是创造了自己独特的艺术风格或表现手法……”在《迟开的花朵——关于〈寻找回来的世界〉》一文中，柯岩又写道：“那么究竟什么才叫创新呢，我个人认为：这是作者对生活领域的独特开拓，对人们习以为常的生活的独特发现和独特的艺术表现”，“我所追求的新意只是我的生活领域，我对生活富有个人特点的理解与表现。”

柯岩在题材上就很富有创新精神。她的《寻找回来的世界》，就是当代中国第一部反映工读教育事业的长篇小说。这个题材是过去的作家很少表现的，在题材驾驭上、在政策的把握上，难度也是非常大的，很多作家都望而却步。可是，柯岩却敢于迎难而上，大胆地上，积20多年的生活积蓄和深入思考、精心构思，一举写出这个难度极大的杰作。这不是创新是什么？

《癌症≠死亡》和《CA 俱乐部》，不也是了不起的创新吗?！癌症，这个令人惊慌恐惧的怪物，很多作家都怕沾边，柯岩却敢于迎难而上，抱着最大的爱心，深入抗癌俱乐部，同癌症患者交朋友，从他们身上，从这些被判了“死刑”的弱者身上，发现了精神的美、灵魂的美、感情的美，并怀着敬佩之情，写出了这些弱者身上的强者之光、理想之光、民族之光，把一个被人划出生命圈子的弱势群体，打造成精神上、灵魂上的强者。这不仅是题材上的创新，而且是思想开拓、主题提炼上的创新。

创新还包括驾驭生活的审美能力和表现技巧的创新。柯岩认为：“有了人品、生活、思想，就等于成功吗？不，当然不是。君不见，大量真实、正确的作品却不动人。艺术就是艺术，它还无情地要求驾驭生活的审美能力，表现思考的技巧，以及由此产生的独特的艺术魅力。”

在这方面，她也在不断学习和借鉴新的表现手法和技巧。她告诉人们：“在《寻找回来的世界》的小说创作中，我也学习了一些复式结构、意识流、时空交错等新小说的表现手法。在改编成电视剧时我也做了一些声画分离、声画对位等容量更大的新手法的尝试。”她在电视剧《她乡明月》中也尝试应用了一些新的手法和技巧。

在柯岩看来，文艺上的创新是多层面的，它包括作家自己独特的风格和鲜明的时代特色：“如果我们每个诗人都既有自己的风格，又都富有时代特色，那么，我们的声音才不会被淹没在历史的长河里。于是，我们的后人们在倾听整个历史交响乐时，才能分辨出我们，研究我们并且感谢我们说：他们确实表现出了那段历史时期，他们有着自己的声音和颜色。”

柯岩在 60 年的创作中逐渐形成了自己独特而鲜明的风格，形成了自己的声音和颜色，使读者较容易地把她同其他作家区别开来。多年来，她在创作中逐渐形成了真切、热烈、豪爽、明丽的风格。从题材上看，她总是选择重大的题材，选择和挖掘生活中正面的、美的人物和事物，在尖锐的冲突和强烈对比中创造真善美的形象和诗意的世界。她的作品都有着浓郁的诗意和充沛的激情。她善于在叙事与描写的结合中展现出绘画美，在叙事与抒情的结合中表现出意境美，在叙事与议论的结合中传达出哲理美。正如她告诉笔者的："我的特点是什么呢？我的特点就是吸取各种样式之长，相互渗入又不断变化，以此表现出自己的特点。"

正是由于她在思想艺术上的不懈追求和不断创新，所以，她取得了杰出的成就。60 年来，她已出版了 50 多部著作，多篇作品被译成英、俄、法、德、日、西班牙文，荣获 20 多项全国文学大奖和几十项各种门类的奖，有人笑她是"得奖专业户"。柯岩有两篇报告文学作品（《汉堡港的变奏》、《宋庆龄和她的保姆》）和十多首诗（《周总理，份位哪里》、《请允许》、《小弟和小猫》、《帽子的秘密》等）被选入中小学语文教材，还有《夜色》等诗篇不但被选入内地的教材，还被选为香港、新加坡的华文教材。柯岩多次荣获关心教育青少年的奖项，多次被选为全国少年儿童教育先进工作者、全国青年思想教育先进工作者、全国工读教育先进工作者等等，得到了广大人民群众衷心的爱戴。

2006 年 8 月，她被国际诗人笔会授予"当代中国诗魂金奖"。这是一个全球华语诗人民间组织的奖项，而她则是获此殊荣的第一位女诗人。

第十章

无尽的怀念

一

松柏苍翠，哀乐低回。

2011 年 12 月 11 日，柯岩在同病魔抗争 4 个多月后，驾鹤西去。12 月 19 日，柯岩遗体送别仪式在北京八宝山革命公墓礼堂举行，上千名文学界及社会各界人士冒着凛冽的寒风赶来，与柯岩作最后的告别。

党和国家领导人胡锦涛、李长春、习近平、刘延东、李源潮、陈奎元和宋平、曾庆红、丁关根、迟浩田同志送了花圈。中共中央政治局委员、中央书记处书记、中宣部部长刘云山，全国政协副主席张梅颖前来送别，并向柯岩同志的亲属表示深切慰问。中组部、中宣部、文化部、中国文联、中国作协等部门送了花圈。

上午 8 时 20 分，八宝山殡仪馆门前，已有上千人排着长队，冒着严寒，等待送别柯岩。其中还有从广州、山东、吉林、南京等地专程赶来的作家、诗人。8 点 30 分，遗体告别仪式正式开始，人们含着悲痛，有序地步入告别大厅。大厅大门上，高悬“柯岩同志永远活在我们心中”的横幅。厅堂内，摆满了花圈、挽联。人们默默前行，静静哀悼。礼堂内气氛庄重肃穆。

全国各大新闻媒体都作了报道，许多文学报刊、杂志发表了大量诗歌、散文、论文，表达了对柯岩的深切怀念和沉痛哀悼，更高度评价了她的人品和作品。这以后，好几个文化团体举行了几次纪念活动，怀念柯岩。

柯岩得到了党、国家和人民的高度评价和热烈称赞，她永远活在人们心中！

二

柯岩的终身伴侣、著名诗人贺敬之写了一首诗，敬献在柯岩灵前——

小柯，你在哪里？
说你已离我而去？

不，你我的同一个生命永在！
永在这里——
在战士队列
在祖国大地，
在昨天、今天和明天
永远前进的足迹里……

原中共中央政治局委员、中央军委副主席兼国防部长、解放军上将迟浩田抒写了题为《痛悼柯岩》的诗篇：

晴天霹雳失柯岩，
英姿诗韵叠眼前。
“总理在哪”动天地，
“魅力永恒”映坤乾。
六十二春耕耘路，
八十二秋辉煌卷。
同庚两唱生日歌，
神采依旧永无眠。

著名诗人刘章、浪波、申身献诗《悼柯岩大姐》两章：

惊闻柯岩大姐仙逝，痛失良师益友，难禁热泪奔涌。哲人其萎，风范长存。谨献奠诗二章，以志怀念之意。

一

益友良师喜有缘，每逢知己说柯岩。
诗心长与民心共，热血文章寸寸丹。

二

慷慨诗魂即国魂，光风霁月韵长存。

锦笺留得真情在，续火传薪自有人。

著名诗人晓雪写了《柯岩赞》：

您的语言是火
您的小说是诗
您的诗篇是爱
您的骨头硬似岩
你的意志坚如铁
柯岩柯岩永远活在人民心间

诗人金绍任敬挽：

德辉日月，爱播四海
诗壮山河，笔丽神州

著名学者文怀沙题写挽联：

柯笛留高韵
岩魂嵌泰山

诗人峭石挽联：

柯生南国嘉佳禾
岩居深山尚上材

国际诗人笔会同仁悼念：

柯青叶茂童心美
岩固梅馨诗心荣

诗人野曼写了抒情诗《悼柯岩大姐》：

从北方南下的寒流
夹带一夜潇潇冷雨
如哭如诉落在我的心里
也许这是您的泪，也是我的泪

您是个女强人，不会喜欢眼泪
你顽强地从自身追寻癌
居然向世界宣告“癌症≠死亡”
让无数病友在您慈爱的手中站起

一个人的生命只有一次
您却慷慨付出视死如归
为了编一套《与史同在——当代中国散文选》
您终于倒下了——为中国文学树金碑

昨夜整晚的潇潇风雨
我疑是您又在朗诵悼念周总理的诗
我知道您的感情来自慈爱的心
总是与老百姓同忧患共悲喜

如今您的老伴——也是我们的诗坛泰斗
他在风雨中凝望您似一只仙鹤向西天飞去
漫天寒风冷雨时来也时止

唯有心上的泪滴无止时……

艾青的夫人、诗人高瑛写下了《我的柯岩大姐》：

你，真的走了
我实在舍不得你

你 82 岁的人生征途
有坎坷，也有风风雨雨
你说过，“宠辱不惊”
我说，你的生命句号画得圆圆的

许许多多的往事
让我一幕一幕地回忆

周恩来离开了人间
你声声的呼唤
《周总理，你在哪里》
我知道，他就活在你的心里

你是孩子们喜欢的
《“小迷糊”阿姨》
那些真诚动人的儿诗
沁入孩子们幼小的心灵里

你让困惑迷茫的人
找到了努力奋斗的方向
你让误入歧途的人

有了新生的勇气

《寻找回来的世界》
震撼着人们的心
对于青少年的成长
人人都要奉献爱心

《癌症≠死亡》
给患者注入了兴奋剂
对病魔积极抗争
对生命决不放弃

你是雪里送炭的人
哪里渴求关爱
你就把真诚
送到了哪里

多少年来，重病缠身
你舍不得放下笔
那道生死关
一次又一次你闯了过去

你累垮了
是在战场上倒下去的
你的精彩人生
都蕴藏在厚厚的“十卷集”里

而今，你远去了

但是，你留下的作品
在历史的长河里
像那闪闪发亮的星星……

著名诗人洪三泰写下了“深情怀念柯岩同志的诗”——《留下美丽》：

你悄悄地走了
在寒冷的冬季
永远留下美丽
留下你的笑容
你的诗和关于孩子的祝辞

你说你是一棵绿树
永远扎根大地
扎根于坚硬的岩石
一曲《周总理，你在哪里》
至今还留在人民的心里
《癌症≠死亡》是对生命的
顽强坚持
50 多部著作
有如高耸的山岩顶天立地
伟岸的山岩
刻着善良、温柔和刚毅
刻着悲悯情怀、骨气和良知

你悄悄地走了
给我留下美好的记忆
32 年前北京

回归的诗人聚会
群贤毕至
我见到久仰的你和贺敬之
见到了真正的诗
几回回诗人笔会
看见你俩的笑容
听到你朗诵的诗
不久前在香港
我们的合影多么清晰
你又一次次呼唤
周总理，你在哪里啊，想不到竟成绝句

你悄悄地走了
永远给世界留下美丽
当每天太阳升起
当每天星星布满天际
我都在想你
仰望星空啊
晶莹美丽闪亮的一颗
一定是你

原中宣部副部长翟泰丰写下了深情怀念柯岩的文章《永不熄灭的“一团火”》。翟泰丰同贺敬之、柯岩是老朋友、老同志，故其文章以真挚的感情，突出表现了柯岩的思想、个性、风采：

一

2011 年 12 月 11 日 13 时 35 分，柯岩同志走了……我一点都不相信这个信息是真的。因为她有钢铁般的坚毅，她有大山般的坚强，她有顽强的生命力，让她总是与死神无缘。至少两次（切除结核肾、单肾条件下心脏搭桥），她都从死亡的边缘离开。特别是那次她的心脏搭桥手术，因为只有一个肾，万一血液体外循环久了，单肾坏死，必有生命危险，在场的医学专家和我们自然都十分担忧，焦急地等待在手术室外，然而解除麻醉之后，柯岩却微笑着躺在病床上，最终还是战胜了死神，在火一样的笑谈中，依然火一样燃烧着。

嫣然屹立，故我柯岩。

柯岩同志走了……我一点都不相信这个信息是真的。这一次脑干之瘤，似乎是死神又在召唤她，然而我见到病床上的柯岩，依然是刚毅中蕴藉着微笑。

毫无畏惧，故我柯岩。

柯岩同志走了……我一点都不相信这个信息真的。因为她两年前参加了创作60年（八十诞辰）《柯岩文集》首发式，会上她以火一样的激越之情，在自我评说中，提出了具有人生哲理自我定位的论说："我是谁?"引来政坛、文坛、学术界的众多名人、学者交口称赞，频频谦虚地自问"我是谁?"这个"我是谁"，自然也令当今"功利主义"者不得不自问"还有谁"。会后我去柯岩家里看望，柯岩又进入了新的"战斗"，主编世纪诗集之后，又开始主编一部世纪散文大书。

火依然在燃烧，故我柯岩。

诗人石祥的名作《柯岩是一团火》，吟出了一个真正的柯岩。她确实是一团火，而且是燃烧不尽的一团火。火一样的热心，火一样的热情，火一样的爱心，火一样的亲情，火一样的赤诚，火一样的丹心，火一样在冰雪中绽放的红梅，火一样燃烧在癌症病人群体中的"活菩萨"。

火依然在燃烧，故我柯岩。

二（略）

三

柯岩真的走了，我一夜难寐。柯岩之所以让人深深地怀念，是因为她为人十分真诚，性格坦诚直率，敢于坚持真理，勇于面对谬误，她认为错误的东西，总是直言不讳，有时候语言甚至是尖刻的，然而她的心却是善良的。在我与她接触比较多的这些年，她除了忙于创作之外，总是关心文学界、作家和各方面的读者朋友，以至这些朋友们的孩子病了，有困难了，遇到不公正了……她比那些朋友还着急，要帮他们解决困难，我们之间或面谈，或电话，常常讲到这类事并要我帮忙。每每解决别人一个难题，她都会比那些遇事者本人还要高兴地打电话，互相通告。有一段时间她剩下的那唯一的一个肾又结核病发作，而且常发高烧，大家真为她担忧，然而她依旧在为别人操劳。当我告诉她关心的那位病人已出院之后，她才高兴地躺下来，微微地笑了。

四

柯岩创作60多年，涉猎的创作题材、体裁十分广泛，有诗歌、儿童文学、小说、电影、电视剧本、报告文学……60年10卷大书，600多万字，真可谓全能作家，高产作家。对于她的创作成就，历史与人民自有评说，许多评论家、作家、诗人，也都有诸多深邃之评论，这里自不必我再赘述。但是有一部作品的特殊评论会，却使我终身难忘，因为在她创作60周年研讨会上，我已论及过这件事，这里仍然想把那次活动中感人泪下的情形，赘述几句，以表对她的怀念之情。那是由协和医科大学出版社出版，并在医院大厅举办的一个由特殊评论家参加的《CA俱乐部》小说首发式和评论会，这里几乎没有常常出席作品评论会的文学评论家，发言方式也是特殊的。有泪水的倾诉，有肺腑的述说，更有以群体跪谢的动作，阐释心灵、感拜恩人。话语化作哭声、泣声，台上台下同泣同哭，全场涌动，众多由于柯岩关注医好的远离死神的癌症病人，拥向柯岩，突然展示了一幅长幛："向救命恩人柯岩致敬!"喊声、泣声、哭声，病人颤抖的言语声……那情景，那场面，灼人心肺，撼动心弦，我禁不住泪水涟涟……在这里，我听到了一个作家与读者之间的心灵回应。

这就是人民作家崇高品德的真实诠释。

五

柯岩真的走了，但她的那一团火却永远燃烧在我们身边，光芒四射。那火是共产党员忠贞的党性、忠诚的信仰；那火是一个人民作家与人民相融相合的心灵回应；那火是崇高的人性之美，是走进人民心灵的人格之美；那火是时代精神之歌，闪烁着精神世界的壮丽之美……

我们将伴着柯岩的这一团火，永世燃烧下去，让信仰之火更红，让人性之美更崇高；让时代精神之歌更响亮，更壮丽。

柯岩，你走好！

让一团火永远伴随你，照亮驾鹤西去之路程。

让一团火永远伴随着你，安息在更美好的地方。

著名作家、北京走进崇高研究院院长东方鹤将军写下了题为《崇高风范与史同辉》的文章。东方鹤是贺敬之的家乡人，同贺敬之、柯岩非常熟悉，文章写得很有深度，也很有感情：

两个多月来，像有一根无形的丝线系在心头，丝线的那一头系在协和医院重症监护室柯岩的病床上。时紧时松，时重时轻，更多的时候还是因为线紧、线重而心疼。

2011 年 12 月 11 日 13 时 35 分，这根线断了。一颗文坛巨星陨落了！

柯岩虽然已过 82 岁高龄，虽然住院前就有多种疾病缠身，但是她始终拥有旺盛的精神、爽朗的笑声，一边在做治疗，一边还在写文章、编书。她躺在病床上编撰出版的《与史同在——当代中国散文选》，就是在她住院前进入西单图书大厦等各大书店的，至今还墨香缭绕啊。可是此次，此次住院竟转到监护室这么长时间！吉凶难测，不能不令人着急！有多少人在渴盼她早日出院啊！可是，大家等来的是失望，是哀痛，是深深的怀念。

在这深深的怀念中，我情不自禁地多次凝视书橱里她亲笔签名赠送的 1996 年 7 月出版的 300 多万字六卷《柯岩文集》，2009 年 7 月出版的 588 万字十卷《柯岩文集》，以及多年来零星赠送的 20 余本作品集，还有上、中、下三册《柯岩研究文集》，2009 年柯岩创作 60 周年纪念暨《柯岩文集》首发式座谈会文集《蓦然回首》等。每次凝视，都不由自主从心底奔涌起一阵震撼和叹服。

令人震撼和叹服的，首先是柯岩的作品之多、文类之全。在2009年出版的《柯岩文集》里，就有诗歌210首，散文、报告文学33篇，长篇小说3部，中短篇小说9部，电影电视剧6部，文论97篇。一个热心社会公益活动并获公认的社会活动家、教育家，竟还有这么多的作品，而且长拳短打，样样俱全；十八般武艺，行行精通。这在古今中外的巾帼作家中，该是凤毛麟角。

令人震撼和叹服的，其次是柯岩的作品之精、影响之大。谈起柯岩的儿童文学作品，至今还有许多人能背诵出朗朗上口的儿童诗《坐火车》《“小兵”的故事》《我对雷锋叔叔说》《海军帽》《“小迷糊”阿姨》等。她的诗歌《又见蔗林，又见蔗林……》《中国式的回答》，蜚声文坛，特别是《周总理，你在哪里》，震撼人心，影响深远，已成为中国人民深情怀念敬爱领袖的千古绝唱。反映时代精神、树立新人形象以至中国形象的报告文学《奇异的书简》《特邀代表》《船长》《追赶太阳的人》《美的追求者》等，无论是人物塑造、意境提炼，还是艺术手法，都无愧开一代新风。她的中篇小说《高压氧舱》《面对死神》《道是无情》《妈妈不知道的事情》和长篇小说《寻找回来的世界》《他乡明月》《红蜻蜓》及由长篇小说改编成的电视连续剧，不仅题材创新，更有人物、立意的创新，被誉为是当代中国的“教育诗”。当现代人谈癌色变的时候，她又先后拿出了《CA俱乐部》《癌症≠死亡》。很长一段时间，这两部大作成了癌症患者和亲属以及医务人员的必读之作，以至遍及全国的抗癌明星俱乐部成员都把她当成良师益友。在一次抗癌俱乐部成员的聚会上，他们打出了“柯岩，我们热爱你”的大红横幅。随之，一群群病友热浪般地拥向了她。柯岩作品影响力之大，还表现在同行对她的认可和称赞上。仅《柯岩研究文集》（上、中、下三册）及《蓦然回首》一书中，就有290篇评论文章，其中不乏名家、大家、资深评论家。当然还有国家给予的嘉奖：全国儿童文学创作一等奖，首届、第二届全国优秀报告文学奖，飞天奖，金鹰奖，国家教委特别奖，宋庆龄儿童文学奖，金盾长篇小说奖，“五个一工程”奖，等等，更有不少作品收入大、中、小学课本里……

令人震撼和叹服的，更有柯岩的拼搏精神和忘我精神。她的不少作品，是在病中完成的。笔者有幸常到她府上去，每次不是见她坐在电脑前写作，就是看她斜卧在床上校对书稿。她在编辑、校改《与史同在——当代中国散文选》时，正是她此次重病发作的前期。腰疼得下不来床，她就在床上校改；一天三次服用中药，一天到晚编选文稿和照片。谁也劝止不住。同心相伴、携手前行的挚爱伴侣贺敬之近乎责怪地求她："你怎么不能休息休息呢?"她常常头也不抬，捧着书稿说："你看看这，我怎么能休息得了呢?"

柯岩何以如此用心用力用功呢？是高度的事业心和责任感？是强烈的布道心和完美感？是炽热的才情和热忱？无疑都是。她在中国首次"走进崇高理论研讨会"上的即席讲话，让笔者又一次感受到了其真谛所在："因为年纪大了，因为生病，很多会都不参加了。为什么这个会要来呢？就是因为是'走进崇高'！崇高是我们的信念，也是我们的理想。"

她不止一次呼吁："要了解一个国家和她的未来，很重要的一个方面是看她怎样教育下一代，以及她的年青一代的精神面貌……""没有一个国家、一个民族不是用自己的理想塑造下一代、寄希望于下一代的。我最大的追求就是用崇高的理想塑造下一代!"也正因此，她满怀激情塑造了《船长》《追赶太阳的人》《美的追求者》等年青一代的楷模；也正因此，她苦口婆心、千方百计地帮助无数失足者《寻找回来的世界》，让他们认识到什么是《永恒的魅力》。

也正因此，她赢得了广大读者、人民群众的尊敬和爱戴，人们称她是"仅次于上帝的人"、"有一颗赤子心"；文艺评论家称赞她是"时代的歌手，人民的作家"、"心如日月诗如光"；大学生称赞她是"爱的海洋"、"青少年的良师益友"。……赞誉如潮，不胜枚举。

也正因此，她克服重重困难创办了为人生指点迷津的杂志《人生咨询》，并亲任主编；她还主持编辑出版了《古今中外文学名篇拔萃》丛书，她要让优秀艺术、文学精华浸润人类心田；更为难得的是，她不顾疾病缠身，先后多次亲临10余所大学、工读学校演讲，用她崇高的理想、博大的爱心扶植青年一代、塑造青年一代。

这就是柯岩。对待这样的“人民的作家，祖国的骄傲”，人们怎么能不敬重她、热爱她、怀念她呢？而今，系在笔者及无数人心头上的线，看似已不复存在，但却已渐化成脉络，化成无形；绵长而坚韧的血脉，接承过去，传承未来，传承绵延不断的是优秀人民作家的崇高艺术、崇高精神和崇高风范！柯岩的崇高精神、崇高艺术、崇高风范《与史同在》，与史同辉！

中国作家协会副主席、著名作家高洪波早年曾采访过柯岩，并写过关于柯岩的评论。这次他怀着深深的追念之情，写出了《忆柯岩》：

我与柯岩相识于1978年的秋天，在中国作协华北油田的采风团里。那是我平生第一次对文学活动的采访，新鲜、好奇。没有见过柯岩前，我一直以为柯岩是位男作家，没有别的原因，只为“柯岩”这个干练、利索、充满阳刚的名字。在河北白洋淀第一次见到柯岩的时候，才知道柯岩是位干练且风度翩翩的女诗人，第一面给我最深刻的印象是她的灿烂微笑。这种微笑让人感到亲切、随和。

那时的柯岩已是享誉文坛。她一直在儿童文学园地里辛勤耕耘，是一名用自己的心血浇灌祖国花朵的出色的园丁。上世纪50年代中期，她在我国文坛崭露头角，以其生动活泼、富有情趣的儿童诗引人瞩目。自此之后，她诗中那丰富的想象、生动的笔触、明快的格调，那细腻的观察、厚实的生活、幽默的语言以及别具一格的情节，形成了属于柯岩自己的独特风格。

我当时是一名年轻的儿童文学习作者，也渴望当一名儿童诗人，柯岩的诗是必读之作。为此我专门研究过柯岩的创作实践，在研究柯岩期间，我曾数次登门拜访，对柯岩也就有了更深的了解。同时，也开始了与柯岩近30年的交往。

柯岩是一位对孩子充满感情的作家，同时又是在诗歌、散文、报告文学等多种文学门类均有建树的“多面手”。

柯岩的儿童诗，是她文学创作中所占比重最大的一部分，也是她得以和孩子们交流思想感情的最重要的渠道。她的儿童诗，是勾勒精细的“设计图纸”。在这些灵魂的设计蓝图上，体现着鲜明的时代特征，带着一代儿童的性格特色和行动准则，包含着诗人拳拳的挚爱。柯岩微笑着走进孩子们的生活，微笑着探索他们心灵的秘密，又微笑着表扬他们的优点，甚至连批评他们的缺点时诗人也是微笑着，带着善意的揶揄、幽默和快活。这种发自心底的微笑，这种微笑造成的情趣，构成了柯岩儿童诗的主要格调。

毫无疑问，柯岩的儿童诗在我国当代儿童文学创作中是独树一帜的，是经典之作。她用自己对孩子的热爱以及丰富的生活，用一颗情趣充盈的诗心，为新中国的儿童诗画廊增添了一幅幅色彩绚丽的画。她的诗取材广泛，思想性强，语言优美，构思巧妙。她在上世纪五六十年代所创作的作品更为成功，那个时期是柯岩专门致力于为孩子们写作的时期，无论是思想感情还是生活积蕴，都促使和推动着她的诗呈现着自己的特色，其作品感情真挚而活泼可爱，就此奠定了柯岩在我国儿童诗创作中重要的地位。她这个时期的大部分作品，经受了时间的检验，至今仍然被少年儿童所喜爱。

对柯岩的研究，促使我写成了两万多字的文章……后经二十一世纪出版社出版，书名为《儿童文学作家论稿》。去年我在第一时间将此书送给柯岩，她异常高兴，也许她能从我的文章里回忆起自己30年前接受采访时说的话，或许能回忆起自己更久远的年轻时写下的灵动而快活的诗篇。

在闻知柯岩逝世的这几天里，我反复翻看这本书，在“柯岩专章”的这一节，我时常驻目，在字里行间，我能清晰地看到她当时微笑的表情、飞快的语速，还有针砭文坛时弊的干练模样……我心中的柯岩已不仅是文学意义上的柯岩，她分明具有了社会学意义上的担当和引领，她的火热的性格，燃烧自己的同时也照亮别人的内心，便格外有另一种意蕴。从这个意义上说，柯岩永生，柯岩真像自然界中的那座名叫柯岩的石山，挺立在岁月的风云中，时光愈久，愈显现出珍贵与沉重的价值。

“小迷糊”阿姨，走好。

《文艺报》主编、著名评论家范咏戈写出了《倒在火线上的战士》:

……前年中国作协为她举办创作60周年座谈会，几位过去没见过她的《文艺报》编辑听说风风火火的她已是80高龄都吃惊得“啊”了起来。记得我和她最后一次见面是去年6月30日。我在和平里大酒店参加中国作协重点作品扶植项目评审会。晚饭前接到贺茂之同志电话，说贺老、柯岩夫妇正在地安门枣庄饭店和一位公安部老同志小聚，他们让我赶过去吃饭。我当时因为会议未开完，估计开完会再赶过去会误了大家吃饭，便说我在酒店吃过自助餐再过去。大约快8点我赶到了枣庄饭店。柯岩拉我在她身边坐下并倒上一杯白酒。我不会喝酒，但惊讶贺老、柯岩夫妇均喝白酒，再看他们身体及精神状况这么好，很是高兴。酒桌上贺老话不多，但柯岩时而爽朗大笑，时而侃侃而谈，告诉我她又主编了上下两册140万字的当代中国散文选《与史同在》。

过了几天，她让人把书送来，待我细读之后为这套书写出了评论。《文艺报》虽然很快将我那篇短文发表，但她已在昏迷中，终究未能看到。

……

两年前，也是一个盛夏8月，参加中国作协举办的“《柯岩文集》出版暨柯岩文学创作60周年座谈会”的与会者面对煌煌10大卷、600万字的《柯岩文集》，一致称她为文学界的“劳动模范”。在60多年的文学活动中，她在文学艺术的多个领域：小说、诗歌、散文、戏剧、影视、评论等方面留下的创作成果，不仅当时有轰动效应，许多名篇也已长存于当代文学史。前不久，当我又收到她赠送的两大卷140万字的《与史同在——当代中国散文选》后，首先为她在年逾八旬后承担如此大的工作量而敬佩不已。我认为，说柯岩是文学界最好地诠释了“作家”这个称号的作家绝非过誉之辞。她不仅做到了生命不息、笔耕不辍，更重要的是做到了用文字体现良知，用良知反哺生活。

她为社会主义文学耸立起一座丰碑，而这座丰碑是由她的伟大人格铸就的。

她的文字不是用墨写的，是用生命写就的，也只有如此的写作姿态才能够使一个作家的作品达到一种生命力的高度。她是一名倒在“火线”上的文学战士。在天堂，她会依然以那熟悉的笑容注视她深爱着的祖国大地。

《文艺理论与批评》副主编、年轻学者李云雷写下了《柯岩阿姨，永在我们心中》一文：

听到柯岩阿姨逝世的消息，我感到非常震惊与悲痛，这不仅是中国文学界的巨大损失，也在我们心中留下了永久的遗憾。我与柯岩阿姨接触不多，但她爽朗、明快、豁达的性格给我留下了很深的印象，她火一样的热情也感染着每一个人。在60多年的创作生涯中，她写出了数量巨大的小说、剧本、诗歌，是我们这个时代文学的重要收获，而她的人品、爱心、为人民鼓与呼的热情，她追求光明、抨击黑暗的坚定立场，也是最宝贵的精神财富。

柯岩是一位“人民作家”。她的文学从一开始就是一项人民的事业，她的写作是与理想联系在一起的，文学是她追求光明与未来的一种方式。在她这里，文学不再仅仅是游戏、消遣或娱乐，而成为了一种精神上的事业，是致力于社会与意识领域的改造，与一种更加宏伟的事业紧密地联系在一起。这在今天是一种陌生的“文学”观，但是对于柯岩及其一代人来说，这却是他们毕生的追求，在他们的文学中，融入了他们的灵魂、情感与血肉，也融入了他们的理想与追求。他们置身于社会现实之中，用他们的笔去歌颂与批判，他们的作品与时代和人民血脉相连，同呼吸，共命运。柯岩的作品正是如此，她的《周总理，你在哪里》唱出了时代的最强音，呼出了人民心底的声音；她的《寻找回来的世界》《他乡明月》，以艺术的方式参与现实和思想领域的辩论，以爱与美引领乃至塑造读者的心灵，让人们辨清真善美与假恶丑，从而选择正确的人生道路。柯岩的创作初衷如此，她的作品在事实上也起到了这样的作用，这些作品的巨大社会影响，显示了一个“人民作家”所可能具有的影响力。柯岩属于“人民作家”，但又与其他的“人民作家”不同，她1949年开始写作，正是中国革命取得了关键性胜利的时刻，所以与上一代的“人民作家”不同，她的作品中没有那么多的压抑、苦难与抗争，从一开始就充满了明朗的色调，而这则形成了她艺术上的重要特征。

柯岩是一位“诗人”。说柯岩是“诗人”并不是专指她创作了儿童诗与抒情诗，而是指贯穿于她所有创作的那种诗情，即使在她的小说、电视剧、报告文学中，我们也可以看到这种诗情，这是一种积极的浪漫主义，一种乐观的审美态度，一种充满自信的抒情方式。正因为有这种诗情，所以在她的笔下处处都是诗，《奇异的书简》《船长》是诗，《寻找回来的世界》《仅次于上帝的人》也是诗，在创作者与世界的关系之中，柯岩把握的是一种“真实的诗意”，所以在她的艺术世界中，真实的也便是诗意的，而诗意的也是真实的，诗与真以一种她个人的方式融汇在一起，“真实”以一种独特的艺术方式呈现出来，让我们看到了其中的诗意。但在这里，“诗意”并不是一种粉饰或逃避，而正是在直面现实之中所产生的，因而既深刻地切入了社会与人生，也“处处皆着我之色彩”，带有创作者的主观性与情感色彩。

柯岩是“党的女儿”。柯岩所经历的人生道路并不平坦，旧中国的黑暗与丑陋，“文革”时期的批斗，“新时期”以后的议论与非议，她都亲身体验过，在她的作品中我们也能看到不少人生与社会的阴暗面，柯岩所经历、所看到的阴暗面很多，但在这些似乎难以克服的困难与压力面前，她没有变得阴郁或消沉，而是以一种乐观的态度去积极面对，始终坚持自己的信仰与理想，让我们在黑暗中看到了爱与希望以及前进的路。

柯岩阿姨去世了，但她的作品仍然在世间流传，她的人格仍然在鼓舞着我们，她永远与人民的事业在一起，而人民也将永远铭记她的功绩，在这个意义上，柯岩阿姨是不朽的，正如她在《周总理，你在哪里》中所说的：

你永远居住在太阳升起的地方，
你永远居住在人民心里。

作家出版社张玉太编辑写了《想起了柯岩老师二三事——回忆责编〈与史同在——当代中国新诗选〉的日子》一文：

记得那是2005年的夏天，我接到一项任务，就是为柯岩、胡笳主编的《与史同在——当代中国新诗选》担当责编。为此，我很是高兴。我早就想见到这位著名诗人，与她近距离接触。在我心目中，她的头上有着特殊的光环。曾记得，她的那首名篇《周总理，你在哪里》当年回荡在中华大地引起社会各界乃至全民族的强烈共鸣。

之后，我经常到柯岩家里聆听她为出版该书所做的安排与部署，在此期间，我很快就了解了柯岩老师。她热情、开朗，落落大方，直言快语，浑身洋溢着诗人气质，有着饱满的政治热情和社会责任感，对诗艺的追求孜孜不倦，对诗歌的发展繁荣特别关注，是一个有着惊人记忆力的老诗人，而且还十分勤勉，许多环节事必躬亲，组稿、选稿、定稿以及出版发行，她都亲自过问，亲自安排。

《与史同在——当代中国新诗选》选入了300位诗人的作品，并选用200多位画家的作品配图，工作量之浩大繁复，可想而知。

有一次，她诚恳地给我说，我们这个选本要选共和国成立以来对我们影响较大的诗人和作品。我们特别不能忘记那些工农兵诗人，他们是祖国辛劳的建设者和热情的歌者，他们充满泥土味的作品形成了一道独特的诗坛风景线。谈到这里她脱口而出，忘情地朗诵起未央《祖国，我回来了》当中的“车过鸭绿江，好像飞一样”，黄声孝《我是一个搬卸工》当中的“左手抓来上海市，右手送走重庆城”；她又提到王老九的诗《想起毛主席》，还有孙友田的《煤海组诗》。她一提起这些工农兵诗人，就如数家珍，兴奋不已。现在看来，那些诗似乎太“政治”了，但那是共和国前进的脚步声啊，我们都不应该忘记。

在选稿时她特意征询我的意见，她说，我知道你是爱好诗歌的编辑，你想想还有没有遗漏的好诗？她这么一说，让我十分感动。她还说这本书的编选主要是胡笳同志做了大量的工作，以后有事多找胡笳商议。她这种虚怀若谷的美德着实令人敬佩。

当这部书出版后，要为200位画家送样书，我一时摸不着头绪。她就告诉我她有一位朋友叫王仲，在中国美术家协会工作，已经和他联系好了，你去找他吧。第二天，我就把两箱样书送到文联大楼王仲先生的办公室里。

柯岩老师对这部书的质量要求很严格，设计和印刷都放在很有水平的成都一家印刷厂，安排我两次前去成都帮助胡笳同志监印，检查质量，并要求必须一丝不苟。

书出版后，我写了一篇编后随想，标题是《读诗要读这样的诗》，我给柯岩讲了，她说应该换一个字，把“要”字改成“多”。她说，我们不能要求人家一定要读我们编选的诗，那是人家的自由。一字之差，立意大变，我听完后恍然大悟。……细微小事，显示出的是柯岩老师的宽容和大度。

一叶知春。从柯岩老师这些点滴小事上，可以看到她可敬的诗品和人品。如今，柯岩老师已经永远地离开我们；悲痛之余，每每想起与她相处的那些日子，她的音容笑貌就浮现在我的眼前，她的形象在我心中也就愈发高大起来，生动起来。

女诗人萨仁图娅写了《一团火，一面旗，一个永远的柯岩》：

谁说柯岩大姐已去，她始终灿烂地微笑着，以永恒的魅力，活在所有人的心里。

她是文学世界里的一座高峰，她的境界，她关怀的事物，都超出我们经验中的诗人与作家。

她不仅仅是诗人，是作家，在我们的心中，她是一个集美丽、信念、人生、创作、超凡于一体的传奇。

真纯的气质，永远的笑容

崇高并不单单是一种精神的感觉，而是一种特殊的品质能力。柯岩大姐让人难以忘记。

我第一次近距离接触她，是2001年8月第六届（大连实德）国际华文诗人笔会。来自海内外十几个国家和地区的一百多位诗人、学者汇聚到这个美丽的海滨城市，可谓盛况空前。在大连南山宾馆，一同进餐的饭桌上，柯岩老师——我有些拘谨地称她老师——一个让人永远都无法忘记的生动面庞，还有迷人的笑容，她笑呵呵地说自己是满族，说我们都是少数民族，还说了一些鼓励的话。零距离。她是如此平易近人，不仅可敬，而且可亲。她还把自己新作《一个诗人眼中的宋庆龄》一书相赠，这是一部别具一格的伟人传记。

最后一次见柯岩大姐，是2010年10月，第十四届华人诗人笔会在香港举办，贺敬之与柯岩特地赶来出席。夜游香江的时候，柯岩大姐同野曼先生兴致勃勃地交谈。据说她这是第一次来香港，以病后之躯。由于她与贺老的出席，使诗会增添光彩，来自世界各地的诗人们兴奋不已，大家争相与其拍照留念。晚会上，香港同胞成麟激情朗诵贺敬之的《回延安》，中央驻港联络办宣传部郝铁川部长也当场背诵《回延安》，香港著名诗人张诗剑则朗诵柯岩的《周总理，你在哪里》。充满深情的呼唤，打动了在场的所有人。柯岩大姐还上台朗诵了她的《十字路口》……如火的柯岩，怎么也看不出她是大病初愈，我与李秀珊等手捧鲜花上台，向她表达由衷的敬意。当时柯岩的灿烂笑容定格，留下一张永远值得纪念的照片。

柯岩年届高龄，依然活力四射。柯岩优雅安详，尽管也历尽沧桑。永远的柯岩，尽管荣誉像山峦一样堆在双肩，她并非步履蹒跚，依然矫健！

一团火，一面旗

世上有很多诗人，很多作家，唯有柯岩做到了极致。她燃烧自己，如同一团火，不倦的火焰，温暖着众人，照亮着世界。

德高望重的野曼先生深情地谈论柯岩，赞赏有加。他说柯岩所编的《与史同在》一书，是生命晚期以心血编选而成，她这个主编是逐篇地看稿子。老人家慨叹，书精美地出来了，人倒下了！心中的一切都化作诗篇与文章，柯岩是一位使很多天才黯然失色的伟大诗人伟大作家，专注于每一篇每一部，甚至付出了健康的代价。一直执著地前行，执著本身就是一首诗。她一连串的精品力作，涉及很多领域，惠及许许多多的人。一个强大的生命有着怎样的生命力，在她身上得到了最充分的体现。她知道生命的奥秘——自己的和别人的，把一切全都祭了文学，一切都交付给人民。美与爱足以引导心灵，柯岩不愧是当代诗坛文坛上的一面旗。

柯岩住院期间，牵动着许许多多人的心，野曼先生每次都在电话中谈柯岩，我们这些辽沈诗人、作家在一起，如李秀珊、徐光荣、胡世宗等，大家都为之祈祷，盼望她尽快好起来。她在众多的诗人、作家中独占一份光荣。她超人的气魄，瑰丽的想象，神奇而和谐的意绪，都让一代代人诠释不尽。她的创作和实现的结果，向我们昭示了一个人到底能够写些什么，并让我们更加忠于理想，完善自己。

作品很多，精神无限

柯岩的读者有多少，谁也统计不了。她非凡的才情，典雅绚丽的文笔，把最好的精品呈现给了世界。

柯岩一生所发表诗歌、散文、儿童文学、报告文学、戏剧、影视剧本、小说等作品50多部(篇)，受到人民群众的由衷喜爱。如此多的作品，只有强大的灵魂才能支撑。她的作品很多，她的精神无限，将永久激励后来者。

她的生命力何等旺盛，这不仅表现在她几次大病而顽强的意志力如初，年过八旬，神清气爽，而且还表现在她长期以来不倦的创作中，纯真的童心和女性的细腻情感，构成了她作品的鲜明特色，“真纯的美”总是闪烁其中。印象中的柯岩大姐，既是热情灼人的时代歌手，又是傲立于世的具有风骨的天才人物。

怀想柯岩大姐，心中涌动深深的崇敬之情，她是我们作家的楷模——成为这样的楷模并不容易，不仅需要才华，而且更需要人格的力度！

声声呼唤，永远的柯岩

柯岩大姐，谁说你已经驾鹤西去，你永远和我们在一起！

——在一起，在一起，在一起……

你永远居住在太阳升起的地方，你永远居住，在人民心里。

人民世世代代想念你！想念你呵，想念你想念你……

诗人莫善贤写了《柯岩老师，我们想念您》：

著名作家、诗人柯岩在与癌症长期的抗争中，终于走向天国。噩耗传来，令我们悲恸万分，不尽惋惜。柯岩老师的音容笑貌、执著乐观的形象永远活在我们的心底。

记得2000年在桂林召开第五届国际诗人笔会时，贺敬之先生和柯岩老师都出席了会议。我是在会议上经野曼先生介绍，能与诗歌泰斗的贺敬之先生和柯岩老师认识，真感觉莫大的荣幸。说心里话，我是读着贺老的诗歌长大的，也是读着柯岩老师的诗歌走向社会的。在漫游漓江的游船上，我与贺老和柯岩老师有了面对面的交谈。后来，我请贺老和柯岩老师为我题字留念。贺老写下了他的著名诗歌，《桂林山水歌》中的两句："汗雨挥洒彩笔画，桂林山水满天下——莫善贤诗友留念，贺敬之。2000年中秋。"后来，我请柯岩老师再为我题字，柯岩老师很谦虚地说："有贺老题字我就不用题了。"柯岩老师只在贺老为我题字的后面郑重地签上了"柯岩"两个字，字体端庄而平实。形成了有贺老与柯岩老师同时签名的一幅题字。可见贺老与柯岩老师的情感之深：作为革命战士，他们并肩战斗；作为年老伉俪，他们相濡以沫。柯岩老师对贺老十分敬重，真是有字为据啊。这幅题字，一直鼓励着我在诗世界里学习、探索。

2005年，第十届国际诗人笔会在南京召开，贺老、柯岩老师都参加，会议安排与会代表到南京电视台录一台诗歌朗诵的节目。世界各国、各地与会的华文诗人纷纷登台朗诵自己的诗作。想不到，柯岩老师也抱病登台，朗诵《周总理，你在哪里》长诗中的一段。她不看诗稿，声情并茂地把诗歌朗诵出来。周总理是1976年去世的，柯岩老师这首诗的创作也已经历了近30年的时间，而柯岩老师对诗的记忆一点都不陌生，一点都不含糊。她一字一句地朗诵……听得出她的声音有些哽咽，她的情感充满着缅怀，她的诗句已经与她的生命融为一体。她赢得了热烈的掌声。她没有谢幕，也没有做过多的诠释，随着渐渐暗下的灯光向后台走去。此情此景，在座的诗人们无不赞叹，无不动容。是啊，柯岩老师的诗是用心写的，用激情写的，用对伟大的无产阶级革命家周恩来总理的无限敬仰的心情写的。因此，是刻骨铭心的，是饱含真情的。我很钦佩柯岩老师的记忆力，也很钦佩她著作等身，却没有一点"架子"的高风亮节。

2010年国庆节期间，第十三届国际诗人笔会在香港召开。真想不到：贺老和柯岩老师还从来没到过香港。我知道，此时的贺老和柯岩老师都身患癌症，都在与病魔作顽强的抗争。到香港竟成为二老多年的心中夙愿。经过努力，贺老和柯岩老师终于成行了。这让我无限感慨：如今能去香港已经不是新闻了，像贺老和柯岩这样的知名人士没去过香港，真可以算是一大新闻。我在参加会议期间，有幸成为贺老和柯岩老师的“摄影师”。在维多利亚港码头，在等候游船的期间，我与柯岩老师坐在一起，当她知道我来自广东的时候，高兴地说：“我也是广东南海的啊。”此时柯岩老师几种疾病缠身，却非常乐观，有邀请她合影的，她都一一应允，很是热情。期间，萨仁图娅等几位女诗人要与她合影，她连忙说：“来，来，我们女同胞来一张。”柯岩老师与野曼先生及家人的感情笃深，当野曼先生的女儿觉婴与她合影时，她紧紧地靠着觉婴，笑得好甜。我提起相机，留下这难忘的瞬间。

真想不到：如今柯岩老师走了。柯岩老师我们想念你。

诗人桂兴华写了《柯岩的坚持》一文：

前天晚上，与贺老通过电话，他说：“柯岩已四个月不省人事了……”

这是一种坚持。对生命向往的一种坚持。令我深深感动。

但更可贵的，她还有对崇高精神的坚持。当“诗歌是政治的工具”的观点被彻底抛弃以后，有些诗人以“告别革命，躲避崇高”为荣。在这样一个历史时期，柯岩老师的坚持，非常有意义。

20世纪80年代起，集体大抒情之外出现了“自我”的爆发。但同时，“诗歌小众说”、“诗歌贵族化”、“政治无诗歌”也蜂拥而至，诗坛陷入“各执一词”。人们希望多一点艺术、多一点人性、多一点真实。但诗歌又从过去的假大空一下子发展到“不知所云”。在诗坛的文化地位日益下滑、逐渐远离精神中心区的时候，柯岩老师策划、主编的两卷《与史同在》（四本），为当代诗歌、散文界平添了两道响亮的华彩。它们不仅忠实地纪录了新中国冲破阻碍、迈向辉煌的脚步，还总结了中国新诗、散文史上具有重要地位的篇章，包括工农兵业余作者王老九、黄声孝等，以及郭小川撰写的《小将们在挑战》、《南京路上好八连纪事》等，尊重历史，尊重人民，尊重英雄，尊重崇高，尊重民族化、大众化。

她以坚守的行为方式引发了主体社会对诗歌的关注，有效地奉献出充满革命理想的文化产品，这对中国文化界来说，是一个难得的好消息。四本书是实实在在的、经得起历史考验的“红色”。作家必须树立正确、健康的世界观。柯岩说：“文学是灵魂的事业，热爱文学，首先要热爱生活，热爱人民。”

贺敬之说：“否定诗与政治的联系，也是一种政治！”诗人必须关注现实。诗人一旦远离了政治，其使命感即随之消失。政治，就是百姓生活，就是个体对于时代的思考。现在诗坛出了那么多流派，但诗歌越来越琐碎了。像柯岩这样敏感、果断、充满激情的诗人、作家真是太少了！

她的作品《周总理，你在哪里》、《寻找回来的世界》、《癌症≠死亡》，都及时代表了主流意识。她的作品，成为低俗、猥琐的对立面，富有饱满的激情与昂扬的活力，扩大着社会功能，强化着激励作用……

香港作家陈娟写了《如沐春风》一文：

十四届国际诗人笔会2010年10月7日在香港召开，6日中午诗人们陆续来香港8度海逸酒店报到。傍晚，我们乘坐旅游车参观会展中心紫荆广场。创会主席野曼老师吩咐我，说柯岩大姐身体虚弱，让我照顾她。贺敬之和柯岩伉俪德高望重，是文坛泰斗，我心中的偶像，心仪已久，我满口应允。

柯岩大姐的座位边空着，我坐上去，她微笑着对我说：“我很喜欢你，读过你的书，你总是讲人家好的”，这句话使我们更亲近起来。

她专注地听导游讲今说古，我却被她那超凡脱俗的外表、高贵的气质、安详的神情深深地吸引住。她哪像位多病的老作家，可掬的笑容，蓬勃的朝气，不亚年青人！她年轻时就是一位大美人。那饱满的天庭，朗若明星的眼睛，聪明绝顶！难怪二十芳龄就参加艺术剧院创作组，成为作家，60年来写作不辍，创作等身。她鼻子挺秀，为人坦然率真，旺夫益子。她的夫君是诗坛泰斗、原文化部代部长贺敬之前辈，他俩相濡以沫，交相辉映。“文革”时，她不畏权势，勇敢地冲出“牛棚”，骑着自行车到丈夫关押处贴大字报“贺敬之不是反革命!”，凛然正气，可钦可敬！她用爱心和睿智把儿女培养得十分优秀。她那自信而富有魅力的嘴唇，喷薄出火样的才情，博大的仁爱，烧毁了对生活失望者心灵的悲哀，励人拼搏，催人奋进！

我凝视她入神，柯岩，这巨大岩石上爆出的坚强小柯，它已不再是一株小树，经过几十年风风雨雨砥砺磨炼，受日月精华，雨露的滋润，已长成参天的文学大树，枝繁叶茂，郁郁菁菁，与天齐寿！

到了紫荆广场，我习惯地扶着她，她轻柔对我说：“陈娟，要知道老年人不喜欢人搀扶的，最舒服的是手牵手，我们还是手牵手吧!”我脑门上旋即闪出《诗经》名句“执子之手”，这是多么美好的事！柯岩，是一位从鬼门关走出来的人，她曾摘除了一个肾，又做过心脏搭桥大手术，多次与死神邂逅。然而当死神看了她掌上密密麻麻越来越多的行善纹后，肃然起敬，又恭恭敬敬送她返阳，让她再造福社会。“执子之手”，我感染到她的生命铿锵，天地动情！

她的手温厚暖绵，这是一双充满神奇的手，令人起死回生的手，创造人类精神瑰宝的手！它游刃于多姿多彩的各种文体：儿童诗、戏剧、报告文学、小说、电视剧、散文和评论。创作出《寻找回来的世界》《他乡明月》《CA俱乐部》《癌症≠死亡》《周总理，你在哪里》《“小迷糊”阿姨》《柯岩诗存》等人格、文格高度统一的名著，被译成了英、法、德、俄、日及西班牙等文字，许多文章成为大、中、小学课本或教材。她高尚的灵魂，她那大美大爱的阳光照耀着国内外亿万读者的心，鼓励他们去征服种种磨难，追求真善美，创造更美好的明天！

我和她手牵手，游览香江美景，这位青春常驻，富有智慧和理想的坚强女诗人，与她同行，如沐春风！

2011年12月30日，中国艺术研究会《文艺理论与批评》杂志社在京举行了“你永远和我们在一起——柯岩同志追思会”。与会的柯岩生前好友、同事以及文学界的专家、学者认为，柯岩同志用她82年的丰富人生和60多年的辉煌成就向人们证明，她的一生为人民而歌，为新中国而歌，是为人民创作的一生，是最有价值、最值得追求的幸福人生，她所选择的道路是光明的道路。

2012年4月8日，文化部下属的中国诗酒文化协会同中国社会主义文艺学会以及中国大众文学学会和中国红色文化研究会共同发起，在北京人民大会堂举行了“纪念《讲话》发表70周年暨柯岩作品研讨会”。李慎明、李殿仁、张岳琦、吉狄马加、郑伯农、刘润为、卢昌华、屠岸、李燕杰、蒋秋霞、李云雷、刘章、赵铁信、文怀沙、丁国成、李小雨、李正忠、周明、晓雪、何火任、朱先树、石祥、周良沛、鲁煤、高瑛、峭岩、纪宇、桑恒昌、张永健、胡笳、洪烛、郭久麟、浪波、王一桃、张玉太、桂兴华、申身、唐德亮、杨四平、颜石、王学忠、卢伟宗、秦嵩宁等一百多位诗人、作家、专家、学者出席会议。与会者深入探讨了《讲话》的重要历史意义和现实指导意义，并就当代杰出作家柯岩的创作与《讲话》精神的内在联系等方面进行了广泛深入的研讨，表达了对柯岩的高度评价和永远的怀念！

笔者应邀参加了这个研讨会，并有《论柯岩的文学成就》的书面发言。

会上，第一位发言者为中国红色文化研究会会长刘润为，其题目是《柯岩：实践〈讲话〉精神的典范》：

将毛泽东的《在延安文艺座谈会上的讲话》与柯岩的创作放在一起来研究、讨论，是一件很有意义的事。

70年前，毛泽东发表的《讲话》，是具有划时代意义的伟大理论创造。它的创造性，它的划时代意义，就在于以马克思主义文艺理论为指导，系统总结中国共产党领导革命文艺工作的经验，第一次科学地完整地确立了中国化马克思主义的文艺理论体系。这一理论的核心内容，就是人民群众作为历史的主人，理所当然地也应当成为文艺的主人。他们不仅应当是文艺的主要表现对象，而且应当是文艺的主要服务对象。这是对数千年来被颠倒的历史的颠倒，这是与旧的为剥夺者和压迫者服务的文艺观实行的最为彻底的决裂！正是在《讲话》精神的指引下，由延安开端，在中国大地上第一次形成了大规模的自觉的人民文艺运动。经过70年的探索、奋斗和积累，人们欣慰地看到，这一运动已经筑起了中国社会主义文艺的辉煌丰碑。

在这座丰碑上，柯岩无疑占有相当重要的地位。柯岩的创作历程，就是不折不扣地实践《讲话》精神的历程，就是呕心沥血地讴歌广大劳动者的历程，就是不屈不挠地捍卫人民群众文化权益的历程。如果说《讲话》精神教导了柯岩、武装了柯岩，那么柯岩也同其他人民文艺家一样，以其扎扎实实的创作实践，为《讲话》精神的科学性和先进性提供了坚实的实践依据，为毛泽东开创的社会主义文艺事业赢得了光荣和骄傲。

柯岩是自1949年进入专业文艺创作队伍的。她未能有幸聆听毛泽东的《讲话》，也未及参加早期的革命文艺活动，但是这丝毫不影响她对《讲话》精神的亲近感、认同感和归属感。参加革命前的贫寒境遇，延安时期的老一辈文艺家的言传身教，特别是与工农同吃同住同劳动的社会实践，凡此种种，都成为强大的助力，将她对《讲话》精神的把握提升到了自由自觉的境界。

凡是读柯岩作品的人，都不难看出，她对于笔下的人物，从来不搞廉价的感情施舍，更不见牧师式的指点迷津，而是进行心心相印、息息相通的零距离沟通。即使是对谢越、郭喜向、香秀、宋小丽等误入人生歧路的工读生(《寻找回来的世界》)，柯岩也是以平等的姿态与他们倾心交流，因而得以走进他们内心世界的深处，发现他们重拾尊严的内在潜质，进而启发、鼓励、帮助他们依靠自己的力量找回失去的世界。而对于人民领袖，柯岩则是尊敬有加而不迷信，热爱深沉而不仰视。在她看来，周恩来之所以值得歌颂、应当歌颂，根本上并不在于他本人有什么超凡入圣之处，而在于他的全部实践集中代表了人民群众的意志、愿望和根本利益。肯定领袖，就是肯定人民；歌颂领袖，就是歌颂人民。正是因为有了这样的认识高度，她才能够深刻理解周恩来的崇高精神，准确把握亿万人民群众对于人民总理的海洋一般的深情，并创造性地运用来自民间的艺术形式，将人民和领袖的血肉联系与情感共鸣转化为动人诗篇。彻底的人民群众的主体观，就是《周总理，你在哪里》得以成为经典的最为有力的思想保障。

站在大多数人一边，坚持文艺为人民服务，就是为人民群众的全面发展服务，为人民群众的根本利益服务。也许正是出于这样一种深刻的理解，60多年来，柯岩从来不曾为了争得“粉丝”、沽取虚名、捞得版税去曲道诡行，而是始终坚持将人民群众中的先进人物作为作品的主要表现对象。如英雄船长贝汉廷（《船长》），巧夺天工的苏绣女工李娥英（《东方的明珠》），身不离劳动、心不离群众的农村税务员吴丙治（《追赶太阳的人》），坚守信念和责任的普通教师杜嵋（《仅次于上帝的人》）……这些人物位卑而志高、名微而功著。他们的精神水准，为人民群众树起了标尺；他们的价值取向，昭示着中国社会的光明未来。如果要论“精英”，他们才是人民群众中涌现出来的真正的精英！什么是文艺家的责任感，什么是人民文艺家的原则和立场，我们从柯岩的作品中可以得到明确的答案。

《诗经》的《木瓜》篇说得好：“投我以木瓜/报之以琼琚/匪报也/永以为好也。”文艺家与人民群众的关系，是一种对象性的关系。柯岩热爱人民群众，人民群众也热爱柯岩；柯岩将自己融入人民群众，人民群众也将柯岩当作他们中的一员。柯岩生前曾多次讲过人民群众关怀她，帮助她，在危难之中保护她的许多感人至深的故事。这是一位文艺家所能获得的最高荣誉，这是作为人民群众中的普通一员在自己的群体中感受到的最大幸福！

2009年，在中国作协召开的柯岩创作生涯60周年座谈会上，这位为人民群众奉献了整整一个甲子的老作家情不自禁地说：

我是谁？我是劳动人民培养出来的一个普通写作者，不是精神贵族，不该有任何特权，我只有为在人民歌唱中获得生命。

我是谁？我是我们祖国密密森林里的一棵小树，我必须像我的前辈老树们那样学习着为人民送去新鲜的氧气、片片绿荫和阵阵清风。

我是谁？我是我们祖国无边无际海洋里的一粒小小的水滴，我只有和我13亿兄弟姐妹一起汹涌澎湃，才会深远浩瀚，绝不能因为被簇拥到浪花尖上，因阳光的照耀而误以为是自己发光。

这一番发自肺腑、凝聚着自己全部人生体验的感言，令与会者无不为之动容。这毋庸置疑地表明，劳动群众的主体观不仅渗透到她的理性层面，也渗透到她的感性层面；不仅成了她的认识形式，也成了她的情感形式。

学习柯岩等老一辈人民文艺家的榜样，自觉地融入人民群众之中，为捍卫和巩固人民群众的主体地位而不计毁誉、脚踏实地、精益求精地进行艺术的创造，就是对于《讲话》的最好纪念。

中共青海省委常委、省委宣传部部长，诗人吉狄马加发言的题目是《我们不会忘记》：

今天是纪念毛泽东同志《在延安文艺座谈会上的讲话》发表70周年一个具有特殊意义的纪念活动，同时又是我尊敬的前辈作家、诗人柯岩的作品研讨会，能从春天的气息刚刚降临青藏高原的美好时节，赶到北京来参加这一不平凡的盛会，是我作为一个晚辈作家和诗人的荣幸。特别需要指出的是，在我们隆重纪念毛泽东同志《讲话》发表70周年的时候，我们来研讨杰出的作家、诗人柯岩前辈的作品及其卓越的文学贡献，其实这并非是一个偶然，柯岩所实践的文学理想，以及对中国当代文学的多方面贡献，毫无疑问就是践行毛泽东同志《讲话》精神的光辉典范。

“问渠哪得清如许，为有源头活水来。”《在延安文艺座谈会上的讲话》就是这活水之源。在《讲话》精神的滋养下，造就并且正在成长一支中国文学艺术的强大队伍。而在这个文艺家队伍里，当代著名的儿童文学作家、诗人柯岩，就是优秀的一员。此时此刻，我们谈论她、追忆她，正是对这位光辉女性的最好纪念。

我们不会忘记柯岩为中国儿童的身心成长付出的爱心与智慧。从第一篇小说《我的同窗》，第一本诗集《“小兵”的故事》，到《月亮会不会搞错》，她带领孩子们《寻找回来的世界》，让多少《种子的梦》生根、发芽、开花。

我们不会忘记柯岩那深情的呼唤:《周总理,你在哪里》。她以真挚的情感,表达了人民对老一辈无产阶级革命家的怀念。她的呼唤曾经打动无数人的心灵,曾让多少灵魂在震颤中受到洗礼,在我们心底激起永远回荡的共鸣。

我们不会忘记柯岩对人与现实生活的真情关注和深刻思考。她让我们从《船长》中感受强烈的时代气息,以一种敢当民族责任的豪迈的民族气概显示中国改革开放的世纪大潮;她向我们讲述这个时代《美的追求者》的故事,向我们展示《一个诗人眼中的宋庆龄》那“永恒的魅力”,让我们的生命共同经历那些苦恼、忧虑、坚强与希望。

我们不会忘记柯岩作为“20世纪全能式作家”对中国文学史的不朽贡献。柯岩的作品之所以能够成为传世佳作,正是充分体现了延安文艺座谈会讲话的精神,正是体现了与她关心的时代息息相通、与她热爱的人民心心相印的文学创作理念。她歌颂光明,追求真理,抨击丑恶,她热爱生活,为真善美呕心沥血。

我们不会忘记柯岩!2011年12月11日,这位杰出的女性离开了我们。但是,她的生命智慧已经成为我们以及我们后代的永恒的财富,她的心灵诗篇在延安文艺座谈会讲话的精神中熠熠生辉!

原王震秘书、中国社科院副院长李慎明朗诵了他们夫妇献给柯岩的诗《柯岩,我们想对你说》:

柯岩,
捧着你的生平,
我们夫妇默默追忆。
柯岩,
想对你说得太多、太多,
滔滔心语,
不知从哪说起?

你的生平中，
有众多称呼。
但战士这一称谓，
弥足珍贵，
且当之无愧。
还是你的老伴
我们的贺敬之部长了解你，
他说，
你没有离去，
你永在战士的行列里。

……

著名诗人、作家鲁煤献诗《为柯岩送行》：

挤坐在公交车厢里，我要去柯岩家
把她吊唁，送她远行。柯岩——
与新中国一起成长的人民的好女儿、好作家
社会主义文艺主旋律的领唱者、女高音
毛主席《讲话》在和平年代的忠实执行者
呕心沥血，历经风雨，鞠躬尽瘁
建设我们时代的精神家园，把又新又美的
累累硕果，奉献祖国，报效人民
她走了，她永不熄灭的生命火焰
烘烤得我热血激荡，此刻，我竟忘却
车窗外正冰封雪裹，数九寒冬

进入南沙沟居民区，我因患“房颤”，蹒跚缓步

连结楼群的甬道和道边的青藤，我都熟悉
几年前，徐放、蒋安全我们来看望柯岩夫妇
柯岩这位大作家，竟“还俗”为家庭主妇
亲下厨房为我们料理晚餐
供我们享用战友兼兄妹般的亲情与佳肴
如今，我 89 岁，柯岩 82，她竟先走了
我怎能不有“白发人送黑发人”的痛惜？

进家门，和侄男侄女招呼后，我直奔客厅
急找柯岩灵堂，要倾情哀悼
但不见灵堂，客厅陈设面貌依旧
我忙问敬之同志：“怎么不设灵堂？”
敬之斜依沙发里，轻声说：“这是她的性格……”
我惊愕：原来是遵行柯岩遗嘱
我顿悟：她“施恩不图报”，谢绝众人吊唁
学雷锋“做好事不留名”，要众人忘记她
这位为我们千呼万唤周总理归来的诗人
学习周总理身后不给人留下任何负担
她也要身后“不扰民”，完全彻底

突然间，一座丰碑从我心田拔地而起
巍然挺立，直上云霄，浮现我眼前！这丰碑
标志她只做奉献、不取回报的性格无比崇高
是她共产党员谦逊、圣洁心灵的升华
于是，我违逆她的遗志，向丰碑鞠躬致敬
而三天后，八宝山革命公墓更设灵堂公祭：
柯岩呵，党、祖国和人民，对你的革命勋业
和珍贵精神遗产衷心感念，要热烈表彰：

对你的辞世要隆重悲悼，尽输哀荣
——唯因此
胡锦涛、李长春、习近平代表党、祖国和人民
向这座丰碑敬献花圈，昭告天下
刘云山等各界数百领导人亲莅告别、送行……

北京大学文学博士、首都师范大学博士后卢燕娟发言的题目是《人民艺术家柯岩》：

上个世纪40年代，毛泽东发表《在延安文艺座谈会上的讲话》。其对中国现代文化最重要的创造与影响，是开创了“人民文艺”的传统。其核心有两点：其一，是提出“文艺为工农兵服务”，从外部颠覆既有的文化权力关系。在中国历史上首次实现了文化权力向劳动人民的整体转移。其二，是同时提出“教育工农兵”的问题，从内部激发和塑造人民主体性。在中国现代历史上，五四首倡“启蒙”，《讲话》继承这一任务并赋予它新的内涵，即对鲁迅笔下的阿Q，不仅仅是哀其不幸怒其不争的同情和批判，更要在新的文化中将他们重构为人民英雄纪念碑上的英雄。

在这一传统之下，产生了很多优秀的人民艺术家，柯岩是其中一位。在《讲话》所开创的人民文艺传统内，柯岩的人民性集中体现为：她不仅和其他人民艺术家一样，毕生坚持文化权力属于人民，艺术为人民服务，人民艺术应该书写人民生活，反映人民心声。因此，她总是和人民站在一起，写出《周总理，你在哪里》这样的作品，激荡起一个时代的共鸣。更重要的是，柯岩尤其深刻地理解，人民要成为中国现代历史和社会的主人，不仅仅是建立一个新国家政权，通过制度和法律从外部颠覆旧的剥削关系，获得当家做主的权力；更需要人民自身不断成长，不断荡涤自身的污垢，不断和人性的腐化、堕落斗争，在自己对自己的克服和超越中，获得当家做主的能力。人民艺术应该承担塑造人民主体性的使命。因此，她将儿童作为未来的主人，为他们写作；她在“文革”结束后，写坚持社会主义理想的建设者，倡导

理想和奉献；她为迷途的少年写《寻找回来的世界》，为迷惘的流浪者写《他乡明月》，为绝望的病人写《癌症≠死亡》。这些作品始终体现着柯岩对人民文艺教育人民、塑造人民内部主体性使命的深刻理解。

所以，柯岩的意义，不是在某一种文学流派、语言风格上来说的。柯岩，也包括在人民文艺传统内坚持创作的几代人，他们的意义，最根本内在于《讲话》所开创的人民文艺传统中。这一传统是崭新的文化权力关系在中国历史上的崛起，也是崭新的人在中国大地上的大量涌现。人民艺术家产生于这一传统中，不仅为之正名，更为之奋斗。因此，理解这样的艺术家，首先要理解《讲话》，理解《讲话》所开创的人民文艺传统对中国现代历史的深刻意义。

柯岩一生，以其过人的才能和勤奋，可以被称为诗人、小说家、剧作家、儿童文学家、报告文学家、散文家、评论家等等。但她对自己的定位，首先是"人民文艺工作者"。这一自我定位不完全出自谦虚，更体现柯岩对自己价值的深刻理解。

首先，柯岩毕生自觉坚持的创作原则，是文艺为人民服务，艺术来自人民，艺术家是人民的一员。她总是和人民站在一起，写他们的喜怒哀乐，抒发他们的内心情感。那些几千年来一直被摒弃在"文化"之外的人民，他们的生老病死、喜怒哀乐从来不为笔墨的历史所关注。只有到了新民主主义革命所建立的新秩序中，《讲话》才将他们确立为文艺的新主体。人民的情感、喜好不仅被文艺作品呈现，并且构成文艺的主要内容。艺术家只有深入人民之中，将自己的情感与人民的情感融为一体，才能完成这一任务。而艺术，也只有得到人民的认可，才被认为是优秀的经典之作。《周总理，你在哪里》是这一标准之下的经典代表。这首诗歌呼应着一个时代人民的心声。柯岩作为诗人的艺术敏感性，在这首诗中得到了经典的阐释：这种敏感性不是对某种时尚风潮的追赶，也不是对某种流行观点的人云亦云，而是站在人民中间，感受到他们最真实的情感，最强烈的愿望，并且将这情感和愿望内化为自己的情感和愿望，形诸笔端。诗人放入诗歌中的个人情感是那么真挚又那么强烈，她"找遍整个世界"，一声声呼唤"周总理"；这情感从诗人心中喷涌而出，却又不只属于诗人自己：它同样属于收割谷穗的农民，属于松涛下的伐木工人，属于海浪中的海防战士。正是因为诗人的情感和亿万人民的情感融汇在一起，这情感才获得了巨大的强度和感染力，诗人的一声声呼唤才激荡起高山大地、森林大海的回音——这是时代的回音，也是人民的共鸣；也正因为诗人将这情感内化为自己内心的真挚体验，这情感的表达才如此强烈却又能如此朴素，如此直接却又能如此动人。这首诗歌再一次展现出人民文艺的独特魅力：艺术家是人民中的一员，他们忠于自我的情感与忠于人民的心声不但不构成矛盾，而且还从中获得艺术的强度和高度，展现出人民文艺独特的“大我”、“大情”之美。

柯岩在1983年重庆诗歌讨论会上的发言，更直接地表达了她对“人民文艺”原则的理解和坚持。当时，艺术为人民服务受到质疑，“表现自我”与“书写人民”被二元对立。针对这些问题，柯岩阐明了文艺经典的选择标准：“只有表达了人民群众思想感情和自己时代声音的歌手才会为人民所拥戴，为后世所记忆。”面对争论，柯岩表达了对人民的坚定信心：“我们还有人民呢，还有历史呢。而人民和历史都是公正的。”她回答古往今来的大诗人为什么能不朽的一段话，也可以用来解释在人民文艺传统之内，艺术家对经典认定的标准，和对自己艺术努力方向的要求：“这些大诗人恰恰是因为对他们的祖国、他们的人民的忠贞不渝，才赢得我们的敬重，才唤起我们这些后来人的共鸣。恰恰是因为反映了他们当时的生活，歌唱了当时人民中代表进步力量的思想感情，因诗与他的人民同呼吸共命运，抒发了他同辈人的喜怒哀乐，反映了他所处的时代，才成为不朽的吧！”在柯岩的上述表述中，可以看出，“人民的心声”，始终是她坚持去感应、去书写的对象；而人民的肯定，对她来说，始终构成艺术作品评价的最高标准。一言以蔽之：在柯岩的世界观和艺术观中，人民，是历史的创造者，也是艺术的主人。

柯岩作为人民艺术家，除了坚持艺术为人民服务之外，她对人民文艺更深刻也更独特的理解，是艺术要塑造人民，艺术家要承担为人民塑造心灵、为社会塑造良知、为民族塑造未来的使命。

怀抱着这样的使命感，她把巨大的精力和心血投入到儿童诗、儿童剧的创作中。她将儿童作为“小同志”，作为新中国未来的建设者和主人，怀抱着为民族塑造未来的高度责任感从事儿童文学的创作。因此，她既高度重视儿童的独特性，努力创作他们感兴趣的、能接受的作品。但更重要的，她强调儿童剧同样是人民艺术的一种，它最根本的任务是“要帮助了建设社会主义并教育了建设社会主义的人们”。她反对把儿童剧简单化为“狮子老虎，小兔小猫，花卉虫草的世界”，也反对为迁就儿童而文法不通的牙牙学语，而是要将“社会主义艺术的一般要求和儿童观众年龄特点所提出的特殊要求”相结合，为“未来世纪的公民”创造能塑造他们美好心灵的艺术。所以，她主张探索儿童能接受的形式，将革命传统、劳动尊严等等严肃内容，都放入儿童艺术中。正是怀抱着这样的责任感，柯岩创作了大量的儿童艺术作品，这些作品体现出对孩子的爱、了解和尊重，用孩子喜爱的方式、熟悉的语言，把大到热爱祖国、继承革命传统，小到不挑食、礼貌待人的美德，一点点塑造进孩子们的心灵。

“文革”结束后，柯岩写了一系列报告文学：《奇异的书简》、《船长》、《追赶太阳的人》、《东方的明珠》、《美的追求者》。她自己说，之所以写这些报告文学，是因为看到“有的青年受了‘四人帮’毒害，什么都不信”，她很“着急”。这种“着急”，正是一个人民艺术家对自己责任的深刻认识。而因为着急，她写这些来自人民中的科学家、船长、农村税收员、刺绣女工、画家，他们的共同点是经历挫折而不放弃理想、遭受打击而不忘记人民。从这一系列报告文学中，可以看出柯岩努力的，是要为时代寻找向上的力量，为社会寻找美的形象，承担起艺术家为人民塑造美好心灵的使命。

在这一视角下，小说《寻找回来的世界》成为又一经典。这是柯岩的第一部长篇小说，她自己说过写这部小说的动机：“青少年犯罪是世界性问题。不夸张地说，这写的是世界性的题材。通过对犯罪少年的中国式的挽救，我要让外国人了解我们中国社会的本质。”

那么，柯岩对这一世界性问题作出的中国式回答是什么呢？小说开头呈现出来的，是一群病态、畸形的少年。这群少年绝不可爱：他们外形或凶蛮或匪气，自认为美丽的宋晓丽，在作者和教师们的眼中，也只觉得妖艳浅薄，并不能引起审美上的愉悦。他们的行为，野蛮、无知、麻木而愚昧。如果在启蒙文学传统下，他们只能是被作者“哀其不幸，怒其不争”的一群。可是，作者和作者笔下的教师们，却毫不保留、毫不虚伪地爱着这群少年。老师不是基督徒，没有上帝爱一切人的宗教信仰，这种爱从哪里来？为什么发生？小说通过白小远的话，回答了这个问题：“一个光明美好的社会，不是那么容易到来的。它需要几代人，甚至几十代人的努力。所以我们、校长、老师以及一切正直的人，一代又一代的革命者，都寄希望于自己的下一代。”这是小说中国式回答的第一个层面：他们爱的，不是这群少年身上呈现出来的堕落和麻木，而是这群堕落麻木的少年同样是祖国未来的公民，他们爱的，是自己民族的未来，是人民事业的明天。所以，小说将那些少年比喻为感染了病虫害的花朵，愤怒地谴责那些让他们感染病虫害的人和事，而正直的人们则不嫌弃这些污点，用自己全部的爱来打扫掉这些污点，为的是自己的祖国和人民有一个干净的明天。这种爱和恨，都因为深深植根于祖国人民中而显得博大坚定，也因为关联着人民的命运而显得深沉厚重。

这种爱充盈满整部小说，它使冷酷的少年冰河解冻，使扭曲的人性枯木逢春。但这种奇迹又是怎样发生的呢？转变了的谢悦回答外国参观者关于中国工读学校和国外感化院的差别问题时说：“我们靠的是集体、信念、人与人之间的温暖。”另一个少年小建国补充说：“还有——明天的快乐。”这是小说中国式回答的第二个层面：这种爱不是西方宗教感化，不来自上帝，沾染了污点的少年不能通过把自己的罪放在自己以外的“天父”身上，而获得自身的净化。他们荡涤自身的污垢、重塑自己的灵魂，乃是在集体中获得信念和希望，这是一个从温暖的社会之爱中自我复苏、自我拯救的过程。而这一过程伴随的，不是以宗教忏悔的方式完成的灵魂拷问，而是在实际生活中，在学校、社会的鼓励、引导也包括批评、监督下，重新培养学习、劳动的习惯，在学习和劳动中创造价值、收获人的尊严。小说描写工读学校的学生们，在为自己的校办工厂劳动时所焕发出来的热情生动地展现了这一点。而小说更提出了这样的构想：在工读学校之外，再挂一块职业学校的牌子。

让学生们从工读学校进来，从职业学校毕业。也就是说，作为有污点的少年进来，而作为对社会有用的劳动者毕业。这一构想深刻揭示了：这群少年灵魂的得救，在于今天来自人民的爱，也在于明天他们将要为人民奉献的劳动，这种劳动向他们许诺一个有价值的、充满尊严感的未来。

结语：柯岩一生，在那么多文学领域留下了那么多优秀的艺术作品。如果仅仅从个人才能的角度去看，这堪称一个不可思议的奇迹。但如果回到毛泽东《在延安文艺座谈会上的讲话》，回到《讲话》在中国现代历史中所开创的人民文艺传统，那么我们就会理解：柯岩首先是一个人民艺术家，她的才能始终只为人民服务，她一生都在书写人民需要的艺术。因此，诗歌也罢，小说也好，对柯岩来说，都只是一个人民文艺工作者分内的工作。这是人民艺术家最朴素也最崇高的价值。正如柯岩自己所坚信的，人民和历史是公正的，他们终将证明：人民文艺不死，人民艺术家柯岩不朽。

山东省淄博市抗癌协会会长李英伟发言的题目是《永远的柯岩》：

2011 年 12 月 11 日傍晚，接到北京病友的来电，得知柯岩老师逝世的消息，手握电话，我一下惊呆在那里，泪水夺眶而出。从听到柯岩老师离开我们的消息，到 12 月 19 号去北京为老师送行，我的内心一直无法平静，柯岩老师那和蔼可亲的面容一直在我眼前浮现，她亲切的话语和谆谆教导，一直在我耳边萦绕。之前虽然知道柯老师一直在住院治疗，并时常处于昏迷状态，心里也有这样的思想准备，可真到这一刻的时候，却无论如何也不愿接受这样的现实……

我又一次清楚地知道了什么是心痛的感觉！

柯岩老师是当代著名诗人、作家，她在中国当代文坛上的地位和成就，我没有资格去评论，我想，每位读者的心中会自有公论。在这里，我要说的是，抛开柯岩老师在文学艺术上的成就，单论柯老师对癌症患者这个特殊群体生命的支持与关注，以及她在癌症患者心目中的地位，那绝对是无人可以替代的。柯岩老师发表于上世纪 80 年代初期的著名报告文学《癌症≠死亡》，在那个恐癌的年代，吹响了向癌症王国进军的号角，振奋了多少绝望中的患者的精神，拯救了多少癌症患者的生命和家庭啊！

感谢您，敬爱的柯老师！

是您，帮我们重新树立起坚定的信念；是您，给了我们无穷的生命力量；是您，为我们重新点燃了生命之火和心中那盏希望的灯。

无数癌症病友从此振作起来，用一种前所未有的勇气以及对崭新生命的自信与向往，驱走了心中的绝望与恐惧，集体出发向癌宣战，共同奏响了生命的最强音。

在这个特殊的群体里，虽然很多人没有见过柯岩老师，但在癌友心里，我们早已把她当成了最亲近的亲人，最知心的朋友，最敬重的师长，把她当成我们癌症患者的守护神。

柯岩老师是一位诗人、一位作家，但对于癌症病友来说，我们更习惯称她为我们的“医生”，而老师，也习惯于把我们称作“我的病人”。她最高兴的，就是看到或者听到濒临死亡、生命处于绝境的我们，靠着科学的治疗和相互的支持，走出这段艰难；最愿意看到我们不但活下来，而且明白了活着的意义，活出了不同于以前、不同于一般的状态，变成了她所期待的那颗明星，高高挂在祖国深远的长空……

回想自己得癌之初的时候，如果没有柯岩老师《癌症≠死亡》的引导，真的不敢想象自己现在是什么样子，甚至可以说不敢想象自己现在哪里……

至今，我还清晰记得第一次与柯岩老师见面时的情形，记得每次见到她时老人家给我的教诲、鼓励与支持，老师的音容笑貌那么真切地在我脑海中浮现。可如今，老师不在了。

敬爱的柯岩老师，癌症病友们还有许许多多的心里话要对您说啊！

柯岩老师：您在山东淄博抗癌健身乐园成立大会时亲笔签名赠送给我们的报告文学作品《癌症≠死亡》，已成为鼓舞淄博癌症病友前行的巨大力量，您亲笔签名送给我的那些书，业已成为我一生中最珍贵的记忆，您的谆谆教导此刻正在我的耳畔回响——中国的抗癌明星，不是包装出来的，更不是炒作出来的，他们是拼搏出来，奉献出来的，他们带着中华民族重情、重义、重奉献的民族传统，与中西医结合，在探索中找到了一条科学的康复之路，在世界抗癌史上浓墨重彩地写下了中国的一笔，这是中国人对世界抗癌事业的独特贡献……

老师：您当年预言的无数抗癌明星将会变成一个光辉灿烂的明星群，高高地挂在祖国深远的长空，而今天，您的预言已经变成了现实，您的报告文学《癌症≠死亡》，30 多年来依然像一盏明灯，指引着无数癌症患者在与癌症抗争，在争取生命权利的道路上前赴后继。

老师：在郭林老师百年诞辰大会上，您铿锵有力而又充满激情的演讲，为中国民间群体抗癌组织的发展又一次鼓劲儿加油，指明了前进的方向。

翻看与您的合影，又看到您慈祥的面容，正直、睿智而坚定的目光，又想起您对我及癌症病友们一次次真切关怀与谆谆教导……

您曾经对我说起有些人曾问您是属于哪个文学流派的，您毫不犹豫地回答"我属于人民群众是创作的源泉"这一派的，是的，唯有您这样的理想，这样的定位，才能写出像《寻找回来的世界》这样将一个时代烙印在大众心里的作品；只有您这样的作家，才能将人民对共和国第一任总理发自内心的真情呼唤用诗歌完美表达；也只有您这样的感同身受和坚持，才能在那个恐癌年代发出"癌症不等于死亡"的呐喊，激励着无数癌症病人奋勇向前。

老师：此时此刻，我想对您说：您不仅是一位诗人和作家，更是指引广大癌友生命方向的老师，是癌症病人的亲人和朋友，是我们癌症病人的医生和贴心人！

在您的告别仪式上，望着大厅外排成长龙的告别队伍，看着您和蔼依旧、目光如炬的照片，那一刻，我心里更多的是一份温暖与感动——因为在我心里、在我们心里，在人民大众心里，您的精神、您的爱心将与您的作品一起与我们同在，与人民大众同在！

著名作家周良沛作了题为《永记柯岩》的发言。他以他个人在十年动乱后被平反的事例说明了柯岩在新时期为诗人、作家平反所做的工作及她的人品：

上世纪1958年的“反右补课”，大墙就把我和社会生活隔开了，与文艺界则疏离得更远，只是十年动乱结束之后，一首《周总理，您在哪里》我认识了诗人柯岩。这是令人遗憾的，迟到的认识，可是，这迟到的认识，不仅此生，若有来世，我也忘不了她对我同志姐的深情。

所以后来我个人的命运有这样的改变，原因是多头的，情况是复杂的。1978年底，我从劳改队真像做梦一样地直接到了北京，参加“诗歌座谈会”。主持“座谈会”的是《诗刊》社负责人邹荻帆和柯岩。低调的柯岩，在大家劫后余生的狂热中，常常一旁笑而无语。这个百多人的大会，不少是“文革”中受过罪的，很显眼的，是一群五七、五八年的右派，此一举，不仅在诗坛、文学界，而且还引起整个社会的关注，都看它是中央要解决右派问题的预告。这个名单是编辑部的人在一起凑的；但是，名单上像我这样的“在押”人员，跑公安部点了名一定要我来的，则是柯岩。当时听说这一情况，我就明白：这位在会上话并不多的同志柯岩，是很有能耐的！

可是，柯岩绝不像有些人，帮了忙生怕别人不知而以恩人自居。事过之后，绝不再提。还是后来我们接触渐多，我才知道，正是她利用自身各方的有利条件，充分落实政策和以人为本的精神之结果。这里还该补充一句：当时，敬之同志在文化部负责落实政策的工作。那里也有五十多位，其中还有我认识的同志，也是被人当右派送到农村监督劳动，落实“改正”政策时却发现他们并无“错划”的组织手续，只能“原地安置”。敬之同志说了一句：“人家当右派的罪全受了，怎么右派有点好处又把他扒开呢？先将他们按对右派的政策调回北京再说！”使这五十多人得到了妥善的安置！

很多同志谈了柯岩作品的广泛影响，能说明作家的，自然是她的作品。然而，她作品的诗质，是不止入于技而是已入于道——她还是一位《讲话》精神塑以成形的文艺战士。从我个人来讲的大事，自然只是她平日的小事一桩，但就是这个事情也能说明柯岩的诗品和人品吧！

香港文艺家协会会长、著名诗人王一桃朗诵了诗歌《诗篇 画卷 经典——对当代一位人民作家的思念》：

一

柯岩，你令我想起了青柯红岩，
——一首魅力四射的中国特色诗篇！

红岩，不就是红色中国大地缩影，
饱经风雷雨电仍始终坚实如磐？

青柯，不就是点染中国天空的绿，
蓬勃的生命使和平的天际更蓝？

……

此刻，我真想重新变作祖国花朵，
从大地博大心灵深处汲取源泉……

苍天，在咱中国传说中就是神明，
能令万物自由发展而蔚成大观。

而你，不就在读者视野中的广宇，
以诗眼一点，而使满天一片豁然？

此刻，我多想化作你神来之笔，
回答屈原《天问》，将发展写上云端！

柯岩，我就是诵你诗篇深受感染，
更热爱祖国和人民、大地和蓝天……

二

柯岩，你令我想起了无限时空，
——一幅波澜壮阔的当代生活画卷！

社会熔炉是你立足发愤的空间，
生命，随着为真理而斗争红艳艳！

朝云暮雾是你叱咤奋飞的时间，
风采，随着追求理想升华光闪闪！

当美好空间受高压而鸦雀无声，
你挺身做人民代言人发出呐喊！

当神州获第二次解放而欢呼，
你应和的歌声似春花般璀璨！

你留下的十卷文集就是回音壁，
从北京传到天涯海角余音不断……

当时间如箭掠过百年悲喜长江，
你欣然当历史记录员树碑立传。

浩瀚的《与史同在》倒映你身影，
而背景又是何其雄伟而又深远！

感激你将我《香港赋》化为永恒，
令"完璧归赵"新编将西方震撼！

柯岩，想不到我也成你画卷中人，
与史同在，与时俱进，与众共勉！

三

柯岩，你令我想起了人间正道，
——一部中国化了的四海皆准经典！

你平凡，平凡得像大海水的一滴，
却伟大：像它所反映之太阳光焰！

你普通，普通得像黄河沙的一粒，
却崇高：像它垒起之昆仑顶点！

浩劫中我访贺敬之有幸见到你，
你眼神闪的不是折戟而是利剑！

我仿佛看到夜幕中的耀眼闪电，
果然不久阴霾尽散艳阳重现！

而你千呼万唤的人民之好总理，
终于如愿重回亿万人民的心坎……

复出后我北上与诗人伉俪会师，
如读杜诗觉好雨知心春风拂面——

我仿佛掬起春水一般的灵感，
一返香江即飞出诗花一片片！

尤为欣慰的是既得到缪斯眷顾，

又获得马克思列宁毛泽东等亲眼……

柯岩，你这唯物辩证法已化为我
投身人类解放社会进步的信念！

《新国风》诗刊副主编、诗人颜石发言的题目是《缅怀柯岩》：

2011年12月12日上午，接到北京打来的电话，话筒里传来噩耗：当代著名诗人、作家柯岩已于11日13时35分与世长辞，享年82岁。14日，接到中国作家协会“柯岩同志治丧办公室”的电话，通知19日8时30分在北京八宝山一厅举行告别仪式。

19日清晨，北京气温零下5摄氏度，阵阵寒风掠过，似乎在表达无限的哀痛；天空万里无云，如同柯老的坦荡胸怀。一厅前的门楣上方是“柯岩同志永在我们心中”的横幅，灵堂正前方是柯老相片，两侧摆满了敬献的花圈，有党和国家领导人的，有中组部、中宣部、文化部、中国文联、中国作协等部门的，还有全国各地文化艺术界的，大家以这一相同的方式寄托着自己的哀思。

心情如同这寒冷的天气，仿佛结了冰，与柯老交往的点点滴滴，如同北京大雾之后的天空，渐渐清晰起来。

1986年，经艾青、高瑛介绍，我第一次拜访了柯岩。在此之前，对柯岩的了解都是来自她的作品，那时她已是闻名全国的诗人、作家，许多人能背诵她的《周总理，你在哪里》，熟知她的《寻找回来的世界》、《他乡明月》，以及《仅次于上帝的人》。她的作品与社会、时代相连，与人民同呼吸、共命运，以爱与美感染读者的心灵，照亮真善，鞭挞丑恶，因此她被称为“人民作家”。第一次拜访那年她五十几岁，举止高雅，温和敦厚，平易近人。谈话轻松愉快，我们谈诗坛现状，谈写作与生活等等。此次会面后，我个人或与文友结伴，又有几次造访。

2009年8月，柯岩创作生涯60周年座谈会暨《柯岩文集》首发式在京隆重举行。9月间，我与柯老通了一次电话，我说决定参加《新国风》创刊10周年活动及首届毛泽东诗词节，她听说我将赴京，便说赠送我一套《柯岩文集》。10月中旬，在她和贺老去杭州疗养的前一天晚上，在他们的宅邸再次会晤。柯老虽然几次与病魔决战，但都凯旋而归，因为她有钢铁般的毅力、大山般的坚韧、顽强的生命力。这次见到她，仍然精神矍铄、思维敏捷、步履稳健，这是我们最高兴看到的。谈话一个多小时，其间打给二老的电话十几个，还有人从几千里之外到访，可见二老难得休闲。

柯老一生胸怀坦荡，宽厚仁泽，这是她的秉性，因而有了一颗强大的心。当年贺敬之受“胡风反革命案”牵连被审查，柯岩决不怀疑他对党的忠诚，从生活的方方面面倍加关怀。“文革”时柯岩被打成“黑线人物”，她毅然贴出大字报，声明自己不是无产阶级异己分子，不是“黑帮”，卷起铺盖就回家了。之后她又领着女儿到单位，在文联大楼贴出“挺起腰杆干革命，贺敬之是个好同志”的标语，充分体现了她光明磊落、刚直不阿的特质。这些年总有人挖空心思搞学术之外的“惊人”发现，她也遇到了。有人恶意编造她那首著名的《周总理，你在哪里》是抄袭的，诗坛稍有常识的人对此都嗤之以鼻，但一些年轻人却混淆视听了。许多读者请她以法律为武器予以反击，但她只是写了一封公开信澄清事实真相，就这样宽恕了相关人等。

柯老是一位勤奋的作家，创作品位高雅，数量巨大，涉及诗歌、小说、散文、戏剧、报告文学、影视作品、文学评论，获得国家、国际大奖几十次，作品在英、法、德、日、俄、西班牙、朝鲜等国出版发行。她肩负社会责任，弘扬真善美，应邀到高校或其他场合演讲，无不扣动听众心弦，仁爱和谦逊的品格使她得到了更广泛的尊敬与热爱。

如今柯老虽然已经离我们而去了，但她的生命力仍活跃在她的文字里，与我们相伴。

原装备学院副院长、少将、北京走进崇高研究院院长贺茂之发言的题目是《模范践行〈讲话〉精神的革命作家》：

在纪念《在延安文艺座谈会上的讲话》（下简称《讲话》）发表70周年的日子里，重温《讲话》，格外亲切，格外深刻，也格外怀念我十分敬重的柯岩同志；而深切怀念柯岩同志，就愈发感悟《讲话》的正确、英明和伟大。因为柯岩62年的文艺创作生涯生动、形象地诠释了《讲话》精神，她600多万的创作实践及其广泛深远的影响，无可辩驳地证实了她是模范践行《讲话》精神的革命作家。

不是吗？那就让我们以《讲话》中几大问题的标准来对比、衡量、论证一下。

《讲话》中“结论”的第一个问题是“为什么人的问题”，《讲话》明确指出：“为什么人的问题，是一个根本的问题，原则的问题”，“我们的文学艺术都是为人民大众的，首先是为工农兵的，为工农兵而创作，为工农兵所利用的。”

柯岩在刚踏上文艺创作这个岗位时，有关领导就反复组织他们学习《讲话》，并以自己转变立足点的经历教育他们。她逐渐明确并坚定了“要使文艺很好地成为整个革命机器的一个组成部分”之理念和文学艺术要“为人民大众服务、为工农兵服务”的方向，并在60多年的创作生涯中认真实践。这样才使她在多种形式、浩浩10卷本的创作中没有一首诗、一篇文是个人感情的浅吟低唱，而都是革命豪情的黄钟大吕；没有一篇是游戏人生或戏说今古，而篇篇都是人生正道或资治史实；没有一处是为自己涂脂抹粉，而处处都是为人民大众立言、立德、立功，概言之，没有一诗一文姑息、放纵假、丑、恶，而诗诗文文俱是歌颂、弘扬真、善、美。这不是典型的为人民大众、为革命事业、为历史前进而竭诚服务吗？

《讲话》“结论”中的第二个问题是“如何去服务”，首先“必须到群众中去，必须长期地无条件地全心全意地到工农兵群众中去，到火热的斗争中去，到唯一的最广大最丰富的源泉中去……”柯岩正是遵循这一指针，在相当长的一段时间里，她“每年至少有8～10个月下去生活”，与工农兵群众“同吃、同住、同劳动”。正是因为她长期坚持深入群众，深入生活，她才激情如火、灵感如泉、作品如潮，并不断有“惊雷”鸣耳、“卫星”升空。她在工读学校生活了两年，与老师学生为友，很快就孕育出了长篇小说《寻找回来的世界》，并以此改编为同名电视连续剧，书呈洛阳纸贵之势，剧达妇孺皆知之境，书和剧被称为“当代中国的教育诗”，她被称为“仅次于上帝的人”。

《讲话》里“如何去服务”中还谈到普及和提高的问题，这恰恰又是柯岩做得十分出色的方面，单就儿童文学即对青少年的教育问题，她既注重在报刊上开辟专栏连续撰写“妈妈有话对你说”、“与‘巨人’对话”等普遍性普及性的文章，又精心锻铸《寻找回来的世界》、《红蜻蜓》、《仅次于上帝的人》等鸿篇巨制，还呕心沥血编辑出版《古今中外文学名篇拔萃》丛书；在她的创作生涯中，既注重个人精品的冶炼锻造，这是提高；又注重刊物的创办和质量的提升，如《人生咨询》等，这是普及；还积极编辑“与史同在”的中国当代诗歌选、散文选，这又是提高。目的只有一个：“满足社会的需求、群众的需要”，“给大地以色彩，给空气以芳芬，给孩子以欢笑，给成人以梦想”，做群众忠诚的代言人。

《讲话》“结论”中的第三个问题是“党的文艺工作和党的整个工作的关系问题”。柯岩始终把“文学艺术视为革命事业的一部分”，始终把个人列入“我们这个队伍里普通一兵”的行列。也正因此，她始终与党同心、与民同愿、与国同步，党忧吾忧，民喜吾喜，国安吾安；也正因此，她不止一次呼吁：“要了解一个国家和她的未来，很重要的一个方面是看她怎样教育下一代，以及她的年青一代的精神面貌”，“没有一个国家、一个民族不是用自己的理想塑造下一代、寄希望于下一代的。我最大的追求就是用崇高的理想塑造下一代！”曾几何时，当社会上出现那种否定抗日战争、解放战争，肆意歪曲、丑化老一辈无产阶级革命家的思潮甚嚣尘上时，她义愤填膺，挥笔回击：“毋庸讳言，革命征途上曾有过错误，有过曲折，但千百万仁人志士为了建立新中国抛头颅、洒热血；千百万工、农、兵、知识分子满腔热情、奋不顾身地投身建设，初步形成了独立的比较完整的工业体系和国民经济体系……却也是不争的事实。无数诗人也曾为这些倾心而歌。为什么我们就不该实事求是地把这一切指给孩子们看？讲给他们听呢？”并不顾年高多病连夜撰文《那时，我们正年轻》、《小八路罗英》等，在《人民日报》、《光明日报》刊发，继而又先后编辑出版了《与史同在》的新诗、散文集，以史证史、以实论史，给那些历史虚无主义者以无情痛击。这不是在勇敢地捍卫党的执政领导地位和增强党的力量吗？……

《讲话》指出“一个是政治标准，一个是艺术标准”，“检验一个作家的主观愿望即其动机是否正确，是否善良，不是看他的宣言，而是看他的行为在社会大众中产生的效果”。柯岩的作品，应该说大都在社会大众中产生了好的影响、广泛的影响，甚至强烈的影响。单就她的报告文学《癌症≠死亡》和长篇小说《CA俱乐部》，问世之后迄今30年间，已成为癌症患者及其亲属还有医务人员的必读之作、必备之教材，和妙方良药，拯救了无数癌症患者，以至遍及全国的抗癌明星俱乐部成员，把她当成良师益友。

由此，我们不能不承认柯岩是与人民同心、与时代同步的革命作家，柯岩是模范践行《讲话》精神的革命文艺家。

因此，我们也深深感谢这次会议的策划者、组织者，为我们创造了一个重温《讲话》同时追思柯岩的机会，创造了一个具象与宏观、逝者与生者、历史与现实相对照的机会。我们可以坚定不移地说：《在延安文艺座谈会上的讲话》，是一切革命文艺工作者前进的正确方向、遵循的伟大思想、行动的英明方针，过去是，现在是，将来还是；我们同样坚定不移地认为：柯岩是模范践行《讲话》精神的革命作家、杰出诗人、伟大战士！

研讨会开得热烈、隆重。会上，全国人大常委、中国社科院副院长李慎明，全国政协委员、中国诗酒文化协会会长蒋秋霞，原《文艺理论与批评》主编李正忠等也在会上发了言。国家一级演员杜声显朗诵了柯岩的《假如我离去》，中科院文联主席王渭朗诵了柯岩的名作《周总理，你在哪里》。他们声情并茂的朗诵，打动了所有的与会者。

最后，全国人大常委会农委委员、原国防大学副校长李殿仁中将说，柯岩作品影响深远。这次会议把《讲话》和柯岩作品连在一起研讨很有意义。《讲话》的最大作用是指明了新方向与新道路。柯岩的作品充满对人民的热爱和对祖国的感情，从柯岩老师的作品中，从她的诗歌、散文、小说、剧本、报告文学、儿童文学，能读出她的真性情，她对不公平的愤慨、对弱势群体的同情、对底层人群的关注，从她的诗歌中，我们能深深感受到激情、深度、正义、壮志、意义、意志……她的言行和诗歌激励着我们前进！让我们学习柯岩同志的榜样，进一步增强文化自信和文化自觉，为社会主义文艺的大发展大繁荣作出新的更大的贡献！

在这个会上，听着各位诗人、作家、专家、学者的发言和演员们的朗诵，我的心激动不已。我想，柯岩同志一定听见了同志们的发言，她也会看到诗人、作家、专家、学者所写的怀念她的诗文作品，她更会感受到党和人民对她的劳动的肯定和赞誉。

柯岩，你走好！你的亲人、朋友和广大读者永远怀念你！

2005 年至 2012 年写于重庆

附录：

柯岩年表

（本年表主要记载柯岩的主要经历和重要文学活动，记载其发表和出版的重要作品。前加△符号者为出版的著作或演出、演播、出版的剧本、电视剧。）

1929 年

7 月 14 日，出生于郑州一个铁路职员家庭。原籍广东南海。父亲冯建纬，母亲王蕴懿。

1934 年

7 月，进郑州长辛店职工子弟学校读书。

1935 年

7 月，进湖北省铁路职工江岸扶轮小学读书。

1936 年

7 月，进云南省昆明市保山小学读书。

1937 年

7 月，进下关小学读书。

1941 年

7 月，考入云南华侨中学。

1942 年

7 月，转入昆明保山中学。

1943 年

7 月，考入昆明越秀中学。

1944 年

7 月，考入昆华女师。

1946 年

1 月，昆明发生了震惊中外的“一·二一”惨案，四位要求民主，反饥饿、反内战、反迫害的爱国青年被打死。作为昆华女师罢课委员会主席，和同学们一起，去西南联大参加民主集会。

1947 年

7 月，入希理达中学。
散文《夜》、《孤独》发表于《湖北日报》。

1948 年

7 月，考入苏州社会教育学院戏剧系学习。

1949 年

7 月，分配到中国青年艺术剧院创作组工作。
年底，参加改造妓女的工作。

1950 年

△《中朝人民血肉相连》，在中国青年艺术剧院“文化列车”上创作并演出。

1951 年

△《争取早团圆》，在中国青年艺术剧院“文化列车”上创作并演出。

1953 年

同诗人贺敬之喜结良缘。
《雪夜》发表于《中国青年报》。

1955 年

到北京工读学校深入生活，直到 1957 年。

调中国儿童艺术剧院工作。

9 月 3 日，影评《跟暗藏敌人作坚决斗争的英雄——介绍苏联影片〈游击队员之子〉》发表于《光明日报》。

儿童诗三首：《小弟和小猫》、《坐火车》、《我的小竹竿》，发表于《人民文学》12 月号。

1956 年

儿童诗《“小兵”的故事》、《帽子的秘密》、《两个“将军”》发表于《人民文学》4 月号。

儿童诗《爸爸的眼镜》、《小红花》发表于《人民文学》6 月号。

诗歌《看球记》发表于《文艺学习》第 9 期。

7 月，《谈“万尼亚舅舅”的演出》发表于《光明日报》。

△天津人民出版社出版儿童诗集《“小兵”的故事》。

1957 年

诗歌《眼光》发表于《文艺月报》1 月号。

儿童诗《“流星”》发表于《文艺学习》第2期。

儿童诗《小红马的遭遇》发表于《人民文学》3月号。

独幕喜剧《相亲记》发表于《剧本》12月号。

△5月，中国少年儿童出版社出版《大红花》。

△8月，少年儿童出版社出版儿童诗集《最美的画册》。

1958年

儿童诗《小红花》、《放学以后》入选《为孩子们写的诗》一书，由天津人民出版社出版。

独幕儿童剧《娃娃店》发表于《剧本》6月号。

△柯岩、子友共同执笔创作多幕儿童剧《飞出地球去》，由中国儿童艺术剧院演出。

△8月，江苏文艺出版社出版幼儿画册《小弟和小猫》（柯岩诗，胡进庆、陆青画）。

1959年

4月2日，诗歌《友谊的赞歌》发表于《人民日报》。

10月5日，诗歌《不信国庆你来看》发表于《人民日报》。

诗歌《感谢你！亲爱的阿姨——献给保育员同志》发表于《中国妇女》第11期。

△长江文艺出版社出版独幕儿童剧《娃娃店》（柯岩著，陈绪初插图）。

△7月，儿童诗《小弟和小猫》（柯岩著，周令钊画）入选“学前儿童文艺丛书”，由中国少年儿童出版社出版。

△儿童喜歌剧《双双和姥姥》（柯岩编剧，严金萱作曲）由中国儿童艺术剧院、上海儿童艺术剧院演出。

△7月，人民美术出版社出版《不妙！不妙！》（柯岩诗，毕克官画）。

△7月，广东人民出版社出版剧本《双双和姥姥》。

△8月，人民美术出版社出版《小红马的遭遇》（柯岩诗，詹同渲画）。

△9月，上海文艺出版社出版剧本《双双和姥姥》。

△中国戏剧出版社出版《相亲记》，苏联、朝鲜、越南等国曾翻译出版，苏联出版时更名为《可爱的心》。

△《到星星世界去》（柯岩、子友执笔）由中国儿童艺术剧院演出。

1960年

儿童诗两首：《床头的画》、《小袁的家》，发表于《诗刊》2月号。

儿童诗《“小迷糊”阿姨》发表于《人民文学》4月号，后收入《1959－1961年儿童文学选》（人民文学出版社1963年10月出版）。

1961年

诗歌《红领巾日志》入选《给少年们的诗》一书，11月由少年儿童出版社出版。

△人民美术出版社出版《帽子的秘密》（柯岩诗，华三川画）。英文、法文、德文、俄文及印地文本，均由外文出版社8月出版；西班牙文本，由外文出版社10月出版。

△作家出版社出版诗剧合集《“小迷糊”阿姨》。

1962年

论文《必须学习，必须提高》发表于《文艺报》第4期。

6月1日，儿童游戏诗《红灯、绿灯和警察叔叔》发表于《人民日报》。

6月9日，论文《儿童剧中的成人形象问题》发表于《文汇报》。

11月9日，诗歌《中国孩子的心》发表于《人民日报》。

1963年

儿童游戏诗《打电话》发表于《儿童文学》丛刊第1期。

4月3日，诗歌《雷锋》发表于《人民日报》。

4月，组诗《我对雷锋叔叔说》发表于《中国少年报》。

△8 月，中国少年儿童出版社出版《我对雷锋叔叔说》（柯岩著，范一辛插图）。

1965 年

△5 月，少年儿童出版社出版儿童诗《讲给少先队员听》（柯岩著，范一辛绘画）。

△5 月，少年儿童出版社出版儿童游戏诗《照镜子》（柯岩诗，何艳荣画）。

△多幕话剧《水晶洞》（柯岩、罗英合著）由中国儿童艺术剧院、上海儿童福利会艺术剧院演出。

1976 年

诗歌《我站在天安门前》发表于《诗刊》11 月号。

1977 年

担任《诗刊》副主编。

1 月 1 日，诗歌《周总理，你在哪里》发表于《北京日报》，1 月 8 日《人民日报》转载，又见于《人民中国》、《中国文学》英文、法文版，并由中央人民广播电台首播，全国大部分省、市电台转播，后收入各种诗歌选本及中小学教材。

诗歌《我的爷爷》发表于《人民文学》第 2 期。

诗歌《在周总理办公室前……》发表于《革命文物》第 2 期。

9 月，诗歌《在九月九日的黎明》发表于《中国少年报》。

△3 月，诗剧《在黑非洲的丛林里》由中国话剧团演出，收入《永远的怀念》，后又收入《中国文学》英文、法文版。

1978 年

补选为中国文联全委会委员、中国作协书记处书记。

诗歌《请允许……——题照片〈深情〉》发表于《中国摄影》第 3 期。

3 月 4 日，诗歌《送上我心头的思念》发表于《人民日报》。

诗歌《献给中国母亲的歌》发表于《中国妇女》第 4 期。

报告文学《奇异的书简》发表于《人民文学》第 4 期。

诗歌《陈景润叔叔的来信》发表于《儿童文学》丛刊第 5 期。

诗歌《啊你！手执球拍的小孩》发表于《新体育》第 6 期。

科学大会诗：《什么地方?》、《脚步何匆忙?》、《雨、雪、雷、闪》，发表于《诗刊》6 月号。

报告文学《追赶太阳的人》发表于《人民文学》第 8 期。

△10 月，天津人民出版社出版诗歌《我的爷爷》。

1979 年

在中国作家协会第三次会员代表大会上作题为《我们这支队伍》的发言。

论文《漫谈儿童诗》发表于《文学评论》第 2 期。

4 月 21 日，诗歌《我们该怎样回答》发表于《人民日报》。

7 月 25 日，散文《岚山情思》发表于《人民日报》。

11 月 16 日，《我们这支队伍——在中国作家协会第三次会员代表大会上的发言摘要》发表于《人民日报》。

诗歌《风筝，呵，我的风筝!》发表于《儿童文学》丛刊第 7 期。

报告文学《船长》发表于《人民文学》第 11 期。

歌剧剧本《记着啊，请记着……》发表于《十月》第 2 期。

△4 月，四川人民出版社出版诗集《周总理，你在哪里》。

△5 月，中国少年儿童出版社出版儿童文学作品集《“小迷糊”阿姨》，此集后有苏联、朝鲜、蒙古、越南、罗马尼亚、日本等国译本，新时期又有日本、美国等国选译本出版。

△8 月，少年儿童出版社出版儿童游戏诗《红灯、绿灯和警察叔叔》。

1980 年

散文《在澄蓝碧绿之间》发表于《文汇增刊》第 2 期。

2 月 20 日，诗歌《神奇的字》发表于《中国少年报》。

题照诗《真理永存》（柯岩诗，王光美摄影）发表于《革命文物》3 月号。

诗歌《种子的梦》发表于《北方文学》第 3 期。

4 月 23 日，《鸟的世界——题画诗》发表于《中国少年报》。

诗歌《哭李季》发表于《人民文学》4 月号。

创作经验谈《〈船长〉的采访和写作》发表于《鸭绿江》第 4 期。

题画诗三首：《听妈妈讲安徒生童话故事后》、《春雪》、《庆祝粉碎“四人帮”》，发表于《诗刊》5 月号。

5 月 30 日，诗歌《题童话邮票〈咚咚〉》发表于《人民日报》。

题画诗四首：《我的会说动物语言的小伙伴》、《昆明湖的另一角》、《古代艺术遗址》、《听〈李自成〉小说广播》，发表于《北京文艺》第 5 期。

诗人书简《远方来信》发表于《诗刊》8 月号。

8 月 9 日，《旅德诗抄之一》、《波恩大学的知更鸟》、《在昔日皇宫的草地上》、《暗淡的画像》发表于《人民日报》。

诗歌《“不，不要皇帝！永不——”——旅德诗抄之二》发表于《人民文学》第 8 期。

《旅德诗抄之三》、《菩提大街的废墟》、《一个失落的梦》、《柏林请》发表于《北京文学》第 11 期。

报告文学《美的追求者》发表于《十月》第 4 期。

△3 月，少年儿童出版社重新出版《小熊拔牙》。

△5 月，四川人民出版社出版报告文学、散文集《奇异的书简》。

△12 月，四川人民出版社出版歌剧《记着啊，请记着……》。

1981 年

论文《诗人的眼睛——给〈巴山夜雨〉的作者》发表于《文艺报》第 1 期。

《柯岩自述——中国当代女作家 37 人自述（1）》发表于《当代文学》第 1 期。

2 月，《〈鲜花和星星〉序》发表于《中国少年报》。

报告文学《从一个孩子看中国》发表于《人民文学》第2期。

诗歌《一个中国孩子的心》发表于《朝花》第3期。

4月4日，报告文学《希望在哪里?》发表于《人民日报》。

8月,《序〈小学生日记〉》发表于《中国少年报》。

诗歌《种子的梦》发表于《北方文学》9月号。

△9月，人民文学出版社出版《柯岩儿童诗选》。

1982年

罗英、柯岩共同创作话剧《生者和死者的嘱托》，发表于《剧坛》第5期。

报告文学《癌症≠死亡》发表于《北京文学》第7期。

诗歌《午门之春》发表于《儿童文学》第7期。

9月20日，诗歌《我的歌声》发表于《人民日报》。

9月23日，论文《文艺工作者的职责》发表于《人民日报》。

△外文出版社出版题画诗选《儿童画诗情集》，后被译成英文、法文、德文、俄文、日文出版。

1983年

长篇小说《寻找回来的世界》发表于《十月》长篇小说专刊第1期。

诗歌《我们该怎样回答》入选《振兴中华诗选》，1月由广西人民出版社出版。

论文《金波的世界》发表于《朝花》第2期，后收入人民文学出版社8月出版的《金波儿童诗选》。

7月7日，长诗《中国式的回答》发表于《中国青年报》。

诗歌《镜泊湖畔》发表于《新观察》第19期。

10月20日，论文《人格的力量》发表于《中国青年报》。

11月17日，论文《生活的馈赠》发表于《中国青年报》。

12月5日，散文《谁说冬天只有暴风雪》发表于《人民日报》。

《关于诗歌的对话——在西南师范学院的讲话》发表于《诗刊》12月号，

后又转载到《红岩》第4期。

12月25日，《在部队诗歌座谈会上的讲话》发表于《部队文艺通讯》。

论文《儿童诗答问》发表于《东方少年》12月号。

△9月，广东人民出版社出版《柯岩作品选》。

1984年

1月1日，诗歌《一天和一年》发表于《北京日报》。

论文《难，但是需要——任溶溶和他的儿童诗》发表于《文艺报》第2期。

3月29日，论文《心，离不开垄沟》发表于《中国青年报》。

4月4日，诗歌《谁说烈士已经死去》发表于《中国少年报》。

5月7日，诗歌两首：《知音》、《鸽子》发表于《羊城晚报》。

6月30日，论文《和祖国心心相印——谈陈晓光和他的歌词创作》发表于《光明日报》。

9月15日，《〈月亮会不会搞错〉后记》发表于《天津书讯》。

10月8日，论文《为矿工塑像》发表于《中国青年报》。

散文《天涯何处无芳草》入选《中国新文艺大系下（散文卷）》，10月由中国文联出版公司出版。

△6月，新蕾出版社出版题画诗集《月亮会不会搞错》。

△7月，人民美术出版社出版题画诗集《春天的消息》。

△8月，群众出版社出版长篇小说《寻找回来的世界》。

1985年

报告文学《青年经理》发表于《人民文学》第1期。

创作谈《失落与追求》发表于《中国青年》第1期。

报告文学《萄萄承认》发表于《北京文学》第2期。

创作谈《生活是创作的源泉——在中美作家会议上的发言》发表于《人民文学》第2期。

诗歌《周总理，你在哪里》、《请允许……》、《旅德诗抄（二首）》、《我的歌声》收入《中国新文艺大系（诗集)》，12 月由中国文联出版公司出版。

1986 年

△1 月，12 集电视连续剧《寻找回来的世界》开始在中央电视台连播。

1 月 31 日，散文《爱的阳光》发表于《人民日报（海外版)》。

论文《迟开的花朵——关于〈寻找回来的世界〉》发表于《电视剧艺术》第 2 期 。

诗歌《又见蔗林，又见蔗林……》发表于《人民文学》第 2 期。

诗歌《蓝色的思念》发表于《文汇月刊》第 2 期。

3 月 1 日，《关于〈寻找回来的世界〉的通信——致方掬芬同志》发表于《北京晚报》。

《〈中国新文艺大系〉导言》、报告文学《船长》收入《中国新文艺大系（报告文学卷)》，3 月由中国文联出版公司出版。

散文《幕后决策人》发表于《大众电影》第 4 期。

△10 月，广播剧《月夜》在中央人民广播电台播出。

11 ~12 月，报告文学《国画大师李可染》在《人民日报（海外版)》连载。

诗二首:《陈景润叔叔的来信》、《神奇的字》收入《中国新文艺大系（儿童文学卷)》，12 月由中国文联出版公司出版。

1987 年

散文《名字，并不重要》发表于《女作家》第 1 期。

广播剧《月夜》发表于《中国法制文学》第 2 期。

为《古今中外爱情诗选》作序，3 月由中国妇女出版社出版。

4 月 18 日，论文《心中的绿洲》发表于《文艺报》。

8 月 10 日，论文《沉沦与复苏——〈沉沦与复苏〉编后》发表于《文汇报》。

8 月 12 日，散文《戒烟》发表于《北京晚报》。

9 月 17 日，《为了留下时代的脚印——〈大墙丛书〉序》发表于《书刊导报》。

△9 月，四川文艺出版社出版报告文学《癌症≠死亡》。

1988 年

《柯岩谈青少年犯罪问题》发表于《人生与伴侣》5 月号。

报告文学《墨西哥的疑惑》发表于《人民文学》8 月、9 月号，后收入《北京封闭妓院纪实》，由和平出版社出版。

△6 月，百花文艺出版社出版《永恒的魅力——一个诗人眼里的宋庆龄》。

△百花文艺出版社出版《中国式的回答》。

1989 年

《致读者》发表于《人生咨询》第 1 期。

电视文学剧本《妈妈不知道的事情》发表于《电视与戏剧》第 3 期。

6 月 26 日，书评《典型的中国情愫——喜谈〈欧罗巴，一个人的故事〉》发表于《光明日报》。

12 月 5 日，书评《幸未失之交臂——读〈儿童短篇小说选〉》发表于《文论报》。

△《小熊拔牙》入选《中国著名作家幼儿文学作品选》丛书，5 月由安徽少年儿童出版社出版。

△7 月，华夏出版社出版报告文学《癌症≠死亡》（附文章及病例稿多篇）。

△明天出版社出版《柯岩作品集》。

1990 年

1 月 30 日，论文《生命的逗点》发表于《光明日报》。

3 月 13 日，书评《人与树之思》发表于《光明日报》。

4 月 7 日，书评《少男少女的美丽心灵——谈〈朦胧的撞碰〉》发表于《中国教育报》。

7 月 10 日，《大地的诗人——献给〈首都建设者丛书〉》发表于《光明日报》。

7 月 25 日，散文《和老年朋友谈“代沟”》发表于《中国老年报》。

论文《1988：在青岛——〈古今中外文学名篇拔萃〉总序》发表于《中流》第 8 期。

△3 月，北京少年儿童出版社出版小说《妈妈不知道的事情》。

12 集电视系列剧《仅次于上帝的人》第 1 集《在人间》、第 2 集《流失生》、第 4 集《黄全梦》、第 6 集《朦胧的撞碰》发表于《当代》第 2 期。

12 集电视系列剧《仅次于上帝的人》第 8 集《可惜他们不知道》、第 9 集《猫鼠之间》、第 10 集《失落与追求》、第 12 集《超越自我》发表于《中外电视》第 11、12 期。

△12 集电视系列剧《仅次于上帝的人》在中央电视台首演，演出时改为 10 集，更名为《红蜻蜓》，剧本 8 月由人民教育出版社出版。

1991 年

3 月 20 日，报告文学《铁蝴蝶》发表于《文汇报》。

3 月 23 日，散文《天才曾经是中国》发表于《光明日报》。

散文《旅美三题》：《中国 F 美国》、《地球真小》、《New Orleans 的鳟鱼们》发表于《人民文学》。

9 月 10 日，报告文学《春天属于你》发表于《文汇报》。

中篇小说《高压氧舱》发表于《人民文学》9 月号。

论文《小天使的呼唤》收入《小天使的呼唤》，11 月由中国和平出版社出版。

11 月 9 日，论文《榜样的力量——看辽宁人艺话剧〈爱洒人间〉》发表于《文艺报》。

11 月 17 日，论文《卜镝现象与艺术启蒙教育》发表于《中国文化报》。

12 月 7 日，剧评《扬州观“花”——看吉林省京剧团〈高高的炼塔〉》发表于《光明日报》。

12 月 7 日，剧评《情之所钟——看话剧〈情结〉》发表于《文艺报》。

12 月，儿童诗《帽子的秘密》入选《中国儿童诗佳作选》，12 月由辽宁少年儿童出版社出版。

1992 年

文论《好诗在哪里》发表于《中流》第 2 期。

3 月 6 日，题照诗《冰心与草明》发表于《文艺报》。

《序〈我爱祖国，我爱家乡〉》发表于《小学生阅读报》2 月刊，该书 7 月由长春出版社出版。

7 月，《序〈全国小学生优秀作文选〉》发表于《中学生报》。

中篇小说《面对死神》发表于《五月》第 4 期。

7 月 24 日，剧评《〈满江红〉观后》发表于《光明日报》。

8 月 3 日，散文《一场举世无双的演出》发表于《北京日报》。

9 月 15 日，散文《人间有真情》发表于《人民日报》。

△长篇小说《他乡明月》发表于《当代》第 2 期，又载《四海》第 3 期、《长城》第 3 期，6 月 1 日 ~9 月 1 日在《北京晚报》连载，7 月在《文汇报》连载，5 月起在中央人民广播电台及全国 52 家广播电台连播。

△2 月，中国文联出版公司出版长篇小说《他乡明月》。

△8 月，中国少年儿童出版社出版绘画汉语拼音读物《眼镜惹出了什么事情》（柯岩诗，刘伟龙画，黄建祖注音）。

1993 年

为《配画新诗辞典》作序，该书 1 月由上海辞书出版社出版。

情诗三首：《送信人》、《遥远的木楼》、《谜》，发表于《中国风》第 2 期，后选入《诗刊》第 12 期。

为《全国名城名校小学生优秀作文选》作序，该书 3 月由广西师范大学出版社出版。

4 月 10 日，文论《文艺工作者的职责》发表于《文艺报》。

△10 月，中国文联出版公司出版小说集《道是无情》，收入《道是无情》、

《高压氧舱》、《成就感》、《面对死神》等中篇小说。

1994 年

诗歌《不信国庆你来看》、《红领巾日志（三首）》（包括《操心》、《信任》、《眼睛》）、《我们小队的努力》、《我们怎样消灭两分》，入选《中国少先队诗选》，4 月由大众文艺出版社出版。

报告文学《第一高度》入选《中国少先队报告文学选》，4 月由大众文艺出版社出版。

诗歌《心事》入选儿童文学文库《散文·诗》卷，6 月由教育科学出版社出版。

1995 年

5 月 28 日，《青春依旧　不改初衷——在工读教育 40 周年纪念会上的讲话》发表于《中国教育报》。

评论《劳动人民万岁》发表于《诗刊》6 月号。

△5 月，花山文艺出版社出版 26 集电视连续剧文学剧本《他乡明月》。

1996 年

2 月，报告文学《寻常百姓》发表于《十月》第 1 期，又载《人民日报》2 月 23 日。

7 月 13 日，散文《儿子的鲜花》发表于《人民日报》。

9 月 19 日，《文艺报》、《人民文学》、《诗刊》等 31 个单位在北京举办“柯岩作品研讨会”。

△26 集电视连续剧《他乡明月》在全国各省、市电视台陆续播出。

△中国国际广播出版社出版《诗之国》第二卷、第三卷。

△青岛出版社出版《柯岩文集》（第一卷小说，第二卷小说，第三卷报告文学·散文，第四卷诗，第五卷影视戏剧，第六卷文论）。

1997 年

《送上我心头的思念》发表于《音乐世界》第 1 期。

组诗《求求您，妈妈》：《深夜，我听自己的思想》、《无巢的小鸟》、《求求您，妈妈》、《法官叔叔，请听我说》、《爸爸的味儿》，发表于《人民文学》6 月号。

8 月，《前事不忘，后事之师——序东缨〈圣国之魂〉》发表于《中国教育报》。

9 月 21 日，散文《灵魂安放何处——序东缨〈圣国之魂〉》发表于《中国教育报》，12 月转载到《中流》。

12 月，柯岩诗选发表于《诗刊》12 月号“名家经典”。

1998 年

散文《写给美的孩子》发表于《小溪流》1 月、2 月号。

散文《书，我终身的朋友》发表于《广东第二课堂》1 月号。

2 月 9 日，散文《死神敲门之际》发表于《中国法制日报》。

2 月 27 日，散文《我为什么写作》发表于《扬子晚报》。

10 月 9 日，论文《不能忘记》发表于《中国文化报》。

△河北少年儿童出版社出版《柯岩作品精选》。

1999 年

散文《我的朋友马明文》发表于《人民文学》3 月号。

《关于散文》发表于《人民文学》3 月号。

意大利随笔（四首）：《谁说我没有见过你》、《和 SANMARCO 广场鸽子对话》、《DAFNA 说“不”》、《没能去拜访摩西》，发表于《诗刊》5 月号。

2000 年

《人的一生，都在路上》发表于《中国火炬》2 月号，同年转载到《作家文摘》、《中流》。

2 月 25 日,《致〈星星〉主编的公开信》发表于《华夏诗报》。

9 月 13 日,《要学作文先学做人》发表于《中华读书报》。

11 月 13 日,《回家》发表于《解放军报》。

12 月,《假如桥会说话》发表于《人民日报》。

2001 年

散文《我的歌声》发表于《诗刊》第 6 期。

7 月 26 日，散文《江山好改，秉性难移》发表于《中国文化报》。

10 月,《和“巨人”对话》在《小学生阅读报》分期连载。

△报告文学《一个诗人眼中的宋庆龄》由中国文史出版社重新于 10 月出版。

2002 年

2 月，散文《和老朋友谈“代沟”》发表于《中国老年报》。

2 月，散文《他永远留在了草地》发表于《文艺报》。

2 月，散文《尊重人民》发表于《中国文化报》。

3 月，散文《宋庆龄和她的婚姻》发表于《中国老年报》。

散文《位卑未敢忘忧国》发表于《求是》第 17 期。

散文《热爱中国》发表于《人民公安》第 19 期。

散文《关于爱情——序〈古今中外爱情诗选〉》发表于《中国妇女（海外版)》第 5 期。

散文《回家》发表于《山东文学》第 1 期。

散文《钓鱼》发表于《小朋友》第 4 期。

散文《和“巨人”对话》发表于《人民文学》第 6 期。

散文《〈情系军营〉序》发表于《诗刊》第 12 期。

△广西人民出版社出版散文集《和“巨人”对话》。

△中国摄影出版社出版诗集《柯岩诗存》。

2003 年

《情诗四首》发表于《红岩》第 1 期。

《我的心不在这里》发表于《广东第二课堂》第 7 期。

《柯岩诗三首》发表于《诗刊》第 11 期。

2004 年

《文艺评论两则》发表于《文艺理论与批评》第 3 期。

散文《童年的梦》发表于《小作家选刊（小学）》第 5 期。

散文《让孩子们健康快乐地成长》发表于《求是》第 15 期。

散文《一场举世无双的演出》发表于《中国残疾人》第 9 期。

诗歌《种子的梦》发表于《广东第二课堂》第 224 期。

12 月 10 日，《我喜欢生活的强者》发表于《中国艺术报》。

12 月 23 日，《我写〈CA 俱乐部〉》发表于《文艺报》。

△湖北少年儿童出版社出版散文集《六十年后的作业》。

△中国协和医科大学出版社出版《CA 俱乐部》。

△大众文艺出版社出版散文集《人的一生，都在路上》。

2005 年

《求求您，妈妈》、《初雪》发表于《语文世界（小学版）》第 11 期。

《历史是不能忘记的——诗集〈与史同在〉编后感言》发表于《求是》第 24 期。

《〈与史同在〉前言》发表于《诗刊》第 3 期。

《永不凋谢的鲜花》发表于《中国戏剧》第 12 期。

12 月 20 日，《一样的舞台，两样的人生》发表于《文艺报》，2006 年转载到《中华魂》第 3 期。

△中国摄影出版社出版《想不想画得比我好》。

△人民文学出版社出版报告文学《奇异的书简》。

△8月，作家出版社出版由柯岩、胡笳主编的《与史同在——当代中国新诗选》。

2006年

8月，被国际诗人笔会授予“当代中国诗魂金奖”。

评论《峥嵘岁月，璀璨的诗章》发表于《中华魂》第1期。

《读懂德国人》发表于《少年作文辅导（中学版）》第21期。

《春天最早来到哪里》发表于《语文世界（小学版）》第4期。

《谈谈文学与人生——在中国社会科学院团委的讲话》发表于《中华魂》第4期。

10月2日，《〈青春与梦想〉序》发表于《文艺报》。

《能不为金飞喝彩?》发表于《当代电视》第10期。

《冬天的森林》发表于《新作文》第11期。

《与亲人生离死别》发表于《小读者》。

散文《我为什么写〈CA俱乐部〉》发表于《文艺报》。

△1月，湖北少年儿童出版社出版儿童诗集《帽子的秘密》。

2007年

《我们也有海伦》发表于《抗癌之窗》第2期。

《咱们有多少海伦——序叶丹阳〈珍爱乳房〉》发表于《中华魂》第3期。

3月31日，《诗人王辽生——答〈走遍新沂〉电视记者问》发表于《文艺报》。

2008年

《我读〈童年〉》发表于《小读者》。

△中国人民广播电台播出《美丽的嫁衣年》，发表于《中国广播》。

△中国协和医科大学出版社出版报告文学《癌症≠死亡》。

△湖北少年儿童出版社出版《写给寻找幸福的孩子——和“巨人”对话》。

2009 年

8 月 24 日，中国作家协会在中国现代文学馆举办“柯岩创作生涯 60 周年座谈会暨《柯岩文集》首发式”。

△美国溪流出版社出版报告文学《癌症≠死亡》。

2011 年

△6 月，华夏出版社出版由柯岩、胡笳主编的《与史同在——当代中国散文选》。

2011 年 12 月 11 日，柯岩病逝。党和国家领导人胡锦涛、李长春、习近平、刘延东、李源潮、陈奎元和宋平、曾庆红、丁关根、迟浩田同志送了花圈。中共中央政治局委员、中宣部部长刘云山，全国政协副主席张梅颖前来送别，中组部、中宣部、文化部、中国文联、中国作协等部门送了花圈。

后　　记

撰写《柯岩传》，缘于我同贺敬之与柯岩的忘年交，以及对贺敬之、柯岩的敬重和了解。

早在读高中和大学的时候，我就喜欢读贺敬之和柯岩的诗歌。撰写毕业论文时，我选了著名诗评家尹在勤出题和指导的《论贺敬之的〈雷锋之歌〉》，那段时间，我如痴如醉地背诵着、研读着贺敬之的诗歌，很快写出了毕业论文。1972年，著名诗人雁翼应重庆市革委会邀请，带领我们几位业余作者编辑出版了《红岩村颂》，诗集出版后，我通过分配到《人民日报》工作的同学转给贺敬之，请他指导。贺敬之给我写了回信，对诗集给予了肯定。那以后，我又把自己写的诗寄给他看，他总是热情回信给予指点。1975 年，贺敬之被“四人帮”一伙弄到首钢“监督劳动”，我仍然与他通信，并表示我们广大读者会永远喜欢他那些壮丽动人的优秀诗篇。粉碎“四人帮”以后，我读到他的《中国的十月》和《“八一”之歌》，非常兴奋，去信祝贺。怀着对他的诗歌的热爱之情，我写出了理论专著《论贺敬之的诗》。我把初稿寄给了他，请他指正。他邀请我到他家，和柯岩亲切地接待了我。他给我详细讲述了他的人生经历和创作历程，特别是《回延安》、《放声歌唱》、《雷锋之歌》等代表作的创作构思过程。后来，我多次到北京拜访他们。这以后，文艺界出现了一些关于贺敬之、柯岩的流言飞语。我感到完全不能接受！每到北京出差开会，我都要去看望他们，作倾心的交谈。我在完成了三部传记文学理论著作（《传记文学写作论》、《传记文学写作与鉴赏》及《中国二十世纪传记文学史》）及著名诗人雁翼的长篇传记《雁翼传》之后，即萌发了撰写贺敬之、柯岩合传的想法。2005 年在武汉召开的贺敬之国际学术研讨会上，我把这个想法给贺敬之讲了，他欣然接受。2005 年 8 月，他们邀请我去北戴河同他们一起住了一个多星期。贺敬之表示，鉴于贾漫的《诗人贺敬之》刚刚出版，建议我先写《柯岩传》。我听从他们的建议，详细采访了柯岩，而后到北京采访了柯岩的同学、同事、朋友，以及北京公安部门和少管所的一些同志。回渝后，我阅读了柯岩的全部著作和评论、访问记录，还看了有关声像资料等等。经过几年的酝酿，我于2008年开始动笔写作。2009年8月，柯岩邀请我出席“柯岩创作生涯60周年暨《柯岩文集》首发式座谈会”，并赠给我十卷本《柯岩文集》。会上，我聆听了那么多领导、专家、学者对柯岩的高度评价，使我对柯岩有了更深的了解；而柯岩在会上作的《我是谁》的发言，更让我看到了她那颗水晶般纯洁而美丽的心灵！回渝后，我于2010年初写出了《柯岩传》初稿，柯岩批阅后提出了修改意见，我根据她的意见，作了较大修改；2011年初，柯岩对修改稿作了认真修改，我再次修改后寄给她，她又再次对书稿进行了修改润色。柯岩对创作认真负责和精益求精的精神，使我深为感动，深受教益。

12月11日，北风凛冽。我在担忧惦念之中，得到了柯岩去世的消息。我立即去电表示了沉痛的悼念。

柯岩去世，引起文学界诗人、作家以及社会各界和广大读者的深切怀念，许多人写诗作文怀念她，赞颂她。

2012年4月8日，中国诗酒文化协会等单位联合发起举办了“纪念《讲话》发表70周年暨柯岩作品研讨会”。我应邀参加了研讨会。会后，我同专程赶来北京的《柯岩传》责编孔庆萍女士一起看望了贺敬之，并将排印好的《柯岩传》书稿送贺敬之及其子女审阅。这个月，我又根据他们的意见作了补充修改和润色。

最后，我要特别感谢山西人民出版社李广洁社长和编辑部孔庆萍主任，他们对本书给予了热情支持，精心编审，仔细推敲，他们高度的思想水平和敬业精神，值得我学习！

现在，我把《柯岩传》奉献给广大读者，希望大家能够同我一样理解她，接受她，喜欢她！

郭久麟

2012年4月写于重庆